# O SILÊNCIO ALÉM DAS GRADES

## A INTERSETORIALIDADE PUNITIVA NAS PRÁTICAS SOCIOEDUCATIVAS

ANA CLÁUDIA DE SOUZA VALENTE

*Prefácio*
Selma Sauerbronn

*Apresentação*
Antonio Henrique Graciano Suxberger

# O SILÊNCIO ALÉM DAS GRADES

## A INTERSETORIALIDADE PUNITIVA NAS PRÁTICAS SOCIOEDUCATIVAS

Belo Horizonte
FÓRUM
CONHECIMENTO JURÍDICO
2021

FÓRUM
CONHECIMENTO JURÍDICO

Luís Cláudio Rodrigues Ferreira
Presidente e Editor

Coordenação editorial: Leonardo Eustáquio Siqueira Araújo
Aline Sobreira de Oliveira

Av. Afonso Pena, 2770 – 15º andar – Savassi – CEP 30130-012
Belo Horizonte – Minas Gerais – Tel.: (31) 2121.4900 / 2121.4949
www.editoraforum.com.br – editoraforum@editoraforum.com.br

Técnica. Empenho. Zelo. Esses foram alguns dos cuidados aplicados na edição desta obra. No entanto, podem ocorrer erros de impressão, digitação ou mesmo restar alguma dúvida conceitual. Caso se constate algo assim, solicitamos a gentileza de nos comunicar através do *e-mail* editorial@editoraforum.com.br para que possamos esclarecer, no que couber. A sua contribuição é muito importante para mantermos a excelência editorial. A Editora Fórum agradece a sua contribuição.

Dados Internacionais de Catalogação na Publicação (CIP) de acordo com a AACR2

V154s Valente, Ana Cláudia de Souza

O silêncio além das grades: a intersetorialidade punitiva nas práticas socioeducativas / Ana Cláudia de Souza Valente.– Belo Horizonte : Fórum, 2021.

333 p. 14,5cm x 21,5cm.
ISBN: 978-65-5518-134-0

1. Direito Penal. 2. Direito da Criança e do Adolescente. 3. Políticas Públicas. I. Título.

CDD 341.5
CDU 343.2

Elaborado por Daniela Lopes Duarte - CRB-6/3500

Informação bibliográfica deste livro, conforme a NBR 6023:2018 da Associação Brasileira de Normas Técnicas (ABNT):

VALENTE, Ana Cláudia de Souza. *O silêncio além das grades:* a intersetorialidade punitiva nas práticas socioeducativas. Belo Horizonte: Fórum, 2021. 333 p. ISBN 978-65-5518-134-0.

*A todos os adolescentes com direitos surrupiados, com esperança de transformação dos arranjos institucionais praticados no modelo de responsabilização penal juvenil vigente no DF.*

# AGRADECIMENTOS

Meus agradecimentos iniciais a Deus por iluminar meus passos; assim como à minha família, Chrystian, Ana Gabriela e Davi, por alegrarem minha vida, por apoiarem minhas escolhas e por renunciarem a minha presença em algumas ocasiões.

Agradeço a meus pais, Márcio e Ana Lúcia, por terem me ensinado a importância da educação e por estarem sempre por perto para me apoiar e ouvir.

Reconheço que um trabalho acadêmico não se constrói sozinho. Minha pesquisa não seria possível sem as provocações lançadas por meu orientador Professor Doutor Antônio Suxberger, que me acompanhou nessa jornada, mesmo quando esteve distante, e me relembrou valores como persistência e acuidade. Ainda, orientou-me a primar pela boa técnica, valorando meu esforço.

Agradeço aos queridos Professores Doutores Bruno Amaral, Frederico Barbosa, Liziane Paixão, Marcelo Varella, Ana Cláudia Farranha e Tomás de Aquino, por terem contribuído para a minha formação com suas críticas e inquietações, com humildade e respeito, além da sabedoria peculiar de verdadeiros mestres.

Meu agradecimento especial à Selma Sauerbronn, que, a par do extraordinário conhecimento no campo socioeducativo, é um ser humano inspirador e admirável. Agradeço por verdadeiramente me ensinar todos os dias, por acreditar nos meus propósitos, por me incentivar e permitir minhas ausências, o que culminou nesta dissertação.

A todos os meus amigos e colegas, que me ouviram e torceram por mim desde sempre: Claudia Barros de Faria, Christiane Abreu de Alencar, Isabela Marques da Rocha e Claudia Setubal Rabelo. Agradeço igualmente a Pablo Malheiros, Mônica Ribeiro e a José Costa de Moraes Júnior, meus confidentes nos momentos de angústia, parceiros e amigos que tiveram a paciência de ler meu texto e externar críticas e opiniões sinceras. Não poderia deixar de lembrar, ainda, de Fabiane Weber Martins Duque, Camila Fleury e Joíra Coelho Furquim, que me ajudaram com a revisão de texto e tabelas. Se existem anjos, vocês três os representam.

Em especial agradeço a Lina Menezes, que, apesar das múltiplas atribuições, não mediu esforços para me auxiliar nas degravações das entrevistas.

Ainda, agradeço a todas as pessoas que contribuíram para minha pesquisa, seja concedendo entrevistas, ou encaminhando dados requeridos, ou respondendo aos questionários sobre o campo socioeducativo. A experiência de tê-los ouvido foi transformadora. Não seria possível elencar todos neste momento, mas uma pessoa merece minha gratidão: Pedro Hott, obrigada pelas portas abertas e por atender minhas muitas ligações e mensagens.

Agradeço, por último, mas não menos importante, à equipe da Secretaria do UniCeub: Marley, Fernando, Yuri e Fernanda, por estarem sempre dispostos a dirimir minhas dúvidas, a me auxiliar, a me ouvir e principalmente pela presteza e agilidade em atender meus pleitos.

*Enquanto o novo direito não sair efetivamente do papel, será muito difícil calar o coro dos equivocados e deter a marcha da insensatez que, sem dúvida alguma, corrói as bases estreitas de um estado democrático de direito que continua a não existir, em termos práticos, para o segmento mais frágil e mais vulnerável da nossa população.*

(COSTA, 2006b, p. 39)

# LISTA DE ABREVIATURAS E SIGLAS

BNMP 2.0 – Banco Nacional de Monitoramento de Prisões
CAJE – Centro de Atendimento Juvenil Especializado
CF – Constituição Federal
CNMP – Conselho Nacional do Ministério Público
DCA – Delegacia da Criança e do Adolescente
DNC – Departamento Nacional da Criança
CDCA/DF – Conselho de Direitos da Criança e do Adolescente do Distrito Federal
CERE – Centro de Reclusão de Adolescente Infrator
CESAMI – Centro Socioeducativo Amigoniano
CETRAM – Centro de Triagem e Atendimento ao Menor
CETRO – Centro de Triagem e Observação de Menores
CIAGO – Centro de Internação de Adolescentes Granja das Oliveiras
CIAP – Centro de Internação de Adolescentes de Planaltina
COMEIA – Comunidade de Educação e Integração e Apoio de Menores de Família
CONANDA – Conselho Nacional dos Direitos da Criança e do Adolescente
COORSIS – Coordenação do Sistema Socioeducativo
COTEME – Comunidade de Terapia e Educação de Menores
CNDC – Conselho Nacional dos Direitos da Criança
CNUDCA – Convenção das Nações Unidas de Direito da Criança e do Adolescente
CNJ – Conselho Nacional de Justiça
COORINT – Coordenação de Internação da SUBSIS
COORSIS – Coordenação do Sistema Socioeducativo

CRAS – Centros de Referência em Assistência Social
CRESEM – Centro de Referência em Semiliberdade
DEPEN – Departamento Penitenciário Nacional
DF – Distrito Federal
DNC – Departamento Nacional da Criança
ECA – Estatuto da Criança e do Adolescente
ENS – Escola Nacional de Socioeducação
FBSP – Fórum Brasileiro de Segurança Pública
FUNABEM – Fundação do Bem-Estar do Menor
FSS/DF – Fundação do Serviço Social do Distrito Federal
GDF – Governo do Distrito Federal
GEAD – Gerência Administrativa
GESAU – Gerência de Saúde
GESEG – Gerência de Segurança, Proteção, Disciplina e Cuidados
GESPP – Gerência Sociopsicopedagógica
IBGE – Instituto Brasileiro de Geografia e Estatística
INFONPEN – Levantamento Nacional de Informações Penitenciária
IPEA – Instituto de Pesquisa Econômica Aplicada
MBA – Mandados de Busca e Apreensão
MDH – Ministério dos Direitos Humanos
MPDFT – Ministério Público do Distrito Federal e Territórios
NAI – Núcleo de Atendimento Inicial
OEA – Organização dos Estados Americanos
PIA – Plano Individual de Atendimento
PDASE/DF – Plano Decenal de Atendimento Socioeducativo do DF
PNBEM – Política Nacional do Bem-Estar do Menor
PNAISARI – Política Nacional de Atenção Integral à Saúde de Adolescentes em Conflito com a Lei
PROAMI – Projeto de Atendimento ao Menor Infrator
SAM – Serviço de Assistência ao Menor
SAP – Serviço de Atendimento e Previdência Social
SASE – Sistema de Atendimento Socioeducativo
SDH – Secretaria de Direitos Humanos

SEAS/DF – Secretaria de Estado de Ação Social do Distrito Federal
SECRIA/DF – Secretaria de Estado de Políticas para Crianças, Adolescentes e Juventude do Distrito Federal
SEDEST/DF – Secretaria de Desenvolvimento Social e Transferência de Renda do Distrito Federal
SEJUS-DF – Secretaria de Estado da Justiça, Direitos Humanos e Cidadania do Distrito Federal
SIGGO – Sistema de Gestão Governamental
SINASE – Sistema Nacional de Atendimento Socioeducativo
SSP/DF – Secretaria de Segurança Pública do Distrito Federal
SSS/DF – Secretaria de Serviços Sociais
STF – Supremo Tribunal Federal
SUAG – Subsecretaria de Administração Geral
SUBSIS – Subsecretaria do Sistema Socioeducativo
TJDFT – Tribunal de Justiça do Distrito Federal e dos Territórios
TCU – Tribunal de Contas da União
UAI – Unidade de Atendimento Inicial
UIBRA – Unidade de Internação de Brazlândia
UNIRE – Unidade de Internação de Recanto das Emas
UIP – Unidade de Internação de Planaltina
UIPP – Unidade de Internação do Plano Piloto
UIPSS – Unidade de Internação Provisória de São Sebastião
UNISS – Unidade de Internação de Saída Sistemática
UISM – Unidade de Internação de Santa Maria
UISS – Unidade de Internação de São Sebastião
VIJ – Vara da Infância e da Juventude do Distrito Federal
VEMSE – Vara de Execuções de Medidas Socioeducativas do Distrito Federal
VRAIJ – Vara Regional de Atos Infracionais da Infância e da Juventude do DF

## LISTA DE ILUSTRAÇÕES

LISTA DE TABELAS E QUADROS

SUMÁRIO

CAPÍTULO 2

## ANÁLISE DA GOVERNANÇA DO CAMPO DE RESPONSABILIZAÇÃO PENAL JUVENIL DO DF



CAPÍTULO 3

## ASPECTOS METODOLÓGICOS E GENERALIDADES DA PESQUISA

APÊNDICES

No campo do atendimento do adolescente infrator, o Estado brasileiro se orienta pelo Paradigma[1] das Nações Unidas da Proteção Integral, que tem por cimento um conjunto de instrumentos normativos internacionais que busca uma ruptura com o paradigma antecessor, chamado de Situação Irregular ou Tutelar. Essa afirmação tem legitimidade discursiva nos campos dogmático e normativo, considerando, sobretudo, o desenho constitucional e as diversas leis que tratam da temática.

As diretrizes que organizam o Paradigma da Proteção Integral nasceram na esteira da ideologia dos direitos humanos, as quais elevaram o adolescente ao patamar de sujeito de direitos e obrigações, em condição especial de desenvolvimento, sendo lhes asseguradas as garantias e direitos individuais, inclusive no contexto da execução de medida socioeducativa.

Entretanto, tenho para mim que há uma flagrante contradição entre o campo normativo do Paradigma da Proteção Integral e a sua prática, o que, em consequência, tem fomentado uma constante tensão no agir dos atores que integram o sistema socioeducativo, fenômeno que denomino de um processo de "construção/reconstrução" da matriz de atendimento. No intuito de ilustrar a referência "construção/reconstrução", destaco o "Mito de Sísifo".[2] É um processo árduo e sem fim. É como empurrar uma rocha até o alto da montanha, que sempre volta a cair, porém, Sísifo, com felicidade, mantém a disposição corajosa de empurrar a rocha para cima.

---

1 Kuhn conceitua paradigma como: "[...] realizações científicas universalmente reconhecidas que, durante algum tempo, fornecem problemas e soluções modelares para uma comunidade de praticantes de uma ciência [...]". KUHN, Thomas S. *A Estrutura das Revoluções Científicas*. Tradução: Beatriz Vianna Boeira e Nelson Boeira. São Paulo: Perspectiva, 2006, p. 59.

2 "Sisyphe, revenant vers son rocher, contemple cette suite d'actions sans lien qui devient son destin, créé par lui, uni sous le regard de sa mémoire et bientôt scellé par sa mort. (...) Sisyphe enseigne la fidélité supérieure qui (...) soulève les rochers. (...) La lutte elle-même vers les sommets suffit à remplir un coeur d'homme. Il faut imaginer Sisyphe heureux". CAMUS, A. *Le mythe de Sisyphe*. Paris: Gallimard, 1942, p. 168.

Feita essa ilustração, consigo vivenciar a alegria de Sísifo nesta obra, pois me deparo com uma pesquisa que trata das fragilidades que circundam a condição humana presentes nas instituições que têm por missão prestar atendimento à população vulnerável, incluindo-se os adolescentes em conflito com a lei. Oportunidade como esta me leva a perceber doses de esperança sendo lançadas ao vento, vitais para todos os que aspiram por mudança.

Esta obra é fruto da dissertação de Mestrado em Direito, do Instituto CEUB de Pesquisa e Desenvolvimento (ICPD), do Centro Universitário de Brasília (Uniceub), apoiada em pesquisa empírica, tendo por objetivo central identificar a doxa prevalente no atendimento dos adolescentes submetidos à medida socioeducativa de internação no âmbito do Distrito Federal, a partir das bases de construção de um modelo socioeducativo que pretende legitimar as suas ações na quadra dos instrumentos normativos internacionais, da Constituição Federal, do Estatuto da Criança e do Adolescente e do Sistema Nacional de Atendimento Socioeducativo. Tem por objeto de estudo o campo de administração da justiça juvenil, com recorte na modelagem de governança intersetorial. Dessa forma, traz para o campo investigativo as atribuições correlatas dos atores que integram esse sistema e a desafiadora contradição entre a prática e a prescrição normativa, o que sinaliza a insuficiência da construção jurídica da responsabilidade penal juvenil para alinhar essa práxis,[3] indo na rota de outras pesquisas acadêmicas com elevado nível de cientificidade, embora em perspectivas de análise diversas.

A autora, no primeiro momento, apresenta uma radiografia teórica acerca do Direito Penal Juvenil e da governança do campo da administração da justiça, com o uso primoroso das categorias de Bourdieu, com a necessária cautela metodológica, como doxa, *habitus*, campo e poder simbólico. Elege como ponto de partida a compreensão de que o campo socioeducativo é marcado por uma constante luta simbólica, fomentada pela doxa que orienta o *habitus* punitivo, crença que tem marcado os variados modelos de responsabilização experimentados no Brasil ao logo da história, com fortes raízes no Direito Penal, organizados para adolescentes que, em sua maioria, emergem da pobreza e da privação de direitos.

---

3 É o que Méndez chama de "crise de interpretação e de implementação", conforme nota 8 da presente obra, e Apel chama de "contradição performativa". APEL, Karl-Otto. *Teoría de la verdad y ética del discurso*. 1. ed. Trad. Smilg Norberto. Barcelona: Paidós Ibérica, 1991, p. 157.

Dessa forma, o modelo de governança adotado na administração da justiça penal juvenil carrega um ingrediente marcante, qual seja, o punitivismo, sendo que as diversas alterações legislativas não tiveram a força para remover a doxa punitiva fortemente entranhada no agir dos atores do campo socioeducativo. E para o alcance da efetividade na governança do campo, há que se atentar para a intersetorialidade, questão crucial para o enfrentamento e superação da reinante doxa punitiva.

Na sequência, o livro descreve o campo de responsabilização penal juvenil no âmbito do Distrito Federal, mediante recortes históricos relevantes para a compreensão do arranjo ou "desarranjo" institucional socioeducativo fechado, onde é possível perceber as variadas estratégias para o manejo desse campo. Por meio das evidências intersetoriais levantadas pela pesquisa, observa-se que a descentralização de unidades socioeducativas de internação não representou mudança significativa, a não ser estrutural, pois, conforme constato nesta obra, a estratégia da descentralização teve como viga mestra a doxa punitiva. Os dados colhidos apresentam quadro de pessoal composto por técnicos socioeducativos, agentes socioeducativos, psicólogos, assistentes sociais e pedagogos. Indicadores que apontam uma defasagem do contingente de servidores, o que, certamente, tem impacto na efetividade das ações no campo, um dos desafios identificados pela autora a ser enfrentado pelo Poder Público, ao lado da nefasta política de encarceramento.

Mas nem tudo é escuridão. A autora ao descrever o que ela denomina de (des)governança no campo socioeducativo do Distrito Federal, apresenta as práticas positivas e aquelas que atropelam as diretrizes da socioeducação, mediante dados colhidos em pesquisa empírica qualiquantitativa, com referências a alguns aspectos das fases do processo de responsabilização do adolescente em conflito com a lei e, de forma especial, as interfaces com outras searas das políticas públicas, a exemplo da saúde, educação, profissionalização, etc.

Neste ponto, peço licença para destacar uma alegoria de Bourdieu,[4] quando ele se refere à circulação de ideias, ao afirmar que as produções científicas se assemelham a uma música, que deve ser utilizada para expressar princípios da composição e não apenas para ser executada e cantada.

Assim, como um passo a passo para a elaboração de uma bela música, a parte empírica da pesquisa dispõe de um adequado protocolo

[4] BOURDIEU, Pierre. *O Poder Simbólico*. 10. ed. Tradução: Fernando Tomaz. Rio de Janeiro: Bertand Brasil, 2007, p. 63.

metodológico que traz um mapa da governança da administração da justiça juvenil, com um levantamento das políticas públicas imbricadas no campo e as fragilidades intersetoriais que comprometem a realização do feixe de direitos e garantias do adolescente autor de ato infracional, com a adoção do método praxiológico. Caminho complexo e tortuoso, pois exigiu que a investigação abarcasse os atores das unidades socioeducativas de internação e estudiosos do campo, com a aplicação de questionários, realização de entrevistas semiestruturadas e observação participativa, cujos resultados são dispostos em diversos gráficos, quadros e figuras, os quais, certamente, colaboram para melhor entendimento do texto.

Dos variados achados de pesquisa e, para instigar a curiosidade do leitor, me atrevo a condensá-los na compreensão de que a doxa punitiva, ainda presente no campo socioeducativo, se retroalimenta pelo modelo de responsabilização penal adulto.

Por fim, acredito que este livro traz para a visibilidade diversos problemas a serem urgentemente enfrentados pela (des)governança no campo socioeducativo no âmbito do Distrito Federal, ao tempo em que, sem dúvida, contribui para a sofisticação indispensável do debate sobre a gestão do modelo de responsabilização penal juvenil.

Um livro que fomenta a disposição corajosa e feliz de continuarmos a empurrar a rocha até o alto da montanha.

Boa leitura!

**Selma Leite do Nascimento Sauerbronn de Souza**

Possui graduação em Direito pelo Centro Universitário de Brasília (1983). Mestre em Direito e Políticas Públicas pelo Uniceub. É professora do Centro Universitário de Brasília, ministrando a Disciplina Direito da Criança e do Adolescente, exerce a função de professora assistente do Núcleo de Atividades Complementares da Faculdade de Ciências Jurídicas e Sociais. Exerceu o cargo de Promotora de Justiça da Infância e da Juventude do DF (MPDFT) por 19 anos. É titular da 9ª Procuradoria de Justiça Criminal, mas está afastada para exercer o cargo de Vice-Procuradora-Geral de Justiça Jurídico-Administrativa. Tem experiência na área de Direito, com ênfase em Direito da Criança e do Adolescente.

# APRESENTAÇÃO

A Constituição de 1988 trouxe um mandamento a todos dirigido, do Estado ao particular, consistente na promoção dos direitos da infância, da adolescência e da juventude. Embora o rigor acadêmico exija que afirmações sejam mais bem construídas a partir de análises empíricas, não é preciso muito esforço para perceber que a determinação trazida pela Constituição não encontra eco na realidade. Quando abordamos o sistema penal juvenil, que materializa a seleção e a institucionalização dos adolescentes que exteriorizam ações penalmente relevantes nominadas como atos infracionais, essa exigência de prioridade à vida, à saúde, à alimentação… à dignidade do adolescente, enfim, notamos o quanto a realidade se afasta, quando não nega, a prescrição normativa.

O enfrentamento do problema público, consistente nas péssimas condições de responsabilização e acolhimento do adolescente reputado infrator, é comumente abordado no campo do Direito como um tema de estrito ajuste normativo. É como se a mudança de preceitos normativos tivesse a aptidão de alterar uma realidade que, apesar da promessa constitucional já ter alcançado três décadas, insiste em frustrar as mínimas possibilidades de desenvolvimento humano do adolescente. O problema está longe de ser unicamente normativo. Trata-se de um problema jurídico, mas que toca de modo muito mais sensível à forma como o Estado exterioriza suas ações públicas do que efetivamente a maneira pela qual os operadores do Direito compreendem ou produzem seus discursos de aplicação da norma aos casos concretos.

Não há dúvida de que a Constituição, pois, preceitua uma prioridade absoluta no acolhimento do adolescente infrator e o faz a partir de uma perspectiva de estrito respeito ao devido processo legal nos casos de responsabilização, com atenção ao pleno e formal conhecimento da imputação, às diversas oportunidades de defesa e resistência à pretensão acusatória, bem assim à paridade de armas na relação jurídico-processual. A brevidade, a excepcionalidade e, especialmente, o *respeito* à condição peculiar de pessoa em desenvolvimento que ostenta o adolescente são os pontos de destaque que devem orientar a imposição da sanção de internação ao adolescente.

Como esses mandamentos normativos são retraduzidos pela ação estatal que materializa a precária condição em que se encontram os adolescentes a que se impõe medida de internação? Por que a prática do sistema de justiça mais se aproxima dos códigos e rotinas do sistema de justiça criminal construído para imputáveis que de ações públicas de acolhimento desse ser humano em desenvolvimento e formação? Em que medida a institucionalidade do Estado manifesta mais apreço por uma exteriorização de ação punitiva em detrimento de um programa de acolhimento e desenvolvimento do adolescente?

A pesquisa de Ana Cláudia de Souza Valente, marcada pela dedicação sem medida e pelo esforço na obtenção dos dados que melhor delineiam a realidade problematizada juridicamente, se ocupa justamente dessas perguntas. A partir de uma abordagem que se aproveita das categorias desenvolvidas por Pierre Bourdieu, Ana Cláudia demonstra uma maturidade ostentada por poucos ao trabalhar com segurança com categorias hauridas da pesquisa sociojurídica e das ciências sociais aplicadas, com destaque para o Direito (seu campo de "conforto", por assim dizer) e a Ciência Política. O recorte problematiza a realidade do Distrito Federal. Para tanto, finca-se num tripé formado pelos atores do sistema de justiça, no delineamento das políticas a cargo do Poder Executivo e na análise criteriosa e qualitativa da situação estrutural dos estabelecimentos de internação dos adolescentes.

Na primeira parte de sua investigação, Ana Cláudia revisa a literatura, a fim de dar sentido às categorias bourdieusianas para abordagem do campo socioeducativo. Para tanto, revisita as categorias operacionais da doxa (que, fundamentadamente, reputa punitiva) e do *habitus* dos atores (para contrastá-lo com o que deles espera o programa normativo estabelecido na Constituição). O resultado é uma apresentação segura, que se vale das definições desenvolvidas pela literatura para assegurar um sentido que dê visibilidade a uma modelagem de política que, fundamentalmente, dá azo a uma prática punitiva. Ainda assim, Ana Cláudia acena em favor de uma intersetorialidade que questiona e, esperançosamente, dá mostra de que outra resposta é possível para além da gramática uníssona da punição.

Na segunda parte, Ana Cláudia vai do plano à ação. Apresenta o desenho normativo da medida socioeducativa de internação no Distrito Federal. Mostra uma realidade que, por sua estrutura, poderia ir além da unicidade da punição, mas cuja prática evidencia que a prescrição normativa pouco faz se dissociada de uma exteriorização de ação estatal igualmente comprometida com o paradigma da prioridade absoluta do adolescente. A investigação não constrói apenas críticas consistentes; ela igualmente traz casos positivos e avalia boas práticas colhidas na análise extensiva das unidades de internação do Distrito Federal.

No terceiro capítulo do trabalho, Ana Cláudia nos convida a acompanhá-la pelo percurso empírico que ela percorreu. Nisso, aliás, reside o defeito que enxergo quase com tristeza no trabalho de Ana Cláudia. É muito mais que uma dissertação: seu esforço empírico é daqueles que marcam as boas teses de doutoramento. Não foi por outra razão que a banca, unanimemente, entendeu por bem em indicar o trabalho para a biblioteca de referência em Políticas Públicas do Centro Universitário de Brasília (UniCEUB). Afinal, a banca sabia que tinha diante de si, pelo esforço metodológico, um trabalho que se prestaria a ensinar que o esforço e a tenacidade são os antídotos contra a "doença" de que ainda padece Ana Cláudia e, oxalá, possamos todos testemunhar a sua cura no futuro: sua juventude.

O quarto capítulo da investigação, já construído a partir dos achados empíricos, revisita a materialização da resposta punitiva do adolescente: desde as forças de segurança pública, passando pelo sistema de justiça, para alcançar a prática da medida de internação. Nessa seção, encontra-se a capacidade propositiva da investigadora, sua possibilidade de contribuir direta e eficazmente para o debate sobre como assegurar concretude à promessa constitucional de dignidade ao adolescente reputado infrator.

Como orientador do trabalho, registro que acompanhei um passeio que não posso afirmar tranquilo, mas – como nas melhores aventuras – que se mostrou repleto de paisagens belíssimas, desafios, alguns percalços metodológicos e uma chegada que premiou todo o esforço.

Uma pesquisa comprometida, eticamente dirigida a um dos mais graves problemas da sociedade brasileira e que reflete o urgente dever de melhor cuidar do futuro do nosso país. Pois é disso que se trata: aprender que o cuidado dirigido ao amanhã se projeta no modo como cuidamos hoje dos nossos adolescentes.

Ao leitor, meus votos de uma proveitosa leitura! E, como leitor, meu desejo que sejamos brevemente premiados com mais uma pesquisa da Ana Cláudia – afinal, o doutorado já está logo ali.

**Antonio Henrique Graciano Suxberger**

Doutor em Direitos Humanos e Desenvolvimento pela Universidade Pablo de Olavide. Mestre em Direito pela Universidade de Brasília. Professor titular do programa de mestrado e doutorado em Direito do UniCEUB. Promotor de justiça no Distrito Federal.

# INTRODUÇÃO

Em tempos de incerteza no campo político brasileiro, quando uma das discussões em pauta é a responsabilização penal juvenil, com escassez de estudos sobre quais são as causas da dissonância entre o que prescreve o Direito e a prática de seus atores no campo socioeducativo, a pesquisa busca identificar quais seriam as premissas ou bases de um modelo de atendimento socioeducativo que concretize as garantias e os direitos estabelecidos na Constituição Federal (CF), no Estatuto da Criança e do Adolescente (ECA) e no Plano Nacional de Atendimento Socioeducativo, no âmbito do Distrito Federal (DF), uma vez que a construção jurídica da responsabilidade penal para adolescentes, a partir da evolução legislativa internacional, não se mostrou suficiente para orientar a práxis.[1] Os adolescentes em conflito com a lei são inseridos em um "não lugar", já que não podem ser enquadrados na justiça criminal comum e tampouco recebem política social do Estado, um limbo político-jurídico que eleva o nível de vulnerabilidade desta categoria de seres humanos.[2] Suspeita-se que a efetividade do campo

---

1 Essa constatação é mencionada por grande parte dos teóricos que estudam o campo dos adolescentes em conflito com a lei (BELOFF, 2016; MÉNDEZ, 2004; SANTOS, 2001; SARAIVA, 2010; RAMIDOFF, 2005).

2 Eduardo Gutierrez Cornelius (2018, p. 13), autor da monografia vencedora de ciências criminais em 2018, pelo Instituto Brasileiro de Ciências Criminais, intitulada "O pior dos dois mundos? A construção legítima da punição de adolescentes pelo Superior Tribunal de Justiça", cita o ministro da Suprema Corte dos Estados Unidos Abraham Fortas ao perceber que a criança recebe o que chama de pior dos dois mundos, isto é, a ela não é assegurada a proteção conferida aos adultos, tampouco o tratamento diferenciado atribuído à criança, o que dificulta o atendimento prestado.

de administração da justiça juvenil[3] subordina-se, entre outros fatores, a um modelo de governança[4] baseado na intersetorialidade[5] e na interferência do *habitus* punitivo dos agentes do campo socioeducativo a fim de ajustar as condutas operativas aos ditames legais. Desconfia-se que os atores do campo socioeducativo optam, em sua maioria, por respostas de controle alinhadas à justiça criminal na chamada "nova criminologia do controle e um modo econômico de tomada de decisões" (GARLAND, 2017, p. 38), com maior carga punitiva. Sugere-se que, apesar dos avanços das políticas públicas[6] socioeducativas distritais, as ações desenvolvidas ainda se mostram insuficientes para a efetivação dos direitos fundamentais dos adolescentes autores de atos infracionais, especialmente o direito à saúde, à educação, à profissionalização, à alimentação e, inclusive, à individualização, à brevidade e à excepcionalidade da medida socioeducativa de internação.

O objeto de estudo e análise será, portanto, o campo de administração da justiça juvenil do DF, com recorte na modelagem

---

3 Chama-se nesta pesquisa de campo de administração da justiça juvenil o conjunto de instituições que exercem o controle social do ato infracional, a partir do disposto em lei, como é o caso da Segurança Pública (Polícias Civil e Militar), da Justiça (Ministério Público, Magistratura e Defensoria Pública) e dos órgãos de execuções das medidas socioeducativas (órgãos governamentais e não governamentais). Tal campo foi abordado em 2006, nos cadernos da Secretaria Especial de Direitos Humanos, sob Coordenação Técnica de Antônio Carlos Gomes da Costa (2006b, p. 10 e 13), como um sistema. Porém, para aproximar o objeto de estudos do marco teórico bourdieusiano adotado nesta pesquisa, optou-se por atribuir a expressão "campo" no lugar de "sistema".

4 Foucault (2008), Alcindo Fernandes Gonçalves (2014) e Maria Helena de Castro Santos (1997) serão as referências usadas no campo da governança. Além deles, Renato Sérgio de Lima (2018) é protagonista na crítica à governança.

5 As categorias de governança e intersetorialidade serão objeto de abordagem nos itens 1.3.1 e 1.3.2, respectivamente. A intersetorialidade será trabalhada como estratégia de governança de superação ou moderação da doxa punitiva.

6 As políticas públicas podem ser compreendidas como "o modo pelo qual se implementam os instrumentos de desenvolvimento humano e a erradicação das desigualdades" (SUXBERGER, 2018, p.155). Porém, serão empregadas no texto com indefinição, apenas como respostas públicas a problemas públicos percebidos (THEODOULOU, 2013, p.123) ou, de forma mais precisa, apropriando-se do conceito explicitado por Maria Paula Dallari Bucci (2006, p. 241), como programas de ação governamental para realizar objetivos socialmente relevantes e politicamente determinados. Note-se que definir política pública não se mostra tarefa fácil, seja pelas dificuldades semânticas do termo, seja pela pluralidade de teorias acadêmicas que buscam seu significado (ALBALADEJO, 2014, p.18). Nas últimas décadas, diversos modelos teóricos apresentaram diferentes propostas e ferramentas de análise no processo de formulação e implantação de políticas públicas. Sem a pretensão de esgotar o campo de debate teórico, até porque não é objeto desta pesquisa, vale citar algumas abordagens descritas como tradicionais: Ciclo de políticas (LASWELL, 1936); Tipos de políticas escolhidas a critério do Administrador (LOWI, 1972); Quadro de coalização de advocacia (SABATIER, 1988); Fluxos múltiplos (KINGDON, 1995). Essas abordagens auxiliam na compreensão da complexidade do termo "política pública" e seus ciclos.

de governança intersetorial, que deveria guiar todo o processo de atendimento ao adolescente em conflito com a lei. O objetivo geral é verificar a doxa de atendimento oferecida pelos atores que exercem suas atribuições no DF, desde a demolição do Centro de Atendimento Juvenil Especializado (CAJE), em 2014, passando pela apreensão do adolescente, até o atendimento atual dos órgãos de execuções de medidas socioeducativas. Objetiva-se, ainda em linhas gerais, contribuir para a reflexão sobre o funcionamento do campo penal juvenil, que parece dissociado silenciosamente da proteção constitucional especial conferida aos adolescentes autores de atos infracionais, indicando que ele na verdade se aproxima do modelo de punição dos adultos, o que merece mudanças.

A política descentralizadora empregada no DF foi determinante para a fixação do objetivo geral. Por meio dessa política, ocorreu a demolição do único centro de internação (CAJE), com a construção e reforma de novas unidades de internação, para atender as diretrizes normativas quanto à separação por idade, sexo, gravidade do ato, natureza da medida, uma vez que as circunstâncias eram de superlotação e mortes recorrentes. Mas a nova estrutura dá indícios de que não é suficiente para efetivar as garantias legais e constitucionais dispensadas aos adolescentes segregados, sendo o fortalecimento da intersetorialidade um dos instrumentos-chave para superar a prevalência da doxa punitiva neste campo.

Nesse contexto, os objetivos específicos são (a) reconhecer a existência do *habitus* punitivo nas práticas socioeducativas de internação, por meio da descrição da evolução histórica dos modelos de responsabilização penal juvenil; (b) descrever um cenário empírico de governança em rede e intersetorial do campo socioeducativo no Brasil e no Distrito Federal; (c) verificar e validar as hipóteses levantadas, a partir da comparação com as práticas coletadas na pesquisa, para descobrir se a política de socioeducação distrital encontra-se em sintonia com as diretrizes do Plano Nacional de Atendimento Socioeducativo e o PDASE/DF. Assim, a pesquisa centralizará esforços não apenas em mapear as políticas públicas implementadas no campo socioeducativo distrital, mas também em identificar por que a descentralização das unidades de internação no DF parece não ter solucionado as mazelas do atendimento socioeducativo distrital, apontando quais os problemas intersetoriais encontrados.

Diante desses objetivos, a pesquisa será dividida em duas partes: a primeira parte, teórica, trabalhará categorias bourdieusianas na perspectiva histórica e normativa da justiça penal juvenil, especialmente no que toca à segregação como forma de punição e exercício de poder simbólico no Brasil (capítulo 1) e no DF (capítulo 2), sempre com foco na medida socioeducativa de internação, com suspeita de que a doxa punitiva, construída a partir do Direito Penal,[7] dificulta a efetividade do campo socioeducativo e mudanças nos seus *habitus*. As trajetórias históricas organizacionais podem auxiliar a compreender as práticas no processo de responsabilização penal juvenil e na aplicação da medida socioeducativa de internação, no contexto do que seria o ideário de excepcionalidade da medida socioeducativa de internação e da primazia do aspecto pedagógico da medida.

A segunda parte será empírica e subdividida em outros dois capítulos: um centralizará esforços na descrição da metodologia praxiológica, assim como no modo de obtenção de dados (capítulo 3) e o outro analisará os dados coletados, na pretensão de concluir que a governança da justiça juvenil no DF parece estar desajustada dos parâmetros socioeducativos, reproduzindo as mazelas do campo penal adulto, um isomorfismo que impede a intersetorialidade e, consequentemente, a implementação dos direitos e garantias dos adolescentes autores de atos infracionais (capítulo 4).

A metodologia empregada na pesquisa qualitativa e quantitativa foi composta por técnicas de pesquisas consistentes em análise documental, entrevistas semiestruturadas e questionários aplicados a atores do campo socioeducativo, assim como visitas *in loco* com observação participativa, além da revisão de literatura. Além desses instrumentos metodológicos, foi realizada revisão de literatura, cujos marcos teóricos da responsabilização penal dos adolescentes dialogam com Bourdieu sobre campo, *habitus*, retradução, doxa, capital, a fim de compreender as bases viciadas do funcionamento do campo socioeducativo, já que Bourdieu explica a distância entre as definições de competências objetivas fixadas aos agentes e o que eles realizam em suas práticas sociais.

---

7 A noção de que "a justiça criminal juvenil está sendo invadida ou colonizada pelo sistema de pensamento da justiça criminal dos adultos tal como ele se constituiu durante os séculos 18 e 19" foi extraída de Álvaro Pires (2006). No entanto, importa esclarecer que há correntes contrárias à vinculação do processo de responsabilização juvenil ao Direito Penal (MIRANDA, 2013). Parte da doutrina defende a ideia de medida socioeducativa como espécie de sanção penal (SARAIVA, 2012); outra parte aduz que a responsabilização juvenil não é necessariamente retributiva, como na hipótese da justiça restaurativa (FRASSETO, 2012), e ainda existem aqueles que a dissociam da responsabilização penal (VERONESE, 2015). Neste trabalho, o uso da responsabilização está associado à subespécie do Direito Penal.

A justificativa para a pesquisa é a necessidade de se fomentar mudanças em direção à utopia positiva de um modelo socioeducativo efetivo, além de contribuir para a visibilidade da problemática que envolve o adolescente autor de ato infracional, enriquecer o debate acadêmico e refletir sobre a atual governança do sistema de responsabilização penal juvenil.

O tema é relevante porque enfrenta antiga problemática relacionada às crises de interpretação e implementação[8] das garantias constitucionais conferidas aos adolescentes em conflito com a lei e estimula o debate sobre a forma como as instituições atuam na seara infracional distrital. Os estudos sobre o campo penal juvenil e seus impactos no desenvolvimento dos adolescentes submetidos à medida socioeducativa de internação ou são poucos, seja porque correm sob o manto do segredo de justiça, seja porque carregam uma carga de poder simbólico[9] que os legitima; ou são considerados de baixa qualidade acadêmica.[10] Ao final pretende-se concluir que o modelo socioeducativo atual reproduz maior punição, retroalimentando o campo penal juvenil nos moldes do modelo penal adulto, com práticas dissociadas do ideário de atendimento em rede e intersetorial.

---

8 As expressões "crise de implementação" e "crise de interpretação" foram cunhadas e difundidas por Méndez (2017, p. 10). A primeira refere-se ao baixo nível de financiamento do conjunto de políticas sociais e a segunda remete ao intento de operar o ECA com a discricionariedade própria da ideologia e prática tutelar.

9 Para Bourdieu (1989, p. 15), poder simbólico, poder subordinado, é uma forma transformada, irreconhecível, transfigurada e legitimada, das outras formas de poder. É poder de transfiguração que garante uma verdadeira transubstanciação das relações de força, fazendo ignorar-reconhecer a violência que elas encerram objetivamente e transformando-as assim em poder simbólico, capaz de produzir efeitos reais sem dispêndio aparente de energia.

10 Méndez (2008, p. 24) afirma que a maioria dos estudos sobre os direitos da criança e do adolescente apresenta baixa qualidade intelectual da produção teórica. A proposta do teórico é aumentar a quantidade e qualidade de pesquisa nessa área.

# A DOXA PUNITIVA DO DIREITO PENAL JUVENIL E OS *HABITUS* DE GOVERNANÇA NO CAMPO DE ADMINISTRAÇÃO DA JUSTIÇA JUVENIL

A primeira parte da pesquisa busca identificar as mudanças normativas no processo de responsabilização penal juvenil e demonstrar que, apesar dos avanços que substituíram o modelo de atendimento atribuído ao adolescente autor de ato infracional, ainda se leva em consideração a condição social do adolescente e se aplica sanção meramente punitiva.[11] Supõe-se que a doxa punitiva esteve presente em todos os

[11] Pesquisas revelam que o perfil do adolescente internado no Brasil é construído a partir da falta de políticas públicas sociais preventivas e que a punição restritiva de liberdade é medida corriqueira, apesar dos atos infracionais graves serem praticados em menor escala, e aplicada especialmente entre os adolescentes negros e com baixa escolarização. Nesse sentido, apenas 11% dos adolescentes internados no Brasil cometeram atos graves análogos a homicídio ou latrocínio (SDH, 2015, p. 81); 43% dos adolescentes reincidem na prática de ato infracional; a idade média dos adolescentes em cumprimento de medida de privação de liberdade é de 16,7 anos; a última série cursada por 86% dos adolescentes estava englobada no ensino fundamental, ou seja, não concluíram a formação básica, com predominância de terem parado entre a quinta e a sexta séries do ensino fundamental, o que demonstra inefetividade das medidas anteriores aplicadas; 43% dos adolescentes entrevistados foram criados apenas pela mãe; 75% dos adolescentes faziam uso de substância entorpecente, sendo a maconha a substância mais citada (CNJ, 2012, p. 9, 16 e 18-19). O levantamento nacional do SINASE corroborou esses dados. Indicou que os números de 2016 mostram um total de 26.450 adolescentes atendidos, sendo 18.567 em medida de internação (70%), 2.178 em regime de semiliberdade (8%) e 5.184 em internação provisória (20%), ou seja, a medida de internação, que deveria ser excepcional, era a mais aplicada à época. Aliás, de 2015 para 2016, nota-se aumento no número de adolescentes em internação, de 18.381 para 18.567. Ademais, os dados apontam que 47% (12.960) do total de atos infracionais em 2016 foram classificados como análogos a roubo (acrescido de 1% de tentativa de roubo) e 22% (6.254) foram registrados como análogos ao tráfico de drogas. O ato infracional análogo ao homicídio foi registrado em 10% (2.730) do total de

modelos de responsabilização penal juvenil e segue dominando e justificando as práticas dos atores e instituições deste campo, em que pese a vigência de um modelo misto,[12] no qual o teor pedagógico deveria sobressair.[13] Essa percepção é fundamental para interpretar as atuais práticas de governança do campo de administração da justiça juvenil do DF, conforme capítulo 2, que podem estar centradas em alto teor punitivo, e ainda falhar em intersetorialidade.

Serão abordadas no item 1.1 as categorias teóricas bourdieusianas como doxa, *habitus*, campo, capital, espaços sociais, violência simbólica etc., que serão úteis nesta parte da pesquisa, especialmente no campo da responsabilização penal juvenil, altamente estratificado, com divisão de tarefas, que envolvem a segurança pública, campo da justiça e a execução de medidas socioeducativas. O objetivo é explorar essas categorias e associá-las ao objeto de pesquisa.

Após, a proposta é demonstrar no item 1.2 que o modelo socioeducativo brasileiro foi sendo substituído, o que pode ser visualizado a partir da própria contextualização histórica normativa da responsabilização penal juvenil brasileira, porém a doxa punitiva manteve-se presente de forma predominante em todos os momentos;[14] que o *habitus* é naturalmente exercido sob a forma punitiva,[15] seletiva e excludente, porque a doxa é punitiva, motivo pelo qual há reprodução natural da

---

atos praticados, acrescido de 3% de tentativa de homicídio. Por fim, predomina no sistema socioeducativo o adolescente do gênero masculino, concentrando-se a faixa etária entre 16 e 17 anos (57%) e apurou-se que 59,08% dos adolescentes e jovens em restrição e privação de liberdade foram considerados de cor parda/preta; 22,49% de cor branca; 0,91% de cor amarela e 0,98% da raça indígena; e 16,54% dos adolescentes e jovens não tiveram registro quanto a sua cor ou raça, sendo classificados na categoria sem informação (MDH, 2018, p. 5, 9, 15 e 19). O perfil nacional do adolescente em conflito com a lei se estende ao âmbito do DF (SECRIA, 2013; 2017).

12 Sobre modelos mistos de responsabilização cf. CRIVELLI, 2014; RODRIGUES, 2017; SPOSATO, 2011.

13 A implementação de proposta pedagógica no processo responsabilização penal juvenil é dos principais desafios do ECA, e é preciso priorizar o resgate da convivência social e familiar, primando pelo acesso à educação, à profissionalização e evitando a estigmatização do adolescente que pratica ato infracional, facilitando o seu retorno à sociedade (LEMOS; MARRA; SANTOS, 2014, p. 129). Associado a esse desafio pedagógico, em que o Estado deve garantir oportunidades reais de educação, profissionalização e apoio psicossocial, é preciso ainda responsabilizar o autor do ato infracional pelas consequências lesivas de seu ato, buscando sempre que possível a reparação do ato (CNJ, 2012, p. 7). Essa dupla função da medida socioeducativa, responsabilização e educação, está presente nos modelos mistos de responsabilização penal juvenil, e o Brasil é um dos países que o adota (Lei do Sinase).

14 Cf. item 1.2.1.

15 Cf. item 1.2.2.

desigualdade e da dominação, garantindo o controle diferenciado de crianças e adolescentes vulneráveis e legitimando a reprodução de uma justiça de classe (RODRIGUES, 2010, p. 14-15). Ainda, pretende-se demonstrar que a retribuição e a punição se sobrepõem à socioeducação[16] nas medidas socioeducativas de internação.[17]

Pretende-se, por fim, no item 1.3, descrever a modelagem de governança que deveria ser empregada no modelo de responsabilização vigente, a partir da perspectiva intersetorial, para reconhecer que o Estado, detentor do poder punitivo, exerce o "monopólio da violência física e simbólica legítima" (BOURDIEU, 2014b, p. 30), o que lhe permite agir sem questionamentos e justifica a governança punitiva, pautada em doxa punitiva que guia *habitus* distorcidos dos atores e suas práticas.

---

16 Sobre o significado jurídico para o termo "socioeducação", Lara Vieira (2017, p. 369) lembrou que há ausência de conceituação legal. Essa lacuna permite aos atores judiciais e integrantes do Poder Público a multiplicação de significados, inclusive recaindo em vícios do Direito Penal de modo a se recorrer aos também abstratos termos "ressocialização" e "reinserção social". No entanto, Antonio Carlos Gomes da Costa (2006a, p. 12-26) distinguiu o que chamou de educação social de caráter protetivo daquela educação social de caráter socioeducativo, esta última estaria mais próxima do significado do termo "socioeducação", afeta à competência dos diversos profissionais que atuam no campo da execução das medidas socioeducativas, denominados socioeducadores, que contribuirá para a preparação dos adolescentes ao retorno ao convívio social, para que não reincidam na prática de atos infracionais e, portanto, devem ter a consciência da razão de ser do seu trabalho. A partir dessa perspectiva, ele propôs dividir a socioeducação em três níveis a depender da escolaridade correspondente ao socioeducador: socioeducação de nível básico (para socioeducadores de nível fundamental), socioeducação de nível técnico (para socioeducadores do nível médio) e socioeducação de nível tecnológico (para educadores de nível superior). Acrescenta que a socioeducação é pautada por fundamentos jurídicos, políticos, sociológicos, éticos, pedagógicos, filosóficos e históricos. Como fundamento jurídico da ação socioeducativa, o socioeducador deverá ser capaz de identificar as diferenças entre a doutrina da situação irregular e a doutrina da proteção integral das Nações Unidas; reconhecer o espírito da doutrina da proteção integral na Constituição Federal; relacionar o ECA com a própria CF; distinguir os procedimentos vigentes no Código de Menores daqueles adotados no atual ECA; conhecer os principais instrumentos normativos internacionais relativos aos adolescentes em conflito com a lei; conhecer os dispositivos regulamentares dos direitos da criança e do adolescente no estado e nos municípios em que atuam; ter ciência das leis que regulamentam a criação e o funcionamento do Conselho Nacional dos Direitos da Criança (CNDC) e do Adolescente e do Conselho Estadual de sua unidade federada, assim como dos respectivos Conselho Municipal, Conselhos Tutelares e Fundo Municipal da Infância e Adolescência nos municípios onde atuam. Essa perspectiva de Costa (2006a) ajuda a identificar elementos indispensáveis para definir a socioeducação e atribuir-lhe um significado central que direcione as políticas públicas socioeducativas.

17 Cf. item 1.2.3.

## 1.1 Justificativas bourdieusianas para o campo socioeducativo

A opção por Bourdieu encontra fundamento no fato de que suas categorias teóricas são aplicáveis em diversos campos do conhecimento, como educação, cultura, literatura, arte, mídia, linguística, comunicação, política e, igualmente, no direito. A pluralidade teórica aplicada a diferentes domínios alcançada por Bourdieu é notável e compreender suas categorias nos permite avançar em diversas temáticas, como no Direito Penal Juvenil.

As categorias bourdieusianas selecionadas aplicam-se a esta pesquisa e ajudam a perceber as posições políticas antagônicas do campo da responsabilização penal juvenil que, de um lado, prezam pela construção de um sistema de garantia de direitos que protege os adolescentes e, de outro, ignoram a nova ordem jurídica estabelecida ao negligenciar o atendimento dispensado aos adolescentes segregados. Esse antagonismo justifica punições mais rigorosas para os adolescentes, por entender que "eles são parte substantiva da insegurança urbana, são produtores de violência e merecedores de punições severas como a segregação a partir da internação" (SALLAS; TEIXEIRA, 2016, p. 2).

Para além das explicações dos impactos das relações dialéticas e interações simbólicas no objeto estudado, o teórico igualmente auxilia na compreensão do engendramento das práticas, explicando a relação entre as estruturas objetivadas e as estruturas incorporadas pelos agentes (BOURDIEU, 1983),[18] a partir da noção de campo, doxa, *habitus* e capital, motivo pelo qual serão abordadas essas categorias.

### 1.1.1 As lutas simbólicas do campo de administração da justiça juvenil

O campo de administração da justiça juvenil é formado por espaços multidisciplinares, composto por diversos agentes e grupos, de diferentes poderes e instituições, assim como possui capitais distintos, o que eleva o nível de conflituosidade e de disputas: justiça, segurança pública e órgãos de execuções de medidas socioeducativas, constituem-se de diversos atores[19] que carregam estoques estruturais de

---

18 Os itens 3.1.2 e 3.1.2 explicarão as estruturas objetivadas e incorporadas do DF, selecionadas para análise nesta pesquisa.

19 Cf. nota 3: justiça (Judiciário, Ministério Público e Defensoria Pública), segurança pública

recursos econômicos, sociais, culturais e simbólicos, como uma espécie de patrimônio, no intuito de transmiti-los hereditariamente (CATANI *et al.*, 2017, p. 101). Na concepção bourdieusiana os capitais econômicos e culturais "são elementos estruturantes de toda a hierarquia social moderna" (SOUZA, 2018, p. 33), o que nos leva a compreender como se estrutura a hierarquia entre os atores dentro do campo socioeducativo.

Além desses atores que figuram no campo socioeducativo, existe o próprio adolescente em conflito com a lei, aquele para o qual foi criado o conjunto normativo e a estrutura física para sua responsabilização, porém do lado oposto, como ser estigmatizado, dominado, subcidadão.[20] Os diferentes tipos de capital tornam-se fatores de lutas simbólicas entre os grupos e nos próprios grupos (CATANI *et al.*, 2017, p. 103), como elementos que estruturam a hierarquia social.

Conforme lembrou Marcos César Alvarez (2014, p. 110), os adolescentes que cometem atos infracionais emergem, em sua maioria, de contexto social marcado pela pobreza e pela privação de direitos, com destino igualmente marcado pela violência,[21] seja por morte precoce nos conflitos de rua, seja no enfrentamento com a polícia ou com a própria "experiência precoce da punição", em fenômeno de "desterritorialização" e "reterritorialização"[22] (ADORNO, 1993) no contato com

(delegados e agentes de polícia) e órgãos de execuções de medidas socioeducativas (dirigentes, pedagogos, assistentes sociais, psicólogos, agentes socioeducativos e outros).

20 Para Jessé Souza (2018, p. 46), "os indivíduos e as classes sociais – cujo contexto de carência aguda e desestruturação familiar impedem a adequada reprodução desses pressupostos psicossociais na socialização familiar desde tenra idade – estão, por conta disso, condenados à marginalidade e à exclusão social. Essa é a subcidadania permanente [...] A explicitação desses princípios pode nos ajudar a identificar os mecanismos operantes, de forma opaca e implícita, que permitem a cada um de nós, na vida cotidiana, hierarquizar e classificar as pessoas como mais ou menos, como dignas de nosso apreço ou de nosso desprezo". Some-se o papel da mídia na contribuição para a estigmatização do adolescente em conflito com a lei (BARBOSA, 2018; ARAÚJO, 2016; CASTRO, 2016). Eles são vistos como não dignos, dominados.

21 Recentemente o Instituto de Pesquisa Econômica Aplicada (IPEA) publicou o "Atlas da violência" (2019, p. 25), indicando, entre outros dados, que a morte prematura de jovens (15 a 29 anos) por homicídio é um fenômeno que tem crescido no Brasil. Segundo a pesquisa, em 2017, 35.783 jovens foram assassinados no Brasil. Esse número representa uma taxa de 69,9 homicídios para cada 100 mil jovens no país, taxa recorde nos últimos dez anos. Homicídios foram a causa de 51,8% dos óbitos de jovens de 15 a 19 anos desde a década de 1980.

22 Sérgio Adorno (1993, p. 195) trabalha a categoria da "desterritorialização" como o afastamento progressivo da criança ou do adolescente do espaço privado da casa, de ordem moral e familiar dominante, que culmina com a fuga e evasão da escola, assim como intermitência da atividade ocupacional e a "reterritorialização" como assunção do espaço público da rua como habitat de existência da criança e do adolescente, com entradas e saídas nas agências de recolhimento e custódia.

as agências de controle e repressão do delito, a exemplo das delegacias de polícia, órgãos da justiça e unidades de internação, sem contar a questão racial e a alta taxa de evasão escolar, que os tornam invisíveis e permitem o exercício da dominação naturalizada com suas demandas frequentemente esquecidas.[23]

A sociologia de campos proposta por Bourdieu (1989, p. 66) é instrumento que permite comparar diferentes universos e explica como essas relações interagem e se edificam. Para o teórico (1989, p. 144 e 150), todo campo é um espaço de relações objetivas, reservado às lutas simbólicas entre agentes pela produção de senso comum, pela nomeação oficial legítima dos seus objetos, pela definição de princípios que legitimam a sua doxa. É preciso romper com doxas presentes no campo para nos posicionarmos e criarmos novos *habitus*, que inspiram "o agente na sua verdade de operador prático de construções de objetos" (BOURDIEU, 1989, p. 62).

O campo está relacionado a estruturas sociais que demandam autonomia. O campo que não demanda autonomia absoluta é nominado por Bourdieu de "espaço social". O mundo social pode ser representado por meio de espaços com distintas dimensões, em que os agentes e grupos são definidos por suas posições dentro destes espaços multidimensionais, evidenciando constantes conflitos, já que a distribuição de agentes se sedimenta a partir do capital que possuem (BOURDIEU, 1989, p. 133-135). Assim, os espaços sociais são formados por um "conjunto aberto de campos relativamente autônomos", que têm dificuldade para transformar-se e alterar o seu funcionamento, mesmo com alterações legislativas, em vista de doxas preexistentes. No campo socioeducativo, os diferentes tipos de capitais acumulados pelos indivíduos ou grupos geram constantes conflitos, com presunção de que o grupo dominante atua sob doxa predominantemente punitiva, transmitida de geração em geração.

No interior de cada subespaço socioeducativo há agentes dominantes e outros dominados lutando ininterruptamente pela manutenção das suas posições (BOURDIEU, 1989, p. 153), o que pode dificultar o atendimento oferecido ao adolescente institucionalizado, pois o exercício do poder simbólico pelos dominantes naturaliza atos e obsta a efetivação teórica e legal da ação socioeducativa, a partir de estratégias não conscientes.

---

[23] Ver pesquisas na nota nº 11.

A lógica dos sistemas simbólicos, considerados estruturas estruturadas (BOURDIEU, 1989, p. 9), é a imposição ou a legitimação da dominação, que contribui para assegurar a dominação de uma classe sobre outra (violência simbólica) dentro de um campo, aquilo que Bourdieu (1989, p. 11) denomina de "domesticação dos dominados", em que se procura definir o mundo social conforme os interesses das classes dominantes. Os adolescentes em conflito com a lei foram vistos historicamente por grupos segmentados como vítimas de abandono social, outras vezes como delinquentes, muitas vezes irrecuperáveis, o que pode ter legitimado a adoção recorrente da lógica da punição no processo de responsabilização.

Nesta perspectiva, os sistemas simbólicos distinguem-se a partir do modo como são produzidos por especialistas e, ao mesmo tempo, absorvidos internamente pelo grupo que compõem um campo de produção e de circulação relativamente autônomo (BOURDIEU, 1989, p. 12). O domínio da técnica punitiva por um grupo legitima a violência estatal que serve ao fortalecimento do poder (ANITUA, 2015, p. 73-74), por isso defende-se não ser possível a elaboração de resposta adequada ao delito juvenil sem uma prática "convergente, intercomplementar e sinérgica de todos os atores institucionais envolvidos" (COSTA, 2006b, p. 10), na direção da efetivação dos direitos e garantias dispostos em lei, com maior ênfase à educação e à profissionalização dos adolescentes institucionalizados.

### 1.1.2 A doxa que orienta o *habitus* punitivo na responsabilização penal juvenil

A doxa clássica é usada por Bourdieu com proximidade dos conceitos de ideologia na tradição crítica, porém considerada por ele mais útil a noção de doxa.[24] A doxa bourdieusiana (1989. p. 150) é vista como espécie de consenso dentro do campo, "um aceite a ordem corrente

[24] Bourdieu evita a palavra "ideologia", porque acredita que essa terminologia tem sido mal utilizada ou utilizada de maneira vaga. Contudo, ao abraçar categorias de análise como doxa, crenças espontâneas ou opiniões, é possível aproximá-las das noções de ideologia como algo incontestável e natural. A doxa enquanto ideologia seria a aceitação das coisas sem as conhecer, a partir de mecanismos inconscientes, ao contrário da definição tradicional da ideologia, que a resume como representação, como falsa consciência. Bourdieu defende que devemos nos afastar das representações e consciências porque o mundo social funciona em termos práticos, e não em termos de consciência (BOURDIEU; EAGLETON, 1996, p. 267-268).

como coisa evidente", o que fundamenta o poder simbólico orientador de *habitus* que formam o campo onde se exerce sua força e suas práticas.

O campo, em geral, possui uma doxa específica interiorizada (CATANI *et al.*, 2017, p. 158), dominante, hegemônica, que contrasta com doxas heterogênicas e, por isso, ocorrem disputas entre grupos, pois inexiste compartilhamento unânime por todos os agentes, isto é, "uma pessoa pode se sentir estranha ao universo da outra" (CATANI *et al.*, 2017, p. 158). No campo socioeducativo, o senso comum parece ser eminentemente punitivo, o que dificulta práticas que proponham olhar conjunto para a padronização do atendimento ao adolescente em conflito com a lei nos moldes constitucionais, especialmente quando há confronto com aqueles que não compartilham a mesma doxa punitiva.

A prática punitiva dentro do campo socioeducativo, se predominante, negará a própria história que modificou o modelo de atendimento específico e diferenciado ao adolescente que pratica atos infracionais – "esquecimento da história que a própria história produz" – porque as doxas influenciam nos *habitus*, que produzem práticas autônomas em relação à situação objetivamente considerada (BOURDIEU, 1983, p. 65).

A doxa envolve uma espécie de feitiço que dá um ar de normalidade à subalternação e, de certa maneira, impede alteração do *status quo*. Enquanto senso comum, ela contribui para a reprodução da ordem existente (CATANI *et al.*, 2017, p. 158). Desse modo, se a lógica proveniente do Direito Penal seletivo e punitivo estiver presente enquanto doxa socioeducativa hegemônica, será reproduzida nos *habitus* do subsistema penal juvenil, dificultando a implementação de práticas voltadas para as garantias e especificidades previstas no ordenamento jurídico pátrio.[25]

---

[25] Quanto à reprodução da punição presente no sistema penal comum ao sistema socioeducativo, pesquisa recente de Flora Sartorelli Venâncio de Souza (2019, p. 134-135) indica que, no estado do Rio de Janeiro, a medida socioeducativa de internação é certa para aqueles adolescentes que praticam ato infracional análogo a tráfico de substância entorpecente e roubo, não importando o número de passagens anteriores para esses casos. É verdade que a pesquisadora também indicou que, de forma geral, "não se visualizou uma situação de desrespeito sistemático aos critérios restritivos de aplicação da internação, bem como aos princípios da excepcionalidade e brevidade". Porém, o fato de metade da população de adolescentes segregados estar relacionada aos dois delitos acima indicados permite chegar à conclusão de que o Judiciário está punindo com maior rigor a prática de atos infracionais dessas naturezas, na mesma via da política brasileira de guerra às drogas em face da população adulta, aproximando o sistema penal juvenil do sistema penal adulto, já que dispensa os critérios específicos elencados no ECA. Outra pesquisa interessante, de autoria de Soraia Priscila Plachi (2017), buscou relacionar, no âmbito do DF, as semelhanças e diferenças em relação à execução de medidas socioeducativas de internação e o sistema de execução penal adulto, concluindo que ambos os sistemas são idênticos, encarceradores e punitivos.

Isso ocorre porque uma sociedade dóxica é uma sociedade na qual a ordem estabelecida se percebe como não arbitrária, como algo evidente e natural, onde não cabem questionamentos. Em outras palavras, é uma sociedade em que todos têm perfeito sentido dos limites sem que seja preciso dizer quais são, porque são postos sem serem ditos. Por tal motivo, nessas sociedades, não há espaço para mudanças ou transformações nas práticas (MOI, 2001, p. 7), ainda que tenham sido alterados os parâmetros normativos.

Nesse sentido, a mera alteração legislativa ou a substituição de modelos de responsabilização penal juvenil não terão o condão de transformar as práticas, porque a sociedade dóxica socioeducativa permanecerá com suas verdades inquestionáveis: a punição parece ser o que incita as práticas daqueles que lidam com o campo penal juvenil e justifica a negação de direitos historicamente obtidos.

### 1.1.3 Os *habitus* herdados e reproduzidos no campo socioeducativo

No que toca ao *habitus*, Bourdieu (1989, p. 61-62) sustenta que ele se compõe de conhecimento adquirido, de capital, indica disposição durável incorporada, não consciente, tende a se reproduzir, é internalizado a partir de sistemas hierarquizados de gostos em uma estrutura de campo. *Habitus* é, portanto, estruturado em herança afetiva a partir de esquemas classificatórios, estruturas mentais e formas simbólicas percebidas como naturais e, por tal razão, legitimadas e reproduzidas como a forma em que os indivíduos apreciam o mundo (BOURDIEU, 2007, p. 436).

A concepção de *habitus* pode ser sintetizada como:

> [...] sistemas de disposições duráveis, estruturas estruturadas predispostas a funcionar como estruturas estruturantes, isto é, como princípio gerador e estruturador das práticas e das representações que podem ser objetivamente 'reguladas' e 'regulares' sem ser o produto da obediência a regras objetivamente adaptadas a seu fim sem supor a intenção consciente dos fins e o domínio expresso das operações necessárias para atingi-los e coletivamente orquestradas, sem ser o produto da ação organizadora de um regente" (BOURDIEU, 1983, p. 61).

O *habitus* é predisposto a atuar em determinados campos, possibilitando a reprodução de doxas usualmente incorporadas, nesse caso, costumeiramente punitivos. Se o padrão dóxico empregado é punitivo, então as ações serão punitivas. O *habitus* é conceito sintético que expressa várias camadas, valores e crenças, tendências para reproduzir algo. Quem domina o *habitus* detém capital simbólico[26] e, por consequência, exerce poder dentro do campo de que faz parte que, no caso em apreço, não é o adolescente em conflito com a lei.

Bourdieu (1989) acredita nos processos de transformação dos *habitus,* ponto crucial da construção de um campo penal juvenil adequado às normas vigentes. Defende igualmente que existe uma base estrutural e estruturante (elementos simbólicos de representação) que cria o mundo. Conectam-se esses elementos com a necessidade de entendimento de estruturas da sociedade (modos de organização estrutural da sociedade que estruturam práticas, e essas práticas criam grupos, corporações, instituições). Cada sociedade molda seus grupos a partir dessas estruturas estruturadas, que são dinâmicas e que podem ser analisadas de forma objetiva (crenças, modos de produção, atores, etc.). São esses grupos que integram o campo socioeducativo e trazem para seu interior carga simbólica robusta aplicada ao adolescente em conflito com a lei, mas é preciso acreditar ser possível a modificação desses *habitus,* seja na educação empregada pela família, seja pelas estratégias de governança, como o fortalecimento da intersetorialidade, objeto do próximo capítulo.

Desse modo, não se pode perder de vista que o *habitus* é construído a partir da trajetória dos indivíduos, isto é, a partir da primeira socialização (família) que torna o discurso naturalizado (BOURDIEU, 2007, p. 435). O *habitus* é a apropriação de esquemas avaliativos e cognitivos transmitidos de forma automática no ambiente familiar e, após, compartilhados em rede social, igualmente pré-reflexiva e automática (SOUZA, 2018, p. 228-229). O processo de autonomização é herdado de seus predecessores, reproduzido a partir da dominação simbólica no campo socioeducativo, que é estruturado como "estufas" para mudar pessoas, na esteira do que se denomina instituições totais[27] (GOFFMAN, 1974).

As justificações punitivas são construídas ainda analiticamente a partir dos *habitus* (comportamentos) históricos dos atores integrantes de

---

[26] Cf. CATANI *et al.*, 2017, p. 109-112.

[27] Goffman (1974, p.11) define a instituição total "como um local de residência e de trabalho onde um grande número de indivíduos com situação semelhante, separados da sociedade mais ampla por um período considerável de tempo, leva uma vida fechada e formalmente administrada".

espaços dentro do campo, que utilizam a contenção violenta, a exemplo de espancamentos e maus-tratos[28], entre outros, para impor regras que destoam dos modos de ser e de estar de seus tutelados (ADORNO, 1993, p. 194), além de modos de agir silenciosos que retratam violência sem questionamento do arbitrário, como no caso de aplicação ou manutenção de medidas de internação dissociadas dos ditames legais.

Em síntese, as categorias de Bourdieu serão utilizadas conforme quadro seguinte:

Quadro 1 - Categorias bourdieusianas e o campo socioeducativo

| Categorias bourdieusianas | Definições | Hipóteses levantadas no campo socioeducativo |
|---|---|---|
| Campo | Estruturas sociais, espaços de relações objetivas e objetivadas. | Campo da administração da justiça juvenil. |
| Doxa | Conjunto de crenças hegemônicas e heterogênicas que geram disputas por consensos dentro do campo. | A doxa hegemônica é punitiva. |
| *Habitus* | Estruturas estruturantes que se reproduzem e moldam as práticas. São disposições duráveis. | Ações punitivas, maus tratos, encarceramentos por vezes desnecessários, pautados na política criminal comum, fiscalizações medianas, defesa técnica precária, políticas públicas insuficientes, carência de vagas para profissionalização, alimentação insatisfatória, estruturas físicas de dormitórios inadequadas, saúde calamitosa, entre outros. |
| Capital | Patrimônio herdado e adquirido com as práticas. | Capital violento e punitivo. |

Fonte: autoria própria a partir de conceitos de Bourdieu extraídos do texto

A partir da compreensão das categorias selecionadas e para compreender a natureza das práticas e representações do campo socioeducativo, é preciso revisitar a história desse campo. No próximo item, será feito um apanhado histórico que conferirá à criança e ao adolescente, especialmente àqueles pertencentes às classes populares, o título de objetos sem valor desde o Brasil Colônia e o Império, concepção de

[28] Para exemplificar, muitas reportagens trazem denúncias com vídeos da naturalização da violência em unidades de internação praticadas contra adolescentes custodiados, entre elas: https://g1.globo.com/df/distrito-federal/noticia/jovem-e-agredido-por-agente-em-centro-de-internacao-no-df.ghtml.

exclusão e de abandono que certamente foi reproduzida nos modelos de responsabilização nacionais e refletem um olhar de dominação do Estado em face dessa categoria de seres humanos (FALEIROS, 2009, p. 222).

Assim como Anitua (2015, p. 33), na obra "Histórias dos pensamentos criminológicos", em que pretendeu fazer uma genealogia das formas de pensamento político, penal e criminológico das instituições que compõem o campo criminal, pareceu-me importante assinalar quando e como "surgiram instituições que configuram a realidade das práticas discursivas que nos conformam" (ANITUA, 2015, p. 24), com recorte para o campo penal juvenil brasileiro no que toca à segregação.

## 1.2 O campo normativo punitivo da responsabilização penal juvenil

Como se construíram historicamente os modelos de justiça juvenil? Por que há dificuldades de implementar as garantias constitucionais atribuídas aos adolescentes segregados que praticaram atos infracionais graves? O problema está nas normas ou nas instituições que as executam? Se nossa legislação vigente quanto à responsabilização penal de adolescentes é considerada uma das mais modernas do mundo, por que não conseguimos pô-la em prática? Para responder a essas perguntas, partilha-se o entendimento de David Garland (2017, p. 41), ao iniciar a contextualização do processo histórico que auxilia na compreensão das "políticas criminais contemporâneas", que afirma: "Nós rapidamente nos acostumamos às coisas como elas são". Ou seja, agimos orientados pela naturalidade de comportamentos resultantes de violência simbólica,[29] exercício da lógica da dominação, onde a ordem estabelecida do mundo perpetua-se tão facilmente, ainda que injusta ou recheada de privilégios e imunidades (BOURDIEU, 2014a, p. 7-8).

De modo geral, a construção do campo penal juvenil inicia-se a partir de uma dogmática sociopenal[30] punitiva de controle de toda

---

[29] Bourdieu (2014a, p. 7) afirma que violência simbólica é a "violência suave, insensível, invisível a suas próprias vítimas, que se exerce essencialmente pelas vias puramente simbólicas da comunicação e do conhecimento, ou mais precisamente, do desconhecimento, do reconhecimento, ou, em última instância, do sentimento".

[30] O sistema sociopenal da infância marginalizada socialmente era um meio de "defesa social em face da criminalidade juvenil, que somente se revelou possível em razão da identificação jurídica e ideológica entre infância carente e infância delinquente" (MACHADO, 2003, p. 35).

infância e adolescência socialmente desassistida (MACHADO, 2003, p. 35). E os diferentes discursos empregados no campo socioeducativo no decorrer dos anos, ao contrário de representarem o desenvolvimento da própria sociedade, retratam distintas táticas de poder que continuam funcionando por meio de feições do poder punitivo (RODRIGUES, 2017, p. 36).

Em relação à descrição histórica, registre-se que houve resistência à elaboração de um conteúdo histórico da responsabilização penal juvenil por entender que esse tema foi abordado com precisão e exaustão por inúmeros teóricos e acadêmicos. Contudo, ao final, não seria possível trabalhar os dados coletados, assim como analisar as categorias teóricas propostas por Bourdieu, como os *habitus* dos atores que integram o campo de administração da justiça juvenil, sem sobrevoar, ainda que rasamente, os processos históricos que deram luz às práticas socioeducativas no Brasil. A abordagem histórica é a mola propulsora que nos permite repensar o presente e desvendar as dificuldades de se implementar as garantias constitucionais atribuídas aos adolescentes segregados tidos como infratores. No entanto, para não se tornar repetitiva, a pesquisa norteou-se somente na historiografia brasileira das medidas de segregação no campo penal juvenil.

Assim, a análise da evolução do tratamento jurídico conferido a crianças e adolescentes autores de atos infracionais no Brasil permitirá perceber a presença da doxa punitiva nas práticas socioeducativas desde a etapa penal indiferenciada, legitimando verdadeiras "instituições de sequestro" de categoria marginalizada (FOUCAULT, 2003, p. 118). Ao final, pretende-se perceber que o modelo atual ainda resvala em aspectos de modelos ultrapassados, centra-se na punição, obstando a observância dos direitos e garantias implementados no campo socioeducativo.

### 1.2.1 Os modelos de responsabilização penal juvenil e a prevalência da doxa punitiva

O Direito Penal Juvenil brasileiro será concebido nesta pesquisa como um subsistema de controle social do Direito Penal comum,[31]

---

[31] "Os artigos 37 e 40 da Convenção das Nações Unidas de Direitos da Criança e do Adolescente (CNUDCA) trazem os principais contornos da justiça penal juvenil, estabelecendo os princípios norteadores deste sistema, com todas as características de uma justiça penal, seja pelo chamado 'sequestro de conflito pelo Estado', seja pelas notas

cujo modelo atual misto de responsabilização penal dos adolescentes foi construído a partir de uma conjectura internacional que buscava diferenciar a responsabilização penal de adultos daquela conferida às crianças e aos adolescentes, atribuindo garantias ao processo de responsabilização, que deveria se orientar por maior carga pedagógica que pela punição propriamente dita.

Existem diversas classificações de modelos de atendimento na responsabilização do adolescente em conflito com a lei, que não são objeto específico da presente pesquisa, mas algumas podem ser mencionadas para o entendimento da classificação que elege o modelo misto como aquele vigente no Brasil.[32]

Méndez (2000, p. 7-8) afirma ser possível dividir a história do Direito da Criança e do Adolescente em três etapas: caráter penal indiferenciado, caráter tutelar e caráter penal juvenil. A primeira etapa caracteriza-se especialmente por não estabelecer diferenças entre esta categoria de seres humanos e os adultos, recolhendo todos os condenados no mesmo espaço. Após, adveio o caráter tutelar da norma, ocasião em que surgiu no condado de Cook, em Illinois nos Estados Unidos, em 1899, o primeiro Tribunal de Menores, a partir dos Movimentos dos Reformadores, o que ensejou indignação moral com a situação de recolhimento conjunto, obtendo vitória na separação dos condenados adultos daqueles que ainda não haviam alcançado a maioridade penal.[33] Por fim, sobreveio a concepção de responsabilização penal juvenil, a

---

fundantes de um sistema penal, a saber: a pena com um mal; o monopólio do Estado para a imposição da sanção; e a concepção deste sistema como um mecanismo de defesa social" (SARAIVA, 2010, p. 57).

[32] Este item não objetiva esgotar as classificações de modelos socioeducativos, mas apenas situar o leitor no modelo de responsabilização misto, considerado vigente no Brasil.

[33] Ellen Rodrigues (2017, p. 63) esclarece que o elemento mais importante a ser observado na prática dos Tribunais de Menores não era a separação dos julgamentos dos delitos praticados pelas crianças e adolescentes daqueles praticados por adultos, mas sim a origem, a estrutura familiar, o ambiente em que viviam, que permitia a aplicação do estigma de periculosidade, degenerescência, tendência a práticas violentas e insubordinação às leis. Tais emblemas sociais funcionavam como permissão para o "enclausuramento" sob o argumento da proteção por tempo indeterminado. No mesmo sentido é a crítica ao modelo tutelar desenhada por Platt (1997, p. 19-20) na obra "Los salvadores del niño, o la invención de la delincuencia", em que as práticas salvacionistas protagonizadas pelo movimento "Los salvadores del niño", em que pese terem sido inovadoras porque criaram novas instituições e métodos de controle social, reproduziam o mesmo padrão punitivo do crime, sustentando ser necessária a identificação precoce da delinquência para "salvá-los" das mazelas sociais e do consequente encaminhamento a estabelecimentos de reabilitação, conhecidos como "reformatórios", locais em que se praticavam maus-tratos e punições violentas.

partir da CNUDCA,[34] caracterizando-se pela necessidade de separação dos conflitos atinentes às leis penais, de participação conforme o grau de maturidade e estabelecimento de um processo de responsabilização próprio.

Karyna Batista Sposato (2011, p. 60-73) foi além e apresentou cinco modelos de responsabilidade penal de adolescentes: modelo punitivo ou etapa penal indiferenciada, modelo de proteção ou etapa tutelar, modelo educativo ou de bem-estar, modelo de responsabilidade ou etapa garantista e o modelo misto, vigente no Brasil.

A etapa penal indiferenciada guardava relação com os Códigos Penais meramente retribucionistas vigentes no século XIX e não distinguia crianças de adultos no momento da responsabilização penal. Imputavam-se as mesmas normas dos adultos às crianças, exceto no que toca às circunstâncias atenuantes para redução de pena quando se tratava de crianças. Era permitida a restrição de liberdade de pena por crianças nos mesmos estabelecimentos penais que os adultos (VÁSQUEZ GONZÁLEZ, 2003, p. 247). No Brasil, os exemplos de Códigos Penais que representam esse modelo de responsabilização penal indiferenciada são os Códigos de 1830 e 1890, nos quais "o objeto central foi a investigação do discernimento" (SPOSATO, 2011, p. 62).

Para Sposato (2001, p. 21), a chamada "etapa penal indiferenciada do Direito Penal Juvenil" se caracteriza por três critérios principais: o espelhamento dos delitos cometidos por autores de atos infracionais às mesmas legislações e diplomas legais que regulam a responsabilidade penal dos adultos; a imposição das mesmas penas impostas aos

[34] Em 20 de novembro de 1989, na cidade de Nova York, nos Estados Unidos da América, a Assembleia Geral das Nações Unidas aprovou a Convenção Internacional de Direitos da Criança e do Adolescente por meio da Resolução nº 44/25. "Desde então, os Direitos da Criança passaram a se assentar em um documento global, com força coercitiva para os Estados signatários, entre os quais o Brasil, que promulgou o Decreto nº 99.710, de novembro de 1990" (SARAIVA, 2010, p. 21). A referida Convenção passou a ser conhecida por Doutrina das Nações Unidas de Proteção Integral dos Direitos da Criança e compreende não apenas o próprio texto da Convenção, como também as Regras Mínimas das Nações Unidas para a Administração da Justiça da Infância e da Juventude, conhecidas como Regras de Beijing (de maio de 1984); as Diretrizes das Nações Unidas para a Prevenção da Delinquência Juvenil, conhecidas como Diretrizes de Riad (de dezembro de 1990), as Regras Mínimas das Nações Unidas para a elaboração de Medidas Não Privativas de Liberdade (Regras de Tóquio, Resolução nº 45/110, de 14.12.1990) e as Regras Mínimas das Nações Unidas para a Proteção dos jovens Privados de Liberdade (Resolução nº 45/113, de abril de 1991)" (SARAIVA, 2010, p. 15). Esses documentos internacionais são fundamentais para a construção do ideário da proteção integral e demonstram como essa doutrina foi ano a ano se consolidando no cenário internacional.

adultos; e o cumprimento das sanções nos mesmos estabelecimentos penais de adultos.

Já o modelo protetivo ou tutelar[35] fundamenta-se na tradição correcionalista, cujo principal teórico é Pedro García Dorado Montero (1973). Nesta etapa, a responsabilização penal deixa de focar meramente na retribuição e no castigo para se preocupar com a prevenção e o tratamento do apenado, na perspectiva de uma jurisdição especializada (SPOSATO, 2011, p. 66-67), motivo pelo qual são edificados os primeiros Tribunais de Menores: Estados Unidos (1899), Inglaterra e Holanda (1905), Alemanha (1908), Polônia (1909), Portugal (1911), França e Bélgica (1912), Hungria (1913), Espanha (1918), entre outros (RODRIGUES, 2017, p. 63; CRIVELLI, 2014, p. 78).

Esta concepção justifica a discricionariedade judicial e a dispensa de direitos fundamentais como o exercício da ampla defesa e do contraditório pelo apenado, a fim de buscar a "medida mais adequada à salvação moral e social" (HIGUERA GUIMERÁ, 2003, p. 45). A imagem refletida do juiz era eminentemente patriarcal, paternal e educativa, figurando como pai substituto daquele que infringia a lei, motivo pelo qual a institucionalização ocorria não apenas para aquele que praticava ato típico, ilícito e culpável, mas também para aqueles enquadrados em condutas irregulares (SPOSATO, 2011, p. 66).

O modelo educativo ou de bem-estar pautou-se pelo etiquetamento (CRIVELLI, 2014, p. 143) e teve origem após a Segunda Guerra Mundial, entre os anos 40 e 50 e término na década de 70, sendo caracterizado pela permissividade e tolerância ante o cometimento de atos infracionais por menores de idade, na perspectiva antipunitiva, com maior participação comunitária e prevalência de solução extrapenal ou restaurativa (SPOSATO, 2011, p. 69). Assim, após fortes críticas lançadas ao modelo tutelar, especialmente a partir da constatação de que as intervenções judiciais formais geravam mais efeitos prejudiciais e estigmatizantes aos adolescentes, surgiu um modelo centrado na diminuição

---

[35] A doutrina da situação irregular, na visão de Emilio García Méndez (1998, p. 27), não significa outra coisa que legitimar uma potencial ação judicial indiscriminada sobre as crianças e os adolescentes em situação de dificuldade. Ao se definir "um menor em situação irregular", exorcizam-se as deficiências das políticas sociais, optando-se por "soluções" de natureza individual que privilegiam a institucionalização ou a adoção. Karyna Batista Sposato (2011, p. 33) orienta que "a falta de regras e princípios processuais e constitucionais de garantia na imposição das medidas, ou seja, a informalidade dos mecanismos de controle sociopenal dos adolescentes foi marca decisiva da Etapa Tutelar do Direito Penal Juvenil, que contou finalmente com a doutrina da situação irregular para legitimar seu exercício".

da intervenção mediante a desjudicialização e o desenvolvimento de técnicas extrajudiciais de solução de conflitos (CRIVELLI, 2014, p. 98).

No entanto, importa esclarecer que esse modelo somente obteve certo êxito nos países onde o contexto político e econômico favoreceu o desenvolvimento do *Welfare model,* de modo que onde não havia essas condições, a exemplo da Espanha e da América Latina, passou-se praticamente inadvertido, perdurando o modelo tutelar dominante durante mais de sete décadas. Ademais, esse modelo não implicou total abandono ao modelo tutelar ou assistencial, mas sua continuação com algumas modificações, preservando-se a ideia de sujeitos incapazes ou objeto de proteção do Estado, assim como o desconhecimento de garantias constitucionais (CRIVELLI, 2014, p. 96-97).

Outro modelo foi o de responsabilidade ou de proteção integral, que se caracteriza por combinar o modelo educativo, que deve nortear o conteúdo das medidas impostas, com o modelo de justiça ou de garantias,[36] a partir da exigência de um processo pautado pelo contraditório e pela ampla defesa, isentando-se da responsabilidade penal plena do menor de 18 anos, mas aplicando-lhe uma legislação específica e especial (SPOSATO, 2011, p. 71-72; RODRIGUES, 2017, p. 98).

Importa registrar diferenças da incorporação desse modelo no âmbito de países anglo-saxônicos e continentais. Nos primeiros, como nos Estados Unidos, a proposta de revisão dos modelos de bem-estar ocorreu por reivindicações de aplicação de mecanismos mais enérgicos e punitivos, em razão do crescente aumento de violência e delinquência juvenil nos anos 1980; já nos segundos, países da América continental e da América Latina, as propensões de um novo modelo ocorreram por interesse ou necessidade de esses países se adequarem aos movimentos internacionais relativos aos direitos humanos, a exemplo do Brasil, primeiro a adequar sua legislação à Convenção Internacional dos Direitos da Criança de 1989, com o ECA (CRIVELLI, 2014, p. 103-108; RODRIGUES, 2017, p. 98).

---

36 O modelo de justiça ou de garantias constitucionais emerge da duvidosa constitucionalidade dos processos de responsabilização juvenil e da ampla discricionariedade, que permitiam que muitos ordenamentos permanecessem utilizando concepções tutelares, ainda que na vigência de um modelo educativo, sobretudo no âmbito processual. Um dos casos que marcou a busca por maiores garantias processuais no que toca ao processo de responsabilização juvenil foi o caso de Gerald Gaut em 1967, em que a Suprema Corte norte-americana reconheceu abusos procedimentais e, em decisão inédita, reconheceu uma série de garantias, como a exigência de notificação oportuna sobre as acusações concretas que pesavam sobre os réus, o direito à imparcialidade no julgamento, o direito a serem representados por advogados, o direito ao silêncio, o direito à não autoincriminação, entre outros (CRIVELLI, 2014, p. 109-111; RODRIGUES, 2017, p. 98).

Por fim, emergiram os modelos mistos, que mesclam modelos de bem-estar ou educativo com o modelo de responsabilidade ou de proteção integral, a partir da denominada política dos 4Ds: descriminalização – decriminalization, diversão – diversion, devido processo legal – due process e desinstitucionalização – deinstitucionalization. Esses modelos pautam-se, além da política dos 4Ds, nas normas internacionais relativas à Justiça Penal Juvenil (SPOSATO, 2011, p. 73-74). No Brasil, há dificuldade de se reconhecer um modelo puro, porque ainda persistem aspectos identificadores do modelo tutelar, assim como características próprias de modelo educativo ou do bem-estar, motivo pelo qual o modelo brasileiro se aproxima mais do modelo misto do que do modelo de responsabilidade propriamente dito.

Outros teóricos apresentaram classificações equiparadas, mas, para esta pesquisa, utilizaremos a classificação de Sposato (2011), por entender ser mais completa e adequada ao recorte proposto, além de alinhada ao campo penal juvenil brasileiro, que prevê atualmente a responsabilização e o conteúdo pedagógico como elementos da medida socioeducativa, conforme Lei do Sinase.

Em todos os modelos, é perceptível a existência da doxa punitiva que interferiu nos *habitus* presentes no campo da responsabilização penal juvenil, o que fundamentou práticas de aumento do controle social[37] dos adolescentes em conflito com a lei, assim como a expressiva quantidade de apreensões e o indeterminismo das medidas socioeducativas, a manutenção dos padrões prisionais nos estabelecimentos de internação e até mesmo a ausência de garantias constitucionais (SPOSATO, 2011, p. 70).

A construção do modelo de responsabilização penal juvenil a partir do Direito Penal infelizmente também colabora para a manutenção de *habitus* tutelares e punitivos ao prever regras de discricionariedade que permitem atuação conflitante a partir da presença marcante da doxa punitiva.[38] Embora o campo penal juvenil contenha características

[37] Os primeiros teóricos a utilizar o Direito Penal como controle social – Muñoz Conde e Hassemer (1989). Segundo Hassemer e Muñoz Conde (1989, p. 115), a sociedade não existiria sem o chamado controle social. Seria impossível o processo de socialização sem que fossem estabelecidas normas de conduta e sanções para o caso do não cumprimento dessas normas. Francisco Muñoz Conde (2005, p. 11 e 26) aduz que o Direito Penal como controle social se dá quando a sociedade não consegue "regular a convivência de modo organizado e pacífico". Desse modo, a ordem jurídica e o Estado assumem esta função, passando ambos a regular a ordem social, intervindo coercitivamente sempre que houver falha no controle informal não institucionalizado.

[38] Anderson Pereira de Andrade e Bruno Amaral (2017, p. 45-50) indicaram a necessidade de reforma legislativa para restringir as margens de discricionariedade das diferentes

próprias, como um subsistema, "não pode estar dissociado do contexto mais amplo sobre os limites e fundamentos que edificaram o sistema penal moderno" (ANDRADE; MACHADO, 2017, p. 25), em especial no que toca à punição. A aproximação do campo penal, sem que se observem direitos e garantias constitucionais, assim como princípios e especificidades do campo socioeducativo, contribui para a distância entre a concepção teórica e normativa das práticas socioeducativas.

No próximo item, busca-se demonstrar que o ideário normativo socioeducativo é deontológico, propositivo, mas insuficiente para alterar as práticas. Uma das razões da inefetividade normativa quanto à *práxis* pode residir no fato de que as sucessivas reformas legislativas não tiveram o condão de alterar a doxa punitiva fortemente presente no inconsciente dos atores do campo socioeducativo. Outra razão, abordada no próximo capítulo, pode estar relacionada a falhas de intersetorialidade como estratégia de governança.

### 1.2.2 A história do *status* punitivo na responsabilização penal juvenil brasileira

Há resquícios da tradição tutelar da chamada doutrina da situação irregular, orientada para crianças e adolescentes tidos como delinquentes e abandonados,[39] que sedimentou responsabilização penal

---

organizações que atuam no processo de responsabilização penal juvenil. Defendem a revogação da parte infracional do ECA, com a aprovação de uma Lei de Responsabilidade Penal do Adolescente ou a reforma dos dispositivos do próprio ECA, com a inserção de um capítulo próprio de responsabilidade penal; com a alteração do nome atribuído às medidas socioeducativas para "pena juvenil", que retratará melhor o que de fato ela é; com a previsão expressa de obrigação de o juiz determinar prazo certo para o cumprimento de medida, fixação de critérios para os relatórios psicossociais produzidos pelas unidades de internação; com rediscussão do tempo de internação cautelar do adolescente; ampliação de medidas cautelares que não incluírem a privação de liberdade; reformulação do instituto da remissão, presente nos artigos 126 a 128 do ECA, alterando o nome para "desistência" do processo, condicionando a sua aplicação à confissão do adolescente, além de se exigir a presença de advogado e permitir a aplicação desse instituto somente para delitos praticados sem violência ou grave ameaça à pessoa.

[39] O art. 26, incisos I a VIII, do Decreto Federal nº 17.943, de 12 de outubro de 1927 (BRASIL, 1927), conhecido como Código de Menores de 1927, descrevia os abandonados como aqueles que não tinham habitação certa, nem meios de subsistência, por serem seus pais falecidos, desaparecidos ou desconhecidos ou por não terem tutor ou pessoa sob cuja guarda vivessem; que se encontrassem eventualmente sem habitação certa, nem meios de subsistência, devido a indigência, enfermidade, ausência ou prisão dos pais, tutor ou pessoa encarregada de sua guarda; que tinham pai, mãe ou tutor ou encarregado de sua guarda reconhecidamente impossibilitado ou incapaz de cumprir os seus deveres para, com o filho ou pupilo ou protegido; que viviam em companhia de pai, mãe, tutor ou pessoa que se entregasse à prática de atos contrários à moral e aos bons costumes; que

assistencialista, terapêutica, higienista e punitiva, aplicada seletivamente, com discricionariedade, àquelas crianças e adolescentes vulneráveis. Em que pese o Direito Penal Juvenil ter sofrido significativas alterações na sua modelagem, do modelo penal indiferenciado ao modelo misto de responsabilização, os *habitus* do campo de administração da justiça juvenil ainda parecem estar voltados em grande parte para a punição, em sintonia com a doxa punitiva presente no campo penal adulto.

A crença no *status* punitivo das sanções sempre esteve presente no Direito Penal Juvenil, o que impõe dificuldade no diálogo e na interação entre os atores que atuam nas estruturas objetivadas desse campo, impedindo uniformização ou nivelamento na compreensão do que seria a natureza da medida socioeducativa, assim como qual seria sua finalidade.

Na etapa indiferenciada brasileira, conforme descrição no item anterior, as crianças inicialmente eram concebidas como "adultos em miniatura" (VÁSQUEZ GONZÁLEZ, 2003, p. 247), não existindo mecanismos institucionalizados e diferenciados de controle social da infância, senão aqueles de natureza informal como o trabalho, a família e a religião. A etapa que conferia tratamento jurídico indiferenciado entre crianças e adultos esteve presente no Código Penal Brasileiro de 1890 (TANGERINO; FERRAZ, 2016, p. 70), além do Código Penal de 1830, e justificava *habitus* punitivos semelhantes àqueles conferidos aos adultos. Essa semente pungente da punição foi plantada no início do período republicano e seus frutos foram sendo colhidos em todas as próximas etapas de responsabilização.

Após, consolidou-se no Brasil a etapa tutelar,[40] ocasião em que a doxa punitiva somou-se às características terapêuticas e higienistas

---

se encontrassem em estado habitual de vadiagem, mendicidade ou libertinagem; que frequentassem lugares de jogo ou de moralidade duvidosa, ou andassem na companhia de gente viciosa ou de má vida; que, devido a crueldade, abuso de autoridade, negligência ou exploração dos pais, tutor ou encarregado de sua guarda, fossem vítimas de maus-tratos físicos, habituais ou castigos imoderados; privados habitualmente dos alimentos ou dos cuidados indispensáveis à saúde; empregados em ocupações proibidas ou manifestamente contrárias à moral e aos bons costumes, ou que lhes ponham em risco a vida ou a saúde; excitados habitualmente para a gatunice, mendicidade ou libertinagem; que tenham pai, mãe ou tutor, ou pessoa encarregada de sua guarda, condenado por sentença irrecorrível a mais de dois anos de prisão por qualquer crime; a qualquer pena como coautor, cúmplice, encobridor ou receptador de crime cometido por filho, pupilo ou menor sob sua guarda, ou por crime contra estes.

[40] A concepção jurídica tutelar deve sua existência "ao predomínio de duas ideias hegemônicas: a convicção da incapacidade total da infância e a bondade intrínseca da ação discricional". No que toca à incapacidade infantil, importa registrar a utilização desse discurso, "pois tem sido historicamente um recurso recorrente para legitimar o domínio de fato sobre sujeitos débeis e vulneráveis" (MÉNDEZ, 2008, p. 25).

na chamada doutrina da situação irregular, uma nova forma de pensar que definiu a infância e a adolescência como categoria vulnerável, que necessitava de recuperação e cura. Por tal motivo é que foram criadas diversas instituições e escolas públicas, tribunais de menores, leis especiais, etc. (CRIVELLI, 2014, p. 15-16).

No Brasil, a etapa tutelar foi composta por três marcos normativos, todos inspirados, sobretudo, por doxa punitiva. O primeiro marco teve início com a Lei Federal nº 4.242, de 4 de janeiro de 1921, que regulava o serviço de assistência e proteção à infância abandonada e delinquente (SPOSATO, 2011, p. 67). Após, o Decreto Federal nº 16.273, de 20 de dezembro de 1923, criou o primeiro juízo de menores, na cidade do Rio de Janeiro, e no ano seguinte foi a vez de São Paulo criar, por meio da Lei Estadual nº 2.059, de 31 de dezembro de 1924 (MACHADO, 2003, p. 26), nova postura reeducativa e recuperacional do tratamento especializado conferido a crianças e adolescentes (TANGERINO; FERRAZ, 2016, p. 70). A doxa tutelar partia da concepção de que crianças e adolescentes eram objetos de proteção e não sujeitos de direitos, legitimando *habitus* segregativos sem que houvesse prática de ato infracional, mas que servia de antídoto a situações de abandono e delinquência. As ações muito mais puniam seletivamente uma categoria específica de seres humanos do que os protegiam.

O terceiro marco da etapa tutelar brasileira, igualmente orientado pela doutrina da situação irregular e pela doxa punitiva, foi a promulgação do Decreto Federal nº 17.943, de 12 de outubro de 1927, conhecido por Código de Menores, ou simplesmente "Código Mello Mattos", em homenagem ao primeiro juiz de menores brasileiro, aquele que elaborou o referido código. A doutrina da situação irregular norteava a doxa punitiva presente no Código Mello Mattos, cuja missão centrou-se no tratamento jurídico específico para as crianças e os adolescentes, a partir de normas que permitiam ao Estado intervir na juventude e na família (TANGERINO; FERRAZ, 2016, p. 70-71). A característica marcante da nova legislação, portanto, era "concentrar na autoridade do juiz de menores o poder de decidir, em nome da criança, sobre o que é melhor para ela" (SPOSATO, 2006, p. 33), uma discricionariedade alinhada ao positivismo criminológico (TANGERINO; FERRAZ, 2016, p. 71) que reforçava doxa e *habitus* punitivos.

A doutrina da situação irregular não se direcionava ao conjunto da população infantojuvenil do país. Do mesmo modo, não se orientava apenas aos menores de idade infratores, mas igualmente aos carentes, abandonados, inadaptados. Não havia preocupação com os direitos humanos de todas as crianças e adolescentes, mas apenas de um grupo restrito, geralmente carente e abandonado que necessitava de proteção e justificava intervenções estatais punitivas, como a segregação arbitrária.

Essa doutrina pautava-se normativamente pelo binômio da compaixão-repressão (MÉNDEZ, 1998, p. 32) e a imputabilidade penal justificava a supressão de garantias processuais em caso de prática de ato infracional (COSTA, 2006b, p. 45), percepção que sedimentou a lógica da exclusão e a presença da doxa punitiva intervindo na *práxis* e no campo normativo.

Na vigência do Código Mello Mattos, houve intensificação das "apreensões" cotidianas de "menores" a partir dos anos 30, nos moldes das prisões correcionais (SALLAS; TEIXEIRA, 2016, p. 3). Em 1935, houve reestruturação da política na busca por maior controle às classes populares, "estendendo-se à Delegacia de Vigilância a competência para prender mendigos e menores, pelo que ela passaria a se designar Delegacia de Vigilância e Capturas". Tal fato gerou aumento significativo de crianças e adolescentes apreendidos, saltando "de 70 no ano de 1926 para 2.155 em 1935, sendo a imensa maioria deles, 1.886, apreendidos na Capital" paulista (SALLAS; TEIXEIRA, 2016, p. 3-4).[41]

A doutrina tutelar vigeu no Brasil oficialmente até a revogação do Código de Menores, em 1990, pelo ECA. Durante o modelo tutelar, a doxa punitiva aparecia com mais veemência na divisão da infância entre "uma minoria com suas necessidades básicas satisfeitas, consideradas as crianças e os adolescentes e outra maioria desprovida da satisfação de suas necessidades básicas, conhecidos como 'menores'" (MÉNDEZ, 1998b, p. 30). Esses últimos eram vistos como objetos de proteção, seres incapazes, isto é, não eram sujeitos de direitos. Por isso as leis não eram elaboradas para toda a infância e a adolescência, mas sim para os "menores" (BELOFF, 2004, p. 21), o que legitimava constrições físicas com enfoque punitivo.

O Código Mello Mattos se mostrou insuficiente para a proposta de um tratamento especial e diferenciado. Por tal motivo, foi necessária nova alteração na produção legislativa, originando etapa educativa ou

---

41 Sallas e Teixeira (2016, p. 3) indicam que a ideia de abandono e delinquência do "menor" e sua correlação com a potencialidade delitiva predominou de 1920 a 1970, onde as crianças e os adolescentes foram objeto das práticas policiais de controle representadas pelas detenções correcionais, entre as quais a prisão para averiguação. Tais práticas abusivas consistiram em detenções efetuadas pela polícia realizadas sem estado de flagrância ou ordem judicial e poderiam ser realizadas independentemente da ocorrência de delitos ou contravenções.

de bem-estar, especialmente na Era Vargas, na busca pela implementação de políticas públicas sociais mais efetivas (TANGERINO; FERRAZ, 2016, p. 72). Porém, a doxa punitiva persistia presente e prevalecente, motivando *habitus* punitivos na produção legislativa. Primeiro promulgou-se o Decreto-Lei nº 2.024, de 17 de fevereiro de 1940, que criou o Departamento Nacional da Criança (DNC), órgão orientado a agir preventivamente, evitando a ruptura familiar e, consequentemente, a produção de "menores abandonados" (RIZZINI; PILOTTI, 2011, p. 272). Seria o DNC órgão de coordenação de todas as atividades nacionais relativas à proteção à maternidade, à infância e à adolescência, mas fracassou ao não conseguir colocar em prática o projeto.

Após, foi criado, por meio do Decreto-Lei nº 3.799, de 5 de novembro de 1941, o Serviço de Assistência ao Menor (SAM) – vinculado ao Ministério da Justiça, caracterizando um modelo correcional-repressivo, até 1964. A história conta que os estabelecimentos do SAM baseavam-se em "reformatórios, casas de correção, patronatos agrícolas e escolas de aprendizagem de ofícios urbanos" (TANGERINO; FERRAZ, 2016, p. 72), possuíam estrutura e funcionamento análogos aos do sistema penitenciário sem dissimulações, disfarces ou encenações educativas (COSTA, 2006b, p. 47), verdadeira reprodução do campo prisional adulto. Do mesmo modo, seus regulamentos, quadro funcional, rotina de trabalho e métodos disciplinares assemelhavam-se aos utilizados para o adulto, baseados na criminologia positivista do século XX, indicando que a doxa punitiva continuava presente não apenas na construção do campo normativo, mas também no processo de responsabilização e de execução das medidas socioeducativas. A partir da década de 50, o modelo do SAM começou a declinar, já que não comportava o aumento quantitativo do fluxo de atendimento (COSTA, 2006b, p. 47-48).

Os avanços sociais da Era Vargas não atingiram satisfatoriamente a justiça penal juvenil, construído a partir do Juizado de Menores e do Código Mello Mattos, uma vez que sempre mantiveram "aberta a terrível possibilidade de internação conjunta de jovens e adultos, a despeito de todo o discurso que se construiu em sentido contrário". A contradição entre os modelos teóricos e legais com as práticas e os *habitus* institucionais permaneceu uma realidade velada nos períodos subsequentes (TANGERINO; FERRAZ, 2016, p. 74).

A partir do final da década de 60, e até 1980, o fenômeno da criminalidade urbana intensificou-se no Brasil, com especial destaque para os crimes patrimoniais de rua, ocasião em que o "trombadinha" ou "pivete", em geral representado pelo menino de rua, passou a personificar a figura do delinquente por meio de discursos midiáticos[42] que alimentavam o senso comum (SALLAS; TEIXEIRA, 2016, p. 5)[43] com mais doxa punitiva e justificavam *habitus* igualmente punitivos com a segregação de uma parcela de adolescentes tidos como perigosos. Além da presença marcante da doxa punitiva, esta etapa buscou inserir características educativas e protetivas, mas sempre impondo o castigo como maneira de repreender e educar. Na ausência de regras, durante a doutrina da situação irregular restavam legitimadas abusos e arbitrariedades, cometidos sob o pretexto da proteção e do superior interesse do menor de idade e na defesa da família e da sociedade (SARAIVA, 2010, p. 30).

Na sequência cronológica normativa histórica brasileira, merece destaque a criação da Fundação do Bem-Estar do Menor (FUNABEM) pela Lei nº 4.513, de 1º de dezembro de 1964, para ocupar lugar do SAM e ser o órgão responsável pela execução da Política Nacional do Bem-Estar do Menor (PNEBEM). Almejava-se a utilização de equipes multidisciplinares no atendimento ao adolescente em conflito com a lei e eram criticados os castigos físicos, assim como a tortura e a violência, propondo-se o diálogo a partir de estudos sociais e laudos psicopedagógicos. A ideia de se dar enfoque multidisciplinar ao atendimento do adolescente tido como infrator foi importante para o campo da responsabilização penal juvenil, porém o discurso empregado não permitia a alteração do *habitus* institucional, pois a doxa punitiva permanecia intacta.

Segundo Antônio Carlos da Costa (2006b, p. 49-50), pretendeu-se substituir o modelo pautado na criminologia positivista do século XIX por um modelo funcionalista de atendimento, em que o delinquente nato e antissocial, com alta periculosidade atendido no modelo do SAM, passou a ser visto como indivíduo privado de condições mínimas de desenvolvimento e merecedor de atendimento específico por parte do Estado. Mais uma vez, o discurso inovador não foi capaz de modificar a prática que impunha penitência, sofrimento, martírio ao adolescente infrator, eis que a FUNABEM herdou funcionários antigos com a doxa punitiva do SAM.

[42] Com relação à compreensão do fenômeno do adolescente em conflito com a lei e a forma como o tema é tratado pela imprensa ver: LUCCHESI; AZEVEDO; OLIVEIRA, 2017. p. 509-542.

[43] "Nota-se que a expressão menor abandonado vai sendo substituída por outras como menor de rua, pivete, trombadinha, revelando a construção de representações sociais que passam a ressignificar o lugar dos menores no espaço urbano e sobretudo na criminalidade" (SALLAS; TEIXEIRA, 2016, p. 6).

Não é demais lembrar ainda que a FUNABEM foi criada em 1964, ano em que ocorreu um Golpe Militar no Brasil e novo pacto político-social pautado no autoritarismo do Estado foi instalado sob o manto da chamada "doutrina da segurança nacional" (TANGERINO; FERRAZ, 2016, p. 74). Neste diapasão, conforme salientou Vera Malaguti Batista (1998, p. 69), infelizmente não é possível separar a criação da FUNABEM das demais políticas e da legislação criada no período de regime militar, em que vigia a rígida doutrina da segurança nacional e legitimava a defesa do Estado em face da juventude pobre. A doxa punitiva naturalizava a segregação como forma de punição e correção.

Em 1979 foi criado novo Código de Menores pela Lei nº 6.697, de 8 de fevereiro de 1979, consolidando-se a doutrina da situação irregular e a dimensão patológica conferida aos adolescentes objeto da norma (SARAIVA, 2005, p. 48). Previam os arts. 40 e 41 que o jovem internado, após completar 21 anos sem que se declarasse a cessação da medida de internação, poderia ser transferido para estabelecimento tido como adequado e não se fazia menção a direitos ou defesa do adolescente acusado (TANGERINO; FERRAZ, 2016, p. 76). Novamente, a doxa punitiva, cujos *habitus* estavam dissociados de qualquer lógica de acolhimento ou de garantias de direitos, justificava ações desarrazoadas.

Nessa linha, o Código de Menores de 1979 permitia "não só a institucionalização de jovens sem a observância de regras e princípios processuais e constitucionais, como também a sua continuidade no sistema destinado aos adultos" (TANGERINO; FERRAZ, 2016, p. 76).

A partir dos anos 80 ganhou força movimento em favor da infância e adolescência no país, por influência dos movimentos internacionais[44] que elevavam "as crianças e os adolescentes, da posição de objetos, passíveis de intervenções arbitrárias, para sujeitos de direitos, que devem ser respeitados em sua dignidade" (TANGERINO; FERRAZ, 2016, p. 77).

Nesses termos, o processo de adequação das legislações nacionais à CNUDCA, que, na América Latina, teve início no Brasil, em 1990, inaugura uma nova etapa, conhecida por doutrina da proteção integral (MÉNDEZ, 2008, p. 21), que se contrapõe à doutrina da situação irregular e traz, no que toca ao adolescente em conflito com a lei, todo o garantismo próprio do Direito Penal e do Constitucionalismo, ao prescrever um conjunto de regras e garantias denominado Direito

44 Cf. nota 32.

Penal Juvenil (SARAIVA, 2010, p. 30-31). A partir daí, o modelo tutelar vigente no Brasil cede espaço, ao menos no papel, para o modelo de responsabilização misto de garantias de direitos ao adolescente em conflito com a lei, onde o foco maior seria a socioeducação.

Além da promulgação da CF e do ECA, como instrumentos de rupturas com a doutrina da situação irregular, adveio a Lei Federal nº 12.594, em 18 de janeiro de 2012, conhecida como a Lei do SINASE, que instituiu o Sistema Nacional de Atendimento Socioeducativo e regulamentou a execução das medidas socioeducativas destinadas a adolescente que pratique ato infracional. A maior inovação talvez tenha sido a fixação de objetivos para as medidas socioeducativas (SOUZA, 2019, p. 46), definindo a finalidade da medida socioeducativa de internação, o que será mais bem detalhado no item 1.2.3.

O quadro comparativo a seguir poderá sintetizar os modelos de responsabilização penal juvenil, suas características, formas de intervenção e as relações com a doxa, especialmente no Brasil:

Quadro 2 – Categorias bourdieusianas e os modelos socioeducativos

*(continua)*

| Modelos Socioeducativos | Fundamentos Teóricos | Características | Doxa hegemônica | Doxa heterogemônica | *Habitus* | Brasil |
|---|---|---|---|---|---|---|
| Indiferença | Códigos penais retribucionistas e doutrina da situação irregular | Não distinguia crianças de adultos na responsabilização penal. | **punitiva** | Não identificada | Retribuição, castigo e maus tratos, utilização de mesmas normas dos adultos; restrição de liberdade nos mesmos estabelecimentos dos adultos, por tempo indeterminado. | Código Penal de 1830 e 1890 |
| Protetivo ou Tutela | Tradição correcionalista e doutrina da situação irregular | Inquisitivo, sem observância dos direitos e garantias fundamentais; a figura do juiz era eminentemente patriarcal, motivo pelo qual justificava qualquer medida para salvação moral. Adolescentes vistos como objetos de proteção. | **punitiva** | Prevenção e tratamento | Alta discricionariedade judicial; privação de liberdade por tempo indeterminado, dispensa de direitos fundamentais, institucionalização para aqueles que praticavam ato infracional e também para aqueles em situação de abandono. | Código de Menores de 1927 |

*(conclusão)*

| Modelos Socioeducativos | Fundamentos Teóricos | Características | Doxa hegemônica | Doxa heterogemônica | *Habitus* | Brasil |
|---|---|---|---|---|---|---|
| Educativo ou Bem-Estar | Teoria do etiquetamento e doutrina da situação irregular | Buscava maior participação popular e prevalência de soluções extrapenais ou restaurativas. Buscava menor intervenção mediante a desjudicialização. | **punitiva** | Antipunitivismo: permissividade e tolerância | Modelo que só evoluiu nos países em que deu certo o Welfare model, o que não foi o caso da Espanha e Latinoamérica onde os hábitus permaneceram análogos ao modelo tutelar por mais de 70 anos. | Era Vargas: reformatórios e casas de proteção |
| Responsabilidade ou Proteção Integral | Doutrina da proteção integral e direitos humanos | Combinação entre o modelo educativo e o modelo de justiça, com aplicação de justiça especializada e presença de garantias como contraditório e ampla defesa. Adolescentes vistos como sujeitos de direitos. | **punitiva** | Garantista | Adoção de mecanismos mais enérgicos e punitivos para conter aumento de violência e atos infracionais, com maior apreensão e encarceramento dos adolescentes em conflito com a lei. | Código de Menores de 1979 |
| Misto | Doutrina da proteção integral e direitos humanos | Mescla dos modelos educativos com de responsabilidade, com políticas 4Ds (descriminalização, diversão, devido processo legal e desinstitucionalização). | **punitiva** | Garantismo e despenalização | Persistência de aspectos tutelares e de discricionariedade judicial, internação com prazo indeterminado, inobservância de direitos e garantias, como deficiência de defesa técnica, especialmente em trâmites extraprocessuais, manutenção de padrões prisionais, nas unidades de internação, entre outros | CF, ECA, Lei do SINASE |

Fonte: autoria própria a partir das informações extraídas do texto

A breve digressão histórica possibilitou aproximação dogmática própria do Direito Penal ao campo socioeducativo, onde as medidas socioeducativas de internação são comparadas a penas (sanção jurídica decorrente do exercício do poder estatal do poder punitivo) e, portanto, os *habitus* dos atores que figuram no campo de administração da justiça juvenil são ratificados por meio de violência simbólica estatal legítima que justificam a punição aflitiva aplicada por meio das medidas socioeducativas de internação à camada de adolescentes dominados. Suspeita-se que essa é uma das dificuldades de concretização das novas normas afetas aos adolescentes em conflito com a lei.

### 1.2.3 O escopo punitivo da medida socioeducativa de internação

Diante do modelo de responsabilização penal juvenil misto incorporado ao ordenamento jurídico pátrio, quais são as justificações da medida socioeducativa segregatória? Qual a finalidade da internação? Como deveria agir o campo de administração da justiça penal juvenil na busca pela socioeducação? É possível alcançar a ressocialização e a reintegração do adolescente em conflito com a lei na modernidade? Por que não avançamos para a prática de um atendimento que esteja em sintonia com as garantias estabelecidas na doutrina da proteção integral?

Essas questões intrigam pesquisadores no campo socioeducativo porque a execução de medidas socioeducativas de internação, destinadas a adolescentes que praticam ato infracional no Brasil, deve observar os princípios da brevidade, da excepcionalidade e o respeito à condição peculiar de pessoa em desenvolvimento[45] (SARAIVA, 1999, p. 106), nos termos do art. 227, §3º, da CF, o que lhe conferiria o tom da especialidade da matéria e a diferenciaria do Direito Penal.[46]

---

45 Antonio Carlos Amador Pereira (2005, p. 1) sintetizou a compreensão da concepção do termo "adolescência" sob um ponto de vista desenvolvimental, afirmando que "a palavra adolescência deriva do substantivo latino *adollacentia,* que significa 'crescer' ou 'crescer em direção à maturidade'. Na psicologia do desenvolvimento, adolescência é um constructo teórico referente a um processo, e não um estado, caracterizado pelas mudanças psicológicas que ocorrem num período de transição entre a infância e a idade adulta". Nesse sentido, os operadores do campo de administração da justiça juvenil, em especial aqueles que atuam no sistema de justiça e de execuções de medidas socioeducativas, precisam levar em consideração o critério etário, isto é, os adolescentes são aquelas pessoas entre doze e dezoito anos de idade, mas especialmente o fato de que na aplicação da medida socioeducativa de internação é necessário levar em consideração a condição peculiar de pessoa em desenvolvimento, conforme os arts. 2º e 121 do ECA, na concepção citada, de que são seres ainda com desenvolvimento físico, psíquico e cognitivo incompletos.

46 Entre os princípios constitucionais especiais do sistema de responsabilização penal juvenil, estão: princípio da reserva legal; princípio da culpabilidade; princípio da inimputabilidade penal; princípio da excepcionalidade na privação de liberdade; princípio da brevidade na privação de liberdade; princípio do contraditório; princípio da ampla defesa, todos princípios apreciados a partir da ideia de que crianças e adolescentes são seres

A internação é prevista no ECA como medida socioeducativa de caráter excepcional,[47] reservada especialmente aos atos graves,[48] contrapondo-se ao passado de controle e exclusão social de adolescentes pobres e abandonados. A excepcionalidade inverte o ônus da prova ao juiz, que está obrigado a demonstrar, fundamentadamente, os motivos que impossibilitam a aplicação de medida diversa da internação, à luz do disposto no art. 122, §2º, do ECA: em nenhuma hipótese deverá ser aplicada a internação, havendo outra medida adequada ao caso concreto (MÉNDEZ, 1994, p. 112).

Neste diapasão, diferentemente da Legislação Penal – que apresenta para cada conduta delitiva uma pena –, o ECA, na seara da responsabilização penal juvenil, dispõe de um leque de medidas socioeducativas e protetivas catalogadas nos artigos 112 e 101, respectivamente. Ao contrário do Direito Penal, que prevê três fases para a dosagem da pena, para a aplicação da medida socioeducativa, descrevem-se critérios objetivos e subjetivos para a escolha, sendo imperioso considerar a subjetividade para a individualização da medida a ser aplicada.

Os critérios subjetivos dizem respeito à capacidade do adolescente de cumpri-las, as circunstâncias e a gravidade da infração, nos moldes do art. 112, §1º, c/c os artigos 113 e 100 do ECA. Os critérios objetivos, por sua vez, referem-se à aplicação da medida socioeducativa de internação, conforme hipóteses descritas nos incisos I e II do art. 122 do ECA, vale dizer, quando se tratar de ato infracional com uso de violência ou grave ameaça à pessoa ou quando se cuidar de reiteração na prática de atos infracionais graves. Salienta-se que o inciso III, do mesmo dispositivo, versa sobre o incidente de execução da medida socioeducativa – internação-sanção – e não sobre critério para a escolha da medida socioeducativa de internação.

---

humanos que se encontram numa situação fática peculiar, de pessoas em fase de desenvolvimento físico, psíquico, emocional, de sorte a priorizar os seus direitos essenciais especiais e estruturá-los de forma diversa (MACHADO, 2003, p. 50). Contudo, um sobrevoo pelo campo penal juvenil poderá indicar que muitos *habitus* ainda estão em sintonia com a doxa punitiva e afastados dos princípios elencados.

47 O critério da excepcionalidade já havia sido mencionado na CNUDCA, tal como as Regras Mínimas das Nações Unidas para Jovens Privados de Liberdade e as Regras de Beijing (MENESES, 2008, p. 96).

48 As "medidas socioeducativas" se diferenciam das "medidas protetivas". Embora ambas estejam previstas no ECA, as primeiras são destinadas às crianças e aos adolescentes que tiveram direitos violados, estão elencadas no art. 101 do ECA; ao passo que as segundas, cujo rol encontra-se no art. 112 do ECA, são direcionadas apenas aos adolescentes que cometeram atos infracionais, que, de acordo com o art. 103 do ECA, é toda conduta descrita como crime ou contravenção penal.

Atualmente, diferentemente do que tínhamos no passado, todo processo de responsabilização e de execução da medida socioeducativa de internação deve observar os princípios regentes no plano constitucional e os critérios dispostos no plano infraconstitucional especialmente no ECA e na Lei do SINASE.

A Lei do SINASE atribuiu *status* de Lei ao Sistema Nacional de Atendimento Socioeducativo (SINASE[49]) e fixou objetivos para as medidas socioeducativas, como a necessidade de responsabilização do adolescente quanto às consequências lesivas do ato infracional, incentivando sempre que possível a sua reparação; a necessidade de integração social do adolescente e a garantia de seus direitos individuais e sociais, por meio do cumprimento de seu plano individual de atendimento (PIA); e a desaprovação da conduta infracional, efetivando as disposições da sentença como parâmetro máximo de privação de liberdade ou restrição de direitos, observados os limites previstos em lei, nos termos do art. 1º, §2º, incisos I a III da Lei do SINASE.

Esses objetivos devem orientar o Plano Nacional de Atendimento Socioeducativo, que por sua vez direcionará os planos decenais dos Estados, DF e Municípios, consoante art. 3º, inciso III, e art. 7º, ambos da Lei do SINASE, no nítido intuito de robustecer a intersetorialidade. A Lei do SINASE prevê constante avaliação da gestão do atendimento socioeducativo, especialmente no que toca à articulação interinstitucional e intersetorial das políticas, conforme art. 22, inciso IV, da Lei do SINASE. A sua implementação objetiva o desenvolvimento de ação socioeducativa sustentada nos princípios de direitos humanos, com alinhamentos estratégicos e operacionais (SDH, 2006, p. 16).

No entanto, em que pesem as especificidades elencadas no ordenamento jurídico, indicando o modelo misto como modelo de atendimento pautado na responsabilização e na garantia de direitos com atribuição de maior carga pedagógica para a medida socioeducativa, parece que há doxas penalistas punitivas que formam o *habitus* estruturante dos operadores do campo penal juvenil[50] e estabelecem dominação

---

49 Este documento foi construído de forma coletiva pelo governo, representantes de entidades e especialistas do campo socioeducativo e por meio de debates entre os operadores do Sistema de Garantia de Direitos. Consoante documento de apresentação, "reafirma a diretriz do Estatuto sobre a natureza pedagógica da medida socioeducativa" (SDH, 2006, p.13).

50 Segundo Beccaria (1999, p. 28), acharemos no coração humano os princípios fundamentais do direito de punir. Nesta concepção, se o campo de administração da justiça juvenil é operado por seres humanos de diferentes unidades e segmentos, as suas motivações subjetivas punitivas influenciarão na inefetividade do sistema constitucional de garantias estabelecido no modelo proposto atualmente.

simbólica, promovendo resistência para assegurar todos os direitos de adolescentes autores de atos infracionais segregados.

O fato de as medidas socioeducativas nascerem a partir de conteúdos próprios de racionalidade penais pode justificar os motivos de os operadores desse campo não conseguirem se afastar da concepção dogmática penalista retributivista quando da aplicação e da execução de medidas socioeducativas. Por tal motivo, a privação de liberdade no campo socioeducativo – que deveria ser aplicada apenas às hipóteses de atos infracionais graves, cometidos com violência ou grave ameaça à pessoa, ou ainda na reiteração de cometimento de outras infrações graves, além da observância dos critérios subjetivos elencados e dos princípios da brevidade, excepcionalidade e da pessoa em desenvolvimento – ainda é eleita, em alguns casos, sem observância desses critérios legais e especiais, como na aplicação de medidas socioeducativas de internação para atos análogos a furto, receptação, porte de arma branca, etc.[51]

Relativamente ao cumprimento da medida socioeducativa de internação, a dor e o suplício fazem parte da rotina do atendimento oferecido aos adolescentes segregados, que permanecem no ócio, enclausurados por longos períodos. Não se investe em escolarização, profissionalização, práticas esportivas, lazer ou cultura, e não se incentiva o protagonismo, a participação e a autonomia dos adolescentes,[52] com alto nível de falhas intersetoriais na estrutura socioeducativa que compromete sua sustentação.

A noção de delito sedimenta estruturas cognitivas que autorizam práticas punitivas. Conforme Anitua (2015, p. 49-51), esta noção está "correlacionada à prática de um pecado, ingressa nos pensamentos criminológicos ocidentais no período inquisitivo do século XIII e traz a ideia do 'outro' como ser inferior e inimigo, o que autorizava a imposição de dor e sofrimento", na busca pela verdade e na conversão dos agentes.[53] A doxa punitiva, portanto, fez parte da origem da pena e por tal motivo é difícil de se desvincular na atualidade.

---

[51] Cf. CNJ, 2012, p. 27; CNMP, 2013, p. 42; BRASIL, 2015, p. 79; MDH, 2018, p. 15.

[52] Cf. CNMP, 2013, p. 85; CNMP, 2019, p. 11.

[53] Gabriel Ignacio Anitua (2015, p. 54) sintetiza que a "inquisição foi a primeira agência burocratizada dominante destinada à aplicação de castigos e à definição de verdades, e por isso a primeira a formular um discurso de tipo criminológico" e acrescenta que "o processo penal começava com a prisão preventiva do acusado de heresia, seus bens eram então sequestrados e em seguida era interrogado para se obter a confissão. Se ele negava ter cometido o 'crime' de que era acusado, era considerado 'obstinado', e isso podia acarretar

Nessa linha, as penas, embora tenham alterado seu conteúdo concreto ao longo da história, nunca renunciaram à carga aflitiva que fica evidenciada em sua denominação (ANITUA, 2015, p. 31), formando *habitus* impetuosos entre aqueles que lidam com o campo penal juvenil e justificam negligências no atendimento oferecido pelo Estado no que toca especialmente ao investimento nas estruturas físicas das unidades de internação, na alimentação, na educação e na profissionalização, nas políticas públicas de saúde e de acolhimento familiar, entre outros.

As mazelas do Direito Penal são retraduzidas a todo instante no campo penal juvenil, tais como a seletividade, a reprodução institucional da violência, a criação de condições para o aumento de condutas lesivas, a concentração de poder, entre outros problemas, considerados por Zaffaroni (1991, p. 15) como características estruturais (e não conjunturais) do exercício do poder de todos os sistemas penais.

A sanção restritiva de liberdade aplicada ao adolescente nasce desse poder punitivo instrumentalizado pelo poder de coação, utilizando discursos de justificação que naturalizam as consequências perversas em sua realidade concreta de segregação. Ao que parece, o adolescente figura como ser dominado e é aviltado sem se deixar ver ou sentir. Há prática de violência de toda ordem diariamente, mas os fatos são encobertos e naturalizados, dificultando mudanças práticas porque se internalizou a opressão.

As características da pena parecem ter sido transportadas para a medida socioeducativa independentemente do modelo de responsabilização empregado e da normatização pátria, conforme hipótese de doxa punitiva hegemônica e *habitus* contrários à norma vigente, que se pretende demonstrar no quadro a seguir:

consequências mais graves para seu físico e sua vida. A missão fundamental da tortura era a averiguação da verdade, além da purificação dos pecados, com a aplicação do tormento, que se estendeu, finalmente, com a morte como pena, significativamente, na fogueira". A punição, enquanto castigo, portanto, sempre esteve por trás dos procedimentos penais.

Quadro 3 - Categorias bourdieusianas e a medida socioeducativa de internação no ordenamento brasileiro

| Norma | Comandos normativos | Doxa Hegemônica | *Habitus* |
|---|---|---|---|
| Constituição Federal | Art. 227, §3º, inciso V, da CF: obediência aos princípios de brevidade, excepcionalidade e respeito à condição peculiar de pessoa em desenvolvimento, quando da aplicação de qualquer medida privativa da liberdade. | Punitiva | Medida socioeducativa de internação aplicada como método eminentemente punitivo, com discursos de justificação afastados do caráter pedagógico exigido por lei e determinada por tempo indeterminado, nem sempre de modo excepcional. Inobservância dos direitos fundamentais previstos na legislação que atendam especialmente o princípio da pessoa em desenvolvimento, como alimentação adequada, estruturas físicas higienizadas e limpas, educação de qualidade, lazer e esporte diários, assim como oferecimentos de cursos profissionalizantes e não meramente atividades para evitar o ócio. Verificam-se falhas no atendimento intersetorial que prejudicam os socioeducandos. |
| ECA | Critérios Objetivos: art. 122, incisos I e II e §2º do ECA: a medida socioeducativa de internação tem caráter excepcional e reservada aos atos graves ou cometidos mediante grave ameaça à pessoa. Critérios Subjetivos: arts. 112, §1º c/c arts. 113 e 100, todos do ECA: devem ser observados a capacidade do adolescente de cumprir a medida, as circunstâncias e a gravidade da infração. | | |
| Lei do SINASE | Art. 1º, §2º, incisos I a III, da Lei do SINASE: objetivos das medidas socioeducativas de internação deve ser a responsabilização do adolescente quanto às consequências lesivas de seu ato, com incentivo à reparação; a necessidade de integração social do adolescente e a garantia de seus direitos individuais e sociais com o cumprimento de seu PIA. Além disso deve haver constante avaliação da gestão do atendimento socioeducativo, especialmente no que toca à a articulação interinstitucional e intersetorial das políticas, conforme art. 22, inciso IV, da Lei do SINASE. | | |

Fonte: autoria própria a partir de informações extraídas do texto

A práxis pode demonstrar que a doxa punitiva ainda está fortemente no inconsciente humano e produz discursos de dominação simbólica que, ao serem reproduzidos, constroem verdades traduzidas em *habitus* determinantes para as práticas socioeducativas. Na responsabilização penal juvenil, em que pese as justificações da aplicação de medidas socioeducativas terem sofrido modificações, sugere-se que não abandonamos a ideia de coisificação de crianças e adolescentes para atribuirmos olhar instrutivo àqueles seres em desenvolvimento considerados sujeitos de direitos. Tampouco parece que afastamos a ânsia por mais punição, a exemplo das inúmeras propostas legislativas para a redução da maioridade penal.[54]

A privação de liberdade deve ser utilizada como medida de responsabilização, porém como *ultima ratio*. Primordialmente, seria necessária a imposição de diversas medidas, tais como "o cuidado, as ordens de orientação e supervisão, o assessoramento, a liberdade assistida, a colocação em casas de guarda, os programas de ensinamento e formação profissional", além de outras alternativas à institucionalização, antes daquela restritiva de liberdade, observando a proporção tanto das circunstâncias como da infração (SARAIVA, 2010, p. 59). No caso de necessidade de aplicação de medida socioeducativa de internação, devem ser promovidas políticas públicas de socioeducação.

No entanto, a experiência histórica de violência no campo socioeducativo brasileiro legitima naturalmente que muitos agentes do campo de administração da justiça juvenil se afastem da meta pedagógica da medida socioeducativa. Saraiva (2010, p. 73) sustenta que "de pedagógico em si mesma a medida pouco tem, a não ser o próprio ritual de sua aplicação e a percepção do direito e do dever." Para o referido teórico, o traço fundante da sanção jurídica a ser imposta é a ameaça de um castigo, e ninguém pode ignorar que o recolhimento, por melhor proposta educacional que encerre, tem caráter punitivo (SARAIVA, 2010, p. 72).

---

[54] A revisitação histórica que será elaborada da legislação sobre o adolescente em conflito com a lei, que vigorou durante o século XX, mostrar-se-á como verdadeiro instrumento de controle social e punição, e as propostas de revisão atuais defendem um tratamento puramente punitivo para a matéria (ALVAREZ, 2014, p. 121-122). A última tentativa para a redução da maioridade penal, até o encerramento desse texto, foi apresentada na primeira sessão deliberativa do ano de 2019. O senador Marcio Bittar (MDB-AC) apresentou a PEC 4/2019, que reduz a maioridade penal para os 16 anos, sem exceção. A referida proposta de Emenda à Constituição nº 4 encontra-se na Comissão de Constituição e Justiça e busca alterar a redação do art. 228 da Constituição Federal e determinar que serão penalmente inimputáveis todos os menores de dezesseis anos (GALDINO, 2019).

É necessário repensar em novas práticas, especialmente no âmbito da governança do campo de administração da justiça juvenil no sentido de atender aos comandos normativos e impor as medidas extremas somente em casos excepcionais e, quando forem necessárias, cuidar para que o atendimento oferecido aos adolescentes segregados esteja em sintonia com as garantias estabelecidas pelo corpo normativo, na linha do atendimento em rede,[55] o que se dará por meio de um modelo marcado pelo fortalecimento da intersetorialidade.

## 1.3 A modelagem de governança da administração da justiça juvenil brasileira

A doxa que prepondera no campo socioeducativo tem fortes traços punitivos. Ela pode ter legitimado ações de governança pautadas na violência simbólica em face do adolescente institucionalizado e pode ter orientado a modelagem de governança das instituições do campo da administração da justiça juvenil que se distanciam da necessária intersetorialidade.

### 1.3.1 A modelagem de governança punitiva no campo socioeducativo

Como deveria ser a governança do campo de administração da justiça na busca pela socioeducação? Para responder a questão, é preciso primeiro dimensionar o termo governança na presente pesquisa, já que a imprecisão terminológica pode levar a equívocos de análise científica, especialmente se considerarmos que o termo governança expressa diversos significados,[56] pois é um conceito multifacetado (AKUTSU;

[55] Luciano A. Prates Junqueira (2016, p. 7-8) argumenta que o conceito de rede tem sido usado constantemente em diversas áreas do conhecimento com relação a objetos de estudo completamente distintos, de modo que há uma imprecisão semântica difícil de ser superada. Na dimensão social das redes, o elemento primordial é o ator, que pode representar tanto uma pessoa isolada como um conjunto de pessoas em uma unidade social: os atores constituem os nós das redes sociais. Por tal motivo adota-se nesta pesquisa rede "como um conjunto de nós conectados, com ligações que podem ser simétricas ou assimétricas" (JUNQUEIRA, 2016, p. 8) ou ainda como "redes de troca de conteúdo específico envolvendo a transferência de artigos como informação, sentimentos, conselhos, ou coisas tangíveis como bens e serviços. Essas redes podem ser constituídas de um conjunto de atores – indivíduos ou organizações – que trocam recursos entre si" (CARDOSO; GUIMARÃES, 2005, p. 4). A perspectiva socioeducativa demanda interdisciplinaridade e interprofissionalidade (COSTA, 2006a, p. 83-85).

[56] Importa distinguir governo, governança e governabilidade. Ficaremos com a síntese de Alcindo Gonçalves (2005, p. 4), para quem "governabilidade tem dimensão essencialmente

GUIMARÃES, 2015). A expressão governança tornou-se comum nas áreas das Ciências Políticas, assim como Ciências Humanas, Sociais Aplicadas e afins, aplicada inicialmente na iniciativa privada e após incorporada na administração pública no intuito de obter solução de problemas entre Estados e atores não estatais (GARCEZ; PASSOS DE FREITAS, 2015, p. 225).

O termo governança ganhou notoriedade com Oliver E. Williamson (1979), no texto intitulado *Transaction Costs Economics: Governance of Contractual Relations*, o qual gerou crescente interesse das áreas de direito e economia no tema governança corporativa (LEVI-FAUR, 2012, p. 5). No entanto, é preciso compreender que existem características específicas do setor público que afetam as práticas de governança concebidas inicialmente para o setor privado, como é o caso da multiplicidade de agentes atuando de forma independente.[57]

O termo governança no setor público foi introduzido com as reformas gerenciais ocorridas entre as décadas de 70 e 90. No Brasil, a reforma de estado iniciada à época pelo Ministério da Administração e Reforma do Estado, em 1995, objetivou substituir o modelo burocrático tido como ultrapassado ante o seu caráter formalista e hierarquizado pelo modelo de Administração Pública Gerencial ou Nova Gestão Pública, mais flexível e eficiente, a partir do Plano Diretor de Reforma do Estado (BRASIL, 1995), cujo objetivo era não apenas reduzir a máquina pública por meio de privatizações e terceirizações como aumentar a capacidade financeira e administrativa (SERPA, 2013, p. 35).

Atualmente, o Decreto nº 9.203, de 22 de novembro de 2017 trata a governança como o "conjunto de mecanismos de liderança, estratégia

---

estatal, vinculada ao sistema político-institucional e governança opera num plano mais amplo, englobando a sociedade como um todo". Quanto ao termo governo, utilizar-se-á explicação de Rosenau (2000, p.15), para quem governo sugere atividades desempenhadas por autoridade formal, há poder de polícia que garante implementação de políticas. Por fim importa mencionar o termo foucaultiano (2008) "Governamentalidade" desenvolvido nas conferências no Collège de France em 1977 e 1978, que envolve conhecimento e poder nos modos de regulação de condutas dos sujeitos na sociedade moderna. Conforme Karin Amos (2010, p. 25), "esse termo denota uma preocupação com a problemática geral de regulamentar, direcionar e governar nas sociedades modernas em todas as principais áreas do Estado". Foucault (2008, p. 163-164) aduz que, embora o termo "governar" abranja vasto domínio semântico, há algo inequívoco: não se governa Estado, ou Território ou estrutura política, mas sim pessoas.

[57] Dixit (2002) e Peres (2007) sinalizam características próprias da governança pública: a multiplicidade de principais (embora termo não definido, pode-se extrair do conteúdo dos textos que seriam as autoridades públicas, as chefias, aqueles que comandam de forma legítima os demais agentes públicos), a multiplicidade de tarefas, reduzida competição, dificuldade de práticas de incentivos de motivação de agentes.

e controle[58] postos em prática para avaliar, direcionar e monitorar a gestão, com vistas à condução de políticas públicas e à prestação de serviços de interesse da sociedade", conceito retirado do Referencial Básico de Governança Aplicável a Órgãos e Entidades da Administração Pública, do Tribunal de Contas da União (TCU, 2014, p. 4-5).

Além da dimensão de controle, governança pode servir como "ferramenta analítica para a compreensão dos fatores que organizam a interação dos atores, a dinâmica dos processos e as regras do jogo" (IBANHES, 2007, p. 577). Há outras dimensões que ligam governança aos comportamentos e finalidades daqueles que dirigem e monitoram as organizações (IBGC, 2013). Outra dimensão estaria relacionada ao modo de agir das instituições públicas para assegurar que seus objetivos estivessem alinhados aos interesses da sociedade (CCPR, 2018, p. 16).

A pretensão não é esgotar as possíveis dimensões que o termo possa atingir, mas apenas situar a existência de multiplicidade de conceitos de governança. Nesta pesquisa, além da dimensão de liderança estratégica na gestão socioeducativa, a governança será empregada como articulação e cooperação entre atores sociais e políticos e arranjos institucionais que coordenam e regulam transações dentro e através das organizações (SANTOS, 1997, p. 342), a expressão não se restringirá aos aspectos gerenciais e administrativos de Estado, ou de controle, mas igualmente ao *modus operandi* das políticas governamentais (SANTOS, 1997, p. 341), a partir da participação de diversos atores e setores, e não somente do Executivo, que devem se construir com afastamento da visão punitiva no campo da responsabilização penal juvenil, nos moldes do que estabelece o SINASE (SDH, 2006) e o Plano Nacional de Atendimento Socioeducativo (SDH, 2015), visando à articulação das várias esferas do Poder Público para a execução de políticas públicas – art. 227, §8º, inciso II, da CF.

Na responsabilização penal juvenil, as doxas dos múltiplos agentes internos do campo socioeducativo expõem atitudes e comportamentos que fragilizam o campo de administração da justiça juvenil,

---

58 O Banco Mundial (EUA, 1992, p. 3) publicou documento denominado *Governance and Development*, atribuindo a definição geral de governança como "o exercício da autoridade, controle, administração, poder de governo". O termo empregado pelo Banco Mundial, e também pelo Fundo Monetário Internacional, detinha cunho limitador da capacidade de gestão na busca por desenvolvimento sustentável, exigindo "políticas sociais e ambientais mais rigorosas, e garantindo um papel mais ativo para cidadãos e agentes locais" (GONÇALVES, 2014, p. 84). Akutus e Guimarães (2012, p. 185) igualmente relacionam governança "aos mecanismos de controle nas organizações, utilizados para consecução de seus objetivos".

produzindo *habitus* que dificultam a solução de conflitos sociais e a governança do campo socioeducativo na implementação de políticas públicas com maior carga pedagógica.

Nessa linha, Sérgio Adorno (1993, p. 193) concluiu que o problema do "menor", na sociedade brasileira, está atrelado tanto ao funcionamento das instituições do campo socioeducativo (agências policiais, tribunais de justiça, etc.), do modo como o poder público operacionaliza suas funções repressivas, como do modo pelo qual são mantidas as relações de dependência entre eles e as instâncias políticas. A principal dificuldade, conforme mencionado no item anterior, talvez esteja no espelhamento do campo socioeducativo na justiça criminal, igualmente carecedora de governança efetiva, reproduzindo doxa meramente punitiva, sem levar em consideração a vigência de um modelo misto de responsabilização que emprega maior carga pedagógica à medida socioeducativa.

Renato Sérgio de Lima (2018), presidente do Fórum Brasileiro de Segurança Pública (FBSP), explica que a governança nasce da ideia de que o Estado não é o único responsável pelo sentido da política e das políticas públicas. Ao contrário, a governança é uma responsabilidade de vários atores e instituições, necessitando de coordenação articulada para que alcance efetividade. Em sessão temática no Plenário do Senado sobre segurança pública, em 6 de março de 2018, ele apontou a governança como o grande desafio da segurança pública no Brasil, fato que engloba o campo socioeducativo, que precisa levar em consideração que a situação de "delinquência" é produto de critério social e dos procedimentos adotados por aqueles que compõem o campo socioeducativo, em especial os funcionários públicos (PLATT, 1997, p. 190-191).

A par das normas específicas e especiais internacionais que sedimentam a legislação brasileira, a doxa da justiça penal juvenil brasileira parece estar associada aos mecanismos formais e institucionais de controle social do campo penal adulto, ao menos no que se refere à elaboração de estratégias de reação estatal ante um ato ilícito praticado, em que a punição é anseio social. Nesse sentido, qualquer mecanismo institucional diferenciado de governança do controle social da infância e da adolescência sofre resistência de implementação.

A ação efetiva de todos os agentes envolvidos com a questão infracional passa, necessariamente, por um comprometimento de todos os atores deste processo, desde o plano político, em uma ponta, até a segurança pública, a justiça e os órgãos de execução das medidas socioeducativas, na outra. Isso porque os contatos com as agências de controle e de repressão ao cometimento de ato infracional configuram porta de entrada para o mundo do delito (ADORNO, 1993, p. 203). Ainda, deve existir decisão política e engajamento de todos os poderes, Executivo, Legislativo e Judiciário, fazendo valer a prioridade absoluta preconizada no art. 227 da Constituição Federal (SARAIVA, 2010, p. 55), já que, quanto mais se reprimem comportamentos delitivos com violência, mais se reproduz violência e, por sua vez, propicia-se o desenvolvimento de resistências, tornando certos adolescentes conhecidos pelas práticas de atos infracionais perante os órgãos de controle social (ADORNO, 1993, p. 204).

Sugere-se que o modelo socioeducativo brasileiro é alimentado primordialmente por doxa punitiva, seletiva e racista, nos moldes do modelo prisional comum. No âmbito criminal comum, pune-se mais a população jovem negra, pobre, com baixa escolaridade e baixa renda. Segundo Levantamento Nacional de Informações Penitenciárias – Infopen (MJ, 2017), o Brasil tem a quarta maior população carcerária do mundo, com mais de 700 mil pessoas privadas de liberdade, o que representa um aumento de 707% em relação ao total registrado no início da década de 90, de pouco mais de 90 mil presos. Desse total, 602 mil presos já foram cadastrados no Banco Nacional de Monitoramento de Prisões – BNMP 2.0 – (CNJ, 2018), e o perfil da população carcerária nacional mostra-se de maioria masculina, jovens de 18 a 24 anos (30,5%), envolvidos na prática de crimes patrimoniais, como roubo (27%) e tráfico de drogas (24%).

Ainda, constatou-se que, do total de presos no Brasil, 40,13% encontravam-se presos provisoriamente (MJ, 2017). Dados disponibilizados pela ONG Justiça Global, que acompanhou, durante três meses, as audiências de custódia no Rio de Janeiro, indicam a permanência da cultura extremamente punitivista e seletiva do Judiciário na audiência de custódia: a liberdade era exceção (CAMPBELL, 2016). O mesmo raciocínio punitivista foi encontrado no DF, onde pesquisa recente indicou a propagação da cultura punitiva como na manutenção de algemas para pessoas presas que tiveram a concessão da liberdade provisória ao final da audiência, relatos de tortura e abusos policiais nas próprias audiências de custódia, entre outros (FERREIRA; DIVAN, 2018).

Nessa mesma linha, são os dados da justiça juvenil. O panorama nacional da execução de medidas socioeducativas de internação (CNJ, 2012) apontou para um perfil semelhante de vulnerabilidade àquele descrito no campo criminal comum. Ademais, as características operacionais sistêmicas são idênticas: seletividade, racismo e alta taxa de punição de adolescentes autores de atos infracionais. Dos 1.898 adolescentes em cumprimento de privação e liberdade no país naquele ano, a idade média dos entrevistados foi de 16 anos, as condutas praticadas correspondiam na maior parte por atos análogos a crimes contra o patrimônio (roubo e furto), 57% declararam que não frequentavam a escola antes de ingressar na unidade de internação e 86% não concluíram o ensino fundamental.

A vulnerabilidade social que envolve o adolescente em conflito com a lei serve para fundamentar o encarceramento e não para evitá-lo. Segundo Méndez (2014, p. 134), a mesma vulnerabilidade que serviu para legitimar a "proteção" legal de sujeitos frágeis produz jogo de palavras que legitima atrocidades.[59]

Comparando dados do Departamento Penitenciário Nacional (DEPEN), da Secretaria de Direitos Humanos (SDH) e do Instituto Brasileiro de Geografia e Estatística (IBGE), no que toca ao encarceramento adulto e juvenil, Flora Sartorelli e Hamilton Ferraz concluíram que:

> verificou-se que entre 1996 e 2010, o número de adolescentes encarcerados por 100.000 habitantes cresceu de 2,72 para 9,24, em um aumento de 239,7%; em relação a adultos, entre 1995 e 2010, houve uma variação de 95,47 para 259,17 presos por 100.000 habitantes, em um aumento de 171%. Atualizando sua pesquisa até 2015, nota-se que, em comparação com o crescimento do encarceramento adulto em números absolutos, a restrição de liberdade de adolescentes apresentou variação significativamente maior. Se, no encarceramento adulto, passamos de, em 1995, uma população carcerária de 148,8 mil presos para, em 2013, 581,5 mil, ou seja, um aumento de 390,79% (DEPEN, 2015), o encarceramento juvenil no mesmo período saltou de, em 1996, 4.245 adolescentes para, em 2013, 23.066, em um aumento impressionante de 543,36% (SDH, 2015). E tudo indica que esse crescimento não deve frear tão cedo (SOUZA; FERRAZ, 2016, p. 265).

Os cenários dispostos nas agências de controle indicam "as razões pelas quais elas se transvestem, tais como as prisões, em meios de reprodução da violência e em *locus* privilegiado de afirmação da

---

[59] Segundo este teórico: "Es justamente por ello que la historia es terca en mostrar que las peores atrocidades, primero los hombres contra las mujeres y luego los adultos (hombres y mujeres) contra los niños, casi siempre se han cometido mucho más en nombre del amor y la compasión que en nombre de la propia represión" (MÉNDEZ, 2014, p. 135).

identidade delinquente" (ADORNO, 1993, p. 207). Para Adorno (1993, p. 207) há visível dubiedade, pois, ao mesmo tempo em que se busca a ordem e a harmonia em local aberto ao público, constroem-se muros e desenvolvem-se mecanismos de segurança para impedir fugas e rebeliões, assim como se caracterizam por opressões, despojamento de valores concretos, imposição burocrática de valores abstratos destoantes do universo cultural do próprio tutelado e por estigmatização e violência física. Há uma falência de todas as propostas, programas e metas formulados e implementados (ADORNO, 1993, p. 207), o que causa certo desestímulo, frustração e alimenta a reprodução da violência.

O condenado ao cárcere penetra num universo alienante, onde todas as relações são deformadas. Mais ainda o adolescente em conflito com a lei, que, por estar no auge da formação psicossocial, adquire mais sequelas negativas se considerarmos que deveria estar inserido em um centro de reeducação, e não em área semelhante à prisional. Não se trata apenas da retirada do mundo normal da atividade e do afeto; a prisão, entendida nesta pesquisa como as unidades de internação do campo socioeducativo no Brasil, é também, e principalmente, a entrada num universo artificial onde tudo é negativo. Eis o que faz da prisão um mal social específico: ela é um sofrimento estéril (HULSMAN; CELIS, 1993, p. 62).

Na engrenagem de responsabilização penal juvenil é necessária atuação articulada (SOUZA; FERRAZ, 2017, p. 259) – segurança pública, instituições de justiça, órgãos de execução e sociedade. Necessitamos, conforme salientou Saraiva, "de compromisso com a efetivação plena do Estatuto da Criança e do Adolescente em todos os níveis da sociedade e Estado, fazendo valer este que é um instrumento de cidadania e responsabilização de adultos e jovens" (SARAIVA, 2010, p. 63). Nesse sentido, o modelo de governança socioeducativo deve se ater ao fortalecimento de estratégias que primem pela atuação articulada e pela redução da presença da doxa punitiva, na busca por *habitus* que diminuam as violências praticadas pelo Estado.

Argumenta-se que a multiplicidade de agentes e instituições independentes pode interferir nas práticas intersetoriais, uma vez que necessitam de alto nível de articulação entre as modelagens de governança das políticas públicas socioeducativas.

### 1.3.2 A intersetorialidade como categoria estruturante na superação da doxa punitiva

A abordagem intersetorial[60] foi particularmente difundida na América Latina no início anos 2000, "no contexto de novas abordagens sobre a questão social, mais multidimensionais e com foco em direitos, no bojo de uma compreensão ampliada de fenômenos como pobreza e vulnerabilidade" e com foco na maior integralidade nas ações públicas (BICHIR; CANATO, 2013, p. 4).

A intersetorialidade pode ser definida como "a articulação de saberes e experiências no planejamento, realização e avaliação de ações, com objetivo de alcançar resultados integrados em situações complexas" (JUNQUEIRA; INOJOSA; KOMATSU, 1997, p. 43). Essa articulação é o que se espera do campo socioeducativo, que deve funcionar em rede com diversos órgãos setoriais, como saúde, educação, segurança e profissionalização,[61] além dos entes federados: União, Estados, Distrito Federal e Municípios.[62]

É incompatível pensar a política de atendimento socioeducativo sem se atribuir importância à integração e ao compromisso de políticas públicas intersetoriais (PAES; ADIMARI; COSTA, 2015, p. 11). Isto porque, a partir da Constituição Federal de 1988, a perspectiva da intersetorialidade passou a nortear o modelo de gestão para a execução das políticas públicas de socioeducação, a fim de se aplicar a doutrina da proteção integral. A intersetorialidade detém um papel essencial no atendimento que será realizado pelas políticas setoriais, de justiça e pela participação popular, além do controle dos conselhos de direitos (LEAL, 2014, p. 22).

Assim, a intersetorialidade remete à ideia de integração de diversos setores com a finalidade de solucionar problemas sociais (GRAU, 2005, p. 01). A ideia é evitar segmentações de setores que não se comunicam e promover a articulação de práticas capazes de unificar

---

[60] Essa abordagem intersetorial visa a utilização de "práticas de planejamento e avaliação participativas e integradas, na perspectiva situacional, de compartilhamento de informações e permeabilização do controle social" (INOJOSA, 1998, p. 43).

[61] Sobre as várias formas de se operacionalizar a intersetorialidade na socioeducação: PAES; ADIMARI; COSTA, 2015, p. 11.

[62] Com relação à intersetorialidade no campo socioeducativo, vale conferir Tese de Márcio Alexandre Masella (2014), que utiliza essa categoria como proposta de gestão de políticas públicas para desenvolver estratégia que promove a integração entre atores de setores distintos por meio da comunicação, interação e compartilhamento de saberes, superando práticas fragmentárias.

modos de produção de conhecimento e estratégias de ação (ALMEIDA FILHO, 2000, p. 12). Trata-se, portanto, de orientação elementar fundamental para o bom atendimento de adolescentes institucionalizados, pois a intersetorialidade é categoria que possibilita a articulação de conhecimentos necessários para a formulação, a implementação, o monitoramento ou a avaliação de políticas públicas sob o ponto de vista multidisciplinar (LOTTA; GALVÃO; FAVARETO, 2016, p. 2763).

A lógica da intersetorialidade pressupõe articulação de competências setoriais, de conhecimento, de programas ou temas de políticas públicas com foco em atendimento específico às necessidades e demandas de grupos individualizados ou um problema complexo a ser enfrentado (INOJOSA, 1998, p. 44). No entanto, embora bastante discutida a questão intersetorial, os desafios para sua execução não são ainda suficientemente difundidos. Por tal motivo, discutir as práticas orientadas pela intersetorialidade é um passo relevante para identificar as estratégias para sua implementação e incorporação de novas doxas socioeducativas. Com razão, cabe ao pesquisador indagar: "como definir e promover interações entre órgãos com estruturas, trajetórias, prioridades e culturas distintas, com vistas ao atingimento de uma finalidade comum?" (GRAU, 2005, p. 06).

Os atores do campo socioeducativo que lidam com o adolescente em conflito com a lei precisam considerar os princípios que norteiam a aplicação de medidas socioeducativas no processo de responsabilização e de execução da medida, sob pena de torná-la inócua, além de observarem os outros critérios legais. Além disso, precisam compreender a intersetorialidade como lógica da própria gestão política de articulação, no intuito de assegurar os direitos e garantias aos adolescentes em cumprimento de medida socioeducativa.

A intersetorialidade é princípio norteador do atendimento socioeducativo. No que toca ao atendimento intersetorial socioeducativo, segundo a Escola Nacional de Socioeducação (ENS, 2016), em 1996, o Conselho Nacional dos Direitos da Criança e do Adolescente (CONANDA, 1996) previu no art. 3º da Resolução nº 46 que cada unidade deverá estar integrada aos diversos serviços setoriais de atendimento, tais como: educação, saúde, esporte e lazer, assistência social, profissionalização, cultura e segurança.

Em 2004, o Ministério da Saúde (MS, 2014) instituiu a Política Nacional de Atenção Integral à Saúde de Adolescentes em Conflito com a lei (PNAISARI), que foi alterada por meio da Portaria nº 1.083, de 23 de maio de 2014, para atender à Lei do SINASE. Essa política estabeleceu diretrizes para a implantação e a implementação da atenção à saúde prestada a adolescentes privados de liberdade, em unidades masculinas e femininas do Brasil (ENS, 2016).

No ano seguinte, em 2005, o Ministério do Desenvolvimento Social e Combate à Fome publica a Política Nacional de Assistência Social, inserindo as medidas socioeducativas no escopo de atuação da política de assistência e vinculando-as aos princípios, diretrizes e eixos tratados no documento (ENS, 2016).

Após essas iniciativas, em 2006 o CONANDA criou o SINASE, por meio da Resolução nº 119/2006, estabelecendo um conjunto de princípios, regras e critérios que envolvem a execução de medidas socioeducativas, incluindo-se os planos, políticas e programas específicos de atendimento a adolescente em cumprimento de medida socioeducativa. O SINASE ganhou *status* de lei em 18 de janeiro de 2012, com a sanção da Lei Federal nº 12.594 (Lei do SINASE) (ENS, 2016).

Conforme mencionado no item 1.2.3, o art. 1º, §2º, da Lei do SINASE inovou ao estabelecer objetivos[63] das medidas socioeducativas, como a responsabilização do adolescente quanto às consequências lesivas de seus atos, incentivando sempre que possível a sua reparação, a sua integração social e a garantia de seus direitos individuais e sociais, por meio do cumprimento do seu plano individual de atendimento e a desaprovação da conduta infracional observando os limites impostos pela lei. Tais objetivos só podem ser alcançados se houver adoção de estratégias conjuntas na execução das medidas socioeducativas que devem ser reavaliadas e extintas após o cumprimento de sua finalidade, consoante art. 46, inciso II, da Lei do SINASE.

Ainda na trajetória histórica normativa quanto à intersetorialidade, em 22 de Agosto de 2013, o Ministério da Educação (MEC, 2015) emitiu a Nota Técnica nº 38/2013 – CGDH/DPEDHUC/SECADI/MEC –

---

[63] Além desses objetivos, a Lei do SINASE estabeleceu no art. 35 um rol de princípios que devem reger a execução das medidas socioeducativas, entre eles, a legalidade, não podendo o adolescente receber tratamento mais gravoso do que o conferido ao adulto; a excepcionalidade da intervenção judicial e da imposição de medidas, favorecendo-se meios de autocomposição de conflitos; a prioridade a práticas ou medidas que sejam restaurativas e, sempre que possível, atendam às necessidades das vítimas; proporcionalidade em relação à ofensa cometida; brevidade da medida em resposta ao ato cometido; a individualização, considerando-se a idade, capacidades e circunstâncias pessoais do adolescente; a mínima intervenção, restrita ao necessário para a realização dos objetivos da medida; a não discriminação do adolescente, notadamente em razão de etnia, gênero, nacionalidade, classe social, orientação religiosa, política ou sexual, ou associação ou pertencimento a qualquer minoria ou status; e o fortalecimento dos vínculos familiares e comunitários no processo socioeducativo.

contendo orientação às Secretarias Estaduais de Educação para a implementação da Lei do SINASE para adolescentes em atendimento socioeducativo (ENS, 2016).

Outro marco importante ocorreu em 19 de novembro de 2013, com a publicação da Resolução nº 160/2013 do CONANDA, que aprovou o Plano Nacional de Atendimento Socioeducativo, que prevê ações articuladas nas áreas de educação, saúde, assistência social, cultura, educação profissional e esporte para os/as adolescentes em cumprimento de medidas socioeducativas e apresenta as diretrizes e o modelo de gestão do atendimento socioeducativo. A publicação desta resolução foi importante para que os Estados e Distrito Federal elaborassem seus planos decenais, uma vez que o art. 7º, §2º, da Lei do SINASE determina que esses entes devem elaborar seus planos decenais em até 360 (trezentos e sessenta) dias a partir da publicação da resolução que aprova o Plano Nacional de Atendimento Socioeducativo (ENS, 2016).

A política destinada à inclusão do adolescente em conflito com a lei demanda, portanto, iniciativas conjuntas dos diferentes campos das políticas públicas sociais (SDH, 2006). As diferentes interfaces com diferentes instituições e políticas podem ser traduzidas na figura:

Figura 1 – Sistema de Garantias de Direitos do SINASE

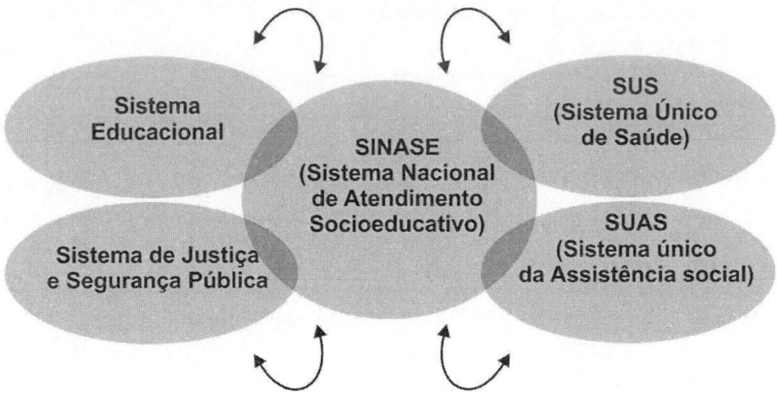


Fonte: SDH, 2006, p. 23

Como se nota, as instituições socioeducativas são articuladas em diferentes áreas de políticas sociais, sendo o princípio da incompletude institucional usado como norte das práticas dos programas socioeducativos e da rede de serviços, com a necessidade de efetiva participação das políticas de educação, saúde, trabalho, previdência social, assistência social, cultura, esporte, lazer, segurança pública, para a efetivação dos direitos e garantias estabelecidos na CF e nas leis (SDH, 2006, p. 23).

No mesmo sentido, o Plano Nacional de Atendimento Socioeducativo (SDH, 2013) foi construído para parametrizar o atendimento socioeducativo a partir de quatro eixos operativos: gestão, qualificação do atendimento, participação e autonomia das e dos adolescentes e atenção aos campos de justiça e de segurança. O referido plano deve ser utilizado como instrumento de gestão do atendimento que deve ser oferecido ao adolescente em conflito com a lei. Rege-se, entre outros princípios, pela intersetorialidade, por meio da integração operacional dos órgãos do campo socioeducativo. A intersetorialidade aparece como uma das estratégias que merecem estímulo e atenção.

Ainda apontam-se diretrizes, por exemplo, a garantia da qualidade do atendimento socioeducativo de acordo com os parâmetros do SINASE, a humanização das unidades de internação, assim como a garantia de direitos como a oferta e acesso à educação de qualidade, à profissionalização, às atividades esportivas, lazer e cultura, à saúde integral, integração operacional, e outros. Essas diretrizes foram utilizadas neste trabalho como subeixos de análises para a pesquisa empírica.

Observa-se que o sentido da norma pressupõe governança intersetorial voltada para a responsabilização, a integração social e a reprovação da conduta, porém não admite a responsabilização isolada por parte do Estado, especialmente por ausência de políticas profissionalizantes e educativas que proporcionem a chamada reintegração social (SOUZA, 2019, p. 49). As políticas socioeducativas empregadas devem buscar primordialmente a satisfação de direitos com o emprego de ações socioeducativas de parâmetros pedagógicos, que contribua na formação do adolescente a partir de oportunidades que auxiliem na superação da situação de exclusão e ressignificação de valores (SDH, 2006, p. 46). Nesse sentido, uma das hipóteses desta pesquisa é apontar que as ações de governança intersetorial do DF são deficientes, consoante quadro a seguir:

Quadro 4 - Categorias bourdieusianas e a governança intersetorial do campo socioeducativo

<table>
<tr><th></th><th>Definições</th><th>Doxa Hegemônica</th><th>Habitus</th></tr>
<tr><td>Governança</td><td>Estratégias conjuntas que demandam articulação e cooperação de diversos atores e áreas administrativos para alcance de um objetivo público definido em lei. É o modus operandi das políticas governamentais.</td><td rowspan="2">Punitiva</td><td>Habitus repressivos com ajustes institucionais que mantém o cárcere como solução principal e resistem ao caráter preponderantemente pedagógico da medida socioeducativa de internação. Ademais, encontram-se presentes práticas punitivas seletivas e racistas, punindo mais os adolescentes vulneráveis socialmente: negros e pobres.</td></tr>
<tr><td>Intersetorialidade</td><td>Articulação de saberes, planejamento e realizações de ações conjuntas para a execução de uma política socioeducativa. Remição à ideia de integração entre diversos atores e instituições.</td><td>Presença de multiplicidade de agentes e instituições que atuam de maneira desarticulada entre as áreas da saúde, da educação, da justiça e da segurança pública.</td></tr>
</table>

Fonte: autoria própria a partir de informações extraídas do texto

Os parâmetros socioeducativos sistematizados preveem princípios, fixam objetivos e diretrizes operativas dirigidas ao respeito dos direitos e garantias dos adolescentes em conflito com a lei. Porém há dificuldade de implantação e consolidação da política socioeducativa identificada nas normas e no Plano Nacional de Atendimento Socioeducativo (SDH, 2013, p. 32), porque a organização do sistema como um todo, é pouco clara e compartimentada nas responsabilidades operacionais. A invisibilidade político-administrativa e a divisão político-operacional soam como silêncio que atravessa as grades, não facilitam a implantação e consolidação da política socioeducativa no país. Soma-se isso à presença marcante da doxa punitiva na seara socioeducativa, ingredientes infalíveis para a falência do atendimento prestado ao adolescente autor de ato infracional.

As políticas intersetoriais socioeducativas precisam ser fortalecidas, empreendendo esforços conjuntos na coordenação de articulações locais para unificar e direcionar as práticas socioeducativas, o que poderá contribuir para o afastamento de conceitos menoristas e superação da doxa punitiva.

CAPÍTULO 2

# ANÁLISE DA GOVERNANÇA DO CAMPO DE RESPONSABILIZAÇÃO PENAL JUVENIL DO DF

Procurou-se descrever que a modelagem de governança na responsabilização penal juvenil brasileira parece ser conduzida por doxas eminentemente punitivas, apoiada na doxa penalista punitiva do adulto, fato que pode estar orientando *habitus* fragmentados e seletivos e dificultando a implementação de políticas públicas[64] intersetoriais. Objetiva-se neste capítulo verificar se essa realidade punitiva se reproduz na governança socioeducativa do DF.

Para tanto, o presente capítulo mapeará as políticas de atendimento socioeducativo de internação implementadas no campo da responsabilização penal juvenil do DF, para confirmar se a doxa punitiva ainda está presente no modelo de governança das unidades de internação no DF. A hipótese ventilada é a de que há fatores inibidores de boas práticas no atendimento socioeducativo distrital e que há falhas na modelagem de governança intersetorial, marcada pela punição, o que dificulta a implementação de uma doxa voltada para a socioeducação. Supõe-se, a *contrario sensu*, que o modelo de responsabilização penal juvenil, para ser efetivo, deve se afastar de doxas meramente punitivas, além de pressupor ações intersetoriais a fim de garantir os direitos dos

---

[64] Nos últimos anos, cada vez mais se debate o papel do direito na transformação social, aproximando-o das políticas públicas, com forte potencial para interlocução entre Ciências Sociais Aplicadas e Ciências Humanas no enfrentamento dos desafios da efetivação de direitos fundamentais. Há consenso na América Latina de que a resposta estatal aos adolescentes em conflito com a lei é inadequada (BELOFF, 2017, p.158), o que impõe aos especialistas a apresentação de propostas inovadoras em sede de políticas públicas (COUTINHO, 2013, p. 91).

adolescentes institucionalizados. Portanto, não se limita à existência de espaços para restrição da liberdade.

## 2.1 A construção das políticas de atendimento socioeducativo de internação no DF

Este item descreverá o construto histórico do atendimento prestado na medida socioeducativa de internação no âmbito do DF, para inferir que o escopo da medida socioeducativa de internação no DF é punitivo,[65] nos moldes daquele descrito no âmbito nacional.

### 2.1.1 A medida socioeducativa de internação no DF

A medida socioeducativa de internação foi inserida no contexto brasiliense sob a vigência do Código de Menores, em que o atendimento destinado "ao menor delinquente" era de competência do juiz de menores. Porém, a atual capital do país, inaugurada em 21 de abril de 1960, não estava em pleno funcionamento, com toda a estrutura da máquina pública à disposição (SECRIA, 2016, p. 50).

No que se refere ao Judiciário, o Presidente da República do Brasil à época, Juscelino Kubitschek, sancionou a Lei nº 3.754, de 14 de abril de 1960,[66] que dispôs sobre a Organização Judiciária do Distrito Federal, fixando ao juiz da Vara de Família, Órfãos e Sucessões a competência para exercer as atribuições definidas no Código de Menores (TJDFT, [s.d.], p. 17). A atribuição de competência ao juiz da Vara de Família, Órfãos e Sucessões, para processar e julgar adolescentes que cometeram ato infracional, atesta a função patriarcal atribuída ao juiz à época e reafirma a presença marcante da doutrina da situação irregular, assim como da doxa punitiva, ao naturalizar situações em que o juiz tem o poder de retirar do convívio social adolescentes tidos como órfãos e abandonados.

---

65 Cf. item 1.2.3.

66 "Art. 18, inciso III, da Lei nº 3.754, de 14 de abril de 1960 – Ao Juiz da Vara de Família, Órfãos, Menores e Sucessões compete: a) Processar e julgar as causas de nulidade e anulação de casamento, bem como as de desquite e as demais relativas, ao estado das pessoas, à paternidade, ao pátrio poder, à adoção. À curatela e à ausência; e às causas de alimento, posse e guarda dos filhos ou de menores; b) Praticar todos os atos de jurisdição voluntária necessários à proteção; da pessoa dos menores e incapazes, bem como à guarda e administração de seus bens; c) Exercer as atribuições definidas no Código de Menores e legislação complementar; d) Processar e julgar os arrolamentos, inventários e demais causas concernentes à sucessão causa mortis e as que desta forem dependentes, ou acessórios [...]".

A "Vara de Menores", chamada de "Juizado de Menores", foi criada pelo Decreto-Lei nº 113, de 25 de janeiro de 1967, funcionou primeiramente em apertado espaço na Esplanada dos Ministérios e, após esforços do Judiciário local, foi construída nova sede no terreno da antiga "Fazenda Bananal". A denominação Vara da Infância e da Juventude veio somente com o ECA e, posteriormente, foi incorporada à Estrutura Judiciária, pela Lei nº 8.185/91, de 14 de maio de 1991 (BRASIL, 1991) – Lei de Organização Judiciária do DF,[67] revogada pela Lei nº 11.697, de 13 de junho de 2008 (TJDFT, [s.d], p. 18-19). A nomenclatura "Juizado de Menores" permanece estampada na entrada do antigo prédio da VIJ.

No âmbito do Executivo, em 1964 foi organizada a estrutura básica da administração do DF, pela Lei nº 4.545, de 10 de dezembro de 1964 (BRASIL, 1964), para atender ao público reconhecido como infrator. Entre os órgãos criados constava a Secretaria de Serviços Sociais (SSS/DF), cuja competência era a "Recuperação, Orientação Social; Assembleia ao Menor; Assistência à População Desfavorecida, Habitações Econômicas de Interesse Social" (SECRIA, 2016, p. 50-51), atribuições tipicamente tutelares e que remetem à ideia de vulnerabilidade social vinculada à autoria de ato infracional.

Após, o atendimento de internação ao adolescente em conflito com a lei no DF foi incrementado em 1973, quando a Fundação do Serviço Social do Distrito Federal (FSS/DF) encaminhou à FUNABEM um projeto chamado de "Menor Autor de Ato Infracional", no qual foi requerido acordo de cooperação financeira para a construção de uma unidade destinada ao cumprimento dessas medidas socioeducativas (SECRIA, 2013, p. 40). O nome do projeto com a categoria "Menor" reforça as bases tutelares segundo as quais foi construído esse projeto.

Após a finalização das obras da unidade de internação, a FUNABEM interessou-se por operacionalizar o atendimento lá prestado sob o argumento de que seria uma unidade modelo para a implementação de novas metodologias de tratamento em termos preventivos e terapêuticos, além de servir para treinamento de recursos humanos para a execução da PNBEM, o que ocorreu entre os anos de 1979 e 1980 (SECRIA, 2013, p. 41). O apelo terapêutico justificava ações

[67] O público infantojuvenil tido como infrator era encaminhado pelo Juizado de Menores a um galpão, localizado na Candangolândia, batizada de Casa Mello de Mattos do Menor Trabalhador. As refeições eram realizadas no Serviço de Atendimento e Previdência Social (SAP), devido à falta de infraestrutura adequada (TJDFT, [s.d], p. 19).

enérgicas e punitivas voltadas para a suposta salvação moral e social de adolescentes considerados delinquentes e desvalidos.

Em 1980 restaram definidas as atribuições das instituições de atendimento no campo socioeducativo do DF (SECRIA, 2013, p. 41): à FUNABEM competia normatizar o atendimento dos "menores em situação irregular", ao "Juizado de Menores" competia dispor sobre a assistência, proteção e vigilância a esses "menores" e à FSS/DF competia operacionalizar as medidas indicadas pela Justiça. Ocorre que a FSS/DF não pôde assumir de imediato as atribuições a ela destinadas, motivo pelo qual o "Juizado de Menores" começou a administrar a unidade de internação, com a criação do Centro de Triagem e Atendimento ao Menor (CETRAM), em nítido deslocamento de competências legais, deslocamentos esses que parecem continuar a permear o campo socioeducativo do DF, conforme item 4.2.3.

No ano de 1983 finalmente a FSS/DF começou a operacionalizar as medidas de internação no DF com o Projeto de Atendimento ao Menor Infrator (PROAMI), o qual absolveu o CETRAM e subdividiu o atendimento em três unidades especializadas, a saber: Centro de Triagem e Observação de Menores (CETRO); Comunidade de Educação e Integração e Apoio de Menores de Família (COMEIA) e Comunidade de Terapia e Educação de Menores (COTEME). (SECRIA, 2013, p. 41). À COMEIA cabia o acolhimento e "tratamento" aos adolescentes condenados ao cumprimento da medida socioeducativa de internação. De 1985 a 1990 diversas propostas de especialistas foram produzidas para propiciar alternativas de atendimento, já que a proposta da época parecia não gerar resultados satisfatórios, porém não conseguiam ser implementadas por deficiência de recursos humanos, financeiros e materiais, além das barreiras políticas, administrativas e culturais (SECRIA, 2013, p. 41-42), que pareciam se sustentar em bases eminentemente punitivas, desde a linguagem escolhida para nomear os espaços de atendimento até os *habitus* daqueles que compunham o campo socioeducativo.

A promulgação do ECA em 1990 exigiu a elaboração de nova proposta de atendimento ao adolescente autor de ato infracional, especialmente àqueles condenados ao cumprimento de medidas segregatórias, motivo pelo qual a COMEIA foi desativada, passando a responsabilidade pela execução das medidas socioeducativas de internação ao CETRO, que passou a denominar-se Centro de Reclusão de Adolescente Infrator (CERE) (SECRIA, 2013, p. 42).

A política de atendimento ao adolescente em conflito com a lei ficava a cargo da Secretaria de Desenvolvimento Social e Transferência de Renda do Distrito Federal (SEDEST/DF), que, para adequar as políticas de atendimento ao adolescente tido como infrator aos novos parâmetros constitucionais e legais, constituiu em 1991 um grupo de trabalho que sugeriu a criação de mecanismos de atendimento das medidas socioeducativas e, em 1992, uma comissão de trabalho elaborou nova proposta de atendimento aos adolescentes privados de liberdade, denominada Plano de Intervenção. Posteriormente, aprovou-se a Lei nº 663, de 28 de janeiro de 1994, que dispôs sobre a criação do Centro de Atendimento Juvenil Especializado (CAJE), antigo CERE. (SECRIA, 2013, p. 42). O CAJE, por quase 10 anos, foi a única unidade de internação de adolescentes no DF, até que em 2003, por meio do Convênio nº 9/2003, firmado entre o GDF e a Congregação dos Religiosos Terciários Capuchinhos de Nossa Senhora das Dores, administrada pelos Freis Amigonianos, foram iniciadas as atividades de internação provisória no Centro Socioeducativo Amigoniano (CESAMI), conhecido como CAJE II (SECRIA, 2016, p. 57).[68]

Além do CESAMI, foram inauguradas, a partir de intervenção do CDCA/DF junto à Comissão Interamericana de Direitos Humanos da Organização dos Estados Americanos (OEA),[69] duas novas unidades de

---

68 Relatório institucional de 2010 do CAJE II explica que o modelo adotado pelos amigonianos era de gestão compartilhada para o desenvolvimento do atendimento aos adolescentes. A missão era "promover o cumprimento do ECA, em regime de internação provisória, pautado em uma proposta pedagógica, que garanta ao adolescente e sua família a possibilidade de assumirem-se como protagonistas de suas ações por meio de um trabalho interdisciplinar, orientado pelos princípios amigonianos". E a visão era "ser reconhecido como referência na execução do ECA, em medida de internação provisória, dignificando o atendimento a intervenção aos adolescentes em conflito com a lei e suas famílias. Para tanto, o objetivo geral era desenvolver uma proposta pedagógica – terapêutica que sensibilize os adolescentes e suas famílias quanto a suas problemáticas e os leve a assumir, aceitar e comprometer-se com mudanças ante suas responsabilidades com relação ao ato infracional e a suas próprias vidas". Segundo o Relatório em referência, "o CESAMI possui um diferencial de qualidade, denominado Segurança Educativa, representada na figura do Agente Educador. Esse atua de forma preventiva, identificando as situações de risco ou iminência de crise. Trabalha em conjunto com o educador, colaborando e incentivando o jovem a participar das atividades e fazendo cumprir o manual de convivência e procedimentos institucionais, sempre com utilização da ação dialógica e da sensibilização". O relatório aponta ainda inúmeras atividades pedagógicas desenvolvidas durante a rotina dos adolescentes, como grupo terapêutico, assembleias, oficinas ocupacionais, tais como artesanato, serigrafia, informática, reciclagem, atividades esportivas, culturais, o que trazia um diferencial para o atendimento. Além disso, cita a formação continuada promovida para o aperfeiçoamento das funções dos funcionários, com valorização do trabalho interdisciplinar. Não se sabe ao certo por que foi encerrada a gestão compartilhada, mas há sinais de que outros interesses políticos tenham sobressaído (CESAMI, 2010, p.7-22).

69 A OEA concedeu medida cautelar em 9 de fevereiro de 2006 para que o GDF promovesse o enfrentamento da superlotação do CAJE, a proteção dos adolescentes internos, a melhoria

internação: em 2006, iniciou o funcionamento do Centro de Internação de Adolescentes Granja das Oliveiras (CIAGO), atualmente denominado UNIRE; e em 2008, o Centro de Internação de Adolescentes de Planaltina (CIAP), atual UIP.

O CAJE (que passou a ser denominado Unidade de Internação do Plano Piloto – UIPP), por sua vez, depois de forte pressão do MPDFT para sua desativação e elaboração de Plano de Desocupação em 2012 (SECRIA, 2016, p. 60), foi definitivamente desativado em 2014, após anos de funcionamento precário e conturbado, e novas unidades de internação foram inauguradas, conforme será analisado no item 2.2.

Registrem-se inúmeras mudanças de órgãos responsáveis pela execução de medidas socioeducativas. Em 2007, a gestão foi transferida da SEDEST/DF para a recém-criada Secretaria de Estado de Justiça, Direitos Humanos e Cidadania do Distrito Federal[70] (SEJUS/DF), que delegou a gestão para a Coordenação do Sistema Socioeducativo (COORSIS), momento em que a Secretaria de Segurança Pública (SSP) deixou de gerenciar o CAJE.[71] Em 2011 foi criada uma secretaria específica para articular programas e projetos destinados à proteção e garantia de direitos da criança e do adolescente, inclusive no âmbito socioeducativo, a chamada SECRIANÇA,[72] que criou a Subsecretaria do Sistema Socioeducativo (SUBSIS), que, por sua vez teve inúmeras dificuldades de gestão por ausência de autonomia financeira e de pessoal (SECRIA, 2016, p. 58-59). O pressentimento é que a desarticulação entre as instituições esteve presente em todas as fases de gestão e as inúmeras trocas de nomenclaturas e órgãos responsáveis pelo atendimento ao adolescente em conflito com a lei demonstram ausência de estratégias políticas consistentes.

As dificuldades de se implementarem políticas integradas podem estar associadas às mudanças de pasta para a gestão do campo

---

das condições insalubres do CAJE, a eliminação da privação do acesso ao pátio e à visita de familiares como forma de punição (SECRIA, 2016, p. 57).

70 Criada pelo Decreto nº 27.591, de 1º de janeiro de 2007, art. 4º, inciso XVI, que dispõe sobre a estruturação administrativa do Governo do Distrito Federal e dá outras providências (DISTRITO FEDERAL, 2007).

71 Após mortes e rebeliões ocorridas no CAJE em 1998, a Polícia Civil, em conjunto com a Secretaria de Estado de Ação Social do Distrito Federal (SEAS/DF), realizou uma intervenção na Unidade assumindo sua direção e permanecendo até 2007 (SECRIA, 2013, p. 44). A passagem da gestão para a Polícia Civil do DF simboliza a aproximação do campo socioeducativo ao braço armado do Estado, um retrato de contenção e repressão que retraduz a punição.

72 Criada pelo Decreto nº 32.716, de 1º de janeiro de 2011, art. 2º, XXIX, dispõe sobre a estrutura administrativa do Governo do Distrito Federal e dá outras providências.

socioeducativo no DF, que já esteve sob o comando da Secretaria de Serviços Sociais (1960), da Fundação de Serviços Sociais (1979), da Secretaria de Desenvolvimento Social, de gestão compartilhada com os Amigonianos (2003), da Secretaria de Justiça, Direitos Humanos e Cidadania do DF (SEJUS/DF), em 2007, Secretaria de Estado da Criança (SECRIA) com a Subsecretaria do Sistema Socioeducativo (SUBSIS), 2011 e, agora, novamente com a SEJUS/DF (SECRIA, 2016, p. 19). Essas mudanças sinalizam a falta de integração e de continuidade nas políticas socioeducativas.

Ainda, as práticas que impunham nomenclaturas tutelares das instituições do DF, com a expressão "menor", a presença de finalidades terapêuticas e de vigilância, as propostas de "tratamento" que geravam crítica e formação de grupos de trabalho para repensar o atendimento vigente à época, as dificuldades de implantação do novo modelo de atendimento previsto na Constituição e no ECA sinalizam a presença de doxa marcada pela punição. Resta conferir se essa doxa transcende para o conjunto de garantias no plano intersetorial.

### 2.1.2 Elementos da intersetorialidade no campo penal juvenil distrital

A articulação, o planejamento, a realização e a avaliação das políticas de atendimento socioeducativo são elementos da intersetorialidade capazes de melhorar a integração das práticas entre agentes e instituições que atuam diretamente com o adolescente em conflito com a lei. No campo socioeducativo do DF, em que pese a existência de um projeto político-pedagógico das medidas socioeducativas de internação, que reconhece a incompletude institucional e a necessidade de articulação das políticas sociais básicas, as de caráter universal, os serviços de assistência social e de proteção, com os programas de execução das medidas socioeducativas (SECRIA, 2013, p. 81), a hipótese é a existência de política intersetorial deficiente, em que prepondera o enfoque punitivo.

Informações recentes disponibilizadas pelo Panorama da Execução dos Programas Socioeducativos de Internação e Semiliberdade nos Estados Brasileiros (CNMP, 2019, p. 10-11) evidenciam atraso do Brasil na implementação da Política Nacional de Atendimento Socioeducativo desde a promulgação do ECA, indicando superlotação e presença de violência estrutural no campo socioeducativo brasileiro.

Para além do problema da ausência de vagas, os Estados e o DF parecem descumprir as normas[73] que estabelecem e priorizam atendimento integrado, em rede e intersetorial na perspectiva da reinserção do adolescente nos espaços sociais, munido de senso de responsabilidade e autonomia. Na última pesquisa divulgada pelo CNMP, estados como AC, AL, CE, MS e RR informaram que seus planos decenais nem sequer haviam sido aprovados (CNMP, 2019, p. 40), contrariando a Resolução nº 160/2013 do CONANDA (2013).

No DF, notícias apontam que o Plano Decenal de Atendimento Socioeducativo do DF (PDASE/DF) foi criado em 2016, de maneira coletiva com ampla participação dos adolescentes em cumprimento de medidas socioeducativas, de suas famílias, servidores, autoridades e todas as instituições públicas que compõem o campo da administração da justiça juvenil distrital na busca por "revolucionar o sistema, tornando-o verdadeiramente educativo", transformando as "unidades de internação em educandários, nos quais os adolescentes passem a se socioeducar, se reeducar" (SECRIA, 2016, p. 17).

O PDASE/DF centra-se no fortalecimento do atendimento intersetorial, especialmente na educação, na busca pela efetividade da proteção integral do adolescente:

> [...] O I PDASE visa à proteção integral do adolescente, como sujeito de direito; à superação definitiva do caráter filantrópico, dando-lhe o caráter de política pública; à superação das decisões centralizadoras para promover a participação intersetorial e social; à superação da gestão monocrática para uma gestão democrática e à superação do caráter apenas de responsabilização para adotar um caráter educativo.
>
> Alinhado com o Plano Nacional Socioeducativo, foi elaborado a partir da realidade do Distrito Federal – DF, buscando com determinação a garantia da intersetorialidade, da mais ampla participação e de soluções muito concretas para os problemas identificados [...] (SECRIA, 2016, p. 13-14).

Nessa perspectiva, o PDASE estabeleceu diretrizes para garantir a qualidade do atendimento socioeducativo, atribuindo destaque à socioeducação, como eixo central e prioritário, a partir da avaliação, revisão ou construção de novo Projeto Político-Pedagógico que garanta oferta de educação de qualidade, atividades esportivas, lazer, acesso

[73] Cf. BRASIL, 2012; CONANDA, 1996; 2006, 2013; MEC, 2013; MS, 2014, entre outros.

à cultura e à profissionalização, fortalecendo a articulação da rede e garantindo acesso à saúde, ao campo de justiça e ao direito do adolescente ser ouvido sempre que necessitar, além de estabelecer regras transparentes para a convivência institucional (SECRIA, 2016, p. 18).

Não se desconheceu que um dos maiores desafios foi a promoção de articulação integrada intersetorial entre as diversas Secretarias de Estado do Governo do DF (SECRIA, 2016, p. 18). Para colocar em prática essas diretrizes, o DF buscou, por meio da criação da Secretaria de Políticas para Crianças, Adolescentes e Juventude, destacar suas metas para os próximos dez anos, projetando o valor total de R$ 4.029.452.741,00 (quatro bilhões, vinte e nove milhões, quatrocentos e cinquenta e dois mil, setecentos e quarenta e um reais), com o objetivo de fortalecer o conjunto de garantias de direitos das crianças, adolescentes e juventude do Distrito Federal (SECRIA, 2016, p. 26).

No entanto, o Ofício SEI-GDF nº 75/2019 – SEJUS/SUBSIS (SEJUS, 2019c) encaminhado em resposta a um requerimento feito nesta pesquisa nos informa que os dados referentes aos gastos com custeio e investimentos nos exercícios financeiros de 2016, 2017, 2018 e 2019 no socioeducativo do DF, segundo Sistema de Gestão Governamental (SIGGO), foram de R$ 81.686.027, 80 (oitenta e um milhões, seiscentos e oitenta e seis mil, vinte e sete reais e oitenta centavos) relativos ao custeio e somente de R$ 24.752.229,64 (vinte e quatro milhões, setecentos e cinquenta e dois mil, duzentos e vinte e nove reais e sessenta e quatro centavos) para investimentos, sinalizando que a projeção inicial está longe de ser alcançada, conforme Tabelas 1 e 2:

Tabela 1 - Previsão decenal de custeio e investimento no campo Socioeducativo do DF – Previsão de Meta 2016 a 2026 - R$ 4.029.452.741,00

| Ano | Custeio | Investimento | Total Anual | % |
|---|---|---|---|---|
| 2016 | R$ 20.907.854,43 | R$ 903.451,31 | R$ 21.811.305,74 | 0,5413% |
| 2017 | R$ 20.015.286,64 | R$ 7.364.151,16 | R$ 27.379.437,80 | 0,6795% |
| 2018 | R$ 21.065.583,48 | R$ 13.788.773,17 | R$ 34.854.356,65 | 0,8650% |
| 2019 | R$19.697.303,25 | R$ 2.695.854,00 | R$ 22.393.157,25 | 0,5557% |
| | R$ 81.686.027,80 | R$ 24.752.229,64 | R$ 106.438.257,40 | 2,6415% |

Fonte: Dados Ofício SEI-GDF Nº 75/2019 – SEJUS/SUBSIS (SEJUS, 2019c) e tabulação da autora.

Tabela 2 – Média anual de custeio e investimento no campo socioeducativo do DF – Previsão de Meta 2016 a 2026 - R$ 4.029.452.741,00 - Média Anual: R$ 366.313.885,55

| Ano | Custeio | Investimento | Total Anual | % |
|---|---|---|---|---|
| 2016 | R$ 20.907.854,43 | R$ 903.451,31 | R$ 21.811.305,74 | 5,9543% |
| 2017 | R$ 20.015.286,64 | R$ 7.364.151,16 | R$ 27.379.437,80 | 7,4743% |
| 2018 | R$ 21.065.583,48 | R$ 13.788.773,17 | R$ 34.854.356,65 | 9,5149% |
| 2019 | R$ 19.697.303,25 | R$ 2.695.854,00 | R$ 22.393.157,25 | 6,1131% |
| | R$ 81.686.027,80 | R$ 24.752.229,64 | R$ 106.438.257,44 | 7,2641% |

Fonte: Dados Ofício SEI-GDF Nº 75/2019 – SEJUS/SUBSIS (SEJUS, 2019c) e tabulação da autora.

Sem os investimentos necessários no campo socioeducativo, aumentam os desafios para se implementar políticas intersetoriais no atendimento ao adolescente em conflito com a lei que se encontra internado, tanto no que toca aos serviços de assistência à saúde quanto no que se refere à educação e políticas de acolhimento, como oferta de profissionalização, cultura, esporte e lazer, fazendo letra morta o que foi previsto no PDASE

As políticas de atendimento ao adolescente institucionalizado no DF parecem ter se reproduzido ao longo dos anos, mesmo após esforços para produção de normas orientadoras de novas práticas, indicando que o modelo idealizado pode não ter se materializado.

## 2.2 Do modelo idealizado à realidade das políticas de responsabilização penal juvenil no DF

Neste item relatar-se-á o contexto da extinção do CAJE e a criação de novas unidades de internação no DF, confrontando-os com evidências intersetoriais selecionadas a fim de demonstrar que a descentralização de unidades de internação pode não ter transformado significativamente o campo de responsabilização penal juvenil, que precisa de outros parâmetros para mudança de doxas punitivas.

A narrativa descritiva permitirá identificar que a extinção do CAJE pode ter sido somente simbólica na tentativa de se afastar ideário tutelar e de ter irradiado a expectativa de mudanças importantes e que sozinha não tem o condão de ressignificar as práticas. O GDF atuou para redesenhar as instituições de internamento, fato positivo para o aprimoramento do atendimento, porém o atendimento de fato oferecido ao adolescente institucionalizado parece conter falhas na avaliação das políticas públicas empregadas e deficiência de políticas públicas intersetoriais.

### 2.2.1 Extinção do Centro de Atendimento Juvenil Especializado – CAJE: expectativa de transformação do campo de responsabilização penal juvenil do DF

O CAJE foi criado pela Lei nº 663, de 28 de janeiro de 1994, elaborada por comissão de trabalho composta de servidores do antigo Centro de Reclusão de Adolescentes – CERE e representantes de sindicatos desses servidores, que apresentaram um Plano de Intervenção para o CERE, conforme diretrizes do antigo Sistema de Atendimento Socioeducativo – SASE e das dificuldades enfrentadas no CERE à época (AGUIAR, 2006, p. 24). A criação do CAJE, portanto, foi inspirada nos postulados garantistas, que exigia nova proposta, com um reordenamento institucional que visava atender aos princípios constitucionais e legais, a fim de propiciar atendimento adequado ao adolescente em conflito com a lei[74] (AGUIAR, 2006, p. 24).

Contudo, em que pese ter sido criado pela Lei nº 663/94, após a Constituição Federal de 1988 e ECA, na vigência da doutrina da proteção integral, sua estrutura física foi inaugurada em 1976, ainda no período tutelar, tendo sofrido inúmeras reformas de ampliação e se tornado uma construção ultrapassada e insalubre que não permitia a adequada execução das medidas socioeducativas. Construído para abrigar 162 adolescentes, chegou a ter 470 internos, o que propiciou diversas fugas, atos de violência e mortes. Dados indicam que em 38 anos, 30 adolescentes morreram no CAJE (SEJUS, 2018a).

---

[74] "Após o advento do Estatuto, a Comunidade de Educação e Integração e Apoio de Menores de Família – COMEIA, então responsável pelo acolhimento e tratamento de jovens infratores, foi desativada. Assim, a operacionalização desse atendimento ficou a cargo do Centro de Triagem e Observação de Menores – CETRO, posteriormente, denominado Centro de Reclusão de Adolescente Infrator – CERE, com suas instalações físicas situadas na SGAN 916 – Área Especial – Brasília/DF" (PACHECO, 2011, p. 47). O CAJE simboliza uma resposta ao novo ordenamento jurídico (ECA) ao mesmo tempo em que reflete uma tradição de atendimento à infância e à adolescência cujo modelo último estava calcado nos moldes da FEBEM, trazendo no seu bojo profissionais que participaram do modelo antigo (simbolizado na COMEIA), do período de transição (de CETRO para CERE) e do surgimento do CAJE até os dias atuais (AGUIAR, 2006, p.24).

O primeiro pedido de fechamento do CAJE foi proposto após a realização de uma audiência pública conjunta com a Comissão de Direitos Humanos da Câmara dos Deputados, que contou com a presença de deputados, representantes do MPDFT, da 1ª Vara da Infância e da Juventude, da Defensoria Pública, além de servidores do CAJE, mães de internos e adolescentes retidos na instituição.[75]

Em 1992 foi proposta a primeira ação civil pública ajuizada pelo Ministério Público do DF e Territórios (MPDFT), que considerou o centro inapropriado para o atendimento de adolescentes que cometeram atos infracionais. Naquele momento histórico foi possível identificar lutas simbólicas entre atores de diferentes poderes, mas que compunham o mesmo campo de responsabilização penal juvenil. Na ação civil encaminhada pelo MPDFT, o CAJE é descrito como "estrutura arquitetônica inadequada, superlotação crônica e ausência de uma diretriz político-pedagógica, que norteie o programa da unidade e dirija a ação dos servidores, que muitas vezes falharam em sua missão" (Jornal Correio Brasiliense, 2011).

Entre as motivações para a decisão de fechamento, destacam-se as mortes ocorridas na instituição, o baixo investimento em medidas socioeducativas e a omissão por parte do Governo do Distrito Federal, além das frequentes denúncias de agressão aos internos por parte dos servidores.

Em 30 de setembro de 2010, foi proposta nova ação civil pública pelo MPDFT e, novamente, a Vara de Infância e Juventude do Distrito Federal (VIJ/DF) acolheu os argumentos jurídicos do MP e determinou ao Governo do Distrito Federal que apresentasse, no prazo de 90 dias a contar da publicação da decisão, um plano de desocupação gradual da unidade, vedando o ingresso de novos adolescentes a partir de 1º de março de 2011. Em caso de descumprimento, a multa aplicada ao Governo do Distrito Federal seria de R$ 20.000,00 (vinte mil reais) por dia, forçando-o à construção de quatro novos centros de internação que seriam localizados em São Sebastião, Brazlândia, Sobradinho II e Santa Maria (*Jornal Correio Brasiliense*, 2010).[76]

---

[75] Informações disponíveis na petição inicial da ação de interdição apresentada pelo MPDFT após sucessivos descumprimentos pelo Distrito Federal da decisão que julgou procedente a ação civil pública de 1992 e do pagamento das multas pelo descumprimento. A ação foi julgada improcedente (MPDFT, 2005).

[76] As unidades de Sobradinho II e Brazlândia não foram inauguradas até dezembro de 2019.

Assim, as notícias dão conta de que o MPDFT travou luta desde 1992, com propositura de diversas ações civis públicas e ações judiciais[77] – além do pedido de intervenção federal em 2005, que demonstra a involuntariedade do GDF na formulação de políticas públicas para o campo socioeducativo, para organizá-lo.

O fechamento e a proposta de demolição do CAJE impuseram ao GDF o dever de investir em novo modelo socioeducativo,[78] com foco na intersetorialidade. Por tal razão, foram construídas outras unidades de internação no Distrito Federal, a partir de nova proposta arquitetônica e pedagógica na intenção de oferecer educação em tempo integral, cursos

---

[77] A primeira ação civil pública com o fim de compelir o Distrito Federal a adequar os estabelecimentos de cumprimento de medidas socioeducativas foi a nº 58.326/92 (MPDFT, 1992). A ação objetivou a construção de novas unidades de internação e a alocação de recursos humanos e materiais para o desempenho da atividade socioeducativa. Em 30 de setembro de 2010, outra ação civil pública foi proposta com pedido liminar para cumprimento de obrigação de fazer ajuizada em face do Distrito Federal, com o objetivo de interditar o programa de internação de adolescentes desenvolvido no Centro de Atendimento Juvenil Especializado – CAJE (MPDFT, 2010). A sentença na Ação Civil Pública nº 58.326/92, do Juiz de Direito Celmo Fernandes Moreira, então titular da Vara da Infância e da Juventude, julgou procedente o pedido para determinar ao réu que, no prazo de 9 meses, contados a partir do primeiro dia de vigência do orçamento de 1994, fosse iniciada a construção de estabelecimentos destinados à execução da medida socioeducativa de internação e, em cada região administrativa do DF e no Plano Piloto, de estabelecimentos destinados à execução da medida socioeducativa de semiliberdade, de acordo com as normas do art. 94, do Estatuto da Criança e do Adolescente, sob pena do pagamento de multa diária. O acórdão transitou em julgado em 15 de junho de 1993 e o Distrito Federal foi intimado para dar cumprimento à decisão. Constatando o descumprimento da decisão judicial, reconhecido, aliás, pela própria então Secretária de Desenvolvimento Social e Ação Comunitária, a Promotoria de Justiça de Defesa da Infância e da Juventude, executou a pena de multa até aquela data (autos 58.326/92, fls. 317-325). Em 19 de fevereiro de 2004, o Ministério Público do Distrito Federal e Territórios, por seu então Procurador-Geral de Justiça, dirigiram-se diretamente ao Excelentíssimo Senhor Governador do Distrito Federal (Ofício nº 41/2004 – PGJ) solicitando providências. Diante da ausência de providências, a Procuradoria-Geral de Justiça expediu a Recomendação nº 06/2004, em conjunto com a Promotoria de Justiça de Defesa da Infância e da Juventude, dirigida ao Excelentíssimo Senhor Governador do Distrito Federal, para recomendar a inclusão de recursos na Proposta Orçamentária Distrital para o ano de 2005 em cumprimento do r. Acórdão sob pena de serem adotadas as medidas judiciais pertinentes. Não surtindo efeito nenhuma dessas ações a Procuradoria-Geral do MPDFT chegou a interpor ação de intervenção em face do DF, de onde todas essas informações foram retiradas, conforme peça inaugural gentilmente cedida pelo Promotor de Justiça da Promotoria da Infância e Juventude do DF Anderson Pereira de Oliveira. O Distrito Federal interpôs Apelação, autuada sob o nº 62/92, na mencionada Ação Civil Pública nº 58.326/92. O recurso foi parcialmente provido (MPDFT, 2010).

[78] Dados extraídos da petição inicial da ação de interdição apresentada pelo Ministério Público do Distrito Federal e Territórios, em 2005, apontam o descaso do Governo do Distrito Federal, que destinou nos últimos 5 anos que antecederam a ação de interdição zero vírgula trinta e nove por cento de seu orçamento para a questão do adolescente infrator. Noutro giro, em 2004, o Distrito Federal gastou quase 1.100 vezes o valor destinado à questão do adolescente infrator em publicidade (MPDFT, 2005).

profissionalizantes, atividades culturais e esportivas. A questão que se põe a desvendar é se as novas unidades de internação estão funcionando sob as diretrizes do Plano e Sistema Nacional de Atendimento Socioeducativo, assim como o Plano Decenal de Atendimento Socioeducativo do DF e do ECA, sob o domínio de doxas menos punitivas e mais propensas a assegurar direitos e garantias aos adolescentes que cumprem medidas socioeducativas de internação.

### 2.2.2 Novas unidades de internação socioeducativas do DF: a realidade da responsabilização penal juvenil na capital federal

Em 29 de março de 2014, o Governo do Distrito Federal (GDF) concluiu a desativação do CAJE, um dos principais pontos acordados no Termo de Compromisso firmado entre o Conselho Nacional de Justiça (CNJ), GDF e órgãos de Justiça local em novembro de 2012 (MONTENEGRO, 2014). Com essa modificação estrutural o GDF pretendeu colocar à disposição dos adolescentes em conflito com a lei, em cada nova unidade,[79] uma estrutura ampla, composta de módulos contendo salas de oficinas profissionalizantes, área destinada à escolarização, área para visitantes, refeitório, área esportiva, com campo de futebol e ginásio coberto, área cultural (teatro) e espaço ecumênico, além de outros espaços como lavanderia, horta e, inclusive, consultórios médicos e odontológicos (MAGALHÃES, 2014).

Segundo informações do antigo sítio eletrônico da Secretaria da Criança e da Central de Vagas do DF, a rede de internação do Distrito Federal é composta de sete unidades, quais sejam: Unidade de Internação de Planaltina (UIP); Recanto das Emas (UNIRE); Saída Sistemática (UNISS); Santa Maria (UISM); São Sebastião (UISS); Provisória de São Sebastião (UIPSS) e Brazlândia (UIBRA). As três primeiras unidades de internação são unidades que já existiam, na verdade para outros fins, mas que foram reformadas para receber os adolescentes internados, sinalizando que o investimento inicial prometido pode ter sido maquiado.

Existe também a Unidade de Atendimento Inicial (UAI), que funciona no Núcleo de Atendimento Inicial (NAI) e tem a função de

---

[79] Unidade designada ao cumprimento de medidas judicialmente destinadas a adolescentes encontra-se legalmente conceituada como "base física necessária para a organização e o funcionamento de programa de atendimento", a teor do art. 1º, §4º, da Lei nº 12.594/2012 (BRASIL, 2012).

receber adolescentes apreendidos em flagrante e recolhidos por mandados de busca e apreensão (MBA), acolhendo-os com atendimento psicossocial, que resulta em Estudo Preliminar, utilizado para subsidiar decisões do Ministério Público e do Judiciário, assim como identificar ações em benefício do adolescente.

O anuário do atendimento socioeducativo inicial no núcleo de atendimento integrado (SECRIA, 2018a, p. 6) define o NAI como "porta de entrada do sistema socioeducativo do DF", unidade criada em 2013 e que reúne, no mesmo espaço físico, o TJDFT, a Defensoria Pública do Distrito Federal e Secretarias de Estado de Saúde, de Educação, Segurança Pública e de Trabalho, Desenvolvimento Social, Mulheres, Igualdade Racial e Direitos Humanos,[80] com objetivo de prestar atendimento imediato, pelo prazo máximo de 24 horas, de forma eficaz, eficiente, humana e educativa ao adolescente apreendido por suspeita de cometimento de ato infracional, nos termos do art. 88, inciso V, do ECA e art. 4º, inciso VII, da Lei do SINASE, que preconiza a integração operacional dos órgãos do campo socioeducativo.

Ainda, segundo o anuário do NAI (SECRIA, 2018a, p. 10-11), em 2017, foram registradas 5.923 entradas no NAI/UAI, destas 3.848 relacionavam-se a entradas por motivo de flagrante e 2.075 entradas por motivo de MBA. Em termos percentuais aproximadamente, 65% de entradas foram por flagrante e 35% de entradas foram por MBA, indicando que a maior clientela do NAI são adolescentes que acabaram de praticar atos infracionais. De acordo com os registros, dessas 5.923 entradas no NAI/UAI, 1.855 foram de registros com apenas uma passagem pelo NAI/UAI, ou seja, primeira entrada, e 4.068 do total de registros considerados reentradas, indicando que o atendimento inicial oferecido na primeira passagem pelo NAI não foi suficiente para dissuadir o adolescente da prática de ato infracional. A mesma tendência se mostrou nos anos de 2018 e 2019, apesar de visualizarmos queda nas apreensões:

80 Em que pese constar no anuário a informação de que a Secretaria de Desenvolvimento Social, Mulheres, Igualdade Racial e Direitos Humanos exerce atribuições no NAI, ela não está mais entre os órgãos que prestam atendimento inicial. Mas continua compondo o organograma para lembrar ao governo sua importância e pressioná-lo a retomar as atividades dessa Secretaria junto ao NAI.

| DADOS | 2018 | 2019 |
|---|---|---|
| TOTAL DE FLAGRANTES | 3294 | 2808 |
| TOTAL DE MBAs | 1964 | 1885 |
| TOTAL DE ENTRADAS | 5258 | 4693 |
| | | |
| TOTAL DE PRIMEIRA ENTRADA | 1511 | 1282 |
| TOTAL DE REENTRADA | 3747 | 3411 |

Fonte: Núcleo de Atendimento Integrado NAI

No que toca à quantidade de servidores da SUBSIS que prestam o atendimento inicial na UAI, até setembro de 2019, tem-se o seguinte:

Tabela 3 – Quantitativo de Servidores da UAI – 2º SEM./2019

| CARGO | | Nova Modulação | UAI - 2019 | |
|---|---|---|---|---|
| | | | AGO | SET |
| ESPECIALISTAS | PSICÓLOGOS | 6 | 2 | 2 |
| | ASSIST. SOCIAIS | 6 | 3 | 3 |
| | PEDAGOGOS | 2 | 1 | 1 |
| AGENTES SOCIOEDUCATIVOS | | 55 | 46 | 49 |
| TÉCNICOS SOCIOEDUCATIVOS | | 12 | 10 | 8 |

Fonte: SEJUS, 2019.

Em relação às unidades de atendimento socioeducativo de internação do DF propriamente ditas, elas apresentam estrutura administrativa conforme Decreto nº 37.896, de 27 de dezembro de 2016, onde a estrutura organizacional mínima para execução da proposta socioeducativa é encabeçada pela direção de cada unidade e suas gerências:[81] Gerência Administrativa (GEAD), Gerência Pedagógica (presente apenas na UNISS), Gerência de Saúde (GESAU), Gerência

[81] Serão mais bem detalhadas nos itens 2.3.1 e 2.3.2, com exceção da GEAD, que não foi contemplada nesta pesquisa.

de Segurança, Proteção, Disciplina e Cuidados (GESEG) e Gerência Sociopsicopedagógica (GESPP) (SECRIA, 2016, p. 84).

O Distrito Federal comporta unidades novas e outras que foram reformadas para atender aos adolescentes segregados. A UIP, anteriormente denominada CIAP, atende adolescentes do gênero masculino em cumprimento da medida socioeducativa de internação. Não se trata de uma unidade nova, mas reformada no anseio de receber parte dos adolescentes que antes ficavam no CAJE, sem que boa parte de seu terreno tenha sido utilizada para inovação arquitetônica e espacial. Informações de servidores que trabalham no local, obtidas na pesquisa de campo, indicam que o formato dos módulos de internação tem o desenho de um trevo porque um dos adolescentes do antigo CIAP entregou a planta para um arquiteto que visitava o local para projetar o novo espaço, na intenção de dar sorte aos próximos internos.

Dados fornecidos pela Coordenação de Internação da SUBSIS (COORINT, 2019), até outubro de 2019, sinalizam que a capacidade estrutural da UIP era de 88 adolescentes, mas havia 93 adolescentes em cumprimento de medida socioeducativa de internação. No que toca à quantidade de servidores, até setembro de 2019, a realidade era a seguinte:

Tabela 4 – Quantitativo de Servidores da UIP – 2º SEM./2019

<table>
<tr><th colspan="2" rowspan="2">CARGO</th><th rowspan="2">Modulação</th><th colspan="2">UIP - 2019</th></tr>
<tr><th>AGO</th><th>SET</th></tr>
<tr><td rowspan="3">ESPECIALISTAS</td><td>PSICÓLOGOS</td><td>7</td><td>4</td><td>4</td></tr>
<tr><td>ASSIST. SOCIAIS</td><td>5</td><td>4</td><td>4</td></tr>
<tr><td>PEDAGOGOS</td><td>3</td><td>3</td><td>3</td></tr>
<tr><td colspan="2">AGENTES SOCIOEDUCATIVOS</td><td>123</td><td>114</td><td>113</td></tr>
<tr><td colspan="2">TÉCNICOS SOCIOEDUCATIVOS</td><td>9</td><td>4</td><td>4</td></tr>
</table>

Fonte: SEJUS, 2019.

A coluna denominada "modulação" refere-se ao quantitativo ideal de servidores para atender a unidade de internação. Como se nota, a quantidade de servidores em exercício está aquém da necessária, realidade reproduzida nas demais unidades conforme se demonstrará.

A maior unidade de internação do DF é a UNIRE, onde funcionava o antigo Centro de Internação de Adolescentes Granja das Oliveiras (CIAGO), aberta desde 2006. Durante o seu funcionamento, sucessivos convênios e contratos foram estabelecidos com entidades não governamentais, até que em julho de 2010 o GDF assumiu a sua gestão. São executadas na instituição as medidas socioeducativas de internação estrita e internação-sanção, voltadas a jovens, entre 18 e 21 anos incompletos, do gênero masculino, sendo a sua capacidade máxima para atendimento de 180 socioeducandos,[82] porém no dia da visita à unidade de internação, havia 233 socioeducandos, com alguns alojamentos superlotados e internos dormindo em colchões no chão. No mês seguinte à visita, ocorreu a fuga de três internos quando estavam em atividades na horta local (*Jornal Correio Brasiliense*, 2019) e outro já havia empreendido fuga em fevereiro de 2019, também aproveitando tempo destinado à atividade profissionalizante (FUZEIRA, 2019), dando sinais de que a política de segurança era falha.

Dados mais recentes fornecidos pela COORINT (2019), até outubro de 2019, indicam que a capacidade estrutural da UNIRE continuava de 180 adolescentes, mas havia 181 adolescentes em cumprimento de medida socioeducativa de internação e 11 cumprindo medida de internação-sanção (SEJUS, 2019), sinalizando que diminuiu o fluxo de internação na UNIRE. Com relação à quantidade de servidores, até setembro de 2019, a realidade era a seguinte:

Tabela 5 – Quantitativo de Servidores da UNIRE – 2º SEM./2019

| CARGO | | Modulação | UNIRE - 2019 | |
|---|---|---|---|---|
| | | | AGO | SET |
| ESPECIALISTAS | PSICÓLOGOS | 13 | 12 | 13 |
| | ASSIST. SOCIAIS | 10 | 6 | 6 |
| | PEDAGOGOS | 9 | 8 | 8 |
| AGENTES SOCIOEDUCATIVOS | | 270 | 238 | 245 |
| TÉCNICOS SOCIOEDUCATIVOS | | 20 | 16 | 15 |

Fonte: SEJUS, 2019.

[82] A informação disponível no antigo sítio eletrônico da Secretaria da Criança e do Adolescente é que a UNIRE possui capacidade de 144 adolescentes. No entanto, informações prestadas pela Central de Vagas do Sistema Socioeducativo é de que a capacidade é para 180 socioeducandos (SEJUS, 2018a; 2019).

A UNISS foi inaugurada em 10 de dezembro de 2013, na Região Administrativa do Recanto das Emas/DF, em área vizinha à UNIRE. A UNISS estabeleceu-se em terreno anteriormente ocupado pelo Centro de Referência em Semiliberdade (CRESEM). Para o atendimento das especificidades que o adolescente requer, os espaços receberam reformas, mas ainda precisam de melhor infraestrutura, especialmente cultural e esportiva, já que inexiste quadra poliesportiva e espaços culturais adequados. Os adolescentes são mantidos a maior parte do tempo fora dos alojamentos, circulando pela unidade ou fazem saídas para cursos e trabalhos externos. Atualmente recebe adolescentes e jovens de 18 a 21 anos em gozo de benefício de saídas sistemáticas. Esta sem dúvida pareceu ser a unidade que mais se assemelha ao ideário de atendimento que deve ser oferecido aos adolescentes em conflito com a lei, por conceder autonomia ao socioeducando, assim como por oferecer apoio em rede, ao mesmo tempo em que o responsabiliza pelos atos ilícitos praticados.

A estrutura da UNISS é composta por quatro Casas de Convivência com capacidade máxima para 80 socioeducandos, que ficam alojados em quartos de dois a quatro adolescentes. As casas têm refeitório comunitário, na intenção de se assemelhar ao espaço doméstico. A Unidade também conta com uma área escolar e um espaço multiúso, que estava fechado no dia da visita. A tentativa de reprodução do espaço doméstico é um ponto positivo que merece destaque e reforço e atende à legislação que prevê o retorno gradativo à sociedade, porém a visita à Unidade mostrou que o espaço já está deteriorado e precisa de reforma. Não há local para lazer e tampouco para oficinas de arte ou profissionalização. De outro lado, o que se chama de quarto, na verdade é uma cela suja que remete à ideia de prisão.

A COORINT (2019) informou que a capacidade estrutural da UNISS, até outubro de 2019, era de 80 adolescentes, e havia 61 adolescentes em cumprimento de medida socioeducativa de internação (SEJUS, 2019), sinalizando que nesta unidade não havia superlotação. Relativamente à quantidade de servidores, até setembro de 2019, a realidade era a seguinte:

Tabela 6 – Quantitativo de Servidores da UNISS – 2º SEM./2019

| CARGO | | Modulação | UNISS - 2019 | |
|---|---|---|---|---|
| | | | AGO | SET |
| ESPECIALISTAS | PSICÓLOGOS | 7 | 7 | |
| | ASSIST. SOCIAIS | 4 | 1 | |
| | PEDAGOGOS | 5 | 4 | |
| AGENTES SOCIOEDUCATIVOS | | 87 | 82 | |
| TÉCNICOS SOCIOEDUCATIVOS | | 9 | 9 | |

Fonte: SEJUS, 2019.

No ano seguinte à criação da UNISS, em 20 de março de 2014, a SECRIA inaugurou a UISM, unidade com padrões arquitetônicos e pedagógicos que mais deveriam se aproximar do ideário socioeducativo, com prédios mais apropriados para promoverem a socioeducação, com espaços planejados para oferecer educação em tempo integral, cursos profissionalizantes, atividades, esportivas, ecumênicas e culturais. A UISM foi também o local destinado para o atendimento de todas as meninas institucionalizadas (até que a unidade do Gama ficasse pronta, em abril de 2020), tanto àquelas provisórias quanto às que receberam medida socioeducativa de internação e internação-sanção. Estrategicamente, o local destinado às meninas foram módulos separados dos meninos, mas localizados dentro da Unidade de Internação de Santa Maria. Em 14 de abril de 2020 foi inaugurada a unidade de internação feminina e até outubro de 2020 contava com 20 socioeducandas.

A unidade tem o mesmo desenho arquitetônico da unidade de São Sebastião, porém, como não divide espaço com outra unidade, conseguiu utilizar melhor os espaços construídos. Contudo, não foi implementado o projeto de escola integral e poucos cursos são oferecidos, de modo que os adolescentes permanecem em geral dentro do seu alojamento por quase 20 horas (realidade de todas as unidades), fato reproduzido nas demais unidades, exceto a UNISS e aquelas unidades que disponibilizam algumas vagas de cursos profissionalizantes, diminuindo o tempo do enclausuramento.

Por fim, a COORINT (2019) informou que a capacidade estrutural da UISM, até outubro de 2019, era de 120 adolescentes do gênero masculino e 25 do gênero feminino, e havia exatamente essa quantidade de adolescentes do gênero masculino e feminino, somando aqueles em cumprimento de medidas socioeducativas de internação, em regime provisório e internação-sanção (SEJUS, 2019), sinalizando que nesta unidade igualmente não havia superlotação, em que pese estar operando na sua capacidade máxima. No que concerne à quantidade de servidores, até setembro de 2019, a realidade era a seguinte:

Tabela 7 – Quantitativo de Servidores da UISM – 2º SEM./2019

| CARGO | | Modulação | UISM - 2019 | |
|---|---|---|---|---|
| | | | AGO | SET |
| ESPECIALISTAS | PSICÓLOGOS | 11 | 10 | 9 |
| | ASSIST. SOCIAIS | 8 | 5 | 4 |
| | PEDAGOGOS | 6 | 3 | 3 |
| AGENTES SOCIOEDUCATIVOS | | 160 | 143 | 174* |
| TÉCNICOS SOCIOEDUCATIVOS | | 10 | 7 | 7 |

Fonte: SEJUS, 2019.

Em São Sebastião há duas unidades socioeducativas: a UISS (que abriga provisoriamente a UIBRA) e a de Internação Provisória de São Sebastião (UIPSS). A primeira foi inaugurada no dia 20 de fevereiro de 2014. Essa unidade foi destinada aos adolescentes sentenciados ao cumprimento de medida socioeducativa de internação e internação-sanção. Somente com a inauguração das novas Unidades de Internação desta unidade e a de Santa Maria, tornou-se possível a desativação completa da Unidade de Internação do Plano Piloto (UIPP), antigo CAJE. A segunda é localizada na fazenda da papuda, sendo responsável por receber os adolescentes e os jovens de 18 a 21 anos, sentenciados em medida de internação provisória, onde ficam, no máximo, 45 dias. Buscou-se metodologia diferenciada para manter os adolescentes em estudo e atividades socioeducativas pelo período em que passam na unidade,[83] onde são desenvolvidos projetos pedagógicos.

[83] Em contato com a Central de Vagas do Sistema Socioeducativo do DF, foi informado que "a metodologia diferenciada refere-se ao que denominam de 'jornada pedagógica'. Essa jornada contempla todas as atividades que são desenvolvidas na Unidade, desde a aula normal ministrada pela Secretaria de Educação em um turno, até as atividades de horticultura, esportes, cultura, desenvolvidas no turno contrário ao da escola.

Na UIPSS existe um projeto de xadrez muito interessante oferecido pelo único agente socioeducativo especialista em educação física do campo socioeducativo distrital, onde são repassadas aos adolescentes não apenas as regras do jogo, mas principalmente são associados os valores que esse jogo pode incorporar na vida do adolescente. Ao final da partida, o adolescente é encorajado a elaborar uma redação relatando os benefícios da prática de xadrez para sua vida, fazendo-o refletir sobre outras possibilidades de bem-estar, a partir do esporte e da cultura.

No que diz respeito à capacidade estrutural de atendimento, a COORINT (2019) informou que, até outubro de 2019, na UISS havia 120 vagas para adolescentes do gênero masculino e 110 adolescentes em cumprimento de medidas socioeducativas de internação e 16 em cumprimento de medida de internação-sanção (SEJUS, 2019), sinalizando que se ultrapassou a quantidade de vagas disponíveis. Quanto à UIPSS, são previstas 180 vagas e estavam em medida de internação provisória 112 adolescentes. No que toca à quantidade de servidores, até setembro de 2019, a realidade era a seguinte:

Tabela 8 – Quantitativo de Servidores da UISS – 2º SEM./2019

| CARGO | | Modulação | UISS - 2019 | |
|---|---|---|---|---|
| | | | AGO | SET |
| ESPECIALISTAS | PSICÓLOGOS | 10 | 9 | 9 |
| | ASSIST. SOCIAIS | 7 | 5 | 6 |
| | PEDAGOGOS | 5 | 3 | 3 |
| AGENTES SOCIOEDUCATIVOS | | 167 | 134 | 159 |
| TÉCNICOS SOCIOEDUCATIVOS | | 9 | 6 | 6 |

Fonte: SEJUS, 2019.

Especificamente na Unidade de Internação Provisória, pelo fato de os adolescentes ficarem no máximo 45 dias lá (prazo médio muito menor, de cerca de 20 dias), a Secretaria de Educação utiliza outra forma de abordagem, denominada 'Projetos'. Não são aulas normais em cada série, pois o tempo de permanência na unidade é muito curto".

Tabela 9 – Quantitativo de Servidores da UIPSS – 2º SEM./2019

| CARGO | | Modulação | UIPS S - 2019 | |
|---|---|---|---|---|
| | | | AGO | SET |
| ESPECIALISTAS | PSICÓLOGOS | 10 | 7 | 7 |
| | ASSIST. SOCIAIS | 9 | 7 | 5 |
| | PEDAGOGOS | 6 | 3 | 4 |
| AGENTES SOCIOEDUCATIVOS | | 173 | 154 | 150 |
| TÉCNICOS SOCIOEDUCATIVOS | | 13 | 6 | 5 |

Fonte: SEJUS, 2019.

A UIBRA está em fase final de obras, tinha previsão de término das obras para agosto de 2019, porém até dezembro de 2019 não havia sido inaugurada. Hoje, ela funciona atendendo adolescentes do gênero masculino em cumprimento de medida de internação que já completaram 18 anos, em área dentro da Unidade de Internação de São Sebastião, assim, o prédio que seria só para a UISS foi dividido e lá funcionam no mesmo espaço físico as duas unidades, UISS e UIBRA. Essa divisão parece impor dificuldades estruturais e de gerência de pessoal.

Com relação à capacidade estrutural de atendimento, a COORINT (2019) informou que, até outubro de 2019, havia 60 vagas para atendimento de internação de adolescentes, e havia 64 adolescentes em cumprimento de medidas socioeducativas de internação (SEJUS, 2019), sinalizando que nesta unidade também se ultrapassou a quantidade de vagas disponíveis. Relativamente à quantidade de servidores, até setembro de 2019, a realidade era a seguinte:

Tabela 10 – Quantitativo de Servidores da UIBRA – 2º SEM./2019

| CARGO | | Modulação | UIBRA - 2019 | |
|---|---|---|---|---|
| | | | AGO | SET |
| ESPECIALISTAS | PSICÓLOGOS | 4 | 3 | 3 |
| | ASSIST. SOCIAIS | 3 | 2 | 2 |
| | PEDAGOGOS | 3 | 1 | 1 |
| AGENTES SOCIOEDUCATIVOS | | 75 | 64 | 65 |
| TÉCNICOS SOCIOEDUCATIVOS | | 6 | 4 | 4 |

Fonte: SEJUS, 2019.

As tabelas apresentadas demonstram a defasagem de servidores no campo socioeducativo do DF. A informação da SUBSIS (SEJUS, 2019c) é a de que atualmente são 1.421 agentes socioeducativos, sendo 773 agentes do gênero masculino e 648 agentes do gênero feminino. Porém, conforme art. 2º, inciso II, da Lei nº 5.351, de 4 de junho de 2014 (DISTRITO FEDERAL, 2014), que dispõe sobre a criação da carreira socioeducativa, a carreira de agente socioeducativo deve ser composta por 2.500 cargos. Diante do exposto, conclui-se que faltam 1.079 agentes socioeducativos para completar o quantitativo determinado pela Lei nº 5.351/2014.

Houve, portanto, o investimento na construção e na reforma de unidades menores de responsabilização, assim como alteração na política de contratação dos servidores dos quadros socioeducativos, priorizando a especialização e o concurso público. Porém, é possível constatar déficit de servidores em todas as unidades de internação, o que compromete o atendimento ofertado dentro das unidades, pois impede a escolta para todas as atividades propostas, assim como o atendimento médico quando necessário deslocamento para unidade de saúde fora da unidade, o planejamento de cursos e até mesmo as visitas dos familiares.

A transferência dos adolescentes foi objeto de controvérsias, pois a política pública de descentralização isolada das unidades de internação não teria solucionado todos os desafios impostos pela doxa punitiva vigente no antigo CAJE, já que a implantação dos programas de atendimento não depende apenas das instalações físicas destinadas ao cumprimento de medidas socioeducativas, mas de políticas intersetoriais efetivas.

## 2.3 A (des)governança no campo socioeducativo do DF: uma proposta de análise

A historiografia brasiliense indicou que os especialistas comemoraram quando o Governo do Distrito Federal noticiou a desativação do CAJE, assim como a construção dos novos centros de internação: em São Sebastião, Santa Maria, Brazlândia, Sobradinho e Gama em 2011. No entanto, a política de descentralização de unidades de internação parece não ter alterado a doxa punitiva e, apesar da existência de boas práticas, parece que logo surgiram problemas análogos ao modelo anterior.

Objetiva-se descrever o estado de (des)governança no campo socioeducativo distrital, apontando boas práticas e também aquelas que ainda destoam das diretrizes e dos princípios que norteiam as medidas socioeducativas de internação. Após, parte-se para a segunda parte do trabalho para verificar, por meio de pesquisa empírica, se o atendimento ofertado ao adolescente institucionalizado no DF está conforme o ideário constitucional em termos de atendimento em rede intersetorial e se ainda é movido pela punição. A resposta parece confirmar as pistas emergidas dos relatos históricos das páginas anteriores.

### 2.3.1 Boas práticas de políticas públicas socioeducativas no DF

Com o fim do CAJE, a expectativa era a de que os adolescentes que cumpriam medidas socioeducativas no DF fossem submetidos a um novo modelo de atendimento. A superlotação daria lugar a espaços adequados e marcados pelas práticas educativas, onde o adolescente autor de atos infracionais graves seria redirecionado para o convívio social e familiar, após processo de responsabilização, com foco na conscientização dos seus atos. De fato, após visitas empíricas e diálogos exploratórios, foi possível perceber significativas melhorias: a implementação de políticas públicas de acesso aos serviços sociais básicos na perspectiva da intersetorialidade entre as políticas e a preocupação de construção de unidades de internação em sintonia com o Plano Nacional de Atendimento Socioeducativo (CONANDA, 2013), o Projeto Político Pedagógico das Medidas Socioeducativas no DF (SECRIA, 2013) e o PDASE (SECRIA, 2016).

Quanto à estrutura do atendimento prestado ao adolescente que pratica ato infracional, tem-se que o DF detém estrutura especializada desde a polícia, Ministério Público, Judiciário (com a criação da Vara de Execuções de Medidas Socioeducativas, desmembrando-a da Vara da Infância e Juventude) e também da Defensoria, com núcleo próprio de atendimento a adolescentes em cumprimento de medidas socioeducativas, tendo sido inaugurada, recentemente, nova estrutura física da Justiça. Além disso, o DF está entre os entes que aprovou seu Plano Decenal de Atendimento Socioeducativo (SECRIA, 2016; CNMP, 2019).

No Atendimento inicial, após a apreensão em flagrante, o adolescente é levado a uma das duas Delegacias de Polícia especializadas existentes no DF: Delegacia Especial de Proteção à Criança e ao Adolescente I (DCA) ou II (DCA II),[84] onde são separados em três salas de

[84] Serão mais bem detalhadas nos itens 3.1.2 e 3.1.3 quanto às estruturas objetivadas e incorporadas que compuseram o *corpus* da pesquisa.

contenção distintas em razão do gênero, gravidade da conduta e idade, já que pode ocorrer de uma pessoa maior de 18 anos ser conduzida à DCA devido a um mandado de busca e apreensão (MBA) em aberto, de quando ainda era adolescente. Assim, há obediência rigorosa em relação à separação por critérios de idade, compleição física e gravidade da infração, conforme art. 123 do ECA. Há movimentos para criação de uma quarta sala para fins de manter em separado aquele que se declarar transexual. Isso porque pode ocorrer situação hipotética de haver no mesmo dia as quatro situações, de modo que é preciso pensar em estratégias que atendam todas as circunstâncias e resguardem a integridade física dos adolescentes apreendidos.[85]

A Polícia Civil encaminha o adolescente apreendido em flagrante e lesionado primeiramente ao hospital, para depois efetuar os trâmites burocráticos, sinalizando que a saúde é elemento observado com prioridade. Ainda com relação à saúde, todos os adolescentes passam por exame de corpo de delito antes de serem encaminhados ao NAI, diminuindo os riscos de uso da violência física em face do adolescente apreendido.

O restante do atendimento inicial é realizado junto ao NAI, criado em 2013 com o objetivo de centralizar o primeiro atendimento ao adolescente a quem se imputa a prática de ato infracional. Após, ou o adolescente ou é liberado ou são aplicadas medidas protetivas ou medidas socioeducativas, inclusive a internação provisória. Em todos os casos, a rede de atendimento foi acionada e o adolescente e sua família foram atendidos. O NAI oferece um Guia de Orientações para a família do adolescente que foi atendido na UAI a fim de informar endereço e telefone de entidades que oferecem atendimento ambulatorial, psiquiátrico e psicológico, além daquelas que oferecem cursos profissionalizantes e também de toda a rede de apoio, como Conselhos Tutelares e Centros de Referência em Assistência Social (CRAS).

Outra importante novidade é a assinatura, no segundo semestre de 2019, do protocolo de intenções que celebraram entre si a União, por meio do TJDFT, e o DF, por intermédio do GDF e do SEJUS, com objetivo de firmar parceria para implantação do Sistema de Justiça e Cidadania da Infância e da Juventude do Distrito Federal, cuja sede será localizada no bloco II do Polo de Justiça, Cidadania e Cultura,

---

85 Estatísticas apresentadas pelo NAI até agosto de 2019 indicam que foram realizadas seis apreensões em flagrante delito de transgêneros, ou seja, a preocupação da DCA se mostra assertiva (PEREIRA, 2019).

exatamente onde se localizava o CAJE e onde abriga o Fórum da Criança e do Adolescente. Por meio desse protocolo, além da implantação do referido Sistema, igualmente objetiva-se transferir a estrutura física do NAI, construindo-se um prédio mais amplo, com finalidade de melhorar o atendimento inicial concedido ao adolescente apreendido em flagrante de ato infracional. Para consecução do objeto desse ajuste, as partes comprometeram-se a desenvolver e partilhar ações conjuntas nas áreas de políticas para crianças e adolescentes no tocante a saúde, educação, cidadania, assistência social, cultura, esporte e lazer.

Ainda quanto à estrutura, houve progresso em se tratando de Judiciário, Ministério Público e Defensoria Pública, que se estruturaram para proporcionar atendimento especializado e criaram setores específicos para as execuções das medidas socioeducativas, como a VEMSE, que funciona em nova sede, estruturada para atender melhor às demandas da socioeducação; as Promotorias de Justiça de Execuções de Medidas Socioeducativas e o Núcleo de Assistência Jurídica de Execuções de Medidas Socioeducativas, este último ampliou em outubro de 2019 de 5 para 7 as Defensorias de Execuções.[86] A especialização temática permite maior eficiência, rapidez e presteza no atendimento ao adolescente autor de ato infracional.

Ademais, houve importante avanço na escolha da equipe técnica de atendimento ao adolescente, com a criação de carreiras próprias do campo socioeducativo, cujos integrantes são selecionados a partir de concurso público. Atualmente todos os agentes socioeducativos são concursados e capacitados por meio de cursos oferecidos pela própria SUBSIS, em capacitação que faz parte da etapa do concurso público de ingresso na carreira (DISTRITO FEDERAL, 2014). Após o ingresso na carreira, são ofertados alguns cursos de capacitação continuada pela SUBSIS, que tem uma gerência de capacitação própria, e outros são realizados em parceria com a Escola Nacional de Socioeducação. Ainda com relação à equipe técnica, atualmente dá-se preferência para nomear servidores de carreira para compor os cargos de chefia, seja na direção das unidades, seja na própria estrutura administrativa da SUBSIS, enaltecendo aqueles que escolheram a carreira para servir ao campo socioeducativo.

Outra novidade é a criação do Regulamento Disciplinar das Unidades de Internação do Sistema Socioeducativo do Distrito Federal

[86] Anexo único da Resolução nº 208, de 4 de outubro de 2019, do Conselho Superior da Defensoria Pública do Distrito Federal (DPDFT, 2019).

(SECRIA, 2018a, p. 8-9),[87] autodefinido como instrumento administrativo e pedagógico, com o objetivo de definir os parâmetros disciplinares para todas as unidades de internação, subsidiar as atividades da Comissão de Avaliação Interdisciplinar na apuração de transgressões de regras institucionais e sociais dos socioeducandos e auxiliar no reforço positivo de ações e comportamentos que contribuam para a evolução da medida socioeducativa do próprio adolescente. Este instrumento possibilita que qualquer falta cometida pelo adolescente que se encontra segregado seja apurada por uma comissão e impõe regras que devem ser obedecidas em todas as unidades de internação, padronizando o atendimento, diminuindo discricionariedades.

Em relação à saúde, toda unidade de internação possui uma gerência de saúde (GESAU) para promover ações básicas de saúde individuais e coletivas, efetuar a imunização e avaliação biopsicossocial. É certo que inexistem médicos diariamente nas unidades de internação, porém há enfermeiros que prestam o primeiro atendimento e ministram medicamentos básicos quando necessário. Em caso de necessidade de atendimento médico, a orientação é encaminhar os adolescentes à rede pública de saúde da região (SECRIA, 2016, p. 85-87).

A segurança das unidades fica sob o comando da GESEG, que coordena a execução de serviços como visitas, movimentação interna dos adolescentes, escolta para escola e outros atendimentos necessários (SECRIA, 2016, p. 87-88). Exige-se como requisito obrigatório para o cargo de agente socioeducativo o diploma de graduação de qualquer curso superior, de modo que o nível de escolaridade entre os agentes socioeducativos é alto.

Concernente à educação, toda unidade de internação possui uma GESPP, composta por três núcleos, a saber: núcleo de atividades socioeducativas (NAS), núcleo de ensino (NUENS) e núcleo de profissionalização (NUPROF). O objetivo é garantir atendimento socioeducativo de qualidade, em observância aos direitos e garantias constitucionalmente assegurados aos adolescentes em conflito com a lei, com o acesso de todos os socioeducandos às atividades propostas pela unidade (SECRIA, 2016, p. 88-89).

O NUENS é responsável pela oferta de escolarização nas unidades de internação, com competência para atuar junto com a Secretaria de Educação do DF, para, em conjunto, oferecer serviços de educação

---

87 Aprovado pela Portaria nº 128, de 28 de maio de 2018, publicada no DODF nº 104, de 4 de junho de 2018 (SECRIA, 2018b, p. 17).

ao adolescente internado.[88] Cada unidade de internação é vinculada à escola pública da região,[89] o que proporciona a expedição rápida de diplomas após o término dos estudos. Em geral, todos os adolescentes frequentam as aulas e há espaço educacional próprio em cada unidade de internação. Seguem o conteúdo determinado pelo MEC no modelo EJA de aprendizagem, exceto na Unidade de Internação Provisória, em que os adolescentes são inseridos em projetos pedagógicos diversos, já que não seria possível, segundo a equipe de professores do local, implementar grade curricular comum dado o pouco tempo que os adolescentes permanecem no local.

Em se tratando de profissionalização, cada unidade possui o NUPROF, encarregado de planejar, coordenar, executar e avaliar a oferta de profissionalização para o socioeducando, respeitando o seu grau de conhecimento e primando pela qualidade (SECRIA, 2016, p. 91). Além dos NUPROFs, o Judiciário e o Ministério Público se mostraram muito comprometidos na busca por cursos profissionalizantes aos adolescentes que se encontram internados. O recente Acordo de Cooperação Técnica nº 3/2018, promovido entre a Secretaria de Política para Crianças Adolescentes e Juventude do Distrito Federal, a Procuradoria Regional do Trabalho da 10ª Região, a Superintendência Regional do Trabalho no Distrito Federal, o Tribunal de Justiça do Distrito Federal e Territórios, o Ministério Público do Distrito Federal e Territórios e o Departamento Regional do Distrito Federal do Serviço Nacional de Aprendizagem Industrial, visou à implantação da aprendizagem profissional nas Unidades de Internação do DF. O SENAI atualmente oferece cursos

---

88 De acordo com o Termo de Cooperação Técnica nº 02/2013 entre a Secretaria de Estado de Educação (SEDF) e a SECRIA, compete à SECRIA dispor de instalações físicas e o material escolar individual dos socioeducandos e à SEDF deve disponibilizar os professores e o fornecimento dos materiais de expediente escolar para a realização das aulas dentro das unidades de internação (SECRIA, 2016, p. 90). Outros atos normativos relativos à promoção de educação no campo socioeducativo do DF podem ser citados: Portaria Conjunta SEDF/SECRIANÇA nº 09/2013, que dispõe sobre as rotinas de acompanhamento da escolarização de adolescentes em cumprimento de medidas socioeducativas; Portaria Conjunta SEDF/SECRIANÇA nº 03/2014, a qual dispõe sobre a lotação dos profissionais da educação que atuam nos Núcleos de Ensino das Unidades de Internação Socioeducativa e de Internação Cautelar do Distrito Federal e sobre a escrituração escolar dos estudantes; Diretrizes Pedagógicas para a Escolarização na Socioeducação (SEDF/2014 – homologadas pela Portaria SEDF nº 278/2014), que orientam a organização do trabalho pedagógico nos Núcleos de Ensino das Unidades de Internação Socioeducativas, de Internação Cautelar e nas unidades escolares que atendem adolescentes que cumprem medidas socioeducativas de semiliberdade, de liberdade assistida e de prestação de serviço à comunidade (SECRIA, 2016, p. 94).

89 Portaria Conjunta da SECRIANÇA e SE/DF nº 03/2014 (SECRIA, 2016, p. 91).

de aprendizagem em duas unidades de internação, proporcionando educação profissional a 60 adolescentes institucionalizados (ALMEIDA, 2019b). Além do SENAI, o SENAC também iniciou atividades profissionalizantes no âmbito socioeducativo do DF.

Ademais, o Relatório de Gestão de 2016 da SUBSIS apontou diversos projetos e ações estratégicas realizadas no âmbito das Unidades Socioeducativas do DF nos últimos anos, como estágios supervisionados com instituições universitárias, horticultura (capacitando os adolescentes e jovens em produção agroecológica), festival de curta (estímulos aos socioeducandos no engajamento de atividades audiovisuais), oficina de música, palestras, etc.

No mesmo sentido foram as ações descritas no Relatório de Transição (SECRIA, 2018c, p. 10-22) para o novo Governo do DF. Neste Relatório destacam-se parcerias com instituições universitárias para estágios supervisionados, com entidades religiosas para garantir assistência religiosa, oferecimento de oficinas de música, teatro, grafite, capoeira, empreendedorismo (UIP), inclusão digital (UNIRE E UNISS).

Por fim, merece aplausos a inauguração da unidade feminina em 14 de abril de 2020, na busca pela especialização do atendimento conforme o gênero.

Entende-se que a identificação da contradição entre o ideário que deveria orientar o campo socioeducativo e as práticas organizacionais dirigidas aos adolescentes em conflito com a lei é o ponto de partida, a partir da ideia de que a responsabilização penal juvenil requer ações institucionais coordenadas e transversais, além de decisões céleres que considerem a estruturação decisória em rede. Do mesmo modo, exige-se intersetorialidade institucional para que todos os envolvidos construam pautas de atuação conjunta, conforme os parâmetros da integralidade do ECA. A análise deve contemplar também estratégias que envolvam a aplicação excepcional da medida socioeducativa de internação e os desafios a serem enfrentados.

### 2.3.2 Desafios no campo socioeducativo

Apesar da demolição do CAJE em 2014 ser simbolicamente relevante no campo socioeducativo do DF, a hipótese é que a construção de novos centros de internação não foi suficiente para reformulação do paradigma de atendimento, persistindo deficiências inibidoras da efetividade dos direitos instituídos pela Constituição Federal, pelo ECA e pela Lei do SINASE, isto é, há ocupação acima da capacidade em algumas unidades, promoção insuficiente de educação e maus-tratos, dificuldades em prestação de atendimento médico adequado; adicionalmente, continuam as práticas de internamento em situações que, em tese, poderiam ser objeto de alternativas por parte do poder estatal.[90] A pandemia da covid-19 no ano de 2020 sedimentou a cultura punitiva ao espelhar normas produzidas para o sistema penitenciário. O que se presenciou foram práticas que, apesar de terem contido o avanço do vírus dentro das unidades de internação, suspenderam temporariamente o direito à visitas, promoveram suspenção de aulas e projetos pedagógicos que geraram um tensionamento dentro das unidades com pelo menos duas mortes entre os adolescentes (SEJUS, 2020a; 2020b; 2020c; 2020d; 2020e).

A descrição histórica e os dados colacionados evidenciam que a descentralização articulou-se a partir da internação como modalidade de punição, que pode estar reproduzindo doxa punitiva criminal comum e desvelar falhas intersetoriais de políticas públicas deficientes a partir de *habitus* distorcidos dos direitos e garantias estabelecidos. A título de exemplo, são os locais destinados para a construção das unidades de internação afastados, sem que haja serviço de transporte público, dificultando o convívio familiar e promovendo o isolamento dos adolescentes autores de atos infracionais, caso da UIBRA, UISS, UIP, UISM.

A doxa punitiva parece ter permeado o atendimento socioeducativo distrital desde o princípio e, portanto, durante a pandemia da covid-19, não houve surpresas. Inspeção realizada pelo Conselho Federal da Ordem dos Advogados do Brasil e do Conselho Federal de Psicologia (OAB; CFP, 2006) resultou na publicação de uma pesquisa onde, no campo da saúde, as dermatoses foram as doenças mais diagnosticadas na época do CAJE, com a presença de dois adolescentes portadores de transtorno mental, quando mereciam tratamento médico e não controle penal. Foi constatada, ainda, a presença de um adolescente na chamada "cela de castigo", medicado com alta dose de calmante, que se encontrava há mais de cinco dias sem luz do sol (BRASIL, 2006,

---

90 Em uma das visitas às unidades de internação, especificamente a de Recanto das Emas, destinada aos internos maiores de 18 anos, um dos adolescentes relatou não conseguir benefícios porque seus familiares moravam na Bahia e ele não tinha parentes em Brasília. Estava há mais de um ano internado pela prática de crime análogo a roubo, com bom comportamento e sem cometimento de faltas durante o cumprimento da medida de internação. Não havia motivos legais para mantê-lo segregado. Esse caso demonstra como o sistema socioeducativo pode ser mais prejudicial que o próprio sistema adulto e revela resquícios tutelares protetivos que deveriam inexistir.

p. 80-81). Em 2013, pouco mais da metade dos adolescentes em medida de internação compreendiam ser bem atendidos nos serviços de saúde (CODEPLAN, 2013, p. 85). Nas visitas empíricas realizadas nas unidades de internação em 2019, foram dados alertas para não encostar nas paredes devido à presença de doença altamente contagiosa de sarna ou escabiose.

Com relação à alimentação, a mesma pesquisa de 2006 indicou que a comida era considerada ruim, composta de carnes cruas, alimentos azedos e considerados sem gosto. Quanto à educação, concluiu-se que a presença dos adolescentes na escola não era regular, em que pese a escola funcionar dentro do CAJE. Para aqueles que incorriam em infração disciplinar o castigo era o isolamento com ausência de participação nas atividades pedagógicas, em afronta ao próprio ECA (BRASIL, 2006, p. 81).

Pesquisa do CNJ (2012, p. 56-57) após a era CAJE, dessa vez voltada para o atendimento dispensado às adolescentes do gênero feminino, mas que pode ser utilizada nesta pesquisa por retratar aspectos intersetoriais que se aplicam a ambos os gêneros, indicou que a estrutura física das novas unidades, especialmente a unidade de internação de Santa Maria (UISM), mais se assemelhava a um presídio, contendo bloco ou módulos que parecidos com pavilhões; os agentes e assistentes socioeducativos utilizavam roupas pretas, lembrando agentes penitenciários; com regime de contenção que pareceu ser o mais severo do Brasil, onde as adolescentes permaneciam trancadas durante todo o dia, com saídas fixas apenas para o banho de sol e atividades escolares; além da localização afastada, o que dificulta a presença da família.

À época da visita empírica, a UISM apresentava as mesmas características destacadas. Ademais, não contava com curso profissionalizante, não havia médicos no local, mas apenas um enfermeiro, e o tratamento odontológico não era regular, controlando-se as dores de dente com analgésicos. Foi relatada ainda a inexistência para tratamento a dependentes de substâncias entorpecentes na unidade e na rede de saúde pública. Houve queixas, por unanimidade, com relação à qualidade da comida oferecida (CNJ, 2012, p. 71; 133; 142).

Quanto à educação oferecida nas unidades de internação, pesquisas sinalizaram com frequência consciência sobre a importância da educação para a transformação social (93,1%) e bom relacionamento entre adolescentes e professores (92,2%), mas a maioria apresenta defasagem escolar, o que exige uma política educacional diferenciada (CODEPLAN, 2013, p. 85).

Inspeções mais recentes, realizadas pelo Conselho dos Direitos da Criança e do Adolescente (CDCA, 2017, p. 36-53), resultaram em relatório detalhado do atendimento oferecido ao adolescente em cumprimento de medida socioeducativa de internação no governo anterior, indicando que 75% dos adolescentes não possuíam toalhas para o banho; que, apesar de existirem muitas refeições diárias, a quantidade e a qualidade do alimento eram consideradas ruins; que não havia assistências médica ou odontológica adequadas, apenas serviço de enfermagem, e ainda com presença de muitos adolescentes com doenças infectocontagiosas, conforme relatos dos próprios adolescentes:

> [...]
>
> Um ano e sete meses sem toalha, enxugando com a camiseta.
>
> Eu não peço, não falo nada. Tenho medo.
>
> B. 18 anos – UIRE
>
> [...]
>
> Parece que a carne vem crua, o peixe vem cru e a galinha também vem crua.
>
> E. 19 anos – UISS
>
> [...]
>
> Vai dormir que passa! (Resposta dada quando o adolescente informa sentir dor)
>
> G. – 16 anos – UIPSS
>
> [...]
>
> Gentileza gera gentileza! Sofremos muitas agressões, somos seres humanos e queremos mudar, melhorar, mas o sistema não ajuda.
>
> D – 19 Anos – UIRE
>
> [...]
>
> O sistema é uma vergonha, se a pessoa não tiver objetivo sai pior.
>
> D. 16 anos – UISM
>
> [...]
>
> O sistema só alimenta o ódio e a maldade, não regenera ninguém.
>
> M. 17 anos – UIRE
>
> [...]
>
> 4 rolos de papel no mês, opressão, gritos, banho de sol reduzido,
>
> 5 pessoas por barraco, sem privacidade, comida ruim e pouca.
>
> M. – 18 anos – UIRE
>
> [...]

> Era para ser um sistema socioeducativo, nos reeducar, mas não é isto que acontece.
>
> G. – 19 anos UIPSS
>
> [...]
>
> Nunca fui chamado para seletiva.Um lava jato não vai mudar minha vida, é só R$ 3,00!
>
> L. – 16 anos – UISS

Esses relatos foram reproduzidos pelo CDCA/DF, em dezembro de 2017, e indicam a precária estrutura recente dos espaços destinados à internação de adolescentes autores de atos infracionais do Distrito Federal, com a presença de ratos e até cobras nos corredores das unidades de internação, refletores quebrados, água de chuva invadindo as instalações e trancas danificadas (CDCA, 2017).

O Relatório CDCA/DF apontou para inúmeras irregularidades que inviabilizam condições mínimas para o atendimento aos adolescentes internados nas unidades do Distrito Federal. Na mesma esteira, as inspeções realizadas pelo Ministério Público indicam que algumas unidades de internação estão com número de adolescentes acima da capacidade de atendimento, a exemplo da UNIRE, que recebe os jovens de 18 a 21 anos, reproduzindo situação anterior vivenciada no CAJE.

O Relatório CDCA/DF aponta ainda para diversas falhas no atendimento dispensado ao adolescente internado de toda ordem: gestão, estrutura burocrática e precária, má qualidade da alimentação, educação, saúde, etc. Em relação à UISM e à UIRE, por exemplo, havia constantes reclamações dos adolescentes em relação à quantidade e à qualidade da alimentação, que é transportada por caminhões por meio de *hotbox*, bem como a pouca variedade de cardápio (CDCA, 2017, p. 8 e 9), diferentemente da UIP, onde a comida é fresca, preparada na própria unidade e os adolescentes se queixam apenas em relação à quantidade servida, considerando pouca comida (CDCA, 2017, p. 14). Em que pese haver seis refeições diárias ofertadas aos adolescentes, percebe-se que a qualidade implica descontentamento generalizado, o que culminou recentemente com a troca da empresa prestadora dos serviços alimentícios.

Referentemente à educação, verifica-se uma política de escolarização formal inferior àquela dispensada aos demais alunos da rede pública comum de ensino, com carga horária menor, projetos pedagógicos "soltos", marcados por certa fragmentação institucional, fatos que geram desestímulo às atividades espontâneas, tédio e ociosidade

(ADORNO, 1993, p. 207). As aulas dependem da disponibilidade da escolta, já que os adolescentes são revistados antes e após as aulas, atitudes de segurança que não os deixam esquecer do cárcere e suas nefastas consequências. Na porta de cada sala de aula deve ficar um agente socioeducativo e o banheiro fica localizado dentro da própria sala de aula na UISM. No Relatório do CDCA, a informação é de que no ano de 2017, tanto na UISM quanto na UIRE, os adolescentes frequentaram a escola apenas 2 ou 3 vezes por semana sob a alegação da falta de efetivo de Agentes Socioeducativos (CDCA, 2017, p. 09 e 12). As "celas de aula", metáfora utilizada por alguns profissionais do campo socioeducativo, são espaços de confinamento que exigem atenção constante, já que os banheiros igualmente são usados para "tramas" entre os adolescentes.

A questão do efetivo de agentes socioeducativos também foi objeto de questionamento. Parecem frequentes as suspensões das aulas por inexistirem agentes socioeducativos suficientes na Unidade ou pelo arbítrio dos próprios agentes, que dão a palavra final no que toca à movimentação de internos dentro e fora da unidade.

Atualmente há uma crise institucional promovida por demandas dos agentes socioeducativos, que culminou, recentemente, em agosto de 2019, em greve que precisou de intervenção judicial para cessar. A categoria reivindica aumento do efetivo, equidade com as demais categorias de segurança (agentes penitenciários, policiais civis e militares), especificamente quanto à permissão para serviço voluntário e gratificação de titulação atualizada, o que permitiria o trabalho dos agentes em dias de folga e aumento salarial no caso de conclusão de curso de pós-graduação (ALMEIDA, 2019a; DIOGO, 2019; GARONCE, 2019). Além disso, muitos defendem o porte de arma institucional, adicional de insalubridade e melhoria nas condições de trabalho com concessão de equipamentos modernos, como rádios e acessórios de contenção, na busca por equiparar a atividade de agente socioeducativo a agente penitenciário.

Há evidências de que o Distrito Federal não atende recomendação do SINASE em relação à quantidade de agentes por internos. Para as atividades de escola, oficinas profissionalizantes e esporte e lazer, a regra impõe obediência à proporção de um agente para no máximo cinco socioeducandos no local em que seja realizada a atividade, além disso todo e qualquer acompanhamento no deslocamento de socioeducandos dentro da Unidade de Internação deverá obedecer à proporção de um agente para no máximo dois socioeducandos, conforme Cartilha

(2015) para cumprimento das normas relativas às medidas socioeducativas de acordo com o SINASE. A informação é de que atualmente o campo socioeducativo distrital possui a mesma quantidade de agentes que na época do CAJE.

A descentralização ampliou a estrutura física para o atendimento socioeducativo, mas a quantidade de servidores não acompanhou a mudança estrutural. De outro lado, o campo socioeducativo é composto por maioria absoluta de meninos (90%), mas, segundo observações de pesquisa, a grande maioria das agentes socioeducativas do gênero feminino não efetua revista, tampouco podem conduzir sozinhas adolescentes institucionalizados, o que agrava a questão da quantidade de efetivo diário. O concurso para ingresso na carreira não prevê quantidade maior para agentes socioeducativos do gênero masculino, há igualdade de competição, mesmo com a realidade de maioria de meninos em cumprimento de medidas socioeducativas. Tampouco há políticas de sensibilização para empoderamento das agentes socioeducativas, no sentido de efetuarem a revista por meio de scanner, evitando o contado físico. Ao contrário, nas visitas empíricas observou-se que as agentes são deslocadas para funções administrativas ou burocráticas, prestam apoio em atividades múltiplas, mas as revistas são efetuadas eminentemente pelos homens.

Em se tratando da saúde, o Relatório do CDCA apontava que na UISM não havia enfermaria e, apesar de a unidade contar com um módulo de internação feminino, não havia atendimento ginecológico para meninas, que são direcionadas à rede pública se necessário. No caso de adolescentes com restrição alimentar por motivos de saúde, o procedimento era informar à empresa que deveria encaminhar alimentação separada e diversificada, no entanto, a informação é de que ela não atendia à restrição alimentar conforme prescrição médica (CDCA, 2017, p. 9). A ausência de médicos também é realidade no campo socioeducativo. Algumas unidades conseguem atendimento semanal, como a UNIRE, porém esse atendimento não é integrado com a rede socioeducativa, que pouco participa da rotina nas unidades. Nem mesmo o prontuário médico do adolescente atendido fora da unidade de internação é disponibilizado para a equipe de saúde da unidade, que não possui acesso ao sistema da rede pública de saúde.

Outro dado preocupante em relação à segurança são as três mortes registradas na UISM no último semestre de 2017 e a agressão verbal de agentes socioeducativos sofrida pelos adolescentes, as quais não foram apuradas (CDCA, 2017, p. 10). Professores e especialistas se queixam do modo de agir dos agentes socioeducativos, que usam a violência de forma corriqueira. Quanto às mortes, a Central de vagas informou que, desde a criação das novas unidades e a extinção do CAJE, em 2014, já ocorreram nove mortes de adolescentes internados até 2018, sendo duas delas de causas naturais. Deste modo, houve aumento de mais de 184% de mortes no novo modelo descentralizado de cumprimento de medida socioeducativa de internação, se comparado ao CAJE, já que a média anual dos 38 anos de CAJE foi de 0,79% por ano, ao passo que desde 2014 até junho de 2018, a média foi de 2,25% por ano. Ainda, registre-se mais três mortes ocorridas em 26.12.2019 (UISM), 17.03.2020 (UISS) e 07.04.2020 (UIP), que elevam as estatísticas.

Ainda, o NAI informou que das 64 entradas pelo cometimento de tentativa de homicídio, até agosto de 2019, quase metade ocorreu dentro da própria unidade de internação em que o adolescente cumpria a medida socioeducativa, indicando que o modelo de contenção e isolamento não inibe a prática de novos atos infracionais, mas a potencializa (PEREIRA, 2019). Além disso, dos 3.139 casos de entradas no NAI nesse mesmo período, (1.892 por flagrante e 1.246 por MBA), 2.229 equivalem a reentrada, e apenas 909 são situações de primeiro envolvimento na prática de ato infracional, sinalizando que os atendimentos anteriores não foram suficientes para dissuadir o cometimento de delito pelo adolescente (PEREIRA, 2019).

A informação oficial é que o Distrito Federal está entre as cinco unidades da Federação com maior quantidade de óbitos em unidades de internação, ao lado de AL, PE, RS e SC, conforme Levantamento Nacional do Sistema Socioeducativo de 2016, publicado em 2018 pelo Ministério dos Direitos Humanos (MDH, 2018, p. 23). As estatísticas indicam que manter o adolescente dentro dos alojamentos, sob o argumento da segurança, não contém a violência, ao contrário, promove-a.

Com relação à separação por gênero, importa registrar que a unidade de internação feminina somente em 2020 ficou pronta, de modo que todas as meninas segregadas ficavam localizadas em bloco separado do bloco dos meninos na unidade de internação de Santa Maria, sejam provisórias ou sentenciadas, sejam maiores de 18 anos, sejam adolescentes, na contramão do que determina o ECA e o SINASE. Ademais, pesquisa do CNJ identificou que, de todas as unidades de internação visitadas, a Unidade de Santa Maria é a que mais se assemelha a um presídio, com blocos que mais parecem pavilhões penitenciários: "o regime de contenção das meninas pareceu o mais severo de todos os visitados no Brasil" (2015, p. 56). A pesquisa está em sintonia com as conclusões de Débora Diniz (2017, p. 11), que, ao visitar a unidade de internação de Santa Maria, chegou à conclusão de que "[...] o estabelecimento educacional é uma cadeia de meninas. Não encontrei nada parecido a uma instituição pedagógica ou de cuidado". Em uma perspectiva de gênero, percebe-se desigualdade no campo penal juvenil distrital.

As mulheres que estão no campo penal, em geral, têm aspectos mais específicos e estereotipados e as adolescentes carregam esse estereótipo quando ainda estão se desenvolvendo física e psiquicamente, o que as torna mais vulneráveis. Não se detectaram políticas públicas específicas para as meninas segregadas no período da pesquisa.

As pesquisas indicam a ausência de integração entre os poderes públicos, que falham no atendimento em rede e intersetorial, atuando com doxa punitiva, que impede o avanço no atendimento aos parâmetros constitucionais. No relatório, por exemplo, constata-se a ausência da SUBSIS nas visitas realizadas pelo CDCA/DF, fato que caracteriza a ausência de integralidade nas ações públicas e na articulação de saberes e experiências intersetoriais:

> A ausência da Subsecretaria do Sistema Socioeducativa – SUBSIS nas visitas realizadas, nos diálogos, nas discussões e nas reflexões, infelizmente, não contribuiu para que o processo contasse com o olhar e as contribuições da gestão. A indisposição ao diálogo, marca característica da atual gestão, não possibilitou ao CDCA melhor acompanhar e contribuir na efetiva implementação do SINASE no âmbito do Distrito Federal, a exemplo do processo de formação dos novos profissionais aprovados nos concursos, para o qual o CDCA sequer foi convidado a participar (CDCA, 2017, p. 58).

Em relação às políticas de profissionalização, a crítica é a mesma daquela já imposta por Sérgio Adorno (1993, p. 207), ao aduzir que as políticas apresentadas têm o mesmo espírito falido do trabalho fabril, ou seja:

> [...] domínio espacio-temporal da atividade ocupacional expresssa na pontualidade, na assiduidade, na permanência, na fixação de atenção, no manuseio adequado de instrumentos e equipamentos, horizonte que pouco encontra ressonância na cultura de jovens e crianças "assistidos".

Apesar da iniciativa positiva de implementação de vagas de aprendizagem por meio do SENAI e SENAC, a escolha das modalidades profissionalizantes não são tomadas com a participação dos adolescentes, público a quem se dirigem as políticas. Além disso, a ausência de vagas para todos os adolescentes internados desestimula e estigmatiza ainda mais aqueles que já compõem responsabilização penal seletiva e desigual. Informações obtidas nas entrevistas revelam que alguns adolescentes não puderam se inscrever no programa profissionalizante simplesmente porque não possuíam título de eleitor e a Unidade de Internação não detinha meios para sanar essa exigência. Ademais, dá-se prioridade para o adolescente que está no início do cumprimento da medida socioeducativa, para garantir que ele aproveite 100% do curso oferecido, sem que outras políticas sejam incrementadas para aquele mais precisa de profissionalização, ou seja, aquele adolescente prestes a voltar ao convívio social.

De outro lado, há relatos de outras oficinas que começaram e não deram seguimento, como a de panificação, sinalizando a ausência de continuidade nas políticas públicas oferecidas. A regra é que os adolescentes permanecem até 20 horas trancados em espaços pequenos, sem higienização adequada, ociosos, em absoluta afronta às diretrizes e princípios da política nacional de atendimento vigente.

A estrutura precária das unidades de internação do Distrito Federal e o modelo de governança empregado são agravados pela imposição crescente de medidas de internação pelo Judiciário.

### 2.3.3 Política de encarceramento

Argumentamos que a política de encarceramento juvenil contribui para o colapso do campo socioeducativo. Comparando dados do Departamento Penitenciário Nacional (DEPEN), da SDH (Secretaria de Direitos Humanos) e do Instituto Brasileiro de Geografia e Estatística (IBGE), verificou-se que, entre 1996 e 2010, o número de adolescentes encarcerados por 100.000 habitantes cresceu de 2,72 para 9,24, um aumento de 239,7%; em relação a adultos, entre 1995 e 2010, houve variação de 95,47 para 259,17 presos por 100.000 habitantes, um aumento de 171% (SOUZA; FERRAZ, 2017, p. 265).

Atualizando a pesquisa até 2016, em comparação com o crescimento do encarceramento adulto em números absolutos, a restrição de liberdade de adolescentes apresentou variação significativamente maior. Se, no encarceramento adulto, passamos, em 1995, de uma população carcerária de 148,8 mil presos para, em 2013, 581,5 mil, ou seja, um aumento de 390,79%, conforme Levantamento Nacional de Informações Penitenciárias (2016), o encarceramento juvenil no mesmo período saltou, em 1996, de 4.245 adolescentes para, em 2013, 23.066, um aumento de 543,36%, a teor dos dados que constam no Plano Nacional de Atendimento Socioeducativo (2015). E tudo indica que essa tendência não deve ser revertida (SOUZA; FERRAZ, 2017, p. 265).

Diante do agravamento do quadro de superlotação de muitas unidades de internação no Brasil, o ministro Edson Fachin, do Supremo Tribunal Federal (STF), determinou recentemente a adoção de diversas medidas em favor de adolescentes que se encontram em unidades de internação nos Estados do Rio de Janeiro, da Bahia, do Ceará e de Pernambuco. Ele deferiu pedido de extensão no Habeas Corpus 14.3988 (STF, 2019), no qual delimitou em 119% a taxa de ocupação na Unidade de Internação Regional Norte (Uninorte), em Linhares (ES), e determinou a transferência dos adolescentes excedentes para outras unidades que não estejam com capacidade de ocupação superior à taxa fixada.

O STF noticiou que, no Rio de Janeiro, há 2.046 adolescentes do gênero masculino internados para uma capacidade real de 1.613 vagas, considerando as 25 unidades fechadas daquele estado. A superlotação é realidade em outros estados: na Bahia, existem 552 vagas para 631 adolescentes, e em algumas unidades a taxa de ocupação vai de 121% a 139%. As informações do Estado do Ceará demonstram superlotação com taxas que vão de 123% a 160%. Na capital, a capacidade é de 588 vagas para 708 internos (664 do sexo masculino e 44 do sexo feminino). No interior, são 268 vagas para 119 internos do sexo masculino. Por fim, em relação a Pernambuco, os dados fornecidos pela Fundação de Atendimento Socioeducativo (FUNASE) apontam 1.049 internos para 702 vagas e, ainda, 178 adolescentes em regime de semiliberdade para 160 vagas (NOTÍCIAS STF, 2019).

Os dados sugerem que as decisões judiciais estão em descompasso com os princípios do ECA e da Lei nº 12.594/2012 (SINASE), que preveem a excepcionalidade da intervenção judicial e da imposição de medidas privativas de liberdade, favorecendo-se meios de autocomposição de conflitos, assim como critérios objetivos e subjetivos para fixação das medidas mais duras. O Judiciário tem um padrão decisório punitivo, embora não reconheça que as medidas socioeducativas sejam sanções penais, pautado em lacunas da legislação especial que dão margem a arbitrariedades e possibilitam adoção de argumentos extrajurídicos para os casos concretos (MINAHIM; SPOSATO, 2011, p. 278).[91]

---

91 Pesquisa relativa à medida socioeducativa de internação, do período de janeiro de 2008 a julho de 2009, realizada pela Universidade Federal da Bahia, analisou dados dos Tribunais

No DF, relatório sobre o banco de dados da VEMSE até março de 2019 (TJDFT, 2018, p. 11) indica supremacia numérica dos processos judiciais do meio aberto sobre os do meio fechado, porém há incremento de condenações no meio fechado: 21% (2017) para 26% (2019). No que toca à internação provisória, dados da Central de Vagas do DF indicam que as decisões do Judiciário pela internação são superiores no plantão judicial se comparadas àquelas de dias normais de expediente forense, levando à conclusão de que, nos finais de semana e feriados, em que atuam plantonistas não especialistas na temática, a taxa de encarceramento cresce, sem contar que não há atendimento da Defensoria Pública nos finais de semana, fato que colabora para o encarceramento.

O Judiciário assume papel central na proteção das garantias no campo socioeducativo, não apenas reapreciando as medidas impostas no prazo legal e participando ativamente das inspeções às unidades de internação, mas principalmente observando os critérios legais de aplicação da medida socioeducativa de internação. A excepcionalidade deve ser a regra e a atuação célere e articulada com outras instituições precisam ser aprimoradas.

Os aspectos descritos neste capítulo serão mais bem desenvolvidos no capítulo 4, ocasião em que serão divulgados os resultados da pesquisa empírica. Antes, porém, mostra-se imprescindível descrever os caminhos da pesquisa.

---

de Justiça de São Paulo, Pernambuco, Rio Grande do Sul, Rio de Janeiro, Paraná e Bahia, além do Superior Tribunal de Justiça e, após, das varas da infância e da juventude de São Paulo, Porto Alegre, Recife e Salvador, constatou que a medida socioeducativa de internação é imposta com pouca fundamentação legal, sem observância dos requisitos legais dispostos no ECA (MINAHIM; SPOSATO, 2011, p. 278).

CAPÍTULO 3

# ASPECTOS METODOLÓGICOS E GENERALIDADES DA PESQUISA

Nos dois primeiros capítulos foram introduzidas categorias bourdieusianas e descritas evoluções normativas nos níveis nacional e distrital para explicar que modificações legislativas não produzem, por si sós, alterações nas práticas no campo socioeducativo. Na presente pesquisa, de natureza qualitativa e quantitativa, busca-se verificar como é a realidade da governança socioeducativa vivenciada no âmbito distrital, identificando quais as políticas públicas socioeducativas empregadas no DF e os problemas intersetoriais que dificultam a concretização de direitos e garantias estabelecidos aos adolescentes em conflito com a lei, utilizando o método praxiológico (BOURDIEU, 1983).

Mas antes de mostrar os resultados obtidos na pesquisa, vamos percorrer o universo do pesquisador identificando os passos do percurso metodológico utilizados neste estudo. O objeto de estudo – campo de administração da justiça juvenil no âmbito da internação – foi analisado a partir das "estruturas objetivadas" e "estruturas incorporadas" construídas historicamente no campo penal juvenil, para demonstrar o contraste entre o ideal e o material, assim como as lutas travadas dentro do campo socioeducativo, que ainda atuam em grande medida sob o manto punitivo, fazendo uso de teorias explicativas que facilitaram a identificação de elementos estruturantes desse objeto de investigação como as categorias bourdieusianas de campo,[92] doxa,[93] capital e *habitus*,[94] assim como governança[95] e intersetorialidade.[96]

---

[92] Item 1.1.1.

[93] Item 1.1.2.

[94] Item 1.1.3.

[95] Item 1.3.1.

[96] Item 1.3.2.

A partir do movimento de análise do objeto pesquisado, propus o enquadramento metodológico próprio da filosofia da ação na análise do campo socioeducativo para explicar as práticas socioeducativas.

## 3.1 Enquadramento teórico-metodológico: aplicação do método praxiológico na construção do conhecimento

Na esteira do que Bourdieu e Wacquant (1992, p. 162) prescreveram, no sentido de que a pesquisa sem teoria é cega e a teoria sem pesquisa é vazia, a preocupação nesta pesquisa foi descobrir qual matriz teórica possibilitaria o conhecimento sobre o objeto de pesquisa eleito, pois meras análises qualitativas ou quantitativas, por si sós, seriam insuficientes para a compreensão da realidade socioeducativa (MINAYO; SANCHES, 1993).

O método selecionado para atingir o conhecimento científico do objeto de estudos em questão, para além de uma análise eminentemente qualitativa e quantitativa, foi o método praxiológico, proposto por Bourdieu (1983), uma abordagem epistemológica que se esforça para articular dialeticamente o ator social e a estrutura social por meio da noção de *habitus* (SILVA, 2016, p. 34). A ideia, em síntese, é que a ordem do mundo, em determinado campo, da maneira como praticada, tende a ser respeitada, sem transgressões, ainda que intoleráveis – paradoxo da doxa (BOURDIEU, 2014a, p. 7). As crenças interferem nos *habitus* produzidos pelas estruturas constitutivas de um determinado meio e estes *habitus* estruturam as práticas que conformam o campo. É quase que uma sinfonia, que hipnotiza os atores do campo estudado e impõe mecanismos por meio dos quais o mundo social perdura em sua existência.

A praxiologia de Bourdieu é o método de análise e conhecimento da sociedade criada como modo alternativo ao objetivismo e a fenomenologia e permite identificar através das práticas observadas e observáveis empiricamente todo o jogo simbólico e de poder, seja na perspectiva individual, seja entre grupos e nos grupos (FREITAS, 2012, p. 5-6). Bourdieu (1983, p. 46) critica o conhecimento fenomenológico obtido na experiência primeira do mundo social a exemplo do meio familiar, assim como o objetivismo que desconsidera a experiência dóxica e constrói relações objetivas econômicas ou linguísticas que estruturam as práticas e as representações das práticas, e elabora método próprio que dialogue dialeticamente com estas duas formas de conhecimento. Assim, o método praxiológico seria:

> O conhecimento que podemos chamar de praxiológico tem como objeto não somente o sistema das relações objetivas que o modo de conhecimento objetivista constrói, mas também as relações entre essas estruturas e as dialéticas disposições estruturadas nas quais elas se atualizam e que tendem a reproduzi-las, isto é, o duplo processo de interiorização da exterioridade e de exteriorização da interioridade: este conhecimento supõe uma ruptura com o modo de conhecimento objetivista, quer dizer um questionamento das questões de possibilidade e, por aí, dos limites do ponto de vista objetivo e objetivante que apreende as práticas de fora, enquanto fato acabado, em lugar de construir seu princípio gerador, situando-se no próprio movimento de sua efetivação (BOURDIEU, 1983, p. 47).

A proposta metodológica de Bourdieu, portanto, estrutura-se fundamentalmente na concepção de *habitus* com objetivo de perpassar do *opus operatum* (produto) ao *modus operandi* (processo) e, assim, obter explicações mais científicas sobre os complexos processos sociais (FREITAS, 2012, p. 10). Bourdieu (1983, p. 60) objetiva construir "a teoria da prática ou mais exatamente, do modo de engendramento das práticas, condição da construção de uma ciência experimental da dialética da interioridade e da exterioridade, isto é, da interiorização da exterioridade e da exteriorização da interioridade".

Essa onda de vai e vem, do interior ao exterior, e vice-versa, assim como das conexões práticas, permite perceber "a dificuldade experimentada pelos indivíduos de se ajustarem a novas situações em período de transformação social, quando as estruturas sociais já não correspondem àquelas que haviam interiorizado no passado, e quando o sistema de valores já não é mais o mesmo" (SAPIRO, 2017, p. 297). Nessa perspectiva, a pesquisa buscou compreender o modo de funcionamento do campo socioeducativo distrital e as resistências às mudanças de práticas, especialmente no que se refere aos direitos e garantias dos adolescentes institucionalizados, partindo da equação explicativa proposta por Bourdieu, em que as estruturas do meio produzem *habitus* que, por sua vez, produzem as práticas.

### 3.1.1 Análise da composição do campo socioeducativo

O planejamento da pesquisa de campo foi tortuoso porque o projeto foi audacioso: analisar todo o campo de administração da justiça juvenil do Distrito Federal, desde a apreensão do adolescente até a execução da medida socioeducativa de internação, identificando a doxa e o *habitus* dos agentes da seara da responsabilização penal juvenil para verificar se a modelagem de governança empregada estava compatível com a intersetorialidade que requer o modelo socioeducativo vigente.

A problemática, porém, sofreu mudanças significativas até alcançar o último recorte. O caminho da pesquisa inicialmente se orientava por indagar qual seria o papel do Judiciário distrital, em segunda instância, na concretização do paradigma da proteção integral. Buscava-se refletir sobre os fatores que levariam à contradição no agir dos decisores, a partir da constatação realizada por outras pesquisas acadêmicas do DF (GORENSTEIN, 2009; SAUERBRONN, 2014), de que há contradição entre o modelo da proteção integral normatizado e o atendimento, de fato, dispensado ao adolescente pelo Judiciário local. O objeto de investigação seria a análise do conteúdo de decisões judiciais condenatórias de internação no âmbito do 2º Grau de Jurisdição do Distrito Federal, proferidas pelo TJDFT, no período de janeiro de 2018 a janeiro de 2019.

No entanto, o Tribunal de Justiça do Distrito Federal e dos Territórios (TJDFT), por meio de sua 1ª Vice-Presidência, negou o pedido de autorização para realizar pesquisa em acórdãos condenatórios transitados em julgado, de medidas socioeducativas de internação nos anos de 2016 e 2017, junto ao Setor de Jurisprudência daquele Tribunal de Justiça, apesar do compromisso de que o sigilo faria parte da pesquisa, sendo certo que nenhum adolescente ou integrante da justiça seria identificado. O argumento para a negativa foi a vigência, à época, do art. 1º, parágrafo único, da Portaria Conjunta nº 35, de 22.5.2017[97] (TJDFT, 2017), que somente autorizava o acesso aos processos afetos a adolescentes autores de atos infracionais ao juiz natural da causa, a partes e a advogados constituídos nos autos do processo,[98] ante o sigilo legal imposto à temática, consoante art. 143 do Estatuto da Criança e do Adolescente (ECA).

A decisão sinaliza a presença do poder simbólico e da doxa punitiva na seara socioeducativa, pois sedimentou ordem preestabelecida, cujas práticas dominantes[99] históricas no controle das condutas

---

[97] Regulariza a disponibilização, nos sistemas SISTJWEB e Pesquisa Juris, de dados referentes a acórdãos em segredo de justiça por força de disposição legal (TJDFT, 2017).

[98] Art. 1º, parágrafo único, da Portaria Conjunta 35/2017/TJDFT: O inteiro teor dos acórdãos em segredo de justiça só estará disponível às partes, aos seus advogados e ao juízo natural da causa (TJDFT, 2017).

[99] As categorias relativas a dominantes e dominados foram empregadas na concepção de Bourdieu (1989, p.15) no âmbito do poder simbólico. Na obra "O poder simbólico", Bourdieu (1989, p. 14) trabalha o poder simbólico como poder invisível, oculto, dissimulado, que somente pode ser exercido com a cumplicidade daqueles que estão sujeitos a esse

desviadas e na aplicação de medida socioeducativa ao adolescente são carregadas de negação aos direitos, injustiças, assim como se perpetuam e se mostram aceitáveis e naturais, mesmo que intoleráveis e ilegais, em verdadeira eternização do arbitrário (BOURDIEU, 2014a, p. 7).

Após 1 ano e 4 meses de vigência e alguns desconfortos gerados pela Portaria Conjunta nº 35/2017/TJDFT, foi publicada a Portaria Conjunta nº 104/2018/TJDFT, de 14.6.2018, que a revogou e estabeleceu novas regras para a pesquisa de processos em segredo de justiça no âmbito do TJDFT, permitindo o acesso às decisões, porém com a supressão ou abreviação dos nomes das partes e os respectivos sinais identificadores (TJDFT, 2018b), o que já era feito.

Todavia, não havia tempo para insistir nos propósitos da pesquisa originária, por isso a opção desta pesquisadora foi repensar nova estratégia de pesquisa para cumprir exigência temporal do programa de pós-graduação. Após refletir sobre o tema, cheguei à conclusão de que a "porta fechada" à pesquisa pelo Tribunal na verdade foi impulsionadora para novas descobertas e permitiu, a partir de outras leituras, que eu enxergasse o objeto de pesquisa da forma ampla como ele é, o que me instigou a pesquisar sobre o campo administração do penal juvenil do DF, na perspectiva da governança intersetorial, e não apenas um dos atores que participam dessa gestão administrativa, como é o caso do Judiciário.[100]

---

poder, uma vez que não o questionam, ignoram-no como arbitrário. O poder simbólico é apreciado como poder subordinado, forma transformada, irreconhecível, transfigurada e legitimada, das outras formas de poder. É poder de transfiguração que garante uma verdadeira transubstanciação das relações de força fazendo ignorar-reconhecer a violência que elas encerram objetivamente e transformando-as assim em poder simbólico, capaz de produzir efeitos reais sem dispêndio aparente de energia. O Judiciário exerce um poder simbólico, pois é um poder estruturado e exercido por um corpo de especialistas, exerce o poder de transformação da realidade dos sujeitos jurisdicionados, assim como no campo da política, do social e do econômico, a partir da fundamentação de suas decisões, produzindo efeitos diretos na vida em sociedade, fato que merece atenção do aplicador da lei para não incorrer em equívocos que levem ao prejuízo da formação de adolescentes.

[100] É preciso destacar que minha formação acadêmica sempre se correlacionou com a gestão administrativa, pois desde a graduação em Administração (UnB/2003) e em Direito (UniCeub/2004), com especialização em Processos nos Tribunais Superiores (Uniceub/2009), pesquisei o agir das instituições jurídicas, resultando em monografias multidisciplinares e integradas que questionavam a eficiência da Defensoria Pública e do TJDFT no alcance da eficácia social dos direitos fundamentais, especialmente o acesso à Justiça. Ademais, quando ocupava a cadeira de professora de Direito da Criança e do Adolescente (UniCeub), ao lecionar conteúdo sobre medidas socioeducativas, percebia a mesma contradição no agir por parte de alguns magistrados no atendimento do adolescente em conflito com a lei, especialmente por ocasião da escolha dessas medidas, com as devidas ressalvas entre a seara da responsabilização penal juvenil e o sistema penal. O tema relaciona-se igualmente com a minha experiência profissional, pois,

Ao fim, em que pese a mudança de rumos no caminho da pesquisa, percebi que meu objetivo central não havia mudado: ambas as pesquisas que me propus a desenvolver buscavam contribuir para a melhoria da tomada de decisões que envolvem a aplicação da medida socioeducativa de internação, indicando a necessidade de novas políticas públicas no campo da responsabilidade penal juvenil, mais dinâmicas, céleres e interligadas. Registro que durante o caminho da pesquisa participei de quatro congressos,[101] alguns encontros[102] de grupos de pesquisa[103] e seminários jurídicos avançados[104] que contribuíram

---

quando atuava como assessora jurídica do MPDFT, percebi que os argumentos expostos pelos juízes para majorar as medidas socioeducativas dos adolescentes condenados quase sempre trazem carga valorativa etiológica, pautada na criminologia positivista, com intervenção no comportamento do sujeito criminoso, indagando as causas do crime, na ideologia da defesa social, auxiliando pouco no controle das condutas desviadas. Esta constatação me inquietou, já que busco inspiração profissional na nova criminologia, isto é, na consideração do crime como um comportamento definido pelo Direito, com repúdio do determinismo e da consideração do criminoso como um indivíduo diferente (BARATTA, 2002, p. 30).

101 V Congresso Internacional Transdisciplinar de Criança e Adolescente, ocorrido de 25 a 28 de julho de 2018 na cidade de Belo Horizonte, cujo trabalho "A criminologia cultural e o sistema penal juvenil: a invisibilidade da adolescente em conflito com a lei", escrito em coautoria com o professor doutor Antonio Henrique Graciano Suxberger, foi objeto de apresentação oral. Posteriormente, em outra versão, o artigo foi reconstruído para publicação no Conpedi Goiânia 2019. Ademais, participei do II Congresso de Pesquisas em Ciências Criminais – CPCRIM, em agosto de 2018, na cidade de São Paulo, apresentando trabalho em coautoria com o professor doutor Antonio Henrique Graciano Suxberger, no Grupo de Trabalho "Justiça Juvenil", intitulado "Desigualdade no Sistema Penal Juvenil: uma crítica à seletividade do sistema de justiça juvenil na perspectiva de gênero". Por fim participei em outubro de 2018 do Congresso "1988-2018: o que constituímos? Homenagem a Menelick de Carvalho Netto aos 30 anos da Constituição de 1988", onde apresentei um trabalho em coautoria com o professor doutor Bruno Amaral Machado denominado "A responsabilização juvenil do DF: análise das medidas socioeducativas de internação após a Constituição Federal de 1988".

102 Um dos encontros que acrescentaram a esse trabalho acadêmico foi o V Encontro Brasileiro de Criminologia Crítica no CET, na Universidade de Brasília, nos dias 8 e 9 de agosto de 2018, quando foram apresentados os resultados das últimas pesquisas dos grupos de estudos de diversas universidades brasileiras, entre as quais o estudo do Grupo de Pesquisa Poder, Controle e Dano Social, da Faculdade Meridional (IMED), denominado "Punir os Jovens". A obra busca desnudar os pressupostos e efeitos dos discursos públicos no que toca ao ato infracional por diversos setores e pela mídia. A problemática gira em torno de como interagem os discursos políticos e midiáticos sobre o ato infracional, os adolescentes infratores e a resposta estatal (BUDÓ; CAPPI, 2018, p.14-15).

103 Um dos grupos de pesquisa que foram importantes no diálogo entre direito e governança foi o grupo de pesquisa da pós-graduação em Administração da Universidade de Brasília, denominado AJUS, cuja liderança está a cargo do Professor Doutor Tomás de Aquino. Além desse grupo, participei do Grupo de Pesquisa do Prof. Dr. Bruno Amaral no UniCeub de políticas criminais e do Grupo de Pesquisa em políticas públicas da Profa. Dra. Ana Cláudia Farranha na UnB.

104 Em especial o Seminário Jurídico Avançado denominado "Gênero, Políticas Públicas e Justiça Juvenil: uma perspectiva comparada na América Latina", com a palestrante Profa. Dra. Marcela Aedo Rivera, em fevereiro de 2018 (RIVERA, 2018).

para o aprofundamento do tema em diversas perspectivas e auxiliaram na decisão do caminho a trilhar.

Após a leitura dos textos selecionados e dos eventos acadêmicos de que participei, optei por dividir a presente pesquisa em duas etapas: nos primeiros dois capítulos, a preocupação foi definir um quadro teórico, cujas categorias auxiliassem na descrição e no entendimento dos modelos socioeducativos que compuseram a trajetória brasileira no âmbito da medida socioeducativa de internação, até chegar ao modelo misto vigente para, em seguida, e partindo do modelo ideal normatizado, descrever o funcionamento do campo administrativo da justiça penal juvenil distrital, desde a extinção do CAJE, até os dias atuais. A aproximação com Bourdieu foi necessária para demonstrar a distância existente entre as estruturas objetivadas no cenário empírico socioeducativo (intersetorial e em rede) e as estruturas incorporadas pelos *habitus* e praticadas pelos atores do campo pesquisado (segmentado e punitivo), com disputas de narrativas, na intenção de mostrar ambiguidades e crenças prevalecentes que poderiam interferir na governança do setor.

Na segunda etapa da pesquisa, a ideia foi dar ênfase ao empírico, com este capítulo que explica o itinerário da pesquisa, como a escolha dos recortes temporal, regional e teórico, a partir da problematização inicial, a fim de explicar as escolhas tomadas e as dificuldades encontradas. Após, o último capítulo detalha os resultados obtidos em campo relacionando-se com as categorias teóricas selecionadas na primeira etapa da pesquisa.

O caminho até se alcançar estas subdivisões foi desafiador, espinhoso e penoso por um lado, mas gratificante e animador por outro. Desafiador porque não encontrei pesquisas com recorte tão amplo, de todo o campo penal juvenil, com as abordagens governamentais e intersetoriais, que gostaria de levantar em junção com o Direito. Aliás, essa, sem dúvida, foi a maior dificuldade: estudar a modelagem de governança e a estratégia da intersetorialidade, de um campo amplo, complexo e multissetorial em uma perspectiva multidisciplinar, como é o campo de administração da justiça juvenil. Outro desafio foi delimitar o recorte temporal, já que muitos documentos oficiais da época do CAJE se perderam, a exemplo de dados administrativos de estrutura e de pessoal e, por tal motivo, não puderam ser utilizados para fins de comparação com o cenário atual.

Além disso, o caminho percorrido foi espinhoso e penoso, porque o acesso a informações públicas atinentes à seara socioeducativa é extremamente difícil, repleto de burocracias que impõem dificuldades para a obtenção dos relatórios de visitas e inspeções nas unidades de internação, dos dados qualitativos e quantitativos internos da Vara da Juventude e de Execuções de Medidas Socioeducativas do Distrito Federal. Acredita-se que podem ter ocorrido imprecisões, porque alguns dados solicitados aos órgãos que compõem o campo socioeducativo distrital não foram disponibilizados sob o argumento do sigilo destas informações ou ainda por ausência de compilação dos dados. Soma-se a isso o fato de terem sido disponibilizados dados não confiáveis, que precisaram ser complementados com outros órgãos e instituições.

Percebeu-se que os relatórios sobre o campo socioeducativo produzidos por diversos órgãos não ficam disponíveis nos sítios oficiais, sendo necessário o protocolo de requerimentos a cada vez que se tinha conhecimento de um documento produzido. A dificuldade do acesso às informações foi um dos pontos mais desanimadores.

No que concerne à produção de dados, importa registrar um avanço significativo com a implantação do projeto do banco de dados da VEMSE, iniciado em 9 de junho de 2017, assim como da Central de Vagas da antiga SECRIA. No entanto, relatos do Banco de Dados da VEMSE evidenciam entraves técnicos e burocráticos que impediram a compilação conjunta desses órgãos de diferentes poderes (TJDFT, 2018a, p. 3). Ademais, com a mudança de governo, a SECRIA passou a integrar um subsistema da Secretaria da Justiça, houve troca de integrantes do projeto anterior, o que dificultou a obtenção de novos dados.

A sistematização de dados próprios pela VEMSE, porém, vem ocorrendo de forma gratuita e continuada. Em que pese ser possível uma visão panorâmica do trabalho realizado pela VEMSE, muitos dados importantes ainda não foram objeto de análise. Foram requeridos diversos dados da quantidade de medida de internação cumprida a partir da reavaliação da medida feita pela VEMSE, ou seja, quantas liberações eram realizadas após a primeira reavaliação, assim como na segunda reavaliação. Foram solicitados dados relativos à gravidade do ato infracional e o tempo médio de cumprimento de medida, mas não foi possível encaminhar nenhum desses dados ou porque não haviam sido coletados ou porque não eram precisos e confiáveis no que se refere ao tempo efetivo de medida. Do mesmo modo solicitei dados da SUBSIS, especialmente sobre o montante investido no campo socioeducativo e a resposta foi genérica e incompleta.

Mas o caminho não foi apenas árduo e espinhoso, até porque toda pesquisa empírica tem suas dificuldades, a pesquisa foi igualmente gratificante, pois foi possível ampliar minha rede de relacionamentos e conhecer pessoas comprometidas nas atribuições legais que exercem, além de interessadas na pesquisa e dispostas a contribuir. Foram inúmeros diálogos exploratórios com servidores da carreira socioeducativa, da área da saúde e educação, delegados, defensores públicos, promotores de justiça e magistrados sobre o campo socioeducativo do Distrito Federal que permitiram um olhar multidisciplinar para o campo socioeducativo. A expectativa de compreender o campo socioeducativo por completo e contribuir para a sedimentação de um novo olhar, em sintonia com as garantias constitucionais afetas a essa categoria de seres humanos em desenvolvimento, animou minha alma inquieta.

A problematização da pesquisa em termos gerais foi questionar quais as premissas de um campo socioeducativo efetivo, que guarde sintonia com as normas nacionais e internacionais, supondo, para tanto, que existem falhas intersetoriais e presença de *doxa* punitiva que interferem nas práticas de governança e dificultam a efetividade do campo socioeducativo. O recorte foi nas medidas socioeducativas de internação no âmbito do Distrito Federal, porque são as medidas mais drásticas a serem impostas, e, portanto, deveriam ser excepcionais. De outro lado, quando impostas, devem contar com programas eficientes de atendimento para oferecer educação e inserir novos valores ao socioeducando. Para o alcance dos objetivos foi necessário conhecer e explorar o campo da administração da justiça penal juvenil distrital, com diversas visitas a inúmeros órgãos.

## 3.1.2 Estruturas objetivadas do campo socioeducativo

As estruturas que compõem o campo socioeducativo foram identificadas a partir do procedimento legal para apuração do ato infracional atribuído a um adolescente, nos arts. 171 e seguintes do ECA. Consoante o ECA, em caso de flagrante de prática de ato infracional, o adolescente é apreendido, em geral pela Polícia Militar, e encaminhado à autoridade policial. No DF, existem duas Delegacias de Polícia especializadas no campo socioeducativo, denominadas Delegacias Especiais de Proteção à Criança e ao Adolescente I e II (DCA e DCA II), que se situam na Asa Sul e em Taguatinga,[105] respectivamente. As DCAs

[105] A DCA II localiza-se no Setor de Indústria Gráfico, Área Especial Norte Taguatinga Norte – Brasília/ DF – CEP: 72.153-521. No entanto, foi objeto da presente pesquisa apenas a DCA da Asa Norte, situada na EQN 204/205 – Asa Norte – Brasília/DF – CEP: 70.842-400 (PCDF, [s.d.]).

têm como atribuições, entre outras, prevenir, reprimir e investigar a prática de atos infracionais, bem como manter o controle das ocorrências policiais envolvendo criança e adolescente como autores de atos infracionais, desenvolvendo atividades como registrar em boletins de ocorrência policial todas as notícias de atos infracionais, para que sejam devidamente apuradas, e cuidar da guarda, segurança e vigilância das pessoas apreendidas e acauteladas na unidade orgânica.[106]

Ao chegar à Delegacia de Polícia, a autoridade policial pode adotar, conforme procedimento descrito no ECA, duas medidas: liberar prontamente o adolescente aos pais ou responsáveis, sob termo de compromisso e responsabilidade de sua apresentação ao representante do Ministério Público no mesmo dia ou, sendo impossível, no primeiro dia útil imediato; ou em caso de não liberação, a autoridade policial deve encaminhar, desde logo, o adolescente ao representante do Ministério Público, juntamente com a cópia do auto de apreensão ou boletim de ocorrência.[107] No DF, os adolescentes não liberados e apreendidos em um dia dormem na DCA e são transportados, após exame de corpo de delito, para o NAI na manhã seguinte, local em que receberão o primeiro atendimento no campo da justiça.

Apresentado ao Ministério Público, o ECA prevê a oitiva do adolescente, seus pais, vítima e testemunhas, ocasião em que o órgão ministerial poderá adotar três medidas: promover o arquivamento dos autos, conceder a remissão ou representar à autoridade judiciária para aplicação de medida socioeducativa. A presente pesquisa centra esforços para analisar o cumprimento da medida socioeducativa de internação, motivo pelo qual não serão objeto de pesquisa os detalhes e formalidades do processo judicial que culmina com o arquivamento ou remissão.

Em relação à Coordenadoria de Justiça de Defesa da Infância e Juventude do Ministério Público do Distrito Federal e Territórios,[108]

---

[106] As atribuições e atividades das DCAS estão normatizadas no Regimento Interno da Polícia Civil do DF, especialmente no art. 46 do Decreto nº 30.490, de 22 de junho de 2009 (DISTRITO FEDERAL, 2009).

[107] Importa frisar que o art. 178 do ECA prevê que "o adolescente a quem se atribua autoria de ato infracional não poderá ser conduzido ou transportado em compartimento fechado de veículo policial [...]" (BRASIL, 1990).

[108] O prédio da Promotoria de Justiça fica localizado na SEPN 711/911, Bloco B, Asa Norte, Brasília-DF (MPDFT, 2015). Levantaram-se relatos que um dos motivos para a construção no local foi a necessidade de permanecer próximo ao CAJE. Embora o CAJE não exista mais, em seu local foi construída a sede do Fórum da Criança e do Adolescente do Distrito Federal, motivo pelo qual se pode inferir que a estratégia de manter próximas as estruturas que atuam no campo socioeducativo foi alcançada.

ela é composta por promotorias de justiça especializadas, divididas em seis Promotorias de Justiça Cíveis e de Defesa dos Direitos Individuais, Difusos e Coletivos da Infância e Juventude; três Promotorias de Justiça de Execuções de Medidas Socioeducativas e oito Promotorias de Justiça Infracionais, cujas atribuições estão previstas nos arts. 2º, 11 e 18 da Resolução nº 90, de 14 de setembro de 2009 (MPDFT, 2014).

Na sede da Promotoria de Justiça de Defesa da Infância e da Juventude, inaugurada em 1º de julho de 2005, também funciona a Promotoria de Justiça de Defesa da Educação (Proeduc), somando 17 promotorias de justiça atuando no prédio. Foram objeto desta pesquisa apenas as atribuições das Promotorias de Justiça de Execuções de Medidas Socioeducativas, entre elas as ações de promover e acompanhar os procedimentos relativos a atos infracionais praticados por adolescentes, como proceder à oitiva informal dos adolescentes autores de atos infracionais e fiscalizar a fiel execução das medidas socioeducativas aplicadas pelo Judiciário (MPDFT, 2015).

No atendimento inicial dispensado ao adolescente no NAI, o Judiciário pode determinar a internação provisória por até 45 dias, em local próprio para adolescente e, em caso de decretação da internação, este adolescente não poderá cumprir a medida socioeducativa segregatória em estabelecimento prisional, devendo-se obedecer a rigorosa separação por critérios de idade, compleição física e gravidade da infração. Portanto, o adolescente não pode ser atendido em estabelecimento prisional, tampouco quedar-se em estabelecimento similar ou permanecer em Delegacia de Polícia enquanto aguarda o julgamento do seu ato.[109]

No entanto, convém mencionar que no âmbito do DF as instalações físicas da Unidade de Internação Provisória (UIPSS) ficam situadas em São Sebastião, na antiga Fazenda da Papuda, local onde está localizado o presídio distrital. Os adolescentes não têm acesso ao núcleo prisional adulto, mas a simbologia de mantê-los tão próximos pode dar pistas para a interpretação dos resultados que serão apresentados no próximo capítulo.

---

[109] Os art. 123, 183 e 185 do ECA tratam especificamente da exigência de separação dos adolescentes pela idade, compleição física e gravidade do ato, assim como do prazo para a internação provisória e da natureza do estabelecimento responsável pelo período de internação do adolescente (BRASIL, 1990). Com relação ao tema, o Superior Tribunal de Justiça já decidiu diversas vezes pela transferência do adolescente para estabelecimento próprio ao cumprimento de medida socioeducativa ou, na ausência de vaga, para que aguarde em liberdade assistida até o surgimento da vaga (STJ, 2012; 2013; 2016; 2018).

Após o término do processo que condenou o adolescente à medida socioeducativa de internação, cuja competência é da Vara da Infância e Juventude,[110] ele é encaminhado para uma Unidade de Internação indicada pela Coordenação da Central de Vagas, órgão da Subsecretaria do Sistema Socioeducativo (SUBSIS) responsável por gerir a quantidade de vagas disponível no campo socioeducativo distrital (DISTRITO FEDERAL, 2019).

A SUBSIS, responsável pela execução das medidas socioeducativas de internação, entre outras, já pertenceu à Secretaria de Estado de Políticas para Crianças, Adolescentes e Juventude, porém passou a integrar a Secretaria de Estado de Justiça e Cidadania do DF em janeiro de 2019, após a extinção daquela Secretaria, fato considerado retrocesso das políticas para a criança e a adolescência, uma vez que o quadro de pessoal, os acervos patrimonial, documental, processual e do almoxarifado, bem como os recursos orçamentários e financeiros da Secretaria de Políticas para Crianças, Adolescentes e Juventude do Distrito Federal, foram transferidos para a Secretaria de Estado de Justiça e Cidadania do Distrito Federal.[111]

A Vara de Execução de Medidas Socioeducativas (VEMSE) foi criada pela Resolução nº 1, de 6 de março de 2012 (TJDFT, 2012), e alteração pela Resolução nº 3, de 17 de março de 2014 (TJDFT, 2014). Suas competências foram fixadas no art. 4º da Resolução nº 1, de 6 de março

---

110 Na estrutura da justiça infantojuvenil do DF, existem: uma Vara da Infância e Juventude (VIJ), localizada na SGAN 916 Módulo F – Brasília-DF – CEP: 70-790-166, à qual compete, entre outras atribuições, conhecer de representações promovidas pelo Ministério Público, para apuração de ato infracional atribuído a adolescente, aplicando as medidas cabíveis; uma Vara Regional de Atos Infracionais da Infância e da Juventude (VRAIJ), localizada na QR 302, Conjunto 1, Área Urbana I – Fórum – Samambaia Sul – CEP: 72.300-603, cuja competência é restrita a atos infracionais. A sua área de jurisdição abrange as Regiões Administrativas de Samambaia, Recanto das Emas, Ceilândia, Taguatinga, Águas Claras, Brazlândia e Vicente Pires. Ainda existe a Vara de Execução de Medidas Socioeducativas (VEMSE), localizada no mesmo endereço da VIJ, cuja competência abrange todo o DF e, por fim, o Núcleo de Apoio ao Atendimento Integrado Judicial ao Adolescente em Conflito com a Lei – NAIJUD, localizado no SAAN, Quadra 1, lote 785, Brasília-DF – CEP: 70632-011, ao qual compete, entre outras atribuições, verificar a regularidade do auto de apreensão em flagrante dos adolescentes em conflito com a lei, aos quais se atribua a prática de ato infracional; homologar remissão extrajudicial; decidir acerca do recebimento de representação ofertada pelo Ministério Público e realizar audiências de apresentação com adolescentes e seus responsáveis legais.

111 As informações organizacionais da antiga Secretaria da Criança constam em um conjunto de decretos (DISTRITO FEDERAL, 2019) que mostram as alterações institucionais até os dias atuais, como o Decreto nº 32.716, de 1º de janeiro de 2011 (DISTRITO FEDERAL, 2011); Decreto nº 33. 156, de 25 de agosto de 2011 (DISTRITO FEDERAL, 2011b); Decreto nº 33.747, de 29 de junho de 2012 (DISTRITO FEDERAL, 2012) e Decreto nº 36.236, de 1º de janeiro de 2015 (DISTRITO FEDERAL, 2015).

de 2012, entre elas, executar as medidas socioeducativas previstas nos incisos I a VI do artigo 112 do Estatuto da Criança e do Adolescente, bem como acompanhar e avaliar constantemente o seu resultado e, ainda, inspecionar os estabelecimentos e os órgãos encarregados do cumprimento das medidas socioeducativas e promover ações para o aprimoramento das execuções dessas medidas.

O procedimento completo para apuração do ato infracional pode ser observado na seguinte figura:

Figura 2 – Procedimento do ECA para apuração de ato infracional

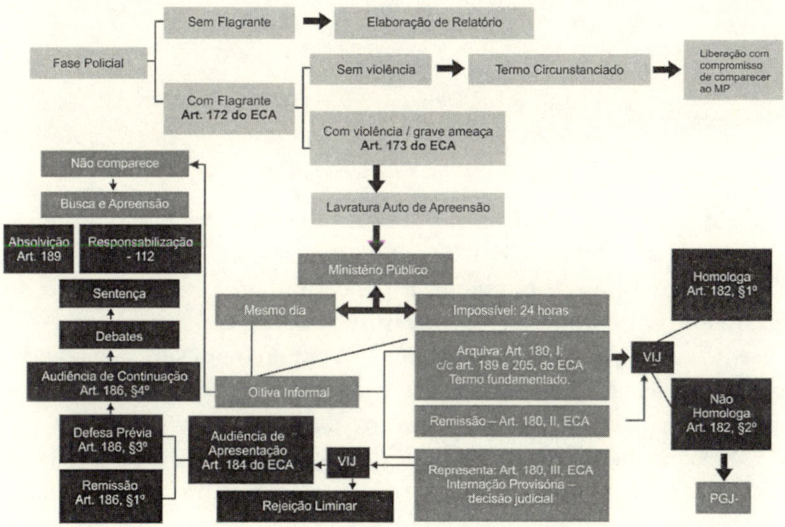


Fonte: autoria própria

A partir do procedimento legal para apuração de ato infracional, a pesquisa mapeou o fluxo de atendimento dispensado ao adolescente em conflito com a lei no campo da administração da justiça penal juvenil para as medidas socioeducativas de internação, composta por um conjunto de instituições que respondem pela função de controle social dos atos infracionais praticados, notadamente, como já mencionado, aqueles que compõem a segurança pública (Polícias Civil e Militar), a justiça (Ministério Público, Judiciário e Defensoria Pública) e pelos órgãos encarregados de execuções das medidas socioeducativas, conforme figura:

Figura 3 – Campo da administração da justiça juvenil

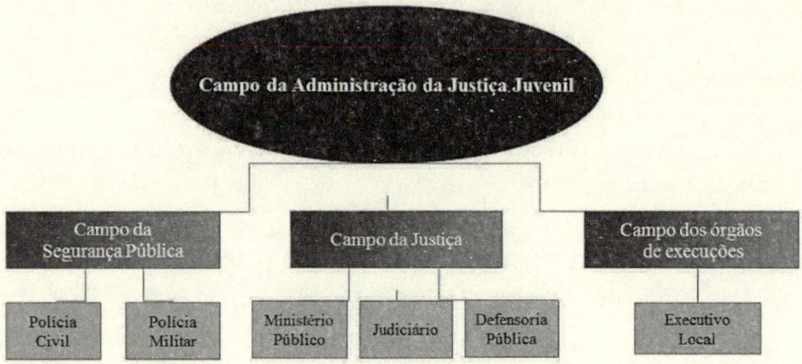


Fonte: autoria própria

No âmbito da segurança pública, o foco foi para o atendimento prestado pela Polícia Civil, a partir da recepção do adolescente na DCA da Asa Sul até o momento do encaminhamento ao Núcleo de Atendimento Integrado (NAI), oportunidade em que o adolescente é apresentado ao campo da justiça. Não foi objeto de pesquisa o atendimento da Polícia Militar na abordagem e condução do adolescente, por inexistir tempo suficiente para o desenvolvimento dessa perspectiva.

Relativamente ao campo da justiça, o Distrito Federal possui órgãos especializados na temática socioeducativa, motivo pelo qual foi objeto de pesquisa o atendimento prestado pelo Núcleo de Execuções de Medidas Socioeducativas da Defensoria Pública do DF, pela Vara de Execução das Medidas Socioeducativas do DF (VEMSE), localizada no Fórum da Criança e do Adolescente do Distrito Federal, e pela Promotoria de Defesa da Infância e da Juventude Ministério Público do Distrito Federal e Territórios, a partir de entrevistas e coletas de dados oficiais disponibilizados por estes órgãos, assim como por meio de método de observação nas inspeções, que serão explicados adiante.

Por fim, após a análise dos dados, apurou-se como se dá o atendimento dos principais órgãos de execuções de medidas socioeducativas de internação no âmbito do Distrito Federal. Nesse sentido, foram visitados diversos órgãos do Executivo local, responsáveis pelos serviços de execução de medidas socioeducativa, como o SUBSIS, órgão que compõe a Secretaria de Estado de Justiça e Cidadania e é responsável por planejar, coordenar, executar e avaliar programas, projetos e atividades de medidas socioeducativas, além de promover a administração geral das unidades, entre outras funções; o Núcleo de Atendimento Integrado (NAI), responsável pelo atendimento inicial do adolescente apreendido; a Coordenação da Central de Vagas, responsável pelo controle da quantidade de adolescentes que cumprem medidas socioeducativas, direcionando-os para o estabelecimento mais adequado, assim como todas as unidades de internação do DF, além da Coordenação de Internação (COORINT) e Coordenação de Políticas, conforme síntese apresentada:

Figura 4 – Órgãos do DF visitados do campo da administração da justiça juvenil

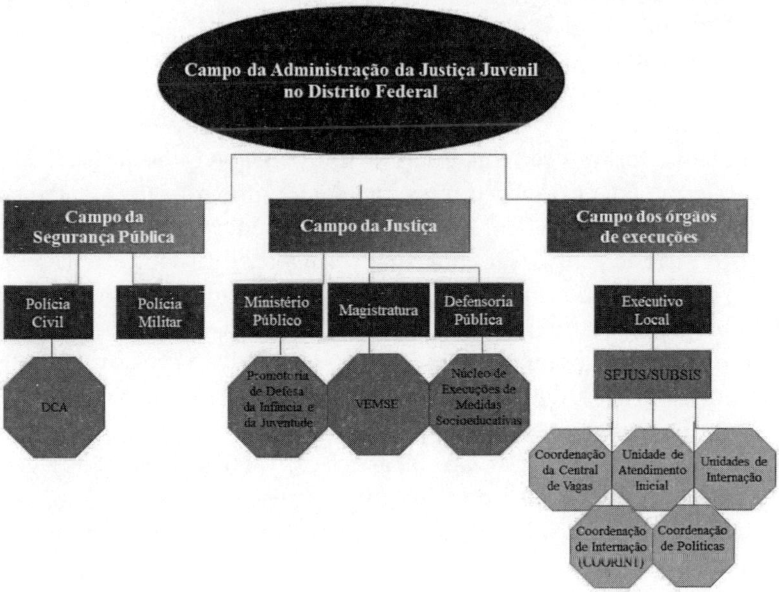


Fonte: autoria própria

Alguns órgãos não foram visitados, como a Secretaria de Estado de Justiça e Cidadania do Distrito Federal, e outros não foram amplamente acessados, como a diretoria da UNIRE, por inexistir interesse dos gestores em participar da pesquisa ou por incompatibilidade de agenda dos gestores da época, fatos lamentados, mas respeitados.

É importante esclarecer que o caminho da pesquisa obedeceu a todas as formalidades exigidas e em nenhum momento o fato de a pesquisadora pertencer aos quadros do Ministério Público da União facilitou ou foi utilizado para abrir as portas dos órgãos visitados. Foi preciso planejamento, paciência e persistência para, primeiro, submeter o projeto de pesquisa à aprovação pelo Comitê de Ética na plataforma Brasil[112] e, em seguida, solicitar por meio de Requerimento à VEMSE e à SUBSIS o acesso às unidades de internação, assim como os relatórios e os dados produzidos pelos diferentes órgãos do campo socioeducativo distrital.

Após os trâmites burocráticos, foram agendadas visitas a todos os órgãos mencionados na Figura 3. Nas visitas, foram realizadas entrevistas semiestruturadas e aplicados questionários, que podem ser consultados no Apêndice. Ainda, foram observados os *habitus* reproduzidos nas práticas dos atores do campo socioeducativo, que serão mais bem detalhados no próximo item.

Portanto, seguindo orientação de Antônio Chizzotti (2001, p. 81) no sentido de que a identificação do problema e sua delimitação pressupõem uma imersão do pesquisador nas circunstâncias que condicionam o problema, foram visitadas todas as unidades de internação do Distrito Federal. Foi enriquecedor e ao mesmo tempo cansativo percorrer todas as estruturas das unidades, localizadas em regiões afastadas do Distrito Federal, conversar com diversos agentes do campo socioeducativo e escutar críticas a um modelo desacreditado pela maioria deles. O ambiente é triste e desanimador, porém composto de servidores e equipe técnica que apresentaram, na maioria das vezes, qualidades significativas, além de limitações, abordadas no capítulo 4.

Por fim, após detalhar os espaços objetivamente estruturados do campo socioeducativo distrital, assim como suas atribuições legais, passou-se para a análise das estruturas incorporadas pelos agentes do campo socioeducativo, aquelas internalizadas e que fomentam as práticas.

---

[112] Protocolo previamente avaliado, com parecer nº 3.318.693/19, tendo sido homologado na 6ª Reunião Ordinária do CEP-UniCEUB do ano, em 26 de abril de 2019 (MS, 2019).

### 3.1.3 Estruturas incorporadas dialeticamente na dimensão dos *habitus*

Nesse ponto, buscou-se verificar quais os esquemas simbólicos subjetivamente internalizados pelos agentes do campo socioeducativo, para capturar analiticamente as suas práticas e verificar se a hipótese da prática punitiva se confirmava, assim como se ela interferia na governança produzida, principalmente no que toca à intersetorialidade. Para tanto, os agentes foram selecionados e divididos a partir do cargo que ocupavam, conforme figura a seguir:

Figura 5 – Agentes objeto de pesquisa no campo da administração da justiça juvenil distrital

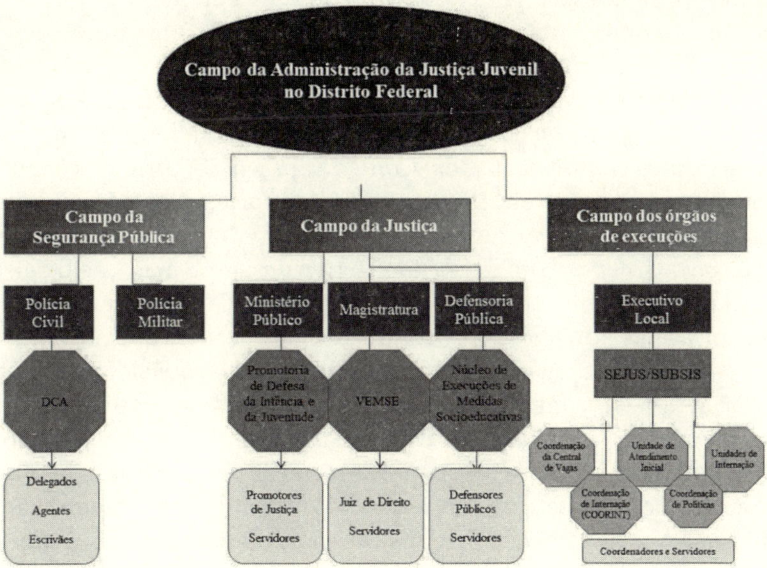


Fonte: autoria própria

A seleção dos agentes apoiou-se no modelo teórico analítico de Bourdieu (1990, p. 152), que explica a relação dialética entre estrutura e agentes, entre campo e *habitus*, no confronto entre o subjetivismo e o objetivismo na análise da conduta humana e da vida social (PETERS, 2005, p. 28):

> [...] de um lado, as estruturas objetivas que o sociólogo constrói no momento objetivista, descartando as representações subjetivas dos agentes, são o fundamento das representações subjetivas e constituem as coações estruturais que pesam nas interações; mas, de outro lado, essas representações também devem ser retidas, sobretudo se quisermos explicar as lutas cotidianas, individuais ou coletivas, que visam transformar ou conservar essas estruturas. Isso significa que os dois momentos, o objetivista e o subjetivista, estão numa relação dialética.

A partir da teoria de Bourdieu, a técnica empregada para analisar as práticas dos agentes nessa relação dialética foi observar as atribuições legais de cada agente do campo socioeducativo e verificar se suas práticas estavam compatíveis com a missão legal a eles confiada, sempre alinhando o raciocínio para as especificidades que o processo de responsabilização penal juvenil requer e delimitando subeixos de pesquisa, como saúde, alimentação, e outros, que serão explicados no item 3.3.1 deste capítulo.

Nesse sentido, no âmbito da DCA, o foco foi a comparação das atribuições do delegado de polícia, tais como elaborar relatórios finais, termos circunstanciados e auto de apreensão; dirigir e orientar a investigação e todos os atos de polícia judiciária de uma Delegacia de Polícia; proceder à verificação e ao exame dos atos ilícitos chegados a seu conhecimento; com o trabalho efetivo desempenhado pelo delegado de polícia chefe, assim como pelos agentes de polícia no trato com o adolescente apreendido, partindo da concepção de que o Código de Processo Penal Brasileiro confere ao delegado o *status* de autoridade policial (art. 4º, *caput*)[113] e que sua formação profissional é realizada na Academia de Polícia do DF, após aprovação em concurso público de provas e títulos e posse no cargo. As técnicas para obtenção de dados foram entrevistas semiestruturadas com os delegados presentes no dia da visita e observação participativa em dois dias de campo das práticas dos agentes de polícia e escrivães.

A mesma lógica foi aplicada no campo da justiça, com visitas aos órgãos do Judiciário, Ministério Público e Defensoria Pública, além dos órgãos de execuções.

---

[113] Além do Código de Processo Penal, a Lei nº 12.830, de 20 de junho de 2013, confere competências ao delegado de polícia, conforme art. 1º, §1º, a saber: "ao delegado de polícia, na qualidade de autoridade policial, cabe a condução da investigação criminal por meio de inquérito policial ou outro procedimento previsto em lei, que tem como objetivo a apuração das circunstâncias, da materialidade e da autoria das infrações penais" (BRASIL, 2013).

## 3.2 Instrumentos utilizados para a pesquisa

Para o exame da problemática desta pesquisa, foram selecionados diversos instrumentos de coleta de dados e informações, porém três deles foram mais utilizados: entrevistas semiestruturadas, questionários e observação participativa. Nas primeiras duas técnicas, a participação dos entrevistados foi voluntária e precedida da assinatura do Termo de Consentimento Livre Esclarecido,[114] ocasião em que todos foram informados dos objetivos, finalidades e confidencialidade da pesquisa.

### 3.2.1 Entrevistas semiestruturadas

No que se refere às entrevistas[115] exploratórias e semiestruturadas,[116] estas foram requeridas por meio de documento assinado em conjunto com a Coorientação e realizadas com os gestores e autoridades do campo socioeducativo local (Grupo 1), enquanto que a aplicação de questionários semiestruturados foi instrumento aplicado aos demais atores do campo (Grupo 2), selecionados de acordo com a importância do cargo e da disponibilidade para participar da pesquisa. Essa divisão da técnica de obtenção de dados entre Grupos 1 e 2 foi escolhida porque não haveria tempo para entrevistar e degravar entrevistas com todos os pesquisados. Dessa maneira, optou-se por entrevistar apenas os gestores e autoridades, porque são em número reduzido e porque o objetivo da pesquisa era atingir a modelagem de governança da seara socioeducativa das quais eles fazem parte; e aplicar questionário para os servidores, presentes em maior escala no campo socioeducativo.

Nesse sentido, foram selecionados diversos representantes, como a Procuradoria-Geral de Justiça do MPDFT, representante da Coordenadoria das Promotorias da Infância e da Juventude do MPDFT; representante das Promotorias de Execuções de Medidas Socioeducativas; juiz responsável pela Vara de Execução de Medidas Socioeducativas do Distrito Federal; delegados da DCA, Subsecretaria de Medidas

[114] O modelo de Termo de Consentimento Livre Esclarecido encontra-se nos apêndices.

[115] "A entrevista pode ser definida como um processo de interação social entre duas pessoas na qual uma delas, o entrevistador, tem por objetivo a obtenção de informações por parte do outro, o entrevistado. As informações são obtidas através de um roteiro de entrevista constando de uma lista de pontos ou tópicos previamente estabelecidos de acordo com uma problemática central e que deve ser seguida" (HAGUETTE, 2013, p. 81).

[116] "As entrevistas semiestruturadas, também chamadas focalizadas, o entrevistador faz perguntas específicas, mas também deixa que o entrevistado responda em seus próprios termos" (ALVES-MAZZOTTI; GEWANDSZNAJDER, 2004, p. 168).

Socioeducativas da SUBIS e Central de Vagas, além das Diretorias das unidades de internação, compondo o primeiro grupo de entrevistados. Optou-se por não flexionar o substantivo "Entrevistado", utilizando-o para o gênero masculino ou feminino a fim de dificultar o reconhecimento daquele que se propôs a conceder entrevista e garantir a confidencialidade. Optou-se por transcrever os trechos das entrevistas suprimindo os nomes dos entrevistados quando apareciam nas degravações.

As entrevistas ocorreram entre os meses de abril e outubro de 2019, de modo que algumas situações relatadas podem ter sido alteradas. Os objetivos das entrevistas foram: a) compreender as práticas de cada ator do campo socioeducativo, a partir de suas atribuições; b) compreender, a partir dos relatos e do cotejo entre o levantamento documental e as narrativas fornecidas pelos entrevistados, as políticas públicas implementadas nos últimos anos na responsabilização penal juvenil do DF; c) cotejar as práticas apresentadas com o programa normativo do campo socioeducativo; d) verificar se a descentralização das unidades de internação no DF alterou a política de atendimento socioeducativa distrital; e) conhecer ações intersetoriais e projetos em curso e outras implementadas; f) documentar projetos oficiais; g) valorar projetos implementados e não implementados: descobrir pontos fracos e pontos fortes do campo socioeducativo distrital e h) identificar falhas que obstam a implantação de projetos.

A partir da definição de quem seriam os entrevistados e quais eram os objetivos da pesquisa, foi elaborado um roteiro de entrevista para coleta das informações, buscando associar os tópicos com a problemática central levantada. As perguntas exploratórias foram adaptadas a depender do cargo exercido pelo entrevistado.

Algumas dificuldades surgiram no processo de entrevista. A maior delas foi minimizar as possibilidades de desvio, uma vez que a temática socioeducativa é interligada com diversos ramos do saber. Não raro a entrevista começava a se transformar em conversa sobre outros temas, ocasiões em que foi preciso voltar ao método científico e buscar objetividade para captar o real (HAGUETE, 2013, p. 81). Outra dificuldade foi produzir esforço para se afastar de aspectos[117] que poderiam interferir na qualidade dos dados por parte do informante, como a quebra de espontaneidade, evitar o desejo de agradar o pesquisador com

[117] Sobre os aspectos que podem interferir na qualidade dos dados produzidos pelo informante: HAGUETE, 2013, p. 84.

respostas prontas e, até mesmo, o medo de exposição de ideias para a chefia, o que poderia render desaprovação dos superiores hierárquicos.

Por tais motivos, a opção foi a aplicação presencial dos questionários, garantindo ao entrevistado a confidencialidade, isto é, nenhuma outra pessoa teria acesso ao material empírico, nem mesmo a chefia imediata; assim como garantindo menor tempo para obtenção de respostas, uma vez que os questionários eletrônicos, em que pese sua utilidade referente à praticidade, podem demorar mais tempo para serem devolvidos, se devolvidos.

As técnicas privilegiadas na pesquisa qualitativa auxiliaram na descoberta de fenômenos latentes às falhas intersetoriais na governança socioeducativa. Optou-se ainda pela observação participante, história ou relatos de vida, análise de conteúdo de dados estatísticos oficiais e obtidos empiricamente, entrevistas não diretivas[118] etc., que reuniram um *corpus* qualitativo de informações. Após, os dados foram sistematizados por meio da degravação das entrevistas e da manipulação digital para validação e demonstração da cientificidade dos dados colhidos e dos conhecimentos produzidos (CHIZZOTTI, 2001, p. 85).

Ao final, as entrevistas se mostraram úteis para os propósitos desta pesquisa e contribuíram com maior consistência das informações, especialmente porque foram obtidas por aqueles que atuam no campo da governança da seara socioeducativa.

## 3.2.2 Questionários

Para o segundo grupo de entrevistados foram aplicados questionários semiestruturados, selecionando os atores operacionais de diversas áreas do campo de administração da justiça, como representantes dos agentes socioeducativos, da equipe técnica de especialistas socioeducativos das unidades de internação (especialmente psicólogos, pedagogos, assistentes sociais), dos técnicos socioeducativos, do órgão de polícia especializada DCA, da área da educação (professores que atuam nas unidades de internação), saúde (enfermeiros).

---

[118] A entrevista não diretiva, ou abordagem clínica, é uma forma de colher informações baseadas no discurso livre do entrevistado (CHIZZOTTI, 2001, p. 92). "Originária de uma técnica psicoterapêutica, centrada no cliente e desenvolvida por Cart Rogers, pressupõe que o informante é competente para exprimir-se com clareza sobre questões da sua experiência e comunicar representações e análises suas prestas informações fidedignas, manifesta em seus atos o significado que têm no contexto em que eles se realizam, revelando tanto a singularidade quanto a historicidade dos atos, concepções e ideias" (CHIZZOTTI, 2001, p. 95).

A aplicação de questionários foi conduzida pessoalmente pela pesquisadora e ocorreu na medida da disponibilidade dos entrevistados no próprio ambiente de trabalho. Ressalte-se que muitos componentes do Grupo 2 não quiseram responder ao questionário,[119] outros não tiveram a chance de responder por não estarem presentes no dia da visita, seja porque não estavam escalados para o plantão do dia, hipótese dos agentes socioeducativos, seja porque estavam de férias ou de licença médica.

A técnica de entrevista pessoal, embora trabalhosa, permitiu maior agilidade na obtenção dos dados, já que o tempo médio para responder ao questionário foi de 15 minutos, ao passo que se fosse um sistema virtual, conforme já mencionado linhas atrás, talvez levasse dias para obtenção das mesmas respostas.

Quanto à estrutura do questionário, registre-se que ele foi dividido em sete subeixos, a partir de temáticas selecionadas de acordo com as diretrizes do Plano Nacional de Atendimento Socioeducativo (SDH, 2015, p. 9-10), conforme exposto no item 3.3.1. Ao final do questionário, foi inserida uma pergunta aberta, relativa aos pontos fortes e fracos do campo socioeducativo, na visão dos atores que laboram suas práticas, a fim de desvendar características específicas que traduzissem a expressão operacional dentro de uma estrutura objetivada e oportunizar que os entrevistados apontassem suas percepções espontaneamente.

Muitos entrevistados, enquanto preenchiam os questionários, perguntavam se poderiam escrever um complemento ao lado da pergunta objetivamente definida. Ao permitir essa prática, uma vez que era intenção o aprofundamento das questões postas, foram coletadas mais de 80 páginas de relatos espontâneos, que foram usadas na tabulação dos dados.

Os questionários permitiram o contato direto com os operadores do campo socioeducativo, aproximação que contribuiu para maior compreensão dos *habitus* externalizados, assim como enriqueceu o conhecimento do campo estudado, já que foi necessário percorrer inúmeros órgãos e setores. Por meio do questionário, adotou-se ainda a técnica da observação participante, a ser detalhada a seguir.

---

[119] O grupo composto pelos agentes socioeducativos foi aquele que mais resistiu a participar da pesquisa, seguido pelos professores e agentes de saúde. O grupo dos especialistas foi o que mais se interessou pela pesquisa e manifestou menos resistência para responder ao questionário.

### 3.2.3 Observação participante

A observação participante é uma técnica de captação de dados, porém pouco estruturada. Ela prescinde de instrumentos específicos para direcionar a observação, tal como o questionário e o roteiro de entrevistas que foram utilizados, deixando a cargo do observador a responsabilidade de coletar dados a partir da sua sensibilidade (HAGUETE, 2013, p. 73).[120]

Por meio desta técnica, as visitas foram realizadas acompanhadas de um diário de pesquisa, onde foram anotados comportamentos dos agentes do campo socioeducativo, percepções dos locais pesquisados, da estrutura física e de pessoal, informações obtidas que ensejaram novas pesquisas.

A técnica foi utilizada especialmente para acompanhar o Ministério Público em visitas *in loco* a três unidades de internação (UNIRE e UIPSS e UIBRA), que posteriormente foram objeto de nova visita, mas dessa vez utilizando outros métodos, como a aplicação de questionários e entrevistas; assim como à DCA e ao NAI. O comportamento consistiu em pouca interação com os agentes do campo pesquisado, com afastamento necessário para tornar quase que invisível o pesquisador, de modo a vivenciar as práticas sem ser notado.

Se considerado o *habitus* como estrutura mecânica de um condicionamento original, cujo produto governa as práticas (BOURDIEU, 1990, p. 55), uma boa técnica de pesquisa é a observação dos ambientes e dos agentes que os compõem, a fim de desnudar o objeto pesquisado para, em seguida, analisá-lo com maior profundidade.

## 3.3 Análise dos achados empíricos

Após o uso dos instrumentos de pesquisa citados, especialmente as entrevistas semiestruturadas, questionários semiestruturados e observação participativa, foi preciso agrupar e analisar os dados coletados. Para tanto, procurou-se identificar e delimitar elementos de análise, assim como empregar técnicas de sistematização dos dados a partir da degravação, associadas à análise qualitativa e quantitativa.

---

[120] "A observação participante é técnica de coleta de dados extremamente flexível e, por tal motivo, ameaçada constantemente, por fatores de contaminação que podem provocar distorções e levar a erro o observador sobre o fenômeno estudado. Esses fatores podem ser de viés sociocultural do observador, profissional, interpessoal, emocional e, inclusive, normativo" (HAGUETE, 2013, p. 73). Ciente dessas dificuldades, a pesquisa buscou se afastar dela e manter o foco na análise das práticas dos pesquisados.

### 3.3.1 Delimitação dos elementos pesquisados

Para o Grupo 1 foram aplicados questionários que abordavam sete temáticas extraídas, na maior parte, das diretrizes do plano nacional de atendimento socioeducativo, as quais se denominou de subeixos de pesquisa.[121] Tais subeixos foram utilizados para orientar e delimitar o campo estudado, já que no âmbito da socioeducação existem infinitas temáticas e vertentes de estudo que poderiam ser eleitas para análise. São elas: capacitação, segurança, alimentação, saúde, educação, profissionalização e estrutura.

Se o principal objetivo do plano nacional de atendimento socioeducativo, a partir dos marcos legais nacionais e internacionais,[122] é constituir um modelo nacional, composto por política pública articulada e específica, denominada política de socioeducação, nada mais coerente do que verificar o nível de intersetorialidade das instituições e agentes envolvidos no processo de responsabilização do adolescente, pois eles devem produzir práticas de caráter educativo "de modo que as medidas socioeducativas (re)instituam direitos, interrompam a trajetória e permitam aos adolescentes a inclusão social, educacional, cultural e profissional" (SDH, 2015, p. 5-6).

Por tais motivos, os eixos selecionados são a base de sustentação de uma política pública socioeducativa que efetivamente atente para os direitos dos adolescentes que cometeram atos infracionais e para os princípios eleitos no próprio plano nacional como a intersetorialidade e responsabilização por meio da integração operacional dos órgãos da seara socioeducativa (SDH, 2015, p. 9).

Após reflexão, chegou-se à conclusão de que não seria possível alcançar o ideário socioeducativo garantindo qualidade do atendimento socioeducativo de acordo com os parâmetros do SINASE (diretriz "a") sem humanizar as unidades de internação, garantindo a incolumidade,

---

121 Importa esclarecer que os eixos do Plano Nacional de Atendimento Socioeducativo são: eixo de gestão, eixo de qualificação do atendimento, participação e autonomia dos adolescentes e fortalecimento do sistema de justiça e de segurança pública (SDH, 2015).

122 Segundo o Plano Nacional de Atendimento Socioeducativo, ele é a expressão operacional dos marcos legais do sistema socioeducativo, "construído com base no diagnóstico situacional do atendimento socioeducativo deliberadas na IX Conferência Nacional dos Direitos da Criança e do Adolescente, no Plano Decenal dos Direitos da Criança e do Adolescente e no Plano Nacional de Direitos Humanos III – PNDH 3. São documentos ancorados à Constituição Federal, à Convenção Internacional sobre os Direitos da Criança, às Regras Mínimas das Nações Unidas para a Administração da Justiça da Infância e da Juventude, às Regras das Nações Unidas para a Proteção dos Jovens com restrição de liberdade, ao ECA, à Resolução 119/2006 do CONANDA e à Lei Federal 12.594/2012" (SDH, 2015, p. 6-7).

integridade física e mental, que inclui alimentação adequada, a segurança do/a adolescente e dos profissionais que trabalham no interior das unidades socioeducativas (diretriz "e"); garantir a oferta e acesso à educação de qualidade, à profissionalização, às atividades esportivas, de lazer e de cultura no centro de internação (diretriz "j"); garantir o acesso a programas de saúde integral (diretriz "l"), integração operacional (diretriz "o") e valorizar os profissionais da socioeducação e promover formação continuada (diretriz "p") (SDH, 2015, p. 9-10).

A partir da seleção dos elementos que seriam pesquisados, foram elaborados os questionários e o roteiro de entrevistas no intuito de colher informações sobre o mesmo tema e, ao final, compará-los com as categorias teóricas selecionadas relativas a campo, *habitus*, doxa, governança e intersetorialidade.

### 3.3.2 Tabulação dos dados produzidos

O acervo bibliográfico, além do material empírico coletado por meio das entrevistas, questionários, observações e registros no diário de campo, foi levantado entre os meses de julho de 2018 e outubro de 2019. Após, foi necessário empenho para analisar, organizar e codificar em planilhas as informações que demonstrassem a lógica do controle e da punição sob a ótica bourdieusiana no campo intersetorial socioeducativo do DF.

A escolha da população a ser pesquisada foi feita de maneira criteriosa entre os atores do campo socioeducativo do DF que exercem suas atribuições no âmbito da segurança, da justiça e também nos órgãos de execuções de medidas socioeducativas de internação, subdividindo-os em duas categorias: Grupo 1 (autoridades e gestores) e Grupo 2 (servidores).

Para definir a amostragem dos indivíduos[123] extraídos da população pesquisada, foi eleito o método de amostragem elaborada pela Escola de Empreendedores (UnB – FINATEC – FT – CDT – SOFTEX – SEBRAE/DF) indicado em literatura especializada por meio de tabela apresentada por Viegas (1999, p. 140), pois nem sempre as fórmulas estatísticas são compreendidas pelos leitores, conforme indicado:

---

[123] Para Waldyr Viegas (1999, 139), quando se trabalha com amostra, "abdica-se de certeza, cara e pouco prática, que seria conhecer todo o universo, em favor de uma probabilidade, menos garantida, mas suficientemente prática e funcional porque pode ser medida pelo nível de confiança e pelo erro máximo de estimativa".

Tabela 11 – Tamanho da amostra para um nível de confiança de 95%

| | + / - 3% | | + / - 5% | | + / - 10% | |
|---|---|---|---|---|---|---|
| | ERRO AMOSTRAL | | ERRO AMOSTRAL | | ERRO AMOSTRAL | |
| | 50 / 50 | 80 / 20 | 50 / 50 | 80 / 20 | 50 / 50 | 80 / 20 |
| TAM. DA POPULAÇÃO | SPLIT | SPLIT | SPLIT | SPLIT | SPLIT | SPLIT |
| 100 | 92 | 87 | 80 | 71 | 49 | 38 |
| 250 | 203 | 183 | 152 | 124 | 70 | 49 |
| 500 | 341 | 289 | 217 | 165 | 81 | 55 |
| 750 | 441 | 358 | 254 | 185 | 85 | 57 |
| 1.000 | 516 | 406 | 278 | 198 | 88 | 58 |
| 2.500 | 748 | 537 | 333 | 224 | 93 | 60 |
| 5.000 | 880 | 601 | 357 | 234 | 94 | 61 |
| 10.000 | 964 | 639 | 370 | 240 | 95 | 61 |
| 25.000 | 1.023 | 665 | 378 | 243 | 96 | 61 |
| 50.000 | 1.045 | 674 | 381 | 245 | 96 | 61 |
| 100.000 | 1.056 | 678 | 383 | 245 | 96 | 61 |
| 1.000.000 | 1.066 | 682 | 384 | 246 | 96 | 61 |
| 100.000.000 | 1.067 | 683 | 384 | 246 | 96 | 61 |

Fonte: UnB – FINATEC – FT – SOFTEX – SEBRAE – DF (VIEGAS, 1999, p. 140).

Esta tabela ajuda a escolher uma amostra confiável, ou seja, não tendenciosa, que minimiza os vieses, que são "os desvios da amostra em relação ao universo", e ajuda a encontrar os erros de amostragem, que são "distorções resultantes do fato de se trabalhar com uma parte da população e não com toda ela" (VIEGAS, 1999, p. 139).

Na linha superior, encontra-se o tamanho do erro amostral aceitável para a pesquisa. É comum utilizar erros de 3%, 5% ou 10% em pesquisas de mercado, com intervalos de confiança que variam entre 90 e 99% (normalmente, utiliza-se 95%, motivo pelo qual foi o parâmetro escolhido). Na presente pesquisa buscou-se a margem de 10% de erro.

Na coluna "tamanho da população", encontra-se o número de elementos que compõem o universo da pesquisa. Para valores absolutos, utiliza-se o intervalo superior mais próximo. Para cada margem de erro, existem duas colunas com o tamanho da amostra (n): uma com SPLIT de 50/50 e outra com SPLIT de 80/20. O SPLIT indica o tamanho da variação das respostas. Assim, se é de 50/50, indica maior variação entre as respostas dos entrevistados; se é de 80/20, indica menor variação (grande parte dos entrevistados veem a questão da mesma forma). A metodologia de pesquisa empregada ensina que, quando não se conhecer o *split* da população antes da pesquisa, deve-se adotar o índice 50/50 por segurança (VIEGAS, 1999, p. 140).

A referida tabela foi utilizada apenas nos órgãos de execuções, principalmente nas unidades de internação, para aferir a amostragem ideal entre os agentes socioeducativos e especialistas, já que o universo das demais áreas pesquisadas foi inferior e não constava na Tabela e dependia de disponibilidade para agendamento de entrevistas. Assim, tendo em vista que no âmbito da DCA há nove delegados de polícia, optou-se por buscar no mínimo 10% dos delegados para alcançar nível de confiabilidade. Porém no dia da visita à instituição, três delegados se mostraram interessados nas entrevistas. Já na Defensoria Pública, apenas cinco defensores públicos atuam no Núcleo de Execuções de Medidas Socioeducativas, de modo que um defensor seria suficiente. No Ministério Público o universo de promotores de justiça que atuam nas execuções das medidas socioeducativas é ainda mais reduzido, apenas três, e a entrevista com um deles se mostraria satisfatória.[124] Quanto à direção, a ideia foi entrevistar todos os gestores das unidades de internação, porém não houve disponibilidade na agenda do diretor da UNIRE, os demais todos foram entrevistados.

Com relação à quantidade de especialistas e agentes socioeducativos, o objetivo inicial foi buscar uma amostra de pelo menos 10% do total de servidores de cada cargo objeto de estudo. Atualmente o quadro de servidores das Unidades de Internação do DF conta com 1.043 agentes socioeducativos; 117 especialistas socioeducativos e 68 técnicos socioeducativos.[125] Desse total, 894 agentes socioeducativos

[124] Registre-se que a entrevista não foi realizada com todas as autoridades do campo da justiça em razão da incompatibilidade de agendas entre as autoridades e a pesquisadora.

[125] Informação recebida por e-mail da SUBSIS. Esses dados são aproximados porque divergem daqueles apresentados nas Tabelas 1 a 8 do item 2.2.2, onde havia um total de 222 especialistas e 1.037 agentes socioeducativos.

trabalham em regime de plantão de 24 horas por 72 horas, nas unidades de internação. No entanto, infelizmente não se conseguiu alcançar a amostra planejada porque a pesquisa depende de voluntariedade em responder ao questionário.

De acordo com a Tabela 9, para um universo entre 100 e 250 pessoas, com erro amostral de +/- 10% (mais ou menos dez por cento) e tratando-se de assunto polêmico (SPLIT *50/50), pode-se utilizar uma população entre 49 e 70 entrevistados, obtendo-se um tamanho da amostra para um nível de confiança de 95% (noventa e cinco por cento), resolveu-se optar por aplicar o questionário a uma amostragem de 47 especialistas, porque não houve interesse dos demais em responder às perguntas dos questionários, especialmente os lotados na UNIRE, restando, portanto, apenas dois entrevistados para compor o nível de confiabilidade. Os entrevistados foram escolhidos aleatoriamente, conforme predisposição e disponibilidade no dia da visita.

Da mesma forma foi feito com os agentes socioeducativos, porém, nesse caso, a resistência foi ainda maior para responder aos questionários. Para um universo entre 750 e 1.000 pessoas, com erro amostral de +/- 10% (mais ou menos dez por cento) e tratando-se de assunto polêmico (SPLIT *50/50), pode-se utilizar uma população entre 85 e 88 entrevistados. Foram aplicados questionários a uma amostragem de apenas 57 agentes socioeducativos, porque houve resistência em responder às perguntas dos questionários, especialmente os lotados na UNIRE, ficando, portanto, prejudicado o nível de confiabilidade. Os entrevistados igualmente foram escolhidos aleatoriamente, conforme predisposição e disponibilidade no dia da visita.

A SUBSIS não soube informar quantos professores da Secretaria de Educação estavam lotados nas unidades de internação e não houve tempo para pesquisar junto à Secretaria de Educação, de modo que se aplicaram questionários aos que estavam no dia da visita. Na saúde, não há médicos lotados definitivamente, exceto na UAI, onde o único médico da Secretaria de Saúde lotado no campo socioeducativo contribuiu com entrevista exploratória. Nas unidades deveria haver ainda dois enfermeiros, totalizando 16 enfermeiros, sendo que nove responderam aos questionários.

Foram aplicados, assim, 156 questionários entre as categorias de servidores vinculados às áreas da educação, saúde e SEJUS (Grupo 2), que realizavam suas atribuições dentro das unidades de internação e foram realizadas 29 entrevistas exploratórias e semiestruturadas ao Grupo 1, que somaram mais de 16 horas de gravação.

A tabela a seguir demonstra a quantidade de servidores por área de atuação e por unidade de internação que responderam aos questionários:

Tabela 12 - Quantidade de servidores entrevistados

| Quantidade de servidores entrevistados | UIPSS | UIP | UISS | UIBRA | UISM | UNIRE | UNISS | TOTAL |
|---|---|---|---|---|---|---|---|---|
| Especialistas | 2 | 7 | 5 | 7 | 10 | 5 | 11 | 47 |
| Assistentes Técnicos | 0 | 1 | 0 | 0 | 0 | 0 | 2 | 3 |
| Agentes Socioeducativos | 9 | 9 | 6 | 3 | 8 | 7 | 15 | 57 |
| Saúde | 1 | 0 | 0 | 2 | 3 | 2 | 1 | 9 |
| Educação | 5 | 0 | 0 | 7 | 11 | 2 | 4 | 29 |
| Direção | 3 | 2 | 2 | 0 | 2 | 0 | 2 | 11 |
| Total | 20 | 19 | 13 | 19 | 34 | 16 | 35 | 156 |

Fonte: autoria própria

Por meio da Tabela 1 é possível perceber que o maior quantitativo em números absolutos de servidores alcançados no Grupo 2 foram os agentes socioeducativos (57), seguidos dos servidores especialistas (47) e da educação (29). O menor número absoluto de servidores alcançados foram aqueles da área da saúde (9) e os assistentes técnicos (3), pela carência de profissionais da saúde nas unidades de internação[126] e porque os assistentes técnicos não eram o foco principal da pesquisa. Note-se participação massiva da direção das unidades de internação, não sendo possível realizar entrevista apenas com o Diretor da UNIRE por incompatibilidades de agenda.

O Gráfico 1 ilustra também a quantidade de servidores entrevistados por unidade de internação, sendo que é possível visualizar todos os grupos de servidores objeto de pesquisa:

[126] Durante as visitas às unidades não foi encontrado nenhum médico, apenas enfermeiras, em geral uma apenas, em regime de plantão.

Gráfico 1 - Categoria de servidores entrevistados

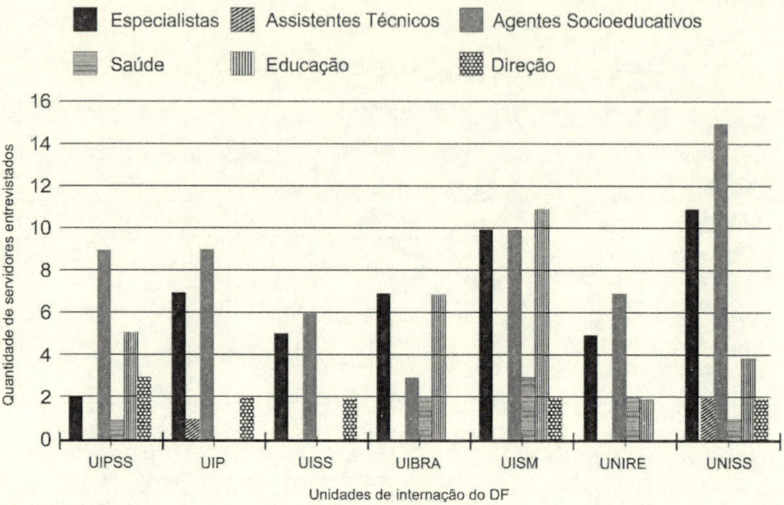


Fonte: autoria própria.

No que concerne ao Grupo 1, objeto de entrevista semiestruturada, foi necessário degravar todos os áudios para efetuar o processo analítico de codificação, que consiste em "identificar uma ou mais passagens do texto que exemplifiquem alguma ideia temática e ligá-las a um código, que é uma referência taquigráfica à ideia temática" (GIBBS, 2008, p. 77).

Nesse sentido, para compreender o modo de atendimento dispensado ao adolescente em conflito com a lei no DF e contribuir para a reflexão do atual modo de funcionamento das instituições que atuam no campo socioeducativo, objetivos gerais desta pesquisa, buscou-se, a partir dos relatos dos agentes selecionados, cotejar as práticas com as estruturas objetivadas pelas normas, ocasião em que se optou pela elaboração de figuras para cada segmento do campo de administração da justiça juvenil.

### 3.3.3 As manifestações da realidade socioeducativa

Estudar a natureza das práticas socioeducativas demandou analisar os movimentos no campo, as contradições, os diversos níveis de lutas simbólicas, as percepções dos agentes do campo socioeducativo, motivo pelo qual o reconhecimento da dominância da doxa punitiva na primeira parte da pesquisa assim como *habitus* reprodutores de prática igualmente punitivas foram essenciais.

Na última parte do trabalho foi necessário retomar e associar as categorias selecionadas com os projetos oficiais documentados, com o material empírico colhido, confrontando as representações dos gestores, autoridades e servidores com pesquisas já realizadas e expondo diferentes visões, assim como a complexidade de políticas públicas intersetoriais efetivas.

Essa prática permitiu expor as condições das unidades, identificar o que melhorou nos últimos anos, onde ainda é problemático, confrontando a diversidade e o empírico, desvelando também que nem sempre as convicções iniciais encontraram ressonância no trabalho de campo.

CAPÍTULO 4

# O DESARRANJO INTERSETORIAL NA EXECUÇÃO DAS MEDIDAS SOCIOEDUCATIVAS DE INTERNAÇÃO NO DF

Neste capítulo, pretende-se demonstrar que, apesar de o DF ter empregado esforços para aproximar o modelo de atendimento socioeducativo aos referidos parâmetros legais, e terem sido verificadas boas práticas nas políticas de atendimento socioeducativas (item 2.3.1), o DF atua com maior ênfase em modelo de governança intersetorial punitiva, que guia diversos *habitus* distorcidos dos atores socioeducativos e suas práticas. Incorporamos inconscientemente as estruturas históricas daquilo que nos foi imposto, de modo que a doxa hegemônica que produz acordos implícitos na rede de atendimento socioeducativo é punitiva, o que obstrui o avanço na perspectiva intersetorial no campo da administração da justiça juvenil distrital.

O objeto da pesquisa foi o campo da administração da justiça juvenil do DF, e o corpo da pesquisa, eleito para revelar as práticas desse objeto, foi dividido entre as estruturas objetivas e incorporadas da segurança pública, especificamente na Polícia Civil especializada (DCA I); da Justiça, composta pelo Judiciário, Ministério Público e Defensoria Pública; e órgãos de execuções das medidas socioeducativas de internação, conforme especificado nos itens 3.1.2 e 3.1.3.

A cada parte do corpo da pesquisa, buscou-se associar aspectos qualitativos do atendimento, um dos eixos operativos do Plano Nacional de Atendimento Socioeducativo (SDH, 2015), com objetivo de revelar o tipo da socioeducação produzida, a partir do que dispõe o PDASE/DF: capacitação, segurança, alimentação, saúde, educação, profissionalização e estrutura (SECRIA, 2016, p. 18). Os resultados podem ser conferidos a seguir.

## 4.1 Segurança pública especializada

No âmbito da segurança pública especializada, a pesquisa contemplou as práticas produzidas pelos delegados, agentes e escrivães da Delegacia Especial de Proteção à Criança e ao Adolescente I (DCA), situada na Asa Sul, conforme descrito no item 3.1.2. Suas atribuições estão dispostas no Regimento Interno da Polícia Civil do DF, especialmente no art. 46 do Decreto nº 30.490, de 22 de junho de 2009 (DISTRITO FEDERAL, 2009), e o procedimento para apuração de ato infracional está disposto no art. 170 e seguintes do ECA. Porém, para além da análise objetivista da norma que deve conduzir as representações subjetivas dos atores do campo, buscou-se analisar as práticas reproduzidas para explicar as lutas simbólicas que conservam as estruturas socioeducativas com padrões punitivos e assemelhados ao Direito Penal.

As observações empíricas e as entrevistas propiciaram pistas sobre o padrão punitivo de *habitus* de atendimento empregado no campo socioeducativo, comparando-o ao exercício da atribuição legal conferida aos atores de segurança pública especializada. Ainda, foi possível certificar a forma de atendimento não intersetorial a partir de experiências relatadas pelos entrevistados.

### 4.1.1 Estrutura física e de pessoal equivalente à unidade policial comum

A infraestrutura da DCA chama atenção pela reprodução do modelo policial adotado em todo o DF, com mesmo padrão arquitetônico de atendimento inicial, sala de contenção, bancos de ferro com suporte para algemamento e celas com grades. Talvez a diferença esteja na nominação das estruturas, a exemplo da chamada de sala de contenção, que na verdade é uma cela, assim como a existência de uma sala com brinquedos utilizada para oitivas especiais realizadas com crianças.[127]

Ao chegar à DCA, havia um jovem homem sentado no chão e algemado com a restrição dos braços nas costas, cabeça baixa e em silêncio. Perguntei sobre os motivos pelos quais ele se encontrava naquela posição, ocasião em que os agentes esclareceram se tratar de pessoa maior de 18 anos, que havia cometido ato infracional em coautoria com menor de idade, de modo que, nessa situação, deve prevalecer a atribuição da repartição policial especializada.

---

127 A sala mencionada quase não é utilizada, segundo Entrevistado 2.

Após as providências necessárias e conforme o caso, encaminha-se o adulto à repartição policial própria, conforme art. 172, parágrafo único do ECA. Em que pese a explicação concedida, a cena causou espanto, por entender que o posicionamento corporal a que o jovem foi submetido se tratava de meio cruel de contenção e também porque aquele não era o local adequado para manter nenhum custodiado pelo Estado aguardando os trâmites burocráticos. Porém, a mesma cena não parecia incomodar quem trabalhava na DCA no dia da visita, tampouco os policiais militares que conduziam outro adolescente em situação de flagrante. A naturalização da violência já estava se mostrando desde as primeiras situações vivenciadas na entrada na DCA, e se confirmaram com a maior parte das entrevistas realizadas.

As entrevistas procederam-se com três autoridades policiais que estavam na DCA no dia da visita.[128] Em relação ao quantitativo de servidores da DCA, explicou o Entrevistado 2 que a Delegacia funciona com um efetivo de 65 servidores, entre delegados, agentes, escrivães e suporte administrativo, sendo dividida da seguinte maneira:

> *Entrevistado 2*: [...] no plantão, que são cinco equipes de plantão: um plantão de 12 horas diurno, com folga de 24 horas; aí entra 12 horas noturno, com folga de 72 horas. São sempre cinco equipes para atender tudo isso aí, para substituir uma equipe à outra, para dar continuidade. Nas equipes de plantão, são quatro agentes, em regra, um escrivão e um delegado. Então, só equipe de plantão aqui da delegacia já vai cinco delegados, cinco escrivães e vinte agentes, só no plantão. No expediente, já tenho mais 22 agentes para investigação, mais quatro escrivães que trabalham só no expediente e, além de mim como chefe, tenho um delegado-adjunto e dois delegados no cartório

A expressiva quantidade de agentes de polícia, escrivães e delegados na DCA se justifica, segundo o Entrevistado 2, porque todos os flagrantes que tenham envolvimento de um adolescente a quem se imputa prática de ato infracional das regiões de Planaltina, Sobradinho, Paranoá, São Sebastião, Lago Norte e Lago Sul, Cruzeiro, Estrutural, Núcleo Bandeirante, Riacho Fundo, Gama e Santa Maria são encaminhados para a DCA ou a ocorrência que foi registrada em outra delegacia de polícia é encaminhada depois para a DCA, para dar andamento e atribuir a responsabilidade ao adolescente, por meio de procedimento de apuração de ato infracional.

---

[128] A DCA possui nove delegados, informação concedida pelo Entrevistado 2.

De fato, há vultoso volume de apreensões na DCA, que justifica a necessidade de equipe técnica maior para atuar nas demandas da unidade policial. De acordo com a série histórica de registros de adolescentes autores de ato infracional em situação de flagrância no DF, conforme estatística do Departamento de Inteligência e Gestão da Informação da Polícia Civil (PCDF, 2019a), de 2009 a 2018 houve incremento de apreensões de 3.597 para 5.240 situações de flagrante, com leve diminuição entre 2015 e 2018. E segundo o Entrevistado 2, até julho de 2019, somente na DCA I, foram instaurados 2.450 procedimentos,[129] metade referente a apreensões em flagrantes e outra metade de procedimentos instaurados para investigação, o que leva à conclusão de que houve incremento da escalada delitiva ou aumento do controle penal, ou os dois.

A enxurrada de tarefas oriundas desses procedimentos demanda atuação conjunta não apenas internamente entre os departamentos policiais, mas também com relação às outras instituições do campo socioeducativo. Contudo, desvelou-se ausência de compartilhamento de dados entre elas, o que já gerou situações inusitadas como o caso em que um adolescente foi apreendido por prática de ato infracional, mas liberado mesmo com um MBA em aberto:

> *Entrevistado 2:* [...] um exemplo, um adolescente estava preso por um ato infracional em flagrante, por roubo, ato infracional análogo ao roubo. Ele foi apreendido em flagrante, foi lavrado aqui o procedimento flagrancial contra ele. Esse adolescente também estava foragido, procurado por um mandado de busca e apreensão expedido de outro procedimento. Está na Justiça. No dia em que foi apreendido esse adolescente em flagrante não consultou essa questão do mandado. Entendeu? *O mandado dele de foragido ainda ficou em aberto.* Foi erro. Aí ele foi apresentado no NAI, Núcleo de Atendimento Inicial; teve audiência com o Ministério Público que se manifestou pela internação dele, para ele continuar apreendido. Ele foi recolhido na Unidade de Internação Provisória de São Sebastião e lá ficou por 45 dias. Quando foi liberado, verificaram o mandado dele. Aí todo mundo errou. Errou a delegacia, errou a Justiça [...]
>
> E errou lá a unidade também. Ele entrou no Sistema sem consultar o fato dele. Aí até a Defensoria Pública, com razão, reclamou dessa situação, no sentido de falar que ele estava preso, depois de solto, você foi e cumpriu o mandado contra ele? O mandado, geralmente, era para ele ser apresentado em juízo, para ser ouvido em outro fato, e poderia ser

---

129 As estatísticas apontam 2.636 registros de ocorrência até 17.10.2019 (PCDF, 2019b).

> nesse período em que ele estava preso, ele poderia ter sido apresentado. Entendeu? Isso é só um exemplo [...] Grifou-se.
>
> Todo mundo, nesse caso, falhou. A polícia falhou inicialmente, a única falha da polícia foi não ter dado baixa no mandado, porque tinha que ter dado cumprimento, dado um ofício à Vara da Infância ou à VEMSE, no caso, que expediu o mandado na época [...].

Não obstante o efetivo total de 65 servidores atuando na DCA, para o Entrevistado 2 há deficiência no número de servidores, já que criaram uma seção de inteligência, com atribuição para efetuar um levantamento de todos os adolescentes foragidos e dar cumprimento aos MBAs por Região Administrativa do DF. Dessas diligências, resultam relatórios para a VIJ ou VEMSE contendo informações que possam contribuir para a extinção do feito, como a notícia da morte do adolescente procurado ou a sua prisão em razão da maioridade e cometimento de crime ou ainda o simples atingimento da maioridade.

A questão que se põe para reflexão é que não há capacitação específica para os servidores da Polícia Civil que atuam junto à DCA quanto à necessidade de atendimento diferenciado no campo socioeducativo, de sorte que o aumento do efetivo talvez não seja suficiente para alterar as práticas.[130]

> *Entrevistadora:* Aqui na delegacia existe capacitação específica para atuar na área de adolescente em conflito com a lei ou não? A responsabilização penal diminuiu, ou alguma coisa assim?
>
> *Entrevistado 2: Não tem uma capacitação.* Geralmente, quando um policial toma posse, há muitos agentes de polícia aqui que eram agentes socioeducativos e aí pedem para trabalhar aqui, porque já têm ambiente com a área, mas isso aí não é regra, não. Às vezes, o policial aprende aqui na prática mesmo, sem nenhum curso específico.
>
> *Entrevistadora:* Nem para os delegados, para as equipes de plantonistas, não existe?
>
> *Entrevistado 2:* Não, aí vai da individualidade de cada um. Cada um se capacita de acordo com a especialidade, com a delegacia especializada onde ele está trabalhando.

---

[130] Registre-se que a Polícia Civil já ministrou cursos para a equipe de agentes socioeducativos do DF, especialmente sobre o uso de tonfas, spray de pimenta, contenção física, dentre outros. Esses cursos têm modelos de atuação próprios para contenção de adultos e não há sinais de que tenham sido modificados para o trato com o adolescente. Atualmente os cursos são oferecidos pela Diretoria de Capacitação da SUBSIS, mas, como os instrutores foram treinados pela Polícia Civil, suspeita-se que eles absorveram os movimentos punitivos passados pelos instrutores da polícia civil.

> *Entrevistadora: O senhor já fez algum curso na área?*
>
> *Entrevistado 2: Fiz algum curso, mas não específico mesmo.* (Grifou-se)

A necessidade de capacitações que orientem práticas socioeducativas ajustadas aos parâmetros normativos já pode ser percebida por parte da equipe policial como medida estratégica que merece ser implementada.

> *Entrevistadora:* Não tem uma capacitação?
>
> *Entrevistado 3:* Não uma capacitação no sentido... Na verdade, a situação da polícia é diferenciada. Não era para ser polícia, nós não deveríamos ser polícia especificamente aqui. O que acontece é que as pessoas são transferidas para essas unidades de menores infratores e simplesmente, consciente ou até inconscientemente, acham que estão numa outra delegacia, então o tratamento é... lógico que tem o respeito e tudo, mas falta uma percepção melhor de tratamento, visando a uma possível ressocialização. É tratado com respeito, os direitos humanos são respeitados, mas isso não é o suficiente, porque não é só tratar como se fosse um infrator, respeitando os seus direitos constitucionais, né? *Além disso, nós tínhamos que ter uma preparação mais ressocializadora, mais educadora na hora, até possivelmente entrar na questão até emocional, psicológica, de entender que aquele pessoal vem de uma desestruturação,* seja qual for, como já falamos, que ele não está cometendo um crime por si só, porque ele quer pegar um tênis. Ele quer pegar um tênis porque ele não tem tênis, porque ele teve a possibilidade de ganhar um tênis, ele não vê uma possibilidade de, no futuro, comprar um tênis, porque ninguém dá isso pra ele, nem família, nem escola, nem ninguém. Então, há uma lacuna nesse tipo de capacitação.
>
> [...]
>
> *Entrevistado 3:* Capacitação, eu ia falar agora que a diferença de cada servidor é a vontade que ele tem de entrar no seu papel e assumir o seu papel. Tanto o delegado, como o agente, como o promotor, como o juiz, acho que tem que ter essa entrada no seu papel e realmente fazer o fim que ele quer propor ao seu trabalho. *Mas você não pode depender da noção subjetiva de cada um. O Estado tem que criar situações formais para adequar, pelo menos, qualquer pessoa para que, treinada, cumpra o que o Estado almeja.*
>
> Então, sim, capacitação, escolha do servidor que vai trabalhar na área, mas ele tem que ter uma predisposição. Aqui na DCA, por exemplo, não pode ser um cara que quer polícia; tem que ter uma seletividade de alguém que acredita que o tratamento é esse [...]. (Grifou-se).

A ausência de investimento e a exigência na capacitação dos profissionais da polícia que trabalham diretamente com o adolescente em conflito com a lei auxiliam na reprodução das práticas punitivas e de violência simbólica, com uso de termos tutelares para descrever ações cotidianas, confundindo-se, por vezes, com os termos próprios do Direito Penal, a exemplo da palavra "menor", "crime", "o elemento", entre outros conforme exemplo:

> *Entrevistado 1:* [...] o *menor* entrevistado confessou realmente que *praticou esse furto* e que a arma era dele. Essa arma tinha a numeração raspada, então, entra no uso de porte restrito [...] (Entrevistado 1). (Grifou-se).

Ainda, percebem-se outras dissonâncias dos discursos com a realidade, pois alguns atores avaliam positivamente a estrutura prisional propiciada para receber esses adolescentes, em que pese outros a criticarem. O Entrevistado 2 entende que as estruturas atuais são boas e o Entrevistado 3 entende que as estruturas das DCAs são inadequadas e que seria necessária capacitação especializada para melhor desempenho das atribuições:

> *Entrevistado 2:* [...] *A estrutura principalmente, inicialmente, é excelente,* mas com a evolução e as novas circunstâncias que vão se apresentando, futuramente, vai-se ter que dar uma readequada aqui
>
> [...]
>
> *Entrevistadora:* E quanto à de estrutura de sistema de polícia? Vamos falar (...) onde você trabalha: *você acha que a estrutura das Delegacias da Criança e do Adolescente é adequada?*
>
> *Entrevistado 3: Não, são totalmente inadequadas.* Eu sou delegado há nove anos e estou aqui há um ano. Então, quando eu vim para cá, e isso acontece com todos os delegados, todos os agentes e todos os escrivães, ninguém tem um aprendizado específico de como tratar o menor. (Grifou-se).

Os discursos de natureza penal promoveram cegueira que predomina no campo socioeducativo. Mas há espaço para outros discursos. Um dos entrevistados mostrou-se mais receptivo às normas específicas da responsabilização penal juvenil, mostrando preocupação com a necessidade de mudança no atendimento que deve ser dado ao adolescente em conflito com a lei:

> *Entrevistado 3:* [...] Além disso, a PM, na rua, aborda menores e maiores, então, não tem uma diferenciação ali. Se for analisar a letra estrita do ECA, a diferença é que eles não podem andar no camburão. E tem caso em que andam, eu já verifiquei e já coloquei para frente alguma situação

> dessa, mas, no fundo, qual diferença vai fazer isso? Se eles andassem em qualquer lugar que fosse, mas o tratamento fosse diferente, seria outra coisa. Essa é a única diferenciação: não pode andar no camburão! *Tem que ser muito mais profundo esse tipo de diferenciação, tinha que ser uma abordagem diferente*! [...]. (Grifou-se).

As entrevistas e observações de campo permitiram projetar algumas interpretações quanto às práticas do campo socioeducativo no âmbito da estrutura física e de recursos humanos da segurança pública. As mudanças implementadas, do ponto de vista normativo, não foram desconsideradas por completo, já que foram destinados espaços físicos para contemplar as DCAs, assim como se buscou observar critérios de separação entre os adolescentes apreendidos, inclusive quanto à natureza e gravidade da infração praticada. Porém, outras práticas sugerem inobservância do respeito à condição peculiar de pessoa em desenvolvimento, ao reproduzir padrões arquitetônicos de atendimento dignos da dogmática penalista, sem que os atores da segurança pública sejam qualificados para a função que desempenham, o que facilita a reprodução de *habitus* punitivos.

Os discursos dos participantes da pesquisa compartilham entendimento de ser necessário o fortalecimento de estratégias de atuação com outras instituições e maior articulação com a transmissão de dados para evitar políticas socioeducativas ineficientes. Os relatos indicam tensão entre as carreiras de polícia que perpassam não apenas pelas atividades delegadas a eles, mas igualmente pelos mecanismos de controle de condutas utilizados como medida de segurança, conforme se passa a explorar.

### 4.1.2 Aumento e especialização dos mecanismos de controle de condutas

Outro aspecto pesquisado diz respeito à reprodução dos instrumentos de controle e contenção próprios do Direito Penal no atendimento ao adolescente autor de ato infracional. O art. 125 do ECA e outras disposições correlatas contidas nas normais internacionais aplicáveis[131] aduzem ser dever do Estado zelar pela integridade física e mental dos adolescentes, cabendo-lhe adotar as medidas adequadas de contenção e segurança. Porém, é direito do adolescente em conflito com a lei receber

[131] Cf. Regras Mínimas das Nações Unidas para a Proteção dos Jovens Privados de Liberdade.

um tratamento diferenciado em relação aos imputáveis, sob pena, inclusive, de afronta ao contido no artigo 228, da Constituição Federal, que prevê sujeição deles às normas de legislação especial.

A pesquisa indicou que, apesar dos direitos assegurados, a atuação prepondera sob doxa punitiva. As rotinas da DCA são semelhantes àquelas produzidas nas delegacias policiais destinadas a receberem os adultos: os adolescentes que não estão na chamada sala de contenção permanecem aguardando algemados independente do gênero ou ato infracional praticado, inclusive para transitar na Delegacia;[132] a interação entre os policiais civis é marcada por termos técnicos codificados que se assemelham àqueles implementados aos adultos que cometeram crimes; os adolescentes ficam descalços, andam com as mãos para trás, cabeça baixa e não podem receber visitas dos familiares no período em que estão custodiados na Delegacia.

Na pesquisa, muitos discursos não se compatibilizaram com as práticas, além de se distanciarem do previsto na normativa especial. Há evidente dissonância cognitiva entre o que prevê a norma e a prática apurada. O Entrevistado 2 afirmou que o uso da algema pela DCA faz-se de maneira excepcional e que os adolescentes são transportados em viaturas específicas:

> *Entrevistadora:* [...] Esses adolescentes são escoltados com ou sem algema?
>
> *Entrevistado 2: Na maioria das vezes, é sem algema, que é uma viatura específica,* um camburão grandão em que ele vai sentado lá dentro. Isso aí depende da quantidade no dia e da quantidade de policiais que estão na escolta, até para garantir a segurança dos próprios policiais.
>
> *Entrevistadora:* Sim, claro. Mas a maioria das vezes é sem algema.
>
> *Entrevistado 2:* Pode ir sem algema ou com algema. Depende daquele dia, da quantidade de policiais que estão escoltando e da quantidade de adolescentes, aí, para garantir a segurança, às vezes coloca algema.

---

[132] O algemamento quando usado como regra de procedimento de segurança, afronta a Súmula Vinculante nº 11 do STF (STF, 2008), que prevê: "Só é lícito o uso de algemas em casos de resistência e de fundado receio de fuga ou de perigo à integridade física própria ou alheia, por parte do preso ou de terceiros, justificada a excepcionalidade por escrito, sob pena de responsabilidade disciplinar, civil e penal do agente ou da autoridade e de nulidade da prisão ou do ato processual a que se refere, sem prejuízo da responsabilidade civil do Estado". A prática de algemamento deve ser excepcional, não apenas porque vige o princípio da não culpabilidade quanto à imputação de prática de delitos, entre eles, o ato infracional, mas especialmente porque o uso indiscriminado confere tratamento desumano ao cidadão, ferindo sua dignidade. Nesse sentido, conferir HC 91.952/STF e HC 89.429/STF.

> *Entrevistadora:* Se forem poucos adolescentes, não usa.
>
> *Entrevistado 2*: Isso.
>
> *Entrevistadora:* Se forem muitos, por questão de segurança, é melhor pôr? Entendi.
>
> *Entrevistado 2*: Isso [...]. (Grifou-se).

Ao contrário do que foi enunciado pelo Entrevistado 2, nos dias da visita todos os adolescentes apreendidos usavam algemas e foram transportados em camburão para o NAI, independente da gravidade da conduta a eles imputada ou da quantidade de adolescentes que estavam apreendidos. Duas meninas foram conduzidas pela DCA, em camburão, para o NAI,[133] que após receber a guia de apreensão se torna responsável por elas. Elas estavam descalças e algemadas, sendo que uma delas riu da situação e foi repreendida por uma agente de polícia. Nenhuma delas praticou ato infracional grave, uma estava com MBA em aberto, a outra estava apreendida por desacato e não se justificava, em tese, o algemamento.

O uso do transporte por meio de camburão é explicitado pelo Entrevistado 3, que alerta se tratar de circunstância excepcional, já repreendida por ele, mas prática que permanece ocorrendo:

> [...] *Entrevistado 3:* Se for analisar a letra estrita do ECA, a diferença é que eles não podem andar no camburão. *E tem caso em que andam, eu já verifiquei e já coloquei para frente alguma situação dessa, mas, no fundo, qual diferença vai fazer isso?* Se eles andassem em qualquer lugar que fosse, mas o tratamento fosse diferente, seria outra coisa. Essa é a única diferenciação: não pode andar no camburão! Tem que ser muito mais profundo esse tipo de diferenciação, tinha que ser uma abordagem diferente!
>
> [...]
>
> *Entrevistado 3: A única diferença é o camburão, quando a PM traz, o resto é a mesma coisa!*
>
> *Entrevistadora:* É, e mesmo assim, por exemplo: agora mesmo as meninas foram para o NAI, foram algemadas, descalças, dentro de um camburão.
>
> *Entrevistado 3:* Sim.
>
> *Entrevistadora:* Como é que vocês chamam a viatura?

---

[133] A regra é o transporte por meio de carro tipo Van, onde os adolescentes são acomodados algemados, com escolta policial. Mas no dia da visita a única viatura disponível na DCA era uma viatura tipo camburão e as meninas foram acomodadas algemadas no cubículo, parte destinada ao transporte de presos adultos localizada atrás do veículo.

Entrevistado 3: *É camburão mesmo! Eu nem vi como que elas foram.* [...]. (Grifou-se).

O repertório das práticas punitivas e rotinas de atuação policial reproduz-se no campo socioeducativo, configurando normalidade ao arbitrário e promovendo estruturas estruturadas que reiteram doxa socioeducativa eminentemente punitiva. Do ponto de vista de políticas públicas institucionais socioeducativas, nenhuma estratégia de superação da doxa punitiva foi verificada quanto à segurança e controle, tampouco para assegurar direitos e garantias positivados.

### 4.1.3 Direitos e garantias pouco articulados

A CF e o ECA, nos arts. 227 e 4º, respectivamente, determinam ser dever da família, da sociedade e do Estado assegurar ao adolescente, com absoluta prioridade, o direito à vida, à saúde, à alimentação, à educação, ao lazer, à profissionalização, à cultura, à dignidade, ao respeito, à liberdade e à convivência familiar e comunitária, além de colocá-los a salvo de toda forma de negligência, discriminação, exploração, violência, crueldade e opressão.

Devem ser observados os direitos assegurados ao adolescente privado de liberdade, em caráter provisório ou definitivo, na forma dos artigos 121 e seguintes do ECA, especialmente o de ser tratado com respeito e dignidade, garantindo a sua integridade física e mental. O Plano Nacional de Atendimento Socioeducativo, por sua vez, "é a expressão operacional dos marcos legais" (SDH, 2015, p. 6) nacionais e internacionais do atendimento socioeducativo e orienta planejamento e ações conjuntas no âmbito Federal, Estadual, Distrital, Municipal,[134] impondo a integração operacional dos órgãos do campo socioeducativo.

O diagnóstico situacional dos achados empíricos na DCA, no entanto, se distancia da previsão normativa e confirma práticas punitivas que naturalizam um modelo disciplinar imposto "ao outro", diferenciando o adolescente que comete ato infracional dos demais adolescentes, o que pode justificar a não implementação de políticas

[134] "Nos incisos I e II do art. 204, a Constituição Federal estabelece as diretrizes da descentralização e da participação da população, nas ações de Assistência Social. Aos Estados, Distrito Federal e Municípios cabe a execução da política socioeducativa no país, por intermédio de ações descentralizadas e cofinanciadas nos três níveis de poder e da articulação das políticas setoriais que compõe o Sistema de Garantia de Direitos" (SDH, 2015, p. 21).

de atendimento apropriadas ao campo socioeducativo, especialmente com relação à alimentação, saúde, visitas familiares, que não são priorizados e vistos como fatores geradores de despesas que podem ser economizadas, afinal, são adolescentes infratores.

Na DCA foram observados atendimentos relativos à alimentação, saúde, higiene e visitas dos familiares, além da segurança e estrutura física e de recursos humanos, já que educação e profissionalização não são direitos vivenciados naquela unidade de polícia.

São oferecidas duas alimentações em até 24 horas que o adolescente pode permanecer na DCA, relativas ao almoço e jantar, que são de responsabilidade da SUBSIS. Se não houver entrega pela SUBSIS, o adolescente não recebe alimentação, porém essa hipótese não foi ventilada pelos entrevistados, foi resultado de conversas exploratórias com outros servidores da polícia. A escassa oferta de alimentação é fundamentada pelo pouco tempo que o adolescente permanece na DCA, porém o argumento não convence e fere frontalmente a dignidade da pessoa humana, pois não se mostra razoável permanecer 24 horas custodiado com apenas duas refeições.

Ademais, no dia da visita, as marmitas estavam acondicionadas em cima de uma mesa, em local inapropriado para mantê-las em condições de higiene e segurança alimentar. Embora não tenha sido relatado nenhum caso de intoxicação alimentar, é perceptível a possibilidade de ocorrer a qualquer momento.

Quanto à qualidade das refeições, elas são consideradas como boas para um dos entrevistados, mas ruim para outro entrevistado, indicando contradição no discurso:

> *Entrevistadora:*[...] *Em relação à alimentação, o senhor acha que a alimentação que é oferecida é adequada?* Há queixa dessa alimentação? Já veio estragada?
>
> *Entrevistado 2: A princípio, é adequada. E também aqui...*
>
> *Entrevistadora:* Porque eu acho que teve uma mudança de empresa que fazia essa entrega.
>
> *Entrevistado 2: A empresa eu não sei se é a mesma, não. Isso daí não vou lhe falar com certeza, porque não sei. Mas aqui dentro, a princípio, nunca vi reclamação, não, porque também é um pouco transitório aqui.*
>
> *Entrevistadora:* Fica pouco tempo, né?
>
> *Entrevistado 2:* Fica pouco tempo.
>
> *Entrevistadora: Mas já teve menino que achou comida estragada?*
>
> *Entrevistado 2: Não, não, reclamação...*

*Entrevistadora: Nada disso?*

*Entrevistado 2: Nada disso, não.* (Grifou-se).

---

*Entrevistadora: [...] Aqui, existe alimentação destinada aos adolescentes?*

*Entrevistado 3: Tem. Eles têm, acho que duas vezes ao dia eles comem.*

*Entrevistadora:* Você já chegou a ver se a comida que é fornecida é uma comida razoável ou não?

*Entrevistado 3:* Olha, *a verdade é a seguinte: quando eu vejo, eu não queria comer não, porque não me atrai. Mas essa galera vem de uma situação tão mais precária que eles comem achando bom.* Não estou dizendo que isso é certo ou errado, mas estou lhe trazendo fatos frios. Mas não é uma coisa que dá vontade de comer. É bonitinha, é uma marmita normal! (Grifou-se).

Os entrevistados não souberam informar qual empresa presta o serviço de entrega das marmitas. A ausência de ações conjuntas para a execução de uma política socioeducativa foi detectada na questão da alimentação. Há ocasiões em que o adolescente pode ficar apreendido na DCA sem alimentação adequada, especialmente quando pernoitar na Delegacia e não for encaminhado pela manhã para o NAI. Nesses casos, só come se houver alimentação enviada pela SUBSIS no almoço:

*Entrevistadora:* Só voltando um pouquinho, quando eles ficam nessa sala de contenção, eles têm alimentação?

*Entrevistado 2:* Eles têm alimentação. A própria Subsecretaria do Sistema Socioeducativo tem como...

*Entrevistadora: A Subsis que manda?*

*Entrevistado 2: Que manda essa alimentação, manda duas vezes ao dia aqui, uma na hora do almoço e uma nesse horário agora, depois das 18h que fica para os adolescentes que estão à noite.*

*Entrevistadora:* De manhã, eles levam para o NAI...

*Entrevistado 2:* Não. *De manhã, se porventura ficar alguém apreendido aqui de manhã e ficar sem almoço e já foi a escolta, então, se tem, já recebe essa alimentação.* (Grifou-se).

Com relação ao aspecto emocional, os adolescentes que não são liberados para a família no mesmo dia, pois a natureza do ato infracional ou um MBA em aberto impossibilitam, não podem receber visitas da família, aumentando o abismo que existe nas relações entre a família e o adolescente apreendido:

> *Entrevistadora:* É feito contato com a família?
>
> *Entrevistado 1:* É feito contato com a família para informar que ele foi detido, que está aqui apreendido, na verdade.
>
> *Entrevistadora: E a família pode vir visitar?*
>
> *Entrevistado 1: Não, não. Se tiver um bem para entregar, a família vem e entrega, e é até por um período, é uma questão de segurança, então a família vai ter contato com ele só amanhã lá.* Grifou-se.

A saúde foi outro aspecto observado na pesquisa. No ato da apreensão em flagrante, foi dito que o adolescente é encaminhado primeiro à unidade de saúde se houver necessidade:

> *Entrevistado 1:* [...] Por exemplo: *se for um menor que está lesionado: hospital primeiro; leva para o hospital, fez o curativo, traz, e aí procedemos. O menor que, na hora, foi agredido ou levou um tiro, tem que hospitalizar: é feito todo o procedimento pelo hospital, e a escolta fica com ele até ele ser liberado lá, primeiro da Polícia Civil, depois do NAI* [...]. (Grifou-se).

Porém em caso de pequenas escoriações, não se privilegia o atendimento médico. Por meio da observação participativa acompanhou-se a lavratura de auto de apreensão de um adolescente apreendido por prática de atos análogos ao furto de uma bicicleta, à ameaça de morte da vítima e à resistência. O adolescente chegou à DCA algemado, foi conduzido para uma sala de espera onde permaneceu algemado junto a um banco de ferro. Quando cheguei e notei o algemamento, solicitei para fotografar o ambiente sem identificar o adolescente e não foi permitido. Um clima de constrangimento se instaurou, já que o entrevistado acabara de realizar entrevista em que o discurso empregado foi contrário à prática presenciada: o algemamento era regra, e não exceção.

Após, o adolescente foi ouvido pelo agente de polícia nesse mesmo banco, tendo relatado ter sofrido agressões das vítimas e se machucado. Apesar disso, não houve sinalização para responsabilização dos agressores, tampouco para atendimento médico básico. A DCA não possui medicamentos simples, tampouco equipe de saúde para ministrá-los.

Os adolescentes são submetidos ao instituto de criminalística para exame de corpo de delito antes de serem encaminhados ao NAI, que só os recebem com o resultado do exame, a fim de evitar responsabilização por eventual violência que possa ter sido praticada em desfavor do adolescente.

Relativamente à higiene, o ambiente estava limpo e iluminado. Mas, no dia da visita, algo inusitado: uma das adolescentes apreendidas gritou pedindo um absorvente íntimo. Na ocasião perguntei se a DCA fornecia e o Entrevistado 2 afirmou que as próprias agentes doam às meninas que necessitam. Não há compra desse tipo de material para a DCA, em que pese receber adolescentes do gênero feminino.

As dinâmicas internas da polícia demonstram a necessidade de formulação de polícias públicas socioeducativas mais articuladas que observem as exigências legais, mas principalmente transformem as práticas, com produção de *habitus* menos punitivo e mais consciente das características, direitos e garantias do público atendido pela DCA, inclusive o feminino.

O quadro a seguir correlaciona as categorias teóricas escolhidas nesta pesquisa com os achados empíricos:

Quadro 5 – Achados empíricos no campo da segurança pública especializada - DCA

| Subeixos de pesquisa | Previsão normativa | Dados coletados |
|---|---|---|
| **Estrutura e Procedimento** | Art. 46 do Decreto nº 30.490/2009, art. 170 do ECA, Diretrizes do Plano Nacional de Atendimento Socioeducativo (SDH, 2013) | Reprodução do modelo policial comum adotado pelo DF: mesmo padrão arquitetônico de atendimento inicial, sala de contenção, bancos de ferro com suporte para algemamento e celas com grades. Local não comporta lugar para que o maior de 18 anos que pratique ato infracional em co-autoria com adolescente, possar aguardar trâmites burocráticos, de modo a deixá-lo no chão. Noutro giro, percebeu-se a existência de uma sala com brinquedos utilizada para oitivas especiais com crianças. |
| **Capacitação** | Diretrizes do Plano Nacional de Atendimento Socioeducativo (SDH, 2013) | Ausência de capacitação específica para os servidores da Polícia Civil que atuam junto à DCA, porém percebeu-se o reconhecimento de alguns atores para necessidade de qualificação dos profissionais e oferecimento de tratamento mais humano ao adolescente apreendido. |
| **Segurança** | Art. 125 do ECA, Súmula Vinculante 11 do STF, Diretrizes do Plano Nacional de Atendimento Socioeducativo (SDH, 2013) | As rotinas da DCA são semelhantes àquelas produzidas nas delegacias polícias dos adultos: os adolescentes permanecem em celas, são algemados independente do gênero ou ato infracional praticado para transitar na Delegacia; a interação entre os policiais civis é marcada por termos técnicos codificados que se assemelham àqueles implementados aos adultos que cometeram crimes; os adolescentes ficam descalços, andam com as mãos para trás, cabeça baixa e ainda se utiliza, esporadicamente, o camburão para transporte de adolescentes. |
| **Alimentação** | Art. 227 da CF e arts. 4º e 121 e seguintes do ECA, Diretrizes do Plano Nacional de Atendimento Socioeducativo (SDH, 2013) | São oferecidas somente duas alimentações em até 24 horas que o adolescente pode permanecer na DCA, relativas ao almoço e jantar, que são de responsabilidade da SUBSIS. Não foi visualizado local próprio para armazenar a comida. Quanto à qualidade da alimentação, houve divergências entre os entrevistados, uns acham que é boa, outros que é ruim. |
| **Saúde** | Art. 227 da CF, Art. 4º e 121 e seguintes do ECA, Diretrizes do Plano Nacional de Atendimento Socioeducativo (SDH, 2013) | Quando apreendidos, os adolescentes recebem atendimento médico na unidade de saúde, se necessário. Fazem exame de corpo de delito antes de serem encaminhados para o NAI. No que toca ao aspecto emocional, não podem receber visitas familiares. Não há absorventes íntimos para as meninas, são as agentes de polícia que providenciam. |
| **Educação** | não aplicável | |
| **Profissionalização** | não aplicável | |

Fonte: autoria própria

<table>
<tr><th></th><th>Doxa hegemônica</th><th>Doxa heterogênica</th><th>Natureza do habitus</th><th>Intersetorialidade</th></tr>
<tr><td rowspan="5"></td><td rowspan="5">Consenso Punitivo que aceita práticas punitivas como evidentes e as naturalizam, reproduzindo ordem existente e considerando normal o anômalo.</td><td rowspan="5">Contrasta a doxa hegemônica: entende ser necessário aproximar os padrões de condutas dos atores do campo socioeducativo às normas específicas e especiais de responsabilização do adolescente em conflito com a lei. Não concordam com uso de violência simbólica.</td><td rowspan="5">Prevalência da herança punitiva na reprodução de práticas não conscientes no Direito Penal ao campo socioeducativo.</td><td>Não compartilhamento de dados com Campo da Justiça e Órgãos de Execuções.</td></tr>
<tr><td>A Polícia Civil já ministrou cursos para os agentes da SUBSIS, mas não recebeu capacitação específica para atuar com adolescentes em conflito com a lei.</td></tr>
<tr><td>Há articulação e planejamento de atendimento quanto à responsabilidade pela segurança do adolescente. A Polícia Civil é responsável pela custódia até o encaminhamento ao NAI. Após a SUBSIS se torna responsável pelo adolescentes.</td></tr>
<tr><td>Os entrevistados não sabem qual a empresa responsável pela alimentação e atribuem essa responsabilidade à SUBSIS.</td></tr>
<tr><td>Em caso de necessidade, os adolescentes apreendidos em flagrante são encaminhados para a rede pública. Pequenas escoriações são ignoradas. Não há medicamentos básicos na Delegacia, tampouco profissional da saúde destacado para atuar na DCA.</td></tr>
<tr><td colspan="5"></td></tr>
<tr><td colspan="5"></td></tr>
</table>

A conclusão pode ser estendida para o campo da justiça juvenil e órgãos de execuções de medidas, conforme se passa a expor.

## 4.2 Campo de justiça juvenil

As políticas de atendimento dos direitos do adolescente em conflito com a lei devem ser realizadas a partir de um conjunto articulado de ações governamentais e não governamentais, por meio de integração operacional de órgãos do Judiciário, Ministério Público, Defensoria e Conselho Tutelar, especialmente no atendimento inicial ao adolescente a quem se atribua autoria de ato infracional, nos termos dos art. 86 e 88, inciso V, do ECA.

As experiências vivenciadas durante a pesquisa confirmaram a hipótese de que o campo da justiça também reproduz práticas penais no campo socioeducativo, atribuindo maior ênfase à punição, assim como está repleto de falhas intersetoriais que dificultam a governança do campo socioeducativo. Não se quer demonstrar que o campo da justiça não detém boas práticas socioeducativas, mas que suas práticas mascaram face sombria que promove o distanciamento entre o que dispõe a lei, a realidade e os discursos empregados.

### 4.2.1 A atuação limitada da Defensoria Pública

A Defensoria pública é, de acordo com o texto constitucional pátrio, instituição essencial à função jurisdicional do Estado, que promove a defesa de todos os necessitados de forma integral e gratuita, além de assegurar a eles o acesso à justiça, nos termos do art. 134 da Constituição Federal[135] e art. 141 do ECA. No âmbito do Distrito Federal, a Lei Complementar nº 80, de 12 de janeiro de 1994, alterada pela Lei Complementar nº 132, de 7 de outubro de 2009, organiza a Defensoria Pública local e prescreve normas gerais para sua organização e funcionamento, entre as quais o art. 4º, incisos XI e XVII, que preveem como função da Defensoria a defesa dos interesses individuais e coletivos da criança e do adolescente como grupos sociais vulneráveis que merecem proteção especial do Estado e a atuação nos estabelecimentos de internação de adolescentes, para assegurar o exercício pleno dos direitos e garantias fundamentais dos que estão segregados.

---

[135] Cf. texto completo do art. 134 da CF.

A atuação da Defensoria Pública do DF deveria abranger, ainda, a participação no Comitê Gestor do Sistema Socioeducativo do Distrito Federal, com o objetivo de planejar e executar ações intersetoriais concernentes ao Sistema Socioeducativo do Distrito Federal, conforme art. 2º, inciso XI, do Decreto nº 37.124, de 17 de fevereiro de 2016. Infelizmente, o Comitê Gestor não estava, até 2019, realizando reuniões, porém percebeu-se engajamento interno da SUBSIS, por meio de elaboração de projeto básico, exposição de motivos e minuta de novo decreto, para restabelecê-lo com a estrutura orgânica atual do GDF. As informações são de que o referido projeto está em fase de trâmites internos na SEJUS, com perspectiva de ser encaminhado à Casa Civil em breve (HOTT, 2019).

A Defensoria local dividiu-se em núcleos no intuito de assegurar atuação especializada a partir dos conhecimentos exigidos e para atender à existência de varas judiciais especializadas. No caso das crianças e dos adolescentes, a Defensoria dividiu-se no Núcleo de Assistência Jurídica da Infância e da Juventude, no Núcleo de Assistência Jurídica Integrado da Infância e da Juventude e no Núcleo de Assistência Jurídica de Execução de Medidas Socioeducativas.[136]

A pesquisa somente analisou as práticas do último Núcleo, de execuções de medidas socioeducativas, em razão do objeto pesquisado, qual seja, a intersetorialidade da Administração da Justiça Juvenil nas medidas de internação do DF, a partir de entrevista com um dos cinco Defensores do Núcleo, assim como utilização de observação participativa nos atendimentos prestados junto ao NAI com as advogadas colaboradoras da Defensoria e do Defensor destacado para atuar nas audiências de apresentação.

No DF, há sete Defensorias de Execuções de Medidas Socioeducativas com atuação junto à Vara de Execução de medidas socioeducativas, conforme anexo único da Resolução nº 208, de 4 de outubro de 2019, do Conselho Superior da Defensoria Pública do Distrito Federal (DPDFT, 2019). No entanto, à época da visita, em março de 2019, eram apenas cinco Defensorias de Execuções de Medias Socioeducativas, conforme informações do Entrevistado 25:

> *Entrevistado 25*: Em nosso Núcleo são cinco defensores, e cuidamos de praticamente 100% das execuções de medidas socioeducativas do DF. São raríssimos os processos em que você tem advogado. Às vezes, *na*

[136] Para mais informações sugere-se visita ao sítio eletrônico da Defensoria Pública do DF.

*fase de conhecimento você até tem mais processos que têm advogados, mas, na fase da execução, que é onde nós atuamos especificamente, praticamente não há advogados particulares atuando.*

No nosso Núcleo, nós giramos em torno de 2.000, 2.100, 2.200, 2.300 processos, mais de 2.000 processos/mês, divididos entre processos de internação, semiliberdade, liberdade assistida e prestação de serviços à comunidade, ainda por meio físico, processos físicos. Parece-me que, em setembro, o TJ vai implantar o processo eletrônico na Vara de Execução de Medidas. (Grifou-se).

Assim como na Segurança Pública o foco da pesquisa foi nas particularidades qualitativas do atendimento da Defensoria, com o objetivo de revelar, por meio das práticas observadas empiricamente, se o jogo simbólico punitivo permeia o atendimento socioeducativo, inclusive no tocante à defesa técnica, a partir dos subeixos da capacitação, segurança, alimentação, saúde, educação, profissionalização e estrutura. (SECRIA, 2016, p. 18).

Em relação à estrutura física e de pessoal, os achados empíricos são reveladores e contrariam em parte a hipótese de pesquisa, pois a escolha do prédio que comportaria a Defensoria Pública levou em consideração a acessibilidade dos seus usuários, numa perspectiva de garantia de acesso. O Núcleo de Assistência Jurídica de Execução de Medidas Socioeducativas está localizado em local de fácil acesso à população que a procura, próximo à maior Rodoviária do DF, no Setor Comercial Norte, e ao Hospital Regional da Asa Norte. Cada Defensor possui uma sala de trabalho, que, embora pequena, proporciona privacidade e concentração para o exercício de suas funções constitucionais. A atuação centralizada dos Núcleos de Assistência Jurídica Especializada, a partir da exigência dos conhecimentos especializados e para atuação em varas judiciais especializadas, como a VEMSE, possibilita vazão rápida aos processos, consoante verbalizou o Entrevistado 25:

*Entrevistado 25: Aqui, um ponto positivo é termos um núcleo e defensores voltados especificamente para esse trabalho. É bem interessante. E, paralelamente, ao trabalho processual, nós procuramos fazer um trabalho extraprocessual.* Por exemplo, aqui na Defensoria, nós ofertamos estágio para os meninos de liberdade assistida e ofertamos vagas de prestação de serviços à comunidade, para eles cumprirem aqui. Tem até um termo que está para ser assinado, está na Subsecretaria da Infância, para eles cumprirem essa prestação de serviços à comunidade aqui, na modalidade de frequência ao nosso curso "Conhecer Direito", que é um curso de noções de direito e cidadania [...] Prosseguindo: quando a Vemse começou, existia um acervo acho que de 11.000 processos, ou 13.000 processos, não lembro. Hoje, ela está com mais de 8.000 processos, ou por volta de 8.000 processos. Então, ela fez uma depuração na quantidade de processos e tornou a execução, o giro dos processos de execução mais rápidos, além do que é uma vara especializada, então você tem a expertise da especialização no caso. Então, foi muito importante a criação da VEMSE. E, da mesma forma, as promotorias especializadas. Aliás, você tem a Promotoria de Justiça da Infância e Juventude. Agora, dentro dela você tem promotores que atuam no cível, na fase de conhecimento e na fase de execução. Então, isso é uma coisa interessante. Aqui na Defensoria, temos um núcleo que chamamos de Núcleo da Infracional, que é um Núcleo da Infância e Juventude que atua na fase de conhecimento, e o Núcleo de Execução de Medidas, que atua exclusivamente com execução de medidas [...]. (Grifou-se).

Ademais, a nova estrutura eletrônica implantada na Defensoria possibilita maior agilidade na tramitação de documentos internos e transmissão de dados com outras instituições:

*Entrevistado 25:* [...] É uma coisa interessante, porque, *com a implantação do SEI,* que é um protocolo interno de transmissão de dados em todos os órgãos do GDF e o qual nós usamos, *diminuiu muito a movimentação de ofícios e memorandos físicos.* (Grifou-se).

Ocorre que a agilidade procedimental não pode ser confundida com qualidade de prestação de serviços técnicos de defesa, que somente será alcançada se houver investimento em capacitação que fomente práticas de excelência individualizadas na perspectiva da proteção integral e não de "modelão" que alcance toda a clientela da Defensoria. Quanto à capacitação, foi informado que não há curso de capacitação para os defensores, mas uma ambientação com ensinamentos de defesa técnica de adolescentes em conflito com a lei, que ocorre após a posse no concurso público, e parte dos servidores também passa por cursos de ambientação internos, após a posse no cargo:

*Entrevistadora: Enquanto defensores, vocês fazem capacitação?* Como é a escolha do defensor para trabalhar no Núcleo de Medidas Socioeducativas? Ela é voluntária ou existe algum tipo de seleção, ou quando entra na Defensoria Pública tem uma capacitação mais geral? Para trabalhar com os adolescentes em conflito com a lei tem alguma capacitação específica ou não é necessário?

*Entrevistado 25: Quando os defensores são nomeados, é feito um curso de ambientação, no qual é dada uma aula sobre cada um dos nossos núcleos*

> *temáticos:* Núcleo da Mulher, do Idoso, Núcleo da Saúde, Núcleo de Medidas Socioeducativas, da Infância e Juventude. Eu acho que já dei umas duas aulas, vamos chamar assim, em que nós trabalhamos com eles aspectos não processuais, porque acabaram de passar no concurso, então estão carecas de saber, em tese – porque a execução de medidas é muito específica.
>
> *Entrevistadora:* É por isso que pergunto se tem alguma capacitação, porque tem muita gente que entra no Sistema Socioeducativo com a mentalidade do Sistema Penal comum, e sabemos que há muitas especificidades e exige uma habilidade maior no trato com o adolescente. Então, não sei se vocês têm isso quando...
>
> *Entrevistado 25:* Não. Tem essa aula, uma aula em que se fala isso que estamos conversando: um pouco sobre como funciona o processo, essa parte da estrutura do Sistema Socioeducativo. *Agora, não há uma capacitação mais elaborada.*
>
> Aí o que existe é quando o defensor vem aqui para o Núcleo. Isso é feito por concurso de remoção [...] *E nós pegamos o trabalho no dia a dia mesmo.*
>
> *Entrevistadora: Os servidores também e os estagiários passam por alguma capacitação nesse tipo de disciplina, ou não?*
>
> *Entrevistado 25:* Para os estagiários de nível superior tem também um curso de capacitação, em que eu já dei uma aula para eles também sobre o Núcleo daqui.
>
> *Entrevistadora: Os servidores também, não?*
>
> *Entrevistado 25: Os nossos servidores aqui do Núcleo são poucos, pouquíssimos, são cinco, e ou vieram do carreirão do GDF.* Aqui, quando a Defensoria começou, a parte administrativa era composta de servidores do GDF. Quando a Defensoria foi criada, na verdade, porque a Defensoria começou não como Defensoria, mas sim como Centro de Assistência Judiciária Gratuita. Era o Ceajur. Uma estrutura do Executivo, da Secretaria de Justiça, nem sei. Aí se criou a Defensoria Pública, em 2013, e aí os servidores do GDF que já estavam na Defensoria continuaram. Mas são servidores do GDF e não receberam nenhum tipo de capacitação para trabalhar aqui no Núcleo. O que nós temos, em termos de maior capacitação, são os nossos analistas, que passaram por um difícil concurso também. Não lembro se eu dei aula para os analistas, que também tiveram um curso de ambientação aqui na Defensoria. Agora eu não me recordo se eu dei aula para eles ou não. Mas também o aprendizado maior é o dia a dia, a partir do momento em que chega aqui no Núcleo. (Grifou-se).

A inexistência de treinamento para os profissionais que atuam em nome da Defensoria provoca a sensação de fragilidade na defesa técnica produzida porque a atuação deve ser diferenciada e dissociada do Direito Penal puro.

A defesa proporcionada junto ao NAI (ou NAIJUD) não é acessível a todos os adolescentes de forma uniforme. Em relação aos flagrantes ocorridos de segunda a sexta, existe defesa técnica realizada por meio de colaboradoras que, embora advogadas por formação acadêmica, não foram selecionadas por meio de concurso público e não receberam treinamento satisfatório para atuar no âmbito da justiça juvenil. As observações empíricas do atendimento permitiram presenciar, inclusive, o algemamento de todos os adolescentes que se entrevistaram com as colaboradoras da Defensoria, naturalizando prática punitiva sem qualquer fundamento concreto que justificasse o uso das algemas. Ao final das entrevistas com os adolescentes, ao serem questionadas sobre o atendimento prestado, houve divergência nas falas, uma colaboradora concordando que o uso das algemas poderia ser repensado, enquanto a outra colaboradora defendia o uso das algemas em todas as hipóteses.

Notou-se, ainda, ausência de defesa técnica nos plantões do NUPLA.[137] A entrevista confirmou a inexistência de defesa técnica aos finais de semana:

> *Entrevistadora: A atuação de plantão de vocês: existe a atuação no plantão no NAI, no NUPLA?*
>
> *Entrevistado 25: Não. Como nós atuamos só execução de medidas,* quando...
>
> *Entrevistadora:* Quando o adolescente é apreendido em final de semana, feriado, tem defensor público disponível para ele?
>
> *Entrevistado 25:* Deixe-me ver. Existia um problema que a Defensoria não estava atendendo no plantão. Era um problema, porque *o nosso núcleo do plantão não tem perna para atender meninos apreendidos no final de semana.*
>
> *Entrevistadora: Não tem pessoas?*
>
> *Entrevistado 25: Não tem.*
>
> *Entrevistadora: Não tem defensor.*
>
> *Entrevistado 25: Não tem defensor disponível para poder atuar no plantão.*
>
> *Entrevistadora:* E essa situação já foi regularizada ou ainda não?
>
> *Entrevistado 25:* Até onde eu sei, não. Não sei dizer.
>
> *Entrevistadora:* Daí se o adolescente ficar apreendido no final de semana, ele aguarda, durante a semana, o defensor, tem defensor disponível?

---

[137] "Pela atual estrutura do Poder Judiciário, ao Núcleo de Apoio ao Atendimento Integrado Judicial ao Adolescente em Conflito com a Lei – NAIJUD compete a apreciação dos processos dos adolescentes apreendidos em flagrante em dias úteis, ao passo que nos dias não úteis (finais de semana e feriados) a apreciação cabe ao Núcleo Permanente de Plantão – NUPLA" (SECRIA, 2018d).

> *Entrevistado 25:* Isso. Durante a semana sim, que é do NAI. Agora, defensor do plantão nosso, até onde eu sei, posso estar enganado, ele não atua nos finais de semana, à noite. É só no NAI. O atendimento é feito no NAI e, depois, é feito na Vara da Infância e na Regional de Samambaia. (Grifou-se).

Assim, os adolescentes apreendidos em flagrante nos finais de semana não contam com equipe de advogados ou Defensores, causando prejuízo à ampla defesa. Tanto é assim que pesquisas indicam que as decisões de internação provisória são mais recorrentes no NUPLA, fato que pode ocorrer devido à falha na defesa do adolescente apreendido:

Gráfico 2 - Proporção de internação provisória nas decisões do Judiciário no NAIJUD e no NUPLA

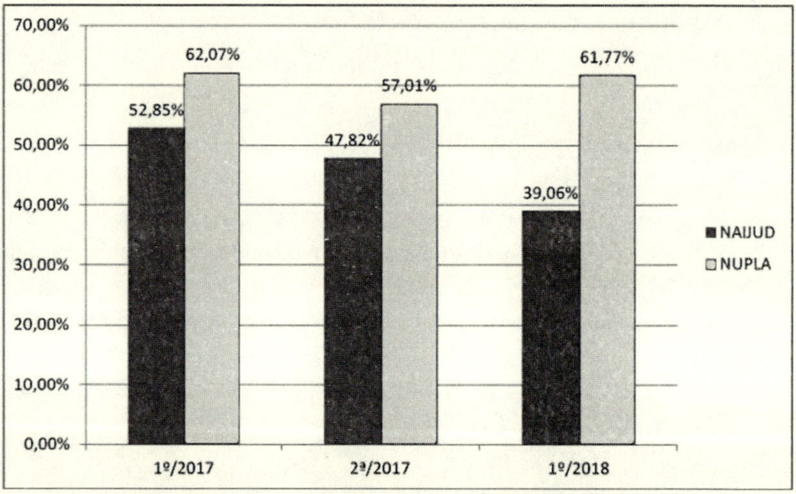


Fonte: SECRIA, 2018d.

Do mesmo modo são os dados do Anuário do NAI de 2017/2018 (SECRIA, 2018a), onde são proferidas 51% de internações provisórias pelo NAIJUD e 60% pelo NUPLA.

Outra constatação empírica é que os atendimentos iniciais realizados no NAI desobedecem de forma bastante usual à ordem lógica que garante a ampla defesa e o contraditório. É comum o adolescente ser levado primeiro para o promotor de justiça, sem que seja orientado pelas colaboradoras da Defensoria, o que certamente causa prejuízo à sua defesa.

Persiste o descomprometimento com a advocacia *in loco,* tanto no NUPLA quanto nas unidades de internação, evidenciando *habitus* punitivos que remetem à ideia da inquisição. Na prática, o adolescente submetido à medida socioeducativa de internação não conta com assistência jurídica nas unidades de internação, pois a Defensoria só se desloca às unidades a cada dois meses. A Defensoria entende que essa atribuição é do Ministério Público e do Judiciário e aguarda a criação de Defensorias de Atendimento pelo Conselho Superior da Defensoria Pública para que possa atuar de forma mais presente junto às unidades de internação. O Entrevistado 25 entende, contudo, como importantes as visitas:

> *Entrevistado 25* Paralelamente ao trabalho processual (processo, audiência), *nós fazemos atendimento aos jovens das unidades de internação a cada dois meses. Cada jovem é visitado por um representante da Defensoria, a cada dois meses, em média,* para ser informado sobre a situação processual e indagado sobre alguma dúvida, algum pedido, alguma dificuldade que, porventura, esteja tendo dentro da unidade.
>
> *[...]*
>
> *Entrevistadora: Vocês fazem visitas às unidades?*
>
> *Entrevistado 25: Visitas às unidades: começamos a fazer e paramos,* porque nós estamos aguardando um processo, no Conselho Superior, de criação de Defensorias de Atendimento, para podermos formalizar direitinho essas atribuições do defensor.
>
> *Entrevistadora:* Conselho Superior aqui da Defensoria?
>
> *Entrevistado 25:* Aqui da Defensoria. Essa parte do atendimento nas unidades, inspeções, *porque a atribuição legal não é nossa, mas eu acho que tem tudo a ver com o nosso trabalho, então, nós temos que fazer.* (Grifou-se).

Há, portanto, defesa técnica deficiente nas unidades de internação. Constatou-se que os adolescentes silenciam suas inquietações e acabam questionando sobre sua situação processual ao Ministério Público quando das suas inspeções, desvirtuando o papel ministerial. No que se relacionam à saúde, as demandas mais urgentes são requeridas pela própria gestão das Unidades, como o caso de um jovem, maior de 18 anos, em estado grave de saúde mental, que apresentou crise psicótica no exato momento em que visitei a UNIRE, acompanhando uma das inspeções ministeriais do primeiro semestre de 2019. Ele se debatia, gritava e apresentava risco para si e para as outras pessoas ao seu redor. Foi contido pelos agentes socioeducativos, algemado e isolado em uma cela na enfermaria da unidade. Sua força era tanta que, mesmo algemado e deitado na maca, conseguia movê-la.

Na ocasião, a enfermeira relatou tê-lo direcionado inúmeras vezes para hospital psiquiátrico, mas em pouco tempo ele ganhava alta médica e retornava para a unidade. A administração da UNIRE informou que já havia solicitado a suspensão de sua medida para a Defensoria, pois ele necessitava de atendimento médico e a unidade não tinha estrutura para acomodá-lo. No entanto, passados mais de 30 dias da solicitação, foi o Ministério Público, que estava presente na Unidade no momento da crise, e não a Defensoria Pública, que fez contato imediato com a VEMSE e despachou o processo no mesmo dia, solucionando a questão.

Ainda quanto à saúde, nas visitas às unidades foi possível constatar ambiente insalubre, com alta taxa de doenças de pele, em razão da grande quantidade de tempo em que os adolescentes ficam segregados. A média para aqueles adolescentes que somente frequentam a escola e não participam de nenhum programa de aprendizagem ou oficina, diga-se, maioria, é de 20 horas dentro do quarto tipo cela. As outras 4 horas são divididas entre escola e banho de sol. Não foi relatada nenhuma ação promovida pela Defensoria para alterar essa situação, que, para além de promover ociosidade e não contribuir para a inserção de novos valores positivos para a vida dos adolescentes, ainda torna o ambiente insalubre, com proliferação de doenças, inclusive mentais.

Do mesmo modo, não há acompanhamento da Defensoria nos procedimentos disciplinares instaurados e julgados dentro das unidades de internação, quando há ocorrência de falta disciplinar praticada pelo adolescente. Àqueles que incidem em falta disciplinar são aplicadas diversas sanções sem a presença de defesa técnica. A reprodução de doxas punitivas usualmente incorporadas ficou evidente nas práticas dos procedimentos disciplinares.

Um ponto crítico que sedimenta a prática punitiva no campo socioeducativo é a ausência de coesão e de integração entre as instituições fiscalizadoras e a própria Defensoria, que poderia atuar com maior rapidez se houvesse fortificação intersetorial, a partir da divulgação dos achados das inspeções entre as instituições que compõem o campo socioeducativo. O consenso sobre o exercício do poder simbólico punitivo parece naturalizar práticas autônomas, como se cada instituição perdesse capital simbólico ao submeter seus achados à outra. Na realidade, a pesquisa empírica indica a existência de lutas simbólicas, principalmente políticas, entre as instituições. As múltiplas funções desempenhadas por diferentes órgãos ou instituições empregam resistência quanto a interferências externas, conforme trechos dos relatos selecionados:

> *Entrevistado 25:* [...] *A Defensoria tinha uma cadeira no CDCA como integrante, como representante do governo, mas, a partir do momento em que adquirimos a autonomia administrativa, nós deixamos de participar como representantes do governo e passamos a participar como observadores, ouvintes.*
>
> [...]
>
> *Entrevistado 25:* De vez em quando vai, de vez em quando o CDCA vai. No CDCA tem uma situação interessante, porque eu já fui a nem sei mais quantas reuniões no CDCA e já *pedi para o meu e-mail ser incluído na Comissão de Medidas Socioeducativas, do Conselho, porque tem tudo a ver com o meu Núcleo. Isso eu já pedi várias vezes e até hoje eu não fui incluído.*
>
> *Entrevistadora:* Porque eles fazem relatório.
>
> *Entrevistado 25:* Exato. E não fui incluído.
>
> *Entrevistadora:* Ainda não recebeu esses relatórios?
>
> *Entrevistado 25:* É, ainda não consegui ser incluído. [...] Vou ver se agora eu consigo. Tenho conversado isso com mais afinco lá, porque acho que nós não podemos ficar de fora desses trabalhos da Comissão, ainda que não tenhamos cadeira no CDCA, mas, como defensores que conversam diretamente com os jovens, que estamos na ponta, nós temos muita informação a transmitir ao Conselho.
>
> *Entrevistadora:* Juntos são mais fortes, né?
>
> *Entrevistado 25:* Sim. Grifou-se.

A interrupção de políticas de atendimento que geram resultados positivos é outra falha que merece atenção:

> *Entrevistadora:* [...] Mas se o senhor pudesse elencar soluções factíveis, se o senhor fosse gestor do Sistema, como é que o senhor construiria um Sistema Socioeducativo mais adequado? *Quais são as soluções, em termos de políticas públicas, que o senhor adotaria?*
>
> *Entrevistado 25:* A mais importante de todas, sem pensar duas vezes: *que fosse feita política de Estado, e não política de governo, porque eu estou cansado de ver um governo entrar e querer reinventar a roda e parar com as coisas boas que estavam sendo desenvolvidas no governo anterior. Aí, na hora em que ele começa a engrenar nas coisas boas dele, vem outro governo que vai desfazer todo o trabalho feito e assim sucessivamente, e acaba que muito esforço, energia, recurso público é despendido para pouco resultado, ou pelo menos para um resultado que poderia ser muito melhor se houvesse continuidade das políticas públicas.*

*Entrevistadora: Essa questão de mudar também a Secretaria, uma hora é Secretaria da Criança, outra hora é Subsecretaria, agora essa questão de medidas socioeducativas está na Secretaria de Justiça. Isso, em nível operacional, prejudica o Sistema, o senhor não acha?*

*Entrevistado 25:* Totalmente. Eu não tenho dúvida disso. Acho que é o ponto número um.

[...]

*Entrevistado 25:* [...] Todos eles costumam se queixar muito de falta de oportunidades. E isso não é só no Sistema, é ao longo da vida.

Eu já peguei caso aqui de menino que ingressou no Sistema Socioeducativo porque a mãe tinha que trabalhar o dia todo, ele vem de família com núcleo unifamiliar, ele, a mãe e dois irmãos mais novos. A mãe tinha que trabalhar o dia todo e o deixava para poder cuidar dos irmãos mais novos. Aí, em algum momento, numa comunidade degradada, vamos dizer assim, ele saiu de casa e, ao invés de se deparar com um exemplo positivo que podia trazer uma boa coisa para ele, ele topa com o traficante da esquina, que é o cara que faz dinheiro fácil, que tem a roupa da moda, um carro bacana, é um cara que está em evidência, em festas. É uma coisa sedutora. E aí esse menino entrou, se deixou levar e entrou para a seara de ato infracional. Agora, se esse menino tivesse uma escola em tempo integral, se os irmãos dele tivessem creche no horário integral, de qualidade?

*Entrevistadora:* Sim, você tem razão. Ele não teria tido tempo para se encontrar com esse...

*Entrevistado 25:* Exatamente. (Grifou-se).

Quanto à profissionalização dos adolescentes internados, a Defensoria confirmou parceria com outras instituições para promover aprendizagem nas unidades de internação. Atualmente há presença do SENAI e do SENAC em algumas unidades de internação, fato positivo para o meio socioeducativo. Porém não há vagas para todos os adolescentes internados, o processo de seleção representa desigualdade e promove injustiças, porque depende da existência de documentação, que nem todos os adolescentes possuem, assim como privilegia o adolescente recém-chegado à unidade, pois ele ficará, em tese, mais tempo e poderá terminar o curso com maior chance de êxito, conforme narrativa a seguir:

*Entrevistado 25:* [...] Extraprocessualmente, também temos uma parceria com o Ministério Público do Trabalho, com a Vara de Execução, com o MPDFT. Temos uma parceria capitaneada pelo Ministério Público do Trabalho para poder oferecer cursos profissionalizantes para esses meninos nas unidades. *Aliás, não é curso profissionalizante, é fornecer aprendizagem para meninos de unidades de internação. É diferente. Na aprendizagem, ele é empregado, com carteira assinada, de uma empresa, e ele é capacitado, no caso, pelo SENAI, nas unidades de internação, durante dez meses e, no final, ou quando ele sair, podendo ser contratado pela empresa ou, quando nada, vai ter um curso de formação exemplar dado pelo SENAI e que vai qualificá-lo para o mercado de trabalho.*

*Entrevistadora: Todos os adolescentes têm acesso a esses cursos?*

*Entrevistado 25: Não, poucos.* A ideia é expandir. Por enquanto, as primeiras turmas ainda não se formaram. Tem três turmas em curso: uma em Santa Maria e duas no Recanto das Emas [...].

*Entrevistadora: Como que se selecionam esses adolescentes para esses cursos?*

*Entrevistado 25: O tempo que resta de cumprimento de medida, porque o ideal é que ele fique na unidade esse tempo todo, porque se ele já está quase saindo da unidade ele não vai ter interesse em fazer o curso mais.* O fato de ele ter os documentos obrigatórios pelo SENAI, que é alistamento militar, alistamento eleitoral, tem que ter essas coisas, porque, pelo fato de o SENAI ser do Sistema S, tem caráter paraestatal.

*Entrevistadora: Quem não tem fica fora.*

*Entrevistado 25: Exato.* (Grifou-se).

Essa lógica proporciona desilusão ao adolescente com mais tempo de medida socioeducativa, que está teoricamente mais próximo de sair definitivamente, pois não lhe foi oportunizada capacitação para o mercado de trabalho. O que é proporcionado com quantidade de vagas maior nas unidades de internação são algumas oficinas, mas ainda assim não existem vagas para todos e não são políticas coordenadas pela SUBSIS:

*Entrevistadora: [...] Quais outras políticas públicas, no Sistema de Internação, que o senhor tem conhecimento?*

*Entrevistado 25: São as oficinas, mas...*

*Entrevistadora: Mas não tem vaga para todo mundo*

*Entrevistado 25: Não tem vaga para todo mundo, e cada unidade faz conforme a boa vontade do gestor de plantão.*

*Entrevistadora:* Não é algo que vem de cima, da Secretaria.

*Entrevistado 25:* Eventualmente pode até ser. Mas eu vejo muito voluntarismo de servidores, para poder fazer as coisas acontecerem. Agora, falta aquela coisa bem dimensionada, bem estruturada, para ter um resultado mais eficiente. E aí você esbarra na parte da falta de servidores, de estrutura. (Grifou-se).

Em que pese notar avanços, ainda não existe um acompanhamento de egressos, aspecto fundamental, na perspectiva da Defensoria, para que se reduzam as práticas de atos infracionais:

> *Entrevistado 25:* Porque não tem público, porque esse público não chegou ao Sistema. Não podemos deixar esse público chegar ao Sistema, porque depois que chega ao Sistema, é como eu disse, você poderia investir o dobro, mas como é que você vai recuperar e recompor anos e anos de defasagem em vários aspectos? Não vai ser um sistema que vai fazer isso. *Por isso, por exemplo, eu acho o acompanhamento de egressos muito importante, porque um dos aspectos do acompanhamento de egressos é o acompanhamento familiar. Não é só o egresso, é um trabalho de rede, com acompanhamento familiar, porque não adianta o Sistema trabalhar bacana com o menino, e aí ele sair e voltar para aquela mesma comunidade em que ele vivia, naquela mesma necessidade familiar que ele tinha. Tem que ser um trabalho em múltiplas frentes.* Mas, no geral, eu vejo progresso e vejo o futuro com bons olhos. Grifou-se.

No âmbito da Defensoria, apesar da constatação do esforço da atual equipe do núcleo de execuções das medidas socioeducativas para manter em dia todas as demandas processuais,[138] verificou-se enorme janela na articulação de competências setoriais, seja quanto ao conhecimento difundido, ao diagnóstico situacional elaborado pelas instituições ou à implementação de programas que garantam os direitos daqueles que estão segregados. Descobriu-se que se faz necessário consolidar políticas de integração não fragmentadas, com enfoque menos punitivo, desconstruindo as políticas de atendimento de internação que vigoraram no DF desde a criação do CAJE, especialmente porque a Defensoria é essencial à função jurisdicional e deve promover acesso integral à justiça, o que pode ser sintetizado pelo quadro:

[138] Atualmente o núcleo de execuções de medidas socioeducativas é o segundo núcleo com maior quantidade de processos na Defensoria, só perde para o de Execuções Penais, segundo Entrevistado 25.

## Quadro 6 – Achados empíricos no campo da Defensoria Pública

| Subeixos de pesquisa | Previsão normativa | Dados coletados | Doxa hegemônica | Doxa heterogênica | Natureza do *habitus* | Intersetoria-lidade |
|---|---|---|---|---|---|---|
| **Estrutura e Procedimento especialmente quanto ao acesso à justiça** | Resolução nº 208/2019/ DF, art. 134 da CF, arts. 86, 88 e 141 do ECA, Diretrizes do Plano Nacional de Atendimento Socioeducativo (SDH, 2013) | Núcleo de Execuções de Medidas Sócioeducativas funciona em local de fácil acesso, atendimento mediante agendamento prévio em regra, ampliação do número de defensores com atuação junto à VEMSE, vasão rápida dos processos, implantação de novo sistema eletrônico que facilitou a tramitação de documentos internos e transmissão de dados junto à outras instituições. Possuem sala de atendimento no NAI, porém a ordem de atendimento por vezes é contrariada, sendo comum a oitiva do Ministério Público ocorrer antes da entrevista com as colaboradoras da Defensoria. Não há estrutura da Defensoria nas unidades de internação. | Consenso punitivo que aceita práticas punitivas como evidentes e as naturalizam, como no caso do uso das algemas, não participação da Defensoria nos processos disciplinares, inexistência de defesa nos plantões do NAI, reproduzindo ordem existente e considerando normal o anômalo. | Contrasta a doxa hegemônica: entende ser necessário fortalecer a defesa técnica com órgãos da Defensoria dentro das unidades de internação, entende como importante facilitar o acesso à sua clientela, de modo a estabelecer-se em local acessível, preza pela agilidade processual, aumenta o quantitativo de defensores. | Prevalência da herança punitiva na reprodução de práticas não conscientes no Direito Penal ao campo socioeducativo. | Dificuldade de articulação com órgãos de inspeção como Ministério Público e Judiciário, assim como CDCA. Não compartilhamento de informações. |
| **Capacitação** | Diretrizes do Plano Nacional de Atendimento Socioeducativo (SDH, 2013) | Ausência de capacitação continuada para os defensores e servidores da Defensoria. Há apenas uma ambientação sobre a temática após a posse no cargo. | | | | |
| **Segurança** | Art. 125 do ECA, Súmula Vinculante 11 do STF, Diretrizes do Plano Nacional de Atendimento Socioeducativo (SDH, 2013) | Algemamento de todos os adolescentes que se entrevistaram com as colaboradoras da Defensoria, naturalizando prática punitiva sem qualquer fundamento concreto que justificasse o uso das algemas. Não foi possível observar o padrão de atendimento nas unidades, porque não se encontrou a Defensoria em nenhuma oportunidade. | | | | |
| **Saúde** | Art. 227 da CF, arts. 4º e 121 e seguintes do ECA, Diretrizes do Plano Nacional de Atendimento Socioeducativo (SDH, 2013) | Os adolescentes passam, na sua maioria, muito mais tempo recolhidos do que em atividades, situação que provoca diversas doenças físicas e mentais. Não foi relatado nenhuma ação da Defensoria para alterar essa situação. | | | | |
| **Profissionalização** | Diretrizes do Plano Nacional de Atendimento Socioeducativo (SDH, 2013) | A Defensoria relatou parceria com outras instituições para promover aprendizagem nas unidades de internação, mas não compreende como injusto o processo de seleção, ao contrário, concorda em privilegiar o adolescente que chegou a pouco na unidade de internação. | | | | |
| **Educação** | Não foi objeto da entrevista | | | | | |

Fonte: autoria própria

A defesa, o planejamento, a realização e a avaliação das políticas de atendimento socioeducativo no que se refere à saúde, profissionalização, alimentação e outros direitos dos adolescentes em conflito com a lei que cumprem medidas socioeducativas de internação são pouco articulados com a Defensoria, que possui uma missão constitucional relevante para assegurar os direitos daqueles que se encontram segregados. Esses aspectos igualmente foram analisados nas práticas do Ministério Público e do Judiciário, conforme resultados a seguir.

### 4.2.2 Ministério Público: da articulação de políticas públicas à indiferença

O art. 127 da Constituição Federal fixa que "o Ministério Público é instituição permanente, essencial à função jurisdicional, incumbindo-lhe a defesa da ordem jurídica, do regime democrático e dos interesses sociais e individuais indisponíveis". A interpretação desse dispositivo leva à conclusão de que as atribuições genéricas ministeriais foram redesenhadas, deixando o Ministério Público de ser mero órgão do Executivo para se tornar uma instituição autônoma,[139] em um capítulo próprio denominado Funções Essenciais à Justiça.

Com relação ao campo socioeducativo, compete ao *Parquet* dupla tarefa: a defesa dos direitos e garantias dos adolescentes, assim como a promoção e o acompanhamento dos procedimentos relativos às infrações atribuídas aos adolescentes, inspecionando, inclusive, as entidades públicas e particulares de atendimento, como é o caso das unidades de internação, conforme art. 227, *caput*, da Constituição Federal e art. 201, incisos II e XI, do ECA.

Nesse sentido, após a Constituição Federal de 1988, o Ministério Público passou a atuar não apenas como titular da representação em face dos adolescentes em conflito com a lei, mas também como defensor dos seus interesses coletivos e individuais indisponíveis, por meio de instrumentos como a Ação Civil Pública e a instauração de inquéritos civis públicos para apurar violações a direitos, a teor do art. 129, inciso II, da Carta Magna brasileira.

Para se adequar a mudanças previstas nos citados textos normativos, especialmente no papel fiscalizatório imputado ao Ministério

[139] A autonomia não impede o atendimento em rede no campo socioeducativo, mas promove liberdade de atuação e fortalece a instituição enquanto órgão independente na defesa dos direitos dos adolescentes em conflito com a lei.

Público, foi preciso reinventar as práticas ministeriais. Relatos do Entrevistado 24 captaram o momento conturbado que o Ministério Público atravessou:

> *Entrevistado 24:* A minha vivência no Caje foi um caos. É como se fosse um mundo à parte, era algo à parte, uma normatização à parte. Foi difícil, foi um momento bastante complicado, porque tudo era muito novo para nós. *Nós não sabíamos como lidar com essa lei, então, tivemos que, primeiro, organizar um consenso mínimo quanto à interpretação da lei para que os atores de Justiça pudessem fazer alguma interferência no caos instalado no Caje.* E por que um caos? Porque não tínhamos normatização, dependia muito da vontade do gestor, da vontade dos profissionais que ali trabalhavam. *Nós não tínhamos, por exemplo, um fluxo de entrada, não tínhamos um protocolo de atuação, então, a depender do profissional que estivesse ali, ele tinha o fluxo dele.*
>
> *Depois, com um determinado tempo, alguns diretores chegaram e começaram a trabalhar, a dar uma organizada naquela bagunça, porque era uma verdadeira bagunça.* Às vezes, quando íamos fazer alguma fiscalização, nós organizando: vamos fazer fiscalização na unidade. Vamos primeiro o quê? Fiscalizar o quê, quando, onde, para quê? Qual é o objetivo? Eu vou relatar isso? Eu vou lá só dar bom-dia para as pessoas, tomar café? Vamos fiscalizar o quê, conversar com quem? Qual o protocolo que temos que ter para uma fiscalização? Vamos fazer o que com esses relatos?
>
> *Entrevistadora:* Não existia norma para isso?
>
> *Entrevistado 24:* Isso, nada disso. Vamos fazer o que com esses relatos? Então, primeiro, tivemos de nos organizar minimamente, entender o que seria uma fiscalização para, depois, fazer a fiscalização. Grifou-se.

Além da necessidade de estabelecimento de um fluxo de trabalho para as fiscalizações ministeriais e do Judiciário, que atualmente são regidas pelo CNMP e CNJ, havia necessidade de alteração dos padrões de condutas, que se revestiam de *habitus* punitivos, naturalizados como maneira de se educar seres tidos como distintos de nós, os adolescentes submetidos às medidas socioeducativas de internação, consoante narrativa do Entrevistado 24:

> *Entrevistadora:* Hoje tem um protocolo do CNJ?
>
> *Entrevistado 24:* Hoje tem, do Conselho Nacional. E também o Conselho Nacional de Justiça tem todo esse protocolo, essa periodicidade. Isso, eu diria, foram pontos de avanço em relação aos órgãos de controle das duas instituições, Ministério Público e Poder Judiciário.
>
> Outra coisa que eu percebia: se faltava, de certa forma, certo profissionalismo nosso, mais ainda daqueles que trabalhavam diretamente com

> os adolescentes, muito mais. *Era coisa, assim, absurda que encontrávamos: maus-tratos, violência. O pior é isto, praticar maus-tratos e violência na crença de que está fazendo algo positivo,* de ouvir de um agente, naquela época – eles não chamavam de socioeducador, era monitor –, um monitor, que, durante o mês de junho, pegou um adolescente e o colocou lá perto de um campinho de futebol; tinha um contêiner de lixo, aí ele algemou esse adolescente a esse contêiner, esse menino sem camisa, sem nada, num frio terrível aqui em Brasília. Ele foi encontrado lá no outro dia, nessas condições, parece que teve até uma pneumonia em seguida e tudo o mais. E, conversando com esse monitor – porque sempre instaurávamos um procedimento, um PIC, para apurar, num primeiro momento, o fato e, depois, encaminhar para a responsabilização criminal adequada e a responsabilização no campo disciplinar –, ele me disse o seguinte: "Ele não recebeu educação em casa; ele estava ali para ser educado". Então, o que ele expressava naquele momento era que ele havia agido certo. Então, isso era muito difícil, muito, muito difícil.
>
> *Também se via claramente que a forma de tratamento se devia muito à compreensão de que eles não eram iguais,* como, por exemplo: "[...]fica tratando esses adolescentes como se fossem iguais [...]". Muitas falas nesse sentido.
>
> E, claro, com esse tipo de tratamento, fora as condições subumanas, um prédio que foi remendado várias vezes e num padrão arquitetônico que facilitava a rebelião, facilitava ter-se instrumentos para agredir, porque as paredes do Caje eram pré-moldadas, com aqueles ferros no meio, então, só com o dedo você conseguia furar a parede e arrancar um pedaço de ferro e com aquele pedaço de ferro fazer um estoque. Então, tinha-se muita violência em razão do próprio padrão arquitetônico da unidade, onde tudo era improvisado. Não se tinha capacitação de espécie alguma, depois é que se partiu para a necessidade de capacitação, inclusive, muito por ação do Ministério Público. Quer dizer, o Ministério Público foi se capacitar, foi entender o que era esse novo paradigma, foi entender as dificuldades para, aí sim, poder exigir. (Grifou-se).

Apesar de a capacitação ser a via mais adequada para inspirar novos *habitus*, nunca houve disponibilização ou exigência para capacitação específica ministerial, tampouco para os servidores. O Entrevistado 24 afirmou que não participou de nenhum curso de capacitação, nem mesmo curso de formação ao ingressar na carreira ministerial nos anos 90, e que a escolha do promotor para atuar em determinado ofício se dá atualmente por meio da ordem de antiguidade, não pelo perfil obtido. O Entrevistado 23, por sua vez, aduz que atualmente os promotores das Promotorias de Execução de Medias Socioeducativas participam de cursos oferecidos pelo CNMP ou FESMPDFT, mas verificou-se que são cursos não obrigatórios, que dependem da vontade de cada um. O

MPDFT não ministra ações educacionais sobre a temática há mais de 6 anos e não realiza o registro histórico dos conteúdos programáticos das capacitações (VIEIRA, 2019).

A capacitação pode influenciar na proliferação do entendimento de que o propósito da ação socioeducativa é, para além de responsabilizar o adolescente autor de ato infracional, uma forma de fortificar valores que o preparem para o convívio social. A ausência de capacitação, ou a capacitação ineficiente daqueles que lidam com a temática socioeducativa, contribui para a manutenção da ordem punitiva preexistente.

As entrevistas permitiram inferir que houve presença ministerial mais atuante na era CAJE, que a violência sempre esteve presente nos *habitus* do campo socioeducativo e que somente a partir do concurso público para a carreira socioeducativa, em que se forneceram cursos de ambientação, de formação e de capacitação continuada, foi possível implementar melhorias com políticas públicas mais ajustadas aos parâmetros normativos. Há sinais de que foi a partir da priorização da escolha do corpo técnico de carreira e das capacitações fornecidas, ainda que aquém do necessário, que se iniciou o processo de aperfeiçoamento do atendimento socioeducativo.

Na época do CAJE, verificou-se que inexistia profissionalismo da maior parte daqueles que trabalhavam diretamente com o adolescente, prevaleciam cargos em comissão e atuação confusa entre os órgãos do campo socioeducativo, com a presença marcante da polícia, até mesmo exercendo por um período a direção do CAJE, com práticas punitivas que exigiam maior atuação do Ministério Público para inibi-las, conforme aduziu o Entrevistado 24, que não apenas colaborava para o fim de motins, mas também chegou a colocar seu cargo em xeque:

> *Entrevistado 24: [...]* Quando tinha rebelião lá dentro, tinha um negociador da Polícia Civil, tinha o Bope e seus cachorros. Eles não conversavam, não havia diálogo entre os adolescentes e a direção e muito menos adolescentes, polícia e qualquer outra...
>
> *Entrevistadora:* Judiciário...
>
> *Entrevistado 24:* Nada! *Eles só conversavam com o Ministério Público*. Por isso que tinha de subir em cima do telhado e conversar, porque não tinha outra coisa. Inclusive, o negociador falou comigo "sobe", porque eles estavam espancando alguns monitores, eram oito monitores. Eram os oito monitores que mais maltratavam eles, foi quando eles pegaram. Aí, está, na hora resolve, resolveu rebelião e tudo. Vamos tirar os adolescentes num canto, vamos passar lá para uma unidade do DPE até se fazer uma pequena reforma, porque estava tudo queimado,

enfim. Uma das rebeliões, porque toda semana tinha uma. Na hora em que está tudo resolvido, vamos tirar os adolescentes; todo mundo enfileirado, eu estou do lado de fora. Aí entra o Bope e seus cachorros dentro da unidade. E só aqueles cachorros dentro da unidade, eles se posicionaram, um grupo de policiais, todos com porrete levantado – a cena era essa, o que eles chamavam de corredor polonês –, o outro também com cachorro. Era cachorro e um porrete levantado.

*Entrevistadora:* E os meninos tinham que passar no meio?

*Entrevistado 24:* Eles iam passar. Eles estavam enfileirados, todos nus – estou até vendo a cena. A hora em que olhei aquilo, fui lá para dentro e me disseram: não pode entrar aí, porque eles estão todos nus. Eu disse: não, mas eu já vi homem nu, não precisa se preocupar comigo, não. A hora em que eu entrei – lembro dessa cena –, fui lá para a ponta, peguei um aqui, outro aqui, os outros todos atrás de mim, passei no meio deles.

*Entrevistadora:* Quero ver quem vai bater.

*Entrevistado 24:* Quero ver quem vai bater! Era um corredor escuro. Tinha luz, a luz apagada, mas a luz apagada para não ver a identificação. Aí peguei, um peguei outro, eles envergonhados. Seja o que Deus quiser! Eu que estou aqui, não tem homem nenhum aqui comigo mesmo. E não dá para você acionar: vou acionar o meu amigo que está não sei onde para ele atravessar vocês aqui. O nível do caos era este, ou você fazia isso, ou eles iam morrer de apanhar. Morrer de apanhar como em outras ocasiões, porque toda rebelião tinha a retaliação depois, aí é que tinha espancamento. Eles me contavam: se lembra daquele dia que saiu daqui? Olha aqui como estou. Aí era um tal de encaminhar todo mundo para o IML. Era aquela confusão.

*Teve até uma ocasião, que teve o pessoal da Record que jogou umas imagens de uma pessoa que filmou. Teve uma fuga, eram cinco adolescentes que fugiram, e eles foram apreendidos próximo àqueles prédios de apartamentos perto do Caje, e esse morador, quando viu o espancamento que esses meninos estavam sofrendo, ele filmou e mandou para a Record. A Record nos chamou e mostrou. Aí foi uma coisa, para mim, de muita decepção, mas muita decepção. Aí aparece a cena, eles estavam numa espécie de uma Kombi, não sei, um carro grande lá do Caje, aí eles batem, batem e batem nesses meninos, chutam, jogam no chão, é sangue voando. Aquela coisa horrível. Eles estão com aquele capuz preto. Eles colocam todos os meninos dentro do carro, eles entram no carro e tiram o capuz. Um deles, quando tira o capuz, é o diretor da unidade. Eu fiquei…*

[…]

*Entrevistado 24: E uma coisa que me chocou muito, porque o diretor era vinculado... Eram cargos políticos naquela época, hoje não, hoje buscam pessoas que tenham...*

*Entrevistadora: Priorizar...*

*Entrevistado 24: Priorizar o técnico que tenha formação, mas naquela época não era isso.* Ele foi indicado por um partido político para ser diretor do

Caje, era até o PCdoB, e os partidos de esquerda, pelo menos era o que até então eu acreditava, eram pró-direitos humanos. Então, para mim foi uma surpresa. Isso foi uma coisa tão assustadora para mim, que eu fiquei tão enojada com aquela situação, aí busquei o secretário, falei com o secretário, mostramos a imagem para ele. Ele ficou horrorizado também, ele também era de um partido de esquerda. Na época, era o governador Cristóvão. E ficou naquela... porque, pensa bem, todo mundo aqui em Brasília ficou sabendo que o diretor da unidade estava espancando. E dizem que eles apanharam mais quando chegaram à unidade de internação, aí é que eles apanharam muito mais. Aí manda todo mundo para o IML, aquela complicação danada.

Nesse caso, foi um momento em que eu disse "não, eu tenho que fazer alguma coisa", foi um momento em que coloquei o meu cargo, eu disse: "se esse diretor, dessa unidade, permanecer, depois de todas essas imagens, com tudo isso aqui, com os laudos do IML, mostrando, apontando ali as lesões, eu não quero mais ser do Ministério Público, não quero mais; se ele permanecer, eu não quero mais". *Aí fomos para um debate na televisão, eu e o secretário. O secretário tentando amenizar, tentando isso e aquilo, e eu, na televisão, falei: "Se esse diretor não sair, eu não consigo mais, eu não vou ter nem estômago para trabalhar nessa área. Eu vou morrer se eu presenciar novamente uma coisa dessa. Eu não quero mais. Eu vou fazer outra coisa na vida. Prefiro advogar, prefiro fazer outra coisa no Direito, lidando com o campo da criança e do adolescente, mas fazendo outra coisa no Direito". E coloquei: "Se ele não sair até amanhã, eu não fico mais no Ministério Público. Eu vou pedir exoneração do meu cargo, não fico mais". Minha mãe ficou desesperada. E falei duro, e o pessoal "foi um negócio forte isso". Quando foi à noite, o governador me liga: "quero saber o seguinte: está com procedimento de apuração, apontando que o diretor estava praticando tortura?". "Sim, praticando tortura, algemou adolescente – e foi cidadão que filmou isso –, algemou, chutou, espancou de tudo quanto era jeito, ele pessoalmente". Ele falou: "tem as declarações desses adolescentes?". "Sim. Tenho". "Eu posso ver?". "Eu mando para o senhor, mas o senhor não pode mostrar para mais ninguém, porque são peças de investigação". A hora que ele viu, deu mais ou menos umas dez e meia da noite, ele me liga, ligou para o meu celular e falou: "agora está saindo a exoneração do diretor".*

*Entrevistadora: não ficou com medo desse homem vir atrás?*

*Entrevistado 24: E eu não fiquei? Mas, Ana, acho que tem hora que você tem que ter essas atitudes, senão parece que é querer tratar com naturalidade algo que não é natural, um diretor de uma unidade de internação ser um torturador, com cenas, com imagens, e um cidadão tendo filmado. Eu não fico como membro do MP num canto desse de jeito nenhum, mas não fico mesmo. Não vale a pena, não vale a pena permanecer na instituição.* (Grifou-se).

O Ministério Público deixou vestígios de que sua atuação esteve atenta para a necessidade de se organizar uma política pública que atendesse ao paradigma presente no ECA. Em 1992 ajuizou ação civil pública para compelir o GDF a fechar o CAJE,[140] estruturou a Promotoria da Infância e da Juventude com equipe própria para atender o adolescente em conflito com a lei no que toca ao MP, especializou os ofícios para dividir as matérias e alcançar maior eficiência processual no atendimento ao adolescente em conflito com a lei, propôs inúmeros Termos de Ajustamento de Conduta, um deles, em 2013, resultou na construção das novas unidades de internação e fundamentou ação de obrigação de fazer para construir as unidades que ainda estão faltando, como a unidade de internação feminina, o que pode ser aferido a partir de parte de uma das entrevistas que se seguem:

> *Entrevistadora:* Tem uma recomendação do MP que foi emitida recentemente para que as outras unidades que ainda não estão prontas sejam...
>
> *Entrevistado 23:* Na verdade, foi uma ação até, porque, quando foi feito o fechamento do Caje, foi feito naquela época, em 2013, um Termo de Ajustamento de Conduta. Desse Termo participou o CNJ, a Promotoria aqui, o TJ, a Defensoria, o GDF também, são os atores que participaram desse Termo. E, nesse Termo, previa-se a construção de algumas unidades de internação de semiliberdade, e ele previa essa construção até o final de 2017. E como faltaram algumas unidades a serem construídas, que estavam previstas nesse TAC, aí a Promotoria entrou com uma ação de obrigação de fazer, para obrigar o GDF a construir essas que sequer saíram do papel, salvo engano, são duas ou três. Duas já serão entregues neste ano ainda, que também estavam previstas no TAC, e essas sequer saíram do papel ainda. Então, entramos com essa ação para tentar resguardar o cumprimento desse TAC. E até o objetivo da reunião com o Secretário foi tratar sobre essa questão. Ele tinha pedido um tempo, como ele estava entrando agora, para poder ver se conseguia resolver de outra forma. E estamos aguardando para ver como é que se resolve isso. Mas tem essa previsão de construção de novas unidades aqui também.

Porém, apesar da forte atuação ministerial na era CAJE, na proteção dos direitos dos adolescentes que cumprem medidas socioeducativas de internação, as amostras colhidas por meio de entrevistas sinalizam descontentamento atual de outros atores do campo quanto ao MP – assim como Defensoria e Judiciário –, no sentido de que sua atuação deixou de ser presente, nem sequer preenche os formulários do CNMP, mas os repassa previamente por e-mail para as Direções das

140 Item 2.2.1.

unidades de internação fazê-lo, distante do que promovia na época do CAJE, conforme seguinte trecho extraído:

> *Entrevistadora:* Pessoal, vocês querem acrescentar alguma coisa, pontos positivos, pontos negativos?
>
> *Entrevistado 9: Uma coisa que seria bacana, a integração.* Acho que isso a pesquisa aponta. Antigamente existia um fórum permanente, que você tinha o Ministério Público, a Defensoria, gestão, que ficava discutindo, você debatia. Porque hoje, por exemplo, se você tiver um programa na unidade, eu recorro a quem no sentido de, não de denunciar, mas de defender, de ajudar, de colaborar, resolver o problema?
>
> Então, por exemplo, vejo as instâncias muito longe. Tínhamos proximidade... Hoje tem, sim, com a VEMSE, mas vejo o Ministério Público extremamente afastado. *O foco, na verdade, em vez do papel de fiscalizador é muito no papel de político. Hoje vejo o Ministério Público está muito mais político do que, de fato, atuante.*
>
> *Vejo uma Defensoria, na verdade, também, enfim, falida,* pelos termos de atendimento, defesa do menino que deveria estar garantindo. Acho que isso é uma questão conjuntural, enfim, não é pessoal, mas, enfim, de falhas. Você vê que, até quando há audiências, é uma Defensoria que vai conhecer o menino na hora, no momento. Então, você vê uma estrutura, tipo assim, uma promotoria que, às vezes, está fazendo papel de Defensoria; uma Defensoria que está ausente porque não está fazendo o papel; e uma juíza que, às vezes, vemos que faz, não é nem é provocada a fazer, para ajudar uma instituição. Então, fica uma misturada. Eu vejo que, talvez, esse fórum pudesse ajudar de fato, existir um fórum permanente da comunidade socioeducativa. (Grifou-se).

Além da confusão entre os papéis a serem desempenhados, as evidências apontam para a existência da manifestação do punitivo por parte do MP, com práticas não conscientes de discursos destoantes da lei, especialmente quando permite o algemamento de todos os adolescentes no NAI e em audiências, promove inspeções com todos os adolescentes [illegible], minimiza os problemas existentes, por meio de manifestações que aceitam como algo normal a demora do Poder Público em solucionar problemas estruturais, o fornecimento de alimentação de má qualidade, a educação deficiente, a saúde precária, a pequena quantidade de vagas de profissionalização para os adolescentes.

A alimentação é temática que sempre foi alvo de reclamações dos usuários do campo socioeducativo e objeto de apreciação ministerial, porém não se consegue superar a questão, mesmo com diversas alterações das empresas fornecedoras. A pesquisa empírica constatou ser verdade que nas inspeções ministeriais questionam-se os adolescentes se estão satisfeitos com a alimentação e procuram intervir quando detectam problemas com relação à qualidade e quantidade da alimentação fornecida, porém, conforme mencionado quando da análise das práticas da Defensoria, percebeu-se que os adolescentes estão muito mais interessados em perguntar ao MP sobre a situação processual, sobre concessões de benefícios, do que fazer reclamação com relação à comida, muitas vezes com medo de represálias e de desabono por parte dos servidores, que poderá acarretar a perda de um benefício. Nas visitas às unidades, sem o MP, foi comum ouvir queixas dos adolescentes quanto à alimentação fornecida, com menor proporção na UIP, talvez porque a comida é fresca, produzida na unidade. Há divergência de discursos relatados pelo Entrevistado 23 e pelo Entrevistado 24:

> *Entrevistado 23:* [...] Mas eu acho que as inspeções são fundamentais. Acho que a presença do promotor dentro da unidade, fiscalizando, vendo ali o que está acontecendo, conversando com os adolescentes sobre os diversos problemas que existem lá dentro... *Sempre perguntamos com relação à alimentação, a qualidade como está, com relação a agressões.*
>
> *Entrevistadora: Como é a alimentação nessas unidades?*
>
> *Entrevistado 23: Com relação às refeições, são feitas, salvo engano, seis ou sete refeições dentro das unidades.* Com exceção da unidade de Planaltina, são preparadas por uma empresa que é contratada pela Secretaria, e é oferecido café da manhã, tem um lanche da manhã, tem o almoço, tem um lanche à tarde, tem a janta, tem a ceia. *E é uma preocupação sempre também, quando fazemos essas visitas, saber como é que está a qualidade dessa alimentação que é fornecida para eles, porque a alimentação também é um pilar muito importante. São pequenas coisas que às vezes distensionam o ambiente. Então, se você tem uma comida boa servida, eles já não vão reclamar por conta disso.* Podem até reclamar por outras coisas, mas não vão reclamar por conta da comida. Então é um fator... Lógico, se o adolescente está privado da liberdade dele, ele tem que ter uma alimentação muito boa.
>
> *Entrevistadora:* E *como vocês averiguam essa qualidade dessas refeições?*
>
> *Entrevistado 23: Às vezes nós abrimos a "quentinha". Não chegamos a provar.* Eles até nos oferecem, mas, na correria ali da inspeção, nós... Mas nós abrimos a "quentinha", *damos uma olhada no aspecto da comida para ver como é que está o bife, como é que está o arroz, como é que está o feijão, nós vemos tudo isso.*
>
> Quando eu chego lá, às vezes coincide de pegar um lanche e um almoço, porque normalmente vou de manhã, e sempre peço para abrir a "quentinha", e nós damos uma olhada para ver como é que está ali a qualidade da comida deles. *Chegando relatos de que a qualidade está ruim,*

> *sempre cobramos do gestor também, para que cobre da empresa o que está acontecendo, para não deixar cair o padrão de qualidade.*
>
> *Entrevistadora:* E o senhor disse que se excetua a unidade de Planaltina, porque em Planaltina é produzida na própria unidade.
>
> *Entrevistado 23:* É, Planaltina prepara na própria unidade. Eles têm uma cozinha que funciona lá dentro, e aí eles preparam lá dentro.
>
> *Entrevistadora:* O senhor acha que tem menos ou mais reclamações?
>
> *Entrevistado 23:* Eu acho que é igual. *A empresa até mudou recentemente, e o pessoal estava elogiando muito a qualidade. Eles só reclamaram da quantidade.*
>
> *Entrevistadora: É pouco, ou é muito?*
>
> *Entrevistado 23: Pouco. Eles acharam que deu uma diminuída na quantidade. Aí também fizemos uma intervenção para que fosse aumentada um pouco mais:* uma colher a mais de arroz, uma colher a mais de feijão. Tentamos fazer uma intervenção dentro do que é possível ali para poder melhorar isso aí para eles também. (Grifou-se).

---

> *Entrevistadora:* [...] *Alimentação, que me relata, é algo que é uma comida ruim* desde a época do Caje e até hoje não conseguimos solucionar isso. Troca de empresa o tempo inteiro.
>
> *Entrevistado 24: É, e não muda.* (Grifou-se).

Ademais, não se trata apenas de fornecer alimentação, mas também de se preocupar com a forma como os adolescentes se alimentam. Foram relatadas pelo Entrevistado 24 boas práticas na época da gestão dos amigonianos, que faziam gestão compartilhada com o GDF da Unidade de Internação Provisória, quando os adolescentes sentavam-se à mesa para se alimentar e recebiam valores importantes com relação a se evitar o desperdício, a participar do cardápio, a se portar na mesa de alimentação:

> *Entrevistado 24:* O que o Padre Manolo fez? Colocou em todos os banheiros espelhos para eles se olharem, se enxergarem. Pergunta se algum dia alguém quebrou algum espelho? Nunca ninguém quebrou espelho nenhum.
>
> *Eles não comiam lá dentro de uma cela, todos amontoados, não. A comida era feita dentro da unidade, os adolescentes participavam do cardápio, não podia jogar comida fora. Eram valores que eles trabalhavam, o faltar comida.* Eles traziam números: "olha quantas pessoas morrendo de fome no mundo". Então, no lugar de eles ficarem assistindo televisão, aquele monte de besteira nessas TVs abertas, não, a televisão era controlada por eles, e pegavam documentários da África, não sei de onde, quantas pessoas morrendo de fome. O que eles começaram a fazer? Porque, às

> vezes, vinha muita comida, colocavam muita comida, ainda que fosse para jogar fora, e na hora que colocava comida no prato, "olha, pode tirar que não vou aguentar comer tudo isso, para não faltar para ninguém". *Eles tinham uma horta dentro da unidade, eles trabalhavam nessa horta, eles produziam essa horta. Cada um tinha o seu cantinho na horta, cada adolescente tinha o seu canto para plantar, nem que fosse quatro pés de tomate, mas ele tinha que produzir.* Quando o fruto surgia, eles faziam uma festa. "Olha, o meu pé está mais bonito; o outro está assim; o outro está assado". Um negócio muito bom. (Grifou-se).

Atualmente, as alimentações principais são fornecidas em marmitas dentro dos cubículos em que ficam alojados, prática não educativa que se tornou comum e não questionada pelo MP porque incorporada como correta sob o argumento da segurança. O próprio MP inspeciona os módulos com os adolescentes trancados em seus "quartos", promovendo diálogo entre as grades.

Relativamente à educação,[141] o MP elenca lutas travadas para inserir a escola dentro das unidades de internação, exercendo papel que nem sequer era de sua competência, na intenção de contribuir para o aprimoramento do atendimento ao adolescente em conflito com a lei, mas confidencia saber da qualidade ruim da educação fornecida:

> *Entrevistado 24: [...]* Quando eu trabalhei na promotoria, exerci minha função na promotoria, muito dando atenção ao Caje e a outras unidades também que tínhamos, que era a de Planaltina e a do Gama, ficamos muito com a atenção centrada na garantia de manutenção de vida desses meninos, preocupados com a superlotação, que era sempre um problema.
>
> Depois da superlotação, tivemos que dar atenção... Porque não há como conceber que o Estado vá determinar uma internação e vá cercear direitos fundamentais. Tudo bem, o direito fundamental de ir, vir e estar é o único direito a ser cerceado previsto em lei. E os demais direitos? *Então, começamos a dar uma certa atenção para a educação, mas a educação, parece-me, está longe de ser... Se a educação da rede pública para aqueles que estão aqui fora já está ruim, pensa bem para aqueles que estão submetidos a uma internação.*
>
> [...]

---

[141] Sobre a educação, vale conferir dissertação de Walkíria Rodrigues Duarte Brancalhão (2003) que buscou contribuir para a reflexão sobre a função social da educação, norteada por uma perspectiva crítica. Os dados apresentados na pesquisa permitiram afirmar que os adolescentes autores de atos infracionais não têm o direito fundamental à educação sendo plenamente respeitado, em que pese a legislação garantir esse direito a eles.

*Entrevistadora:* Os outros direitos...

*Entrevistado 24: Os outros direitos, a escola, praticamente foi uma luta para se inserir uma escola ali dentro, para se erguer uma unidade dentro da unidade socioeducativa, e tudo fruto de atuação do Ministério Público, mesmo para colocar uma escola dentro daquelas condições ali, mas foi fruto de atuação do MP.* Aí, professor nenhum queria ir para lá. Aí, quando se escolhem os professores, escolheram os professores que davam problema, que tinham diversos processos disciplinares na Secretaria de Educação, e eram colocados dentro dessa unidade; professores que não sabiam nitidamente qual era seu papel, a ponto de uma professora, que tinha quase 40 anos, se apaixonar por um menino de 15 anos de idade. E quando ele saiu, numa saída temporária, descobriu-se que ele estaria se relacionando com ela, estava na casa dela.

Por aí você tem ideia de como os papéis estavam completamente confusos, a ponto de chegar determinado momento... E fiz muita coisa ali dentro da unidade que não era o meu papel, mas alguém tinha que fazer. (Grifou-se).

Em que pese a conquista de se inserir escolas nas unidades, a fiscalização dos órgãos competentes parece estar centrada apenas na presença dessas escolas e na frequência dos adolescentes, mas não no processo de aprendizagem e no modelo de educação fornecido, especialmente com políticas de atendimento que proponham nova abordagem educacional para diminuir a defasagem escolar da maioria dos adolescentes que se encontram segregados, indicativo de que a doxa preponderante punitiva pode justificar práticas que afirmam ser boa a escola, quando na verdade não é. Nesse sentido, vale conferir trechos das entrevistas transcritas:

*Entrevistadora:* [...] Com relação à educação, tínhamos uma defasagem desses adolescentes e, por isso, o sistema de ensino tinha dificuldades em prestar esse atendimento. Quais são os projetos que estão em curso?

*Entrevistado 23:* Vamos por parte. Essa questão da educação, hoje, aqui no Distrito Federal, nas unidades de internação, *todos os socioeducandos estudam. Não tem nenhum... Pelo menos não é de conhecimento da Promotoria que algum socioeducando, algum adolescente que esteja cumprindo internação esteja fora da escola. Todos estão dentro da escola, todos estudam.*

*Entrevistadora:* Estudam dentro na própria unidade?

*Entrevistado 24:* É na própria unidade. A Secretaria de Educação está presente, através dos professores que são lotados lá nas unidades de internação, então, em todas as unidades as escolas funcionam, dentro da própria unidade, tem as salas de aula, tudo direitinho. É uma escola dentro da unidade de internação.

> Então, não é muito verdadeira essa informação talvez do... Não sei se com relação ao...
>
> *Entrevistadora: E as oficinas que ele tinha dito?*
>
> *Entrevistado 24: Então, mas quanto à escola, não temos nenhum problema. O que se pode, às vezes, argumentar: ah, mas não é uma escola de qualidade, não é uma escola que, enfim, vai preparar o adolescente para quando ele sair. Aí o que acontece? Infelizmente, quando o adolescente se envolve com a prática do ato infracional, na maioria dos casos, esse adolescente já estava evadido da escola há muitos anos. Infelizmente, a evasão escolar é até um dos motivos que leva o adolescente a praticar ou se envolver na prática do ato infracional. Não é o único, mas é um dos principais, sem dúvida nenhuma.* E quando esse adolescente chega ao Sistema Socioeducativo para cumprimento de uma medida de internação e ele vai começar a frequentar a escola, nós já podemos imaginar que é um trabalho difícil para a própria Secretaria de Educação, porque ela está recebendo um adolescente dentro da unidade que, às vezes, está sem por o pé na escola há três, quatro anos, cinco anos. Às vezes, você vê adolescentes de 16 anos que pararam de estudar na 3ª série, na 2ª série do ensino fundamental. E aí você imagina que preparo esse adolescente tem, quando chega numa escola dentro de uma unidade.
>
> *Então, é um trabalho muito difícil que é feito dentro das unidades, através das escolas, mas eu acho que é um trabalho muito bem-feito. Eles conseguem nivelar aqueles adolescentes, para não ter uma discrepância muito grande dentro da turma.* Então eles conseguem ajustar essas situações para que, enfim, a escola caminhe. Então a escola funciona muito bem. (Grifou-se).

Registre-se que tal discurso, apontando interações organizacionais relevantes na alta frequência dos adolescentes na escola, com afirmação de que todos os socioeducandos estudam dentro das unidades, não foi confirmado nos achados empíricos. É verdade que a maioria dos adolescentes custodiados estuda meio período nas unidades vinculadas, porém há alguns que deixam de frequentar as salas de aula ou em razão do ato infracional cometido – a exemplo daquele análogo a estupro, pois os outros adolescentes não o aceitam – ou para averiguação de falta disciplinar. No primeiro caso, ocorrido na UIP, a escola estava mandando algumas apostilas e material ao adolescente, porém não havia acompanhamento pedagógico adequado. No segundo caso, havia ocorrido uma briga em meio ao curso profissionalizante na UISS e os adolescentes estavam afastados do curso até decisão da comissão disciplinar.

O Ministério Público parece não ter conhecimento sobre o programa de ensino ofertado, sobre a carga horária efetivamente cumprida e sobre os projetos desenvolvidos. Nas diversas visitas às unidades de internação do DF, ocorridas durante o ano de 2019, foi comum encontrar escola fechada por inúmeros motivos, tais como reunião de classe na UIP, falta de água na UNIRE, semana pedagógica na UIBRA e UISS, ou ainda não ocorrência de oficinas por falta de efetivo de agentes socioeducativos, sem que o Ministério Público fiscalizasse; no dia em que não há escola, dificilmente se propõe outra atividade pedagógica ao adolescente, que permanece aprisionado praticamente o dia inteiro.

A carga horária relatada como cumprida – 4h – aparece nos relatos ministeriais como realidade prevalecente. Contudo, conforme se demonstrará no item 4.3.1, os dados obtidos por meio dos questionários sugerem que a carga horária efetivamente fornecida não passa de 3h30.

Ainda, o discurso empregado pelo MP quanto à educação é divergente, sendo um no sentido de que a escola não é boa e outro no sentido de que funciona bem. A prática revelou que não apenas a educação precisa melhorar, como a saúde e o fornecimento de profissionalização. Em relação à saúde, verificou-se igualmente contradição, um discurso indicando que a saúde merece mais atenção e outro apontando como boa a saúde oferecida nas unidades.

De certo houve avanços na construção de enfermarias em todas as unidades de internação, porém a pesquisa constatou que faltam médicos e equipamentos de primeiros socorros – o único local que existe médico da Secretaria de Saúde de segunda-feira a sexta-feira é no NAI – e a rede de saúde pública não é integrada com os enfermeiros contratados pela SUBSIS, apresentando dificuldades que vão desde a disponibilização de vaga para consultas até o fornecimento de medicamentos (comprados na maioria das vezes pela família do socioeducando), assim como ausência de compartilhamento de informações, pois os enfermeiros não acessam os prontuários médicos dos adolescentes que são atendidos nos hospitais públicos.[142] A contradição dos discursos se nota nos trechos das entrevistas seguintes, sendo certo que esses aspectos levantados não foram mencionados pelo MP:

> *Entrevistado 24:* A saúde, da mesma forma. Ainda que se conte com o aparelho do SUS, no campo da saúde, mas é necessário que se tenha um atendimento mínimo e que haja uma forte integração desse atendimento para a saúde com o SUS.
>
> Vou pegar aqui um exemplo: um adolescente que tem diabetes. Ele está fazendo um acompanhamento numa unidade hospitalar. Então, que a

[142] Esses achados empíricos serão mais bem desenvolvidos no item 4.3.

equipe de saúde da unidade tenha contato, tenha essas informações desses prontuários, tem que ter livre acesso, senão você quebra o atendimento.

---

*Entrevistadora:* Com relação à saúde, todas as unidades têm...

*Entrevistado 23: Todas as unidades têm enfermarias. Elas são aparelhadas com os equipamentos básicos, vamos dizer assim, dessa rede da saúde. Todas têm enfermeiros que ficam lá diariamente. A questão do médico presente nela aí já é uma dificuldade maior. Então, às vezes, o médico tem uma rotina de passagem nas unidades. Não está lá todo dia, mas ele passa periodicamente, ou quando precisa também é agendado esse encaminhamento do médico para a unidade, mas qualquer jovem que precise também de um atendimento médico e chegue aqui ao nosso conhecimento...* Mas o próprio gestor também já tem essa autorização para encaminhar o adolescente para o hospital. Muitos são atendidos pelos CAPS, que são os Centros de Atenção Psicossocial, que fazem esse atendimento também para aqueles adolescentes que têm algum tipo de transtorno mental ou fazem uso de substância entorpecente. Eles são encaminhados para os CAPS para fazer também esse acompanhamento lá com psicólogos e psiquiatras. Nas unidades há também psicólogos. *Então, a atenção à saúde do adolescente, dentro da unidade, eu posso lhe afirmar que funciona muito bem também. Eles não ficam sem atendimento.*

Salvo engano, em Santa Maria, vai ser inaugurado agora um consultório odontológico também. Já estava pronto lá, com todo o material para poder começar a funcionar. *Então, a assistência à saúde aqui também é uma assistência muito boa. Eles são bem atendidos,* dentro das limitações do Sistema, volto a bater nessa tecla. Não é hospital particular que vai depois atendê-los, mas, enfim, eles são bem atendidos, não deixam de receber atendimento, não. (Grifou-se).

Ainda no que diz respeito à saúde, constatou-se, a partir dos diálogos exploratórios e entrevistas semiestruturadas, que obter vaga para consultas externas, especialmente odontológicas, é extremamente difícil e, quando se consegue, muitas vezes o adolescente perde a vaga por ausência de escolta para levá-lo no dia agendado, e é a escolta que determina o dia que as consultas devem ser agendadas.

Quanto à profissionalização, igualmente foram constatados dissensos nos discursos. Um dos entrevistados conta com entusiasmo a inserção do projeto-piloto que levou o Sistema S às unidades de internação. Entretanto, outro entrevistado informou que Sistema S já foi parceiro do GDF no oferecimento de cursos profissionalizantes e não permaneceu ativo devido à descontinuidade das políticas públicas quando da troca de governos, fato corriqueiro vivenciado no campo socioeducativo, conforme discursos:

> *Entrevistado 23:* Com relação aos cursos profissionalizantes, o que acontece? No ano passado, foi feito também um Termo de Cooperação Técnica. *Foi até uma iniciativa do Ministério Público do Trabalho, que trouxe o Sistema S para dentro das unidades de internação. Então, hoje, já temos duas unidades de internação aqui no Distrito Federal que têm curso SENAI dentro da unidade de internação.* São as unidades de Santa Maria e do Recanto das Emas. Funcionam em dois turnos esses cursos, um turno de manhã e um turno de tarde, e cada turno tem quinze adolescentes vinculados a cada turma.
>
> Então, hoje, temos trinta adolescentes de Santa Maria que estão frequentando um curso do SENAI dentro da unidade e trinta jovens da unidade do Recanto das Emas que também estão frequentando um curso do SENAI dentro da unidade. (Grifou-se).

---

> *Entrevistadora: Sim, também concordo. Em relação à profissionalização, tivemos o Sistema S entrando nas unidades de internação recentemente.*
>
> *Entrevistado 24: Lembrar que o Sistema S já esteve, em outras épocas, também já entrou.*
>
> *Entrevistadora: Eu não sabia, porque eles contam como se fosse uma grande novidade.*
>
> *Entrevistado 24: Não. Isso já aconteceu, atendendo em torno de dez, quize meninos. Aí muda a gestão e não avança.* Nós já tivemos essa experiência e nunca avançou, nunca avançou porque entra outro gestor, um é mais sensível, o outro entra e quer diminuir gastos.
>
> *Entrevistadora:* Então, a troca de gestão é o ponto...
>
> *Entrevistado 24: A troca de gestão e sem dar continuidade às ações que estão sendo desenvolvidas.* Esse é um dos grandes problemas que nós temos. Cada gestor que entra, em todas as pontas, enxerga o Socioeducativo de uma forma. (Grifou-se).

A ausência de continuidade das políticas é apontada pelo MP como vilão da continuidade de políticas públicas socioeducativas acertadas. Outro aspecto refere-se à quantidade pífia de vagas de profissionalização, que não alcança nem 15% do quantitativo de adolescentes internados na UNIRE, por exemplo:

> *Entrevistadora:* Os cursos são feitos dentro da unidade?
>
> *Entrevistado 23: Dentro da unidade, porque são quinze de manhã e quinze à tarde, então, por enquanto, trinta adolescentes por unidade.*

> *Como eu lhe falei, no Recanto das Emas, temos no efetivo 200, 209; Santa Maria está batendo 124, 120 adolescentes. Então, temos um número muito alto também de adolescentes que não estão cursando esse curso específico do SENAI [...].* (Grifou-se).

Há relatos de que existe um procedimento instaurado para acompanhar a questão dos cursos profissionalizantes oferecidos aos adolescentes custodiados. Mas, na prática, os cursos e oficinas parecem depender da boa vontade da gestão de cada unidade de internação, sendo certo que a pesquisa constatou a prevalência do cárcere e do ócio em todas as unidades visitadas. Não existe programa de qualificação e profissionalização desenvolvido uniformemente para todo o campo socioeducativo da internação do DF e o MP, apesar de se esforçar para apresentar alternativas no âmbito da profissionalização e participar dos termos de cooperação, desempenhando muitas vezes papel de executor das medidas socioeducativas de internação, acaba concordando com termos de cooperação inapropriados como esse do SENAI, que exige documentação que nem todo adolescente detém, o que deveria ser flexibilizado para atender à socioeducação.

De outro lado, ainda referente à profissionalização, merece consideração o engajamento ministerial para colocar em prática as oficinas, como a de informática na UISS. Em uma das inspeções acompanhadas na pesquisa, o membro do MP chega a consertar equipamento estragado para doá-lo, possibilitando cursos técnicos de informática na UISS.

No âmbito da segurança, as observações empíricas revelam que as inspeções do MP são realizadas com escolta, estrategicamente posicionada observando rotas de fuga, além de serem realizadas nos módulos com os adolescentes trancados em seus "quartos". Em uma das ocasiões, observou-se que a escolta disfarçadamente afastou o promotor das grades que fecham os "quartos", como medida de segurança. As oitivas dos adolescentes apreendidos em flagrante no NAI são realizadas com algemamento em 100% dos casos, ademais há uma equipe policial armada na entrada das salas onde se realizam essas oitivas, além da condução realizada pelos agentes socioeducativos da SUBSIS, devidamente equipados com objetos de contenção como tonfas e sprays de pimenta. Não se quer dizer que a segurança deve ser deixada de lado, mas revelar que os promotores de justiça atuam a todo momento na perspectiva punitiva quando o tema é segurança.

A incoerência é que, ao mesmo tempo em que o MP defende a impossibilidade do porte de arma pelos agentes socioeducativos, faz inspeções escoltado e utiliza apoio da Polícia Militar nas oitivas dos adolescentes no NAI.

No que diz respeito à estrutura e a políticas intersetoriais, verificou-se que o MP funciona em local de fácil acesso, em prédio próprio construído para atender a especialidade da matéria. Há divisão dos ofícios para atuar de acordo com a matéria. O órgão conta com sala de atendimento no NAI, porém a ordem de atendimento por vezes é contrariada, sendo comum a oitiva do Ministério Público ocorrer antes da entrevista com as colaboradoras da Defensoria.

Constatou-se, ainda, que o MP entende ser necessária maior articulação entre as políticas públicas e que faz reuniões com os órgãos do Executivo e Judiciário periodicamente, buscando solucionar problemas por meio administrativo antes de judicializar questões. Porém, não há, entre os órgãos do campo da justiça juvenil ou da SUBSIS ou da segurança pública, intercâmbio de informações quanto ao resultado das inspeções realizadas por eles, ou dos dados produzidos pelas diferentes instituições, de modo que o MP não tinha conhecimento de dados recentes, trazidos na entrevista, elaborados pela VEMSE.

> *Entrevistado 23:* Agora, quanto ao compartilhamento desses dados, talvez ocorra essa falha de os nossos dados não serem compartilhados com a VEMSE, os da VEMSE não serem compartilhados conosco. Mas às vezes são informações muito específicas para o Ministério Público. Acho que talvez algumas informações desse relatório não interessem tanto para os outros atores do Sistema.

As imagens e os símbolos que emergem dos relatos ministeriais, especialmente quando se afirma que tudo funciona bem e não se reconhecem as mazelas do campo socioeducativo, evidenciam que dificilmente haverá propostas de soluções públicas para os problemas públicos detectados: "quanto à escola, não temos nenhum problema"; "a escola funciona muito bem"; "no NAI até funciona, tem um posto lá do Serviço de Identificação, mas quando o adolescente entra no NAI, ele não tira esse documento de imediato, porque fica poucas horas lá"; "em atenção à saúde do adolescente, dentro da unidade, eu posso lhe afirmar que funciona muito bem também"; "a assistência à saúde aqui também é uma assistência muito boa"; "eles são bem atendidos, não deixam de receber atendimento, não", "a reincidência é meio utópico acharmos que não vai acabar"; "visitas integradas com comitiva de promotor, defensor, juiz e outros parceiros, eu acho que não funciona bem em relação ao ponto de vista do adolescente"; "em relação à capacitação, acho também muito avançado, porque todos os servidores que trabalham nas unidades de internação, na grande maioria dos casos, são concursados"; "eu não vejo tanto assim o agente socioeducativo como um agente ressocializador. Para mim, ele tem que estar ali dentro para garantir a segurança dos adolescentes. Essa questão da ressocialização é mais de atuação do técnico, da equipe técnica".

A reprodução sistemática de discurso justificador para a ineficiência do Estado no atendimento do adolescente em conflito com a lei

Quadro 7 – Achados empíricos no campo do Ministério Público

| Subeixos de pesquisa | Previsão normativa | Dados coletados |
|---|---|---|
| **Estrutura** | Art. 127 da CF, arts. 86, 88 e 141 do ECA, Diretrizes do Plano Nacional de Atendimento Socioeducativo (SDH, 2013) | A estrutura ministerial funciona em local de fácil acesso, em prédio próprio construído para atender a especialidade da matéria. Há divisão dos ofícios. Possuem sala de atendimento no NAI, porém a ordem de atendimento por vezes é contrariada, sendo comum a oitiva do Ministério Público ocorrer antes da entrevista com as colaboradoras da Defensoria. |
| **Capacitação** | Diretrizes do Plano Nacional de Atendimento Socioeducativo (SDH, 2013) | Ausência de capacitação específica para os membros e servidores do Ministério Público. Há apenas uma ambientação sobre a temática no curso de formação após a posse no cargo e os demais cursos são realizados a depender da vontade de cada membro em se especializar. |
| **Segurança** | Art. 125 do ECA, Súmula Vinculante 11 do STF, Diretrizes do Plano Nacional de Atendimento Socioeducativo (SDH, 2013) | Algemamento de todos os adolescentes nas oitivas no NAI e nas audiências de apresentação; adolescentes ouvidos aprisionados nas inspeções ministeriais, naturalizando prática punitiva. MP anda com escolta da própria instituição ou, no caso do NAI, pela Polícia Militar que se posiciona próximo à sala de atendimento. |
| **Saúde** | Art. 227 da CF, arts. 4º e 121 e seguintes do ECA, Diretrizes do Plano Nacional de Atendimento Socioeducativo (SDH, 2013) | Os adolescentes passam, na sua maioria, muito mais tempo recolhidos do que em atividades, situação que provoca diversas doenças físicas e mentais. Não foi relatado nenhuma ação do MP para alterar essa situação. O MP entende que os serviços de saúde são adequados, quando na verdade há ausência de médicos cotidianamente nas unidades, as consultas não são fáceis para se agendar, há dificuldade na escolta devido ao quantitativo de servidores da carreira, não há compartilhamento de dados da secretaria de saúde com a equipe de saúde da unidade de internação. |
| **Profissionalização** | Diretrizes do Plano Nacional de Atendimento Socioeducativo (SDH, 2013) | O MP relatou parceria com outras instituições para promover aprendizagem nas unidades de internação, mas não há continuidade nas políticas públicas de profissionalização e na maior parte dos casos os cursos e oficinas, quando existem, dependem da boa vontade do gestor da unidade de internação. O MP aguarda o lento processo de implantação do sistema s nas unidades, sem propor medidas mais efetivas para promover profissionalização para todos. |
| **Alimentação** | Art. 227 da CF e Arts. 4º e 121 e seguintes do ECA, Diretrizes do Plano Nacional de Atendimento Socioeducativo (SDH, 2013) | A pesquisa empírica constatou ser verdade que nas inspeções ministeriais questionam-se aos adolescentes se estão satisfeitos com a alimentação e procuram intervir quando detectam problemas com relação à qualidade e quantidade da alimentação. Mas não há preocupação em fiscalizar a forma como os adolescentes se alimentam ou para assegurar boa alimentação em definitivo, já que são constantes as trocas de empresas. |
| **Educação** | Art. 227 da CF e arts. 4º e 121 e seguintes do ECA, Diretrizes do Plano Nacional de Atendimento Socioeducativo (SDH, 2013) | A fiscalização parece estar centrada apenas na presença da escola nas unidades e na frequência dos adolescentes e não no processo de aprendizagem e no modelo de educação fornecido, especialmente com políticas de atendimento que proponham nova abordagem educacional para diminuir a defasagem escolar da maioria dos adolescentes que se encontram segregados. Presença de discursos divergentes quanto à qualidade da educação fornecida nas unidades de internação. |

é perigosa porque contribui para as práticas incorporadas e distancia as estruturas objetivadas que deveriam ser alcançadas dentro do campo socioeducativo, especialmente no que toca às competências constitucionais ministeriais relativas à defesa de direitos e garantias.

A síntese dos achados empíricos pode ser resumida no quadro a seguir:

Quadro 7 – Achados empíricos no campo do Ministério Público

<table>
<tr><th>Doxa hegemônica</th><th>Doxa heterogênica</th><th>Natureza do habitus</th><th>Intersetorialidade</th></tr>
<tr><td rowspan="7">Poder simbólico oculto punitivo que aceita práticas punitivas como evidentes e as naturalizam, como no caso do uso das algemas, das oitivas realizadas no NAI antes mesmo da defesa técnica, das inspeções com os adolescentes encarcerados, do discurso de que a educação e a saúde são adequadas.</td><td rowspan="7">Contrasta a doxa hegemônica: necessidade de aproximação do MP com o adolescente em conflito com a lei, a partir de fiscalizações que evitem o diálogo obtido por meio de escolta e grades, que se preocupe com a qualidade da educação, cumprimento da carga pedagógica, maneira do adolescente se alimentar, etc.</td><td rowspan="7">Prevalência da herança punitiva na reprodução de práticas não conscientes no Direito Penal ao campo socioeducativo.</td><td>Não compartilhamento de dados com Campo da Justiça e Órgãos de Execuções. Realizam oitivas em caso de flagrantes antes da Defensoria. Não foram achados dados que mostrem fiscalização dos projetos educacionais propostos pela Secretaria de Educação, tampouco em melhorar o atendimento à saúde.</td></tr>
<tr><td>Não há capacitação específica oferecida periodicamente pelo MP, mas apenas para quem busca em outros órgãos.</td></tr>
<tr><td>A Polícia Militar faz acompanhamento externo na sala de atendimento do MP no NAI. Promotor de Justiça faz inspeção acompanhado de segurança institucional.</td></tr>
<tr><td>Um dos entrevistados considera adequado atendimento médico oferecido nas unidades de internação e nos hospitais públicos. Não houve inspeção nas enfermarias para saber sobre a existência de medicamentos básicos.</td></tr>
<tr><td>Pouca articulação para garantir profissionalização para todos os adolescentes, mas foi detectado termo de cooperação com outros órgãos para inserir o Sistema S nas unidades de internação.</td></tr>
<tr><td>X</td></tr>
<tr><td>Pouca interação com a Secretaria da Educação.</td></tr>
</table>

Fonte: autoria própria

### 4.2.3 Judiciário e as práticas ocultas

Os Tribunais e Juízes dos Estados e do Distrito Federal e Territórios são órgãos do Judiciário cuja divisão e competências são fixadas pela Lei de Organização Judiciária local. No âmbito da justiça da infância e da juventude do DF, conforme mencionado no item 3.1.2, foi criada a VEMSE, a partir da Resolução nº 1, de 6 de março de 2012 (TJDFT, 2012), repartindo as competências para processar e julgar atos infracionais – VIJ e VRAIJ – e as execuções de medidas socioeducativas – VEMSE. Suas competências abrangem, além de conhecer e julgar ações civis públicas cujos objetos tenham pertinência temática com a execução de medidas socioeducativas, igualmente: (a) executar as medidas socioeducativas previstas nos incisos I a VI do art. 112 do Estatuto da Criança e do Adolescente; (b) inspecionar os estabelecimentos e os órgãos encarregados do cumprimento das medidas socioeducativas, adotando as medidas que se mostrarem necessárias; (c) conhecer de ações decorrentes de irregularidades em entidades de atendimento, aplicando as medidas cabíveis (art. 148, inciso V, do Estatuto da Criança e do Adolescente); (d) acompanhar e avaliar, constantemente, o resultado da execução das medidas socioeducativas; (e) promover medidas para o aprimoramento do sistema de execução de medidas socioeducativas, inclusive mediante colaboração com órgãos e entidades externas; (f) expedir normas para a regulamentação do cumprimento das medidas socioeducativas, observada a legislação em vigor.

Os instrumentos metodológicos utilizados para o exame da problemática permitiram confrontar em parte as competências legais fixadas para a VEMSE e as práticas socioeducativas realizadas, a partir dos subeixos de pesquisa selecionados, uma vez que, de todos os órgãos visitados, o Judiciário foi aquele em que mais se teve dificuldade para obtenção de dados e para acompanhamento das práticas. Não foi permitido acompanhar as inspeções com a equipe do Judiciário, e os requerimentos para obtenção de dados disponibilizados no formulário do CNJ foram parcialmente deferidos, tendo sido apagadas informações relevantes sobre os achados das fiscalizações que poderiam em tese impor ações de aprimoramento das execuções de medidas socioeducativas.

Em termos de estrutura física da VEMSE, não houve aspectos relevantes para se apontar, uma vez que é recente a inauguração da nova sede no Fórum da Criança e do Adolescente construído em parte do terreno onde funcionava o CAJE. A ideia é promover a integração entre os órgãos e construir um complexo, denominado Polo de Justiça e Cidadania, onde funcionem todas as instituições que tenham a missão de promover atendimento ao adolescente em conflito com a lei no âmbito do Distrito Federal. Essa iniciativa merece reconhecimento.

Quanto à capacitação daqueles que lidam com a temática socioeducativa, todavia, persiste a dificuldade de se promoverem cursos, oficinas e capacitação continuada, sendo a escolha do magistrado priorizada pelo critério da antiguidade, o que nem sempre assegura boas práticas. Nesse sentido o Entrevistado 22 aduz que:

> *Entrevistadora: Para participar da remoção, precisa de alguma experiência, ou indicação?*
>
> *Entrevistado 22: Na realidade, é mais antiguidade. A remoção é antiguidade. Os juízes se inscrevem, e o Tribunal tem levado em consideração a antiguidade. Eu não conheço casos que sejam diferentes disso.*
>
> *Entrevistadora:* Existe alguma capacitação oferecida para o magistrado em determinado assunto, matéria?
>
> *Entrevistado 22:* Não. A capacitação é feita não especificamente para a matéria, ou seja, durante o ano a Escola de Formação tem previsão dos seus cursos e, aos poucos, vai passando os cursos. Contamos também com os fóruns, que são os encontros da Infância e da Juventude, e outros seminários; e aí vamos nos aprofundando, mas, quando se muda de área, não tem um curso específico para aquela área, não, só pelo fato de mudar de área. (Grifou-se).

Com relação à segurança, por meio da observação participativa foi constatado que o atendimento jurisdicional é realizado no NAI com uso de algemas e com escolta de dois agentes socioeducativos, que permanecem em pé, em posição estratégica para o caso de necessidade de contenção. O adolescente, na audiência de apresentação, permanece algemado desde o momento em que é conduzido da unidade de internação ao NAI, quedando-se algemado a um banco de ferro até o momento da sua audiência. Há presença da Defensoria, do Ministério Público e Judiciário, sendo assegurado o direito ao silêncio.

Em se tratando dos demais direitos, como saúde, alimentação, educação e profissionalização nas unidades de internação, foi reconhecida a necessidade de maior integração entre os entes públicos, com mais ênfase na multidisciplinaridade, indicando falhas intersetoriais que permitem a execução precária das políticas de atendimento socioeducativas, conforme trecho da entrevista com Entrevistado 22:

> *Entrevistadora:* Qual é o maior desafio do Judiciário no campo mesmo do agir?

*Entrevistado 22:* Acho que vai ao encontro do você está fazendo na sua pesquisa: *conseguir que o Executivo implemente o que está no papel, ou seja, o que o ECA traz, o que o Sinase traz,* buscando levar para o todo o Sistema Socioeducativo, não só o Sistema nas unidades de internação, mas desde do meio aberto, a semiliberdade e a internação, *que haja um trabalho multidisciplinar, em que todas as secretarias envolvidas nas políticas públicas correspondentes, educação, saúde, assistência social, esporte, cultura, lazer, trabalho, capacitação, segurança pública, tudo possa efetivamente estar interligado e funcionando bem.*

A partir do momento em que verifico o que o ECA e o Sinase preveem, por exemplo, na parte de saúde, tenho uma equipe mínima que deveria estar atuando com aqueles adolescentes, mas não vai adiantar só a saúde, se ela não estiver interligada com a educação. A educação está me apontando aqui que esse adolescente, ou essa adolescente, tem um problema cognitivo, e esse problema cognitivo, de certa forma, faz com que ela se exclua daquele ambiente, ela não se sente pertencente àquele ambiente. Então, ela acaba se evadindo do ambiente escolar, indo para outros ambientes em que ela possa se sentir pertencente. Aí eu tenho também um problema junto à assistência social, ou seja, a família não tem condições mínimas de se manter, ou seja, a questão socioeconômica é muito frágil, vamos supor, todos estão desempregados e não têm nenhum benefício do governo, não estão sendo assistidos. Onde está o CRAS, o CREAS?

Podemos também verificar que se funcionasse bem a questão de lazer, de esporte, de cultura, naquele momento de ociosidade do adolescente, no contraturno escolar, para que ele possa ser estimulado às práticas que vão trazer para ele o mesmo estímulo que as drogas trazem, porque ele acaba procurando as drogas para ter mais adrenalina, para ter mais prazer, sendo que ele poderia estar obtendo nessas áreas sem a utilização da droga.

Entretanto, *não temos essa interligação concreta,* mas a lei diz que é para ser assim, tanto é que quando o ECA elenca os direitos, todas aquelas áreas ali elencadas são importantíssimas, porque o adolescente está em desenvolvimento. Então, todas as áreas devem atuar conjuntamente.

Eu não posso simplesmente dizer que o problema é da Subsis, da Sejus, porque o adolescente está vinculado a elas. O problema é de todos, e não só do Estado, é da comunidade [...].

*Se tudo isso funcionasse realmente, se estivesse em plena execução, teríamos um outro Brasil, teríamos uma outra Brasília, um outro Distrito Federal,* viveríamos numa cidade em que as pessoas realmente têm os seus direitos respeitados. Hoje não, hoje infelizmente não vemos isso. Praticamente não temos, dentro dos CRAS, servidores, não temos carro, pelo que tenho visto das reclamações. Houve um concurso público que foi anulado. O Conselho Tutelar, nem todos os conselheiros atuam de forma diligente, porque, você pode ter certeza, para ele chegar ao

Sistema Socioeducativo ele já passou por todas as outras políticas públicas que atuam com a criança e com o adolescente.

*Entrevistadora:* Realmente, concordo, há um buraco entre um setor e outro, não se comunicam...

*Entrevistado 22:* Total. Não se comunicam. (Grifou-se).

No que concerne à saúde, além de maior integração entre as instituições, infelizmente ainda há demora na prestação judicial para apreciar e solucionar casos que demandam rapidez, como o caso do jovem, maior de 18 anos, internado na UNIRE, que sofreu um surto psicótico quando da inspeção ministerial, a qual estava observando. Enquanto observava o atendimento oferecido ao interno, com algemas junto à maca e isolamento em cubículo-cela na enfermaria, ouvi os relatos dos enfermeiros de que os surtos eram frequentes e a Direção já havia há mais de um mês pedido a suspensão da medida, porque não tinha condições estruturais de mantê-lo por lá, porém o Judiciário aguardava um laudo para decidir. O caso concreto demonstrava nitidamente que aquele ser humano mais necessitava de tratamento médico do que de cumprimento de medida socioeducativa e ainda assim era mantido segregado, fato que somente foi alterado porque o Ministério Público estava no momento do surto e pôde ajustar ações mais efetivas junto ao Judiciário instantaneamente.

Importa registrar o desconhecimento do Judiciário sobre o modo de funcionamento do sistema de saúde e a não interlocução entre a Secretaria de Saúde e as Unidades de Internação:

*Entrevistadora:* Um dado, por exemplo, que peguei na minha pesquisa também: conversando com o pessoal da área de saúde das unidades, eles não têm acesso ao prontuário do adolescente que foi atendido.

*Entrevistada 28:* Exato.

*Entrevistada 22:* Não têm.

*Entrevistadora:* Por exemplo, o garoto vai ser atendido em algum hospital, alguma UPA, quando ele volta...

*Entrevistada 22:* Mas eles não fornecem.

*Entrevistadora:* Se o agente socioeducativo não tiver pego lá as informações com o médico...

*Entrevistada 22:* Ele não tem. Tem que oficiar aqui para que possamos...

*Entrevistadora:* A enfermeira fica sem saber como agir.

*Entrevistada 28:* E, às vezes, o agente não é da área da saúde, não entende a situação, ou não faz as perguntas que talvez quem é da área de saúde...

*Entrevistadora:* Poderia ter a senha de acesso no prontuário do adolescente.

*Entrevistada 28:* Só para consulta, não para alteração.

*Entrevistada 22:* Só para consulta, não é para alteração. Isso seria muito bom.

*Entrevistadora:* E é uma coisa que não demanda dinheiro, demanda talvez uma...

*Entrevistada 22:* Na realidade, demanda, porque você tem que ter um sistema que atenda isso, uma plataforma. Isso da informática. Você não pode simplesmente... Porque, para você ter essa senha...

*Entrevistadora:* Ela não pode entrar no próprio sistema da Secretaria de Saúde?

*Entrevistada 22:*Eu não sei se pode.

*Entrevistada 28:* Se ela tivesse uma senha de acesso, com acesso restrito, só para consulta e não para alteração de dados...

*Entrevistada 22:* Aí talvez sim, não teria...

*Entrevistada 28:* Facilitasse, porque toda unidade tem a gerente de saúde. Então, essa senha poderia ficar com a gerente, que é a responsável. Aí já tem uma pessoa responsável por isso, se tiver algum problema, ela pode ser responsabilizada.

*Entrevistada 22:* Mas aí teria que ter um termo de cooperação entre as secretarias, não é?

*Entrevistadora:* Sim.

*Entrevistada 22:* Porque aí sim seria... Igual à Secretaria de Educação, você tem lá as portarias conjuntas e tal, que dão uma margem mais maleável para poderem atuar em conjunto com a Saúde também. Eu acho que isso seria o caminho.

*Entrevistadora:* Uma ideia, não é?

*Entrevistada 22:* É, seria uma ideia. (Grifou-se).

Quanto à profissionalização, o Judiciário, em que pese não se tratar de sua função precípua, tenta promover medidas para o aprimoramento do sistema de execução de medidas socioeducativas, inclusive mediante colaboração com órgãos e entidades externas, como é o caso do SENAI e do SENAC, por meio de termos de cooperação, mas ainda muito incipiente. A realidade é que os cursos ofertados são destinados a poucos adolescentes e a maioria deles permanece ociosa no contraturno escolar. O Judiciário reconhece não ser possível promover inserção de valores no modelo vigente, em que prevalece o encarceramento, e aponta o modelo amigoniano como exemplo de modelo anterior que surtia mais efeitos positivos:

Entrevistadora: Por exemplo, essa questão da profissionalização, entrando no SENAI, seria uma incumbência muito mais do Executivo, como ele é o órgão executor da medida, de trazer a profissionalização, do que do Judiciário, que está ali promovendo. [...].

Entrevistado 22: Infelizmente, não é o nosso papel, mas alguém tem que... Vou lhe explicar o porquê. No Executivo, entram e saem a todo instante os gestores, e eu fico, eu permaneço, eu aqui estou. Então, é muito complicado você ficar inerte, vendo que entra um e não dá continuidade ao que o outro estava fazendo, aí daqui a pouco o outro também não vai, e não segue uma linha, ou seja, você não tem um plano que possa ser seguido com cinco, dez anos. Temos o plano distrital que é lindo e maravilhoso no papel, mas efetivamente não o temos em execução. Para o Judiciário, para o Ministério Público, que ficamos, efetivamente, direto na área, é mais fácil visualizar as carências e tentar fazer alguma coisa, mesmo que não seja esse o nosso papel.

Entrevistadora: Por exemplo, hoje tive um achado na minha pesquisa que achei interessante, porque não paramos para raciocinar, o adolescente hoje fica dentro do quarto, do alojamento, mais ou menos vinte horas por dia, de vinte a vinte e uma horas, porque ele vai para a escola, que são três horas mais ou menos, e quando tem o banho de sol, no contraturno, é meia hora, quarenta minutos, quando ele não tem profissionalização; quando tem profissionalização, ele fica um pouco mais que os outros, mas são muito poucos que têm profissionalização. Se você ficar dentro de um quarto vinte, vinte e uma horas, qual o sistema que vai...

Entrevistado 22: Ressocializar.

Entrevistadora: Não tem condição.

Entrevistado 22: Não tem. Para uma ressocialização, tivemos exemplos maravilhosos, inclusive no Distrito Federal, em que, num certo, tempo, tivemos gestão compartilhada com os Amigonianos. Nesse período, era interessante porque o adolescente acordava 7 h, mais ou menos, tomava seu café e só retornava para o quarto só à noite. Ali se fazia o tempo todo trabalhos. Ele não ficava ocioso. Então, da hora em que ele acordava, que ia para a escola, se fosse o turno matutino, tomava banho, tomava café, ia para a escola, tinha horário de lanche; aqueles outros que estudavam de tarde, faziam as oficinas, esporte, no contraturno da escola. Havia os atendimentos, as equipes eram fechadas, então, tínhamos atendimento desde o assistente social, psicólogo, pedagogo e, ao final de disso tudo, tinha um trabalho interdisciplinar. Era maravilhoso. Então, pude ver... (Grifou-se).

Ao que parece, as políticas de profissionalização sofreram retrocesso, especialmente na internação provisória, onde os amigonianos compartilhavam a gestão e praticavam *habitus* menos punitivos no campo socioeducativo. A doxa da punição, por prevalecer, tem o potencial de retroceder ao *status quo*, alertando, por meio da reiteração da prática da violência simbólica, que qualquer tentativa de alteração para outro modelo de responsabilização que não seja punitivo não deve prosperar.

O mesmo se afere com relação à alimentação, que era ofertada no período amigoniano em refeitório próprio, onde os adolescentes se alimentavam sentados à mesa; hoje são alimentados reclusos nos seus dormitórios, que se assemelham a celas. O Judiciário concorda que a prática atual não oferece nenhum benefício ao adolescente que se encontra cumprindo medida socioeducativa de internação, porém nas suas inspeções não sinaliza por mudanças:

> *Entrevistadora:* O que não deu certo?
>
> *Entrevistado 22:* É complicado dizer o que não deu certo...
>
> *Entrevistadora:* A política?
>
> *Entrevistado 22:* Eu acho que foi mais questão política dos servidores. Não sei se foi dos servidores em si, mas a questão de ter uma carreira própria. Não sei se foi basicamente só isso, mas o que me lembro é que os meninos almoçavam como gente, porque eles tinham um refeitório, então, eles sentavam à mesa, comiam com prato, com talheres.
>
> *Entrevistadora:* Muito diferente do que temos hoje.
>
> *Entrevistado 22:* É muito diferente. Se você começa a tratar um ser humano como bicho, ele vai se tornar um bicho, porque, a partir do momento em que você priva o adolescente das mínimas coisas que nos tornam seres humanos, você está retrocedendo. É a minha visão. Infelizmente…

Além da atuação judicial no âmbito dos direitos e garantias do adolescente, constatou-se que o Judiciário se esforça para proporcionar prestação jurisdicional individualizada, ainda que haja no momento cerca de 5.000 processos em tramitação na VEMSE, e também para realizar reuniões conjuntas com GDF e CNJ para refletir sobre melhorias que podem ser implementadas. Os entrevistados relataram que os pedidos para concessão de benefícios são mais recorrentes nas medidas socioeducativas de internação e que buscam analisar todos, especialmente nas datas dos dias das mães, dos pais e do Natal. Para tanto, implementou-se a política de concessão de benefícios, que, apesar de não contar com previsão legal, foi inserida nas práticas judiciais e está condicionada, entre outros fatores, à avaliação da saída anteriormente concedida, caso não tenha havido problemas, assim como a não incidência de ocorrência disciplinar, momento em que os benefícios são concedidos automaticamente, consoante trecho reproduzido das entrevistas:

> *Entrevistadora:* Mas, em termos de Judiciário, tem mais ou menos noção de quantos processos, por mês?
>
> [...]
>
> *Entrevistado 28:* Por mês, eu não sei. Hoje temos entre 4.500 e 5.000 processos tramitando. Agora, por mês, varia muito. Por exemplo, maio tem o Dia das Mães, então a tramitação de pedidos...
>
> *Entrevistadora:* Pedidos de benefício.
>
> *Entrevistado 28:* É muito maior de internação.
>
> *Entrevistado 22:* Agosto é a mesma coisa, dezembro...
>
> *Entrevistado 28:* Agosto tem o Dia dos Pais; novembro e dezembro tem o Natal.
>
> *Entrevistadora:* Nessas épocas, vocês fazem tipo um mutirão para atender a todos? Dá para atender a todos os pedidos?
>
> *Entrevistado 28:* Dá. Assim, praticamente todos.
>
> *Entrevistado 22:* Praticamente todos.
>
> *Entrevistado 28:* Alguns processos que chegam à véspera, na sexta-feira...
>
> *Entrevistado 22:* E que não dá tempo.
>
> *Entrevistado 28:* Aí não dá tempo de apreciarmos tudo, mas todos os meninos que não conseguem sair no dia, mas que têm o direito, conseguimos uma saída substitutiva pelo mesmo período. Por exemplo, no Natal, às vezes.
>
> *Entrevistadora:* Isso é interessante.
>
> *Entrevistado 22:* Dá três, quatro dias.
>
> *Entrevistado 28:* Por exemplo, no Natal, às vezes, dá três, quatro dias, dependendo de quando cai o dia 25. Então, se o menino não conseguiu no Natal, às vezes o relatório chegou muito em cima da hora, atrasou em algum lugar, alguma coisa assim...
>
> *Entrevistado 22:* Não deu tempo de ir à Defensoria, ao Ministério Público antes.
>
> *Entrevistado 28:* Então, conseguimos a substitutiva pelo mesmo período. Se no Natal foi 23, 24 e 25, serão três dias também.
>
> *Entrevistado 22:* Ele vai ter a substitutiva.
>
> *Entrevistadora:* nas inspeções, e eles só perguntavam do processo.
>
> *Entrevistado 28:* Eles ficam bem ansiosos com isso.
>
> *Entrevistado 22:* Toda visita é assim.

*Entrevistadora: Em relação aos benefícios, há critérios que vocês utilizam, além dos legais, alguns critérios internos? Como é?*

*Entrevistado 22: Na realidade, esses benefícios não estão previstos em lei. Há a previsão em lei de se fazer algo, mas não é com a LEP, especificamente, criando uma saída no Dia das Mães, uma saída... Não existe. Isso foi uma criação do Judiciário antes mesmo de eu vir para cá, antes de eu assumir a Vemse já existia, já era prática na Vara da Infância e Juventude, porque a execução estava ainda dentro da mesma Vara, e eu dei seguimento. Só houve uma remodelação do que já se fazia antes.*

*Os critérios para a concessão desses benefícios, basicamente, vão de acordo com a evolução do adolescente. Então, aquele adolescente, vamos parar para pensar aqui, lá PIA, que é o Plano Individual de Atendimento, ele tem algumas metas traçadas para cumprir de seis em seis meses, ou então a cada seis meses é renovado e tal. Vamos analisar se aquelas metas estão sendo cumpridas, se foram alcançadas, se foram alcançadas parcialmente, se ele está com o comportamento adequado, se ele não tem ocorrência disciplinar, está na escola, está se esforçando, está fazendo reflexão do ato praticado. Tudo é um conjunto. Não dá para lhe dizer, cada caso é um caso.*

*Entrevistadora:* Analisa individualmente?

*Entrevistado 22:* Individualmente. Não tem como colocar tudo... não dá, infelizmente.

*Entrevistadora:* Dá um trabalhão.

*Entrevistado 22:* Dá.

*Entrevistadora:* Por isso, de repente, não sei se já houve algum estudo dentro do Tribunal acerca da necessidade de criação de uma nova vara de execuções.

*Entrevistado 22:* Não.

*Entrevistadora:* Exatamente por esse trabalho peculiar individual que é feito caso a caso.

*Entrevistado 22:* Não.

[...]

*Entrevistado 28:* Em relação aos benefícios, temos portarias que o juiz expede antes da concessão do benefício, Natal, Dia das Mães e Dia dos Pais. Daí, nessas portarias, concedemos automaticamente o benefício para alguns, para os adolescentes que se enquadrarem nelas, mas eles já foram reavaliados em algum momento. Então, normalmente, são aqueles meninos... Por exemplo, essa semana expedimos a portaria do Dia dos Pais, daí quem vai poder sair no Dia dos Pais? Quem já saiu no Dia das Mães. Por eles terem saído no Dia das Mães, eles já foram avaliados lá. Ele saiu, ele foi bem avaliado na saída e ele não se envolveu em ocorrências disciplinares desde o Dia das Mães, daquela saída até agora, então, aí ele pode sair no Dia dos Pais. Ele já entra na portaria.

[...]

> *Entrevistado 28:* Os que estão em saída sistemática também podem, porque lá na sistemática eles estão em avaliação constante.
>
> *Entrevistado 22:* Saída de aniversário.
>
> *Entrevistado 28:* Os que tiveram alguma saída de aniversário, dele ou dos pais ou dos filhos, porque alguns têm filhos, nesse período entre o Dia das Mães e o Dia dos Pais, e também tiverem avaliação positiva na saída e não tiverem ocorrências disciplinares também podem.
>
> *Entrevistado 22: Sempre condicionados a como foi a avaliação da saída anterior e à não incidência de ocorrência disciplinar. Essas duas condições estão para todos. É geral. Por conta disso, fica mais fácil para nós,* com essas portarias, aqueles casos que, talvez, tivéssemos que olhar processo por processo, já não vêm mais para nós. Isso diminui o fluxo de processos. Vêm os que ainda não têm benefício.
>
> *Entrevistado 28:* Ou porque, às vezes, o menino quer pedir outra coisa, quer pedir uma liberação junto, aí tem que ser apreciada. Aí, por exemplo, às vezes o menino saiu no Dia das Mães, mas ele quer uma liberação, daí o processo dele chega em cima hora, mas ele sai pelo Dia dos Pais, porque ele tem a portaria. E daí vai ser apreciado o pedido de liberação. Ele não perde o benefício por isso. Os que se enquadram já conseguem sair dessa forma. (Grifou-se).

Após esses relatos, observa-se que na verdade as condições impostas para concessão de benefícios geram menor fluxo de trabalho para o Judiciário e não necessariamente implicam análise individual de pedidos. Na prática, o requisito da não incidência de ocorrência disciplinar desempenha o papel inibidor dentro da unidade de internação para se impor a ordem, e não apenas para estimular o bom comportamento. A observação empírica demonstrou que tal exigência impõe a lei do silêncio, faz com o que adolescente resista a reclamações sobre a comida, os colegas, o tratamento obtido, os direitos negligenciados, pois teme se envolver em ocorrências que levem à negativa do seu benefício. É o exercício da dominação sendo aplicado na prática, o que impossibilita argumentação da classe dominada.

As entrevistas foram importantes, ainda, para elucidar outros fatores impeditivos de aprimoramento de práticas no campo socioeducativo e permitir a constatação da presença da doxa punitiva, a exemplo do próprio questionário do CNJ, de preenchimento obrigatório nas fiscalizações do Judiciário, e que existe muito mais para quantificar do que para qualificar o atendimento ao adolescente em conflito com a lei, consoante relatos que se seguem:

*Entrevistadora:* Não sei se nesse questionário tem algum tipo de pergunta nesse sentido comportamental, digamos assim.

*Entrevistado 22:* Não, mas sempre fazemos, independente do questionário do CNJ, essa pergunta aos adolescentes, sempre. Porque esse questionário do CNJ é muito enxuto. Então, antes dele tinha um questionário de inspeção, antes do CNJ criar...

*Entrevistadora:* Que vocês tinham elaborado?

*Entrevistado 22:* É, já tinha elaborado, então, o nosso continua vigorando nas perguntas extras. E, com base nessas perguntas, há um campo do formulário que acrescentamos, nos ofícios, o que foi visto, o que foi recomendado na unidade, por aí vai, se foi oficiado, porque houve alguma denúncia, ao Ministério Público, encaminhado alguma coisa, tudo isso vai fazer parte da inspeção. Não é do CNJ, isso é à parte.

*Entrevistadora:* Vocês sentem essa necessidade.

*Entrevistado 22:* Sim.

*Entrevistado 28:* O questionário do CNJ é muito quantitativo.

*Entrevistado 22:* É muito quantitativo, é mais para estatística.

*Entrevistado 28:* Ele não tem aspecto qualitativo, por exemplo, a qualidade da comida.

*Entrevistado 22:* Não, não fala. Ele quer saber se tem comida.

*Entrevistado 28:* Se teve problema na comida, porque, às vezes, tem problema, os diretores precisam solicitar substituição da marmita. Há esses problemas: denúncia de agressão... Há até um campo que fala das ocorrências disciplinares praticadas pelos adolescentes, se houve ocorrência com arma de fogo, com celular, com estoque, evasão ou fuga, essas situações, mas não tem se houve denúncia de agressão física, essas situações, isso não tem. Há quantitativo de servidores, quantitativo disso e daquilo.

*Entrevistado 22:* E se está faltando, por exemplo, algum material de higiene, faltando colchão, faltando lençol, cobertor, não tem. Então essas perguntas são feitas à parte.

*Entrevistado 28:* Colchão até tem, mas material de higiene não tem, material de limpeza não tem.

*Entrevistado 22:* Então, muitas vezes, são as famílias que levam.

*Entrevistadora:* Remédios, medicamentos.

*Entrevistado 22:* Agora, há pouco tempo, o Ministério Público do Trabalho fez um acordo com não sei quais indústrias farmacêuticas, ou se foram empresas farmacêuticas, justamente para fornecer ao Socioeducativo aqueles que são básicos, não os de receita controlada, porque dependem de receita.

*Entrevistado 28:* Ao final do questionário, há um campo de observações, que é livre, e lá que escrevemos a situação, as reclamações dos adolescentes, as atividades que foram desenvolvidas, normalmente sempre tem, os cursos que são desenvolvidos...

*Entrevistado 22:* Se tem atividade religiosa, qual entidade, quando faz.

*Entrevistado 28:* O questionário tem um campo que você preenche quantos adolescentes estão vinculados a cursos, mas não tem quais são esses cursos desenvolvidos. Não tem se há atividade religiosa, não, mas quais grupos visita. Aí colocamos.

*Entrevistado 22:* Quantas vezes por semana, não vem, no questionário.

*Entrevistado 28:* Quais são as reclamações dos adolescentes, se eles reclamaram disso, daquilo ou daquilo outro e há essas outras informações que tem às vezes alguma coisa, denúncia dos meninos, ou às vezes até a própria direção já avisa: realmente, não recebemos papel higiênico, não recebemos tal item, não tem isso, não tem aquilo.

*Entrevistado 22:* Quando, por exemplo, a direção fala uma coisa e o adolescente fala outra, vamos ao almoxarifado, verificamos o que de fato tem e o que não tem. Então, tudo vai de acordo com o que é visto durante a inspeção.

*Entrevistadora:* Então, na verdade, a inspeção de vocês é mais completa, né?

*Entrevistado 22:* É.

*Entrevistadora:* Porque vocês não ficam focados só no CNJ.

*Entrevistado 22:* Não.

*Entrevistado 28:* Há coisas que podemos resolver ali mesmo.

*Entrevistadora:* Com o requisito do CNJ, mas, na verdade, vocês vão lá com a intenção realmente ver se o atendimento está sendo... o que está sendo oferecido para aquele adolescente.

*Entrevistado 22:* Exato.

*Entrevistado 28:* E há alguns problemas que às vezes resolvemos ali mesmo, por exemplo, o menino fala "estamos tendo pouco atendimento técnico; não está havendo". Pode ser oficiado ao Secretário de Justiça informando isso, mas se você já está li, então você conversa. Daí, às vezes a diretora mesmo fala "não está, (...)".

[...]

*Entrevistadora:* E se porventura detectarem que é falha do atendimento mesmo da unidade, vocês já estão ali na hora para...

*Entrevistado 22:* Exatamente. Aí já tem as recomendações. Há um campo de recomendações que falamos: foi recomendado ao diretor isso, isso e isso. Então, o que fazemos não é uma inspeção tão simplesinha, não, fazemos uma inspeção mesmo, por isso, você gasta um dia de inspeção, uma tarde inteira, porque não é...

*Entrevistado 28:* Na semiliberdade, conseguimos fazer duas, mas, na internação, praticamente uma numa tarde.

*Entrevistadora:* As unidades são muito grande, é um mundo!

*Entrevistado 22:* Exato. São inspeções mais minuciosas.

Conforme se extrai do trecho das entrevistas, o Judiciário local parece primar pela complementação ao questionário do CNJ e identificar elementos que possam prejudicar o atendimento ao adolescente institucionalizado para tomada de providências. Porém, não foi possível mensurar a fidelidade do discurso à premissa relatada, uma vez que os relatórios disponibilizados para análise não continham dados qualitativos, mas apenas quantitativos. As informações retratadas foram encaminhadas incompletas, tendo sido apagado o conteúdo resultante das inspeções, o que impediu análise mais apurada. A síntese dos achados empíricos pode ser apreciada conforme o quadro:

## Quadro 8 – Achados empíricos no campo do Judiciário

<table>
<tr><th>Subeixos de pesquisa</th><th>Previsão normativa</th><th>Dados coletados</th><th>Doxa hegemônica</th><th>Doxa heterogênica</th><th>Natureza do habitus</th><th>Intersetorialidade</th></tr>
<tr><td>Estrutura</td><td>Art. 92, VII, da CF, arts. 86, 88 e 141 do ECA, Diretrizes do Plano Nacional de Atendimento Socioeducativo (SDH, 2013)</td><td>A estrutura da VEMSE funciona em local de fácil acesso, em prédio próprio construído para atender a especialidade da matéria.</td><td rowspan="6">Poder simbólico oculto punitivo que aceita práticas punitivas como evidentes e as naturalizam, como no caso do uso das algemas nas audiências realizadas no NAI e a exigência de não ocorrência de disciplinar para concessão de benefícios, sem indícios de analisar o teor e gravidade da ocorrência.</td><td rowspan="6">Contrasta a doxa hegemônica: manifesta consciência sobre a necessidade de fortalecimento de políticas intersetoriais.</td><td rowspan="6">Prevalência da herança punitiva na reprodução de práticas não conscientes no Direito Penal ao campo socioeducativo.</td><td>Não compartilhamento de dados resultantes de suas fiscalizações com outras instituições do campo da Justiça ou do GDF.</td></tr>
<tr><td>Capacitação</td><td>Diretrizes do Plano Nacional de Atendimento Socioeducativo (SDH, 2013)</td><td>Ausência de capacitação específica para os magistrados e servidores. Há apenas uma ambientação sobre a temática no curso de formação após a posse no cargo e os demais cursos são realizados a depender da vontade de cada membro em se especializar.</td><td>Não há capacitação específica oferecida periodicamente pelo Judiciário ou por meio de articulação entre órgãos do GDF.</td></tr>
<tr><td>Segurança</td><td>Art. 125 do ECA, Súmula Vinculante 11 do STF, Diretrizes do Plano Nacional de Atendimento Socioeducativo (SDH, 2013)</td><td>Algemamento de todos os adolescentes nas oitivas no NAI e nas audiências de apresentação.</td><td>Magistrado utiliza segurança da SUBSIS nas audiências de apresentação no NAI.</td></tr>
<tr><td>Saúde</td><td>Art. 227 da CF, arts. 4º e 121 e seguintes do ECA, Diretrizes do Plano Nacional de Atendimento Socioeducativo (SDH, 2013)</td><td>A decisão de casos de suspensão da medida socioeducativa em razão da saúde mental não é rápida. Fica adstrito a laudo médico e se deixa de verificar pessoalmente as condições para soltura, o que poderia ser feito nas próprias fiscalizações.</td><td>Desconhecimento de como funciona na prática o sistema de saúde e a integração com a Secretaria de Saúde.</td></tr>
<tr><td>Profissionalização</td><td>Diretrizes do Plano Nacional de Atendimento Socioeducativo (SDH, 2013)</td><td>Parceria com outras instituições para promover aprendizagem nas unidades de internação, mas não há continuidade nas políticas públicas de profissionalização e na maior parte dos casos os cursos e oficinas, quando existem, dependem da [illegible] unidade de internação.</td><td>Pouca articulação para garantir profissionalização para todos os adolescentes, mas foi detectado termo de cooperação com outros órgãos para inserir o Sistema [illegible] de internação.</td></tr>
<tr><td>Alimentação</td><td>Art. 227 da CF e arts. 4º e 121 e seguintes do ECA, Diretrizes do Plano Nacional de Atendimento Socioeducativo (SDH, 2013)</td><td>A pesquisa empírica constatou que não há preocupação em fiscalizar a forma como os adolescentes se alimentam ou para assegurar boa alimentação definitivamente, já que são constantes as trocas de empresas.</td><td>x</td></tr>
<tr><td>Educação</td><td colspan="6">Não foi objeto da entrevista</td></tr>
</table>

Fonte: autoria própria

A análise das práticas do campo da justiça juvenil permitiu constatação relevante em termos intersetoriais, especialmente em relação a falhas de articulação estratégicas entre os atores da justiça, assim como a existência de *habitus* punitivos costumeiros que fundamentam práticas dissociadas da ampla defesa e do contraditório. A pesquisa revelou que doxas punitivas dão subsídios para o tratamento do adolescente com restrições a direitos e garantias constitucionalmente estabelecidos, com repetição dos equívocos manifestos no âmbito do Direito Penal, de modo que devolvemos seres humanos inabilitados para o convívio social, com alta taxa de reincidência, o que também será reproduzido pelos órgãos de execuções de medidas socioeducativas.

## 4.3 Órgãos de execuções de medidas socioeducativas

A pesquisa finalizou a análise empírica compreendendo, por meio de entrevistas semiestruturadas, questionários e observação participativa, os desafios intersetoriais das estruturas administrativas de alguns órgãos de execuções de medidas socioeducativas no DF, mapeando as tensões, disputas e relutâncias que habitam o campo socioeducativo.

### 4.3.1 O conflito dos atores do campo socioeducativo

O "conhecimento útil" adquirido pelas pessoas e grupos é forma de capital que colabora para a reprodução sistemática de diferentes práticas dentro de um determinado campo. No campo socioeducativo, dissemos que há lutas simbólicas entre os atores que compõem a seara socioeducativa, cujos conhecimentos colaboram para relações de disputas e interagem entre si, de um lado por meio de doxa eminentemente punitiva, como algo evidentemente preconcebido e inquestionado; e de outro, por meio de um padrão de atendimento que tende a ser menos punitivo, especialmente por parte dos especialistas e da direção.

Há certa dificuldade dos atores em compreender os seus papéis no campo socioeducativo e também objeções nas relações internas que precisam ser mais bem trabalhadas:

Quadro 9 – A dificuldade de entender a socioeducação e relacionar-se no campo socioeducativo multidisciplinar

| **Entrevistado 20**: Eu percebo que há conflitos de visões entre os servidores sobre o que é o Sistema Socioeducativo, qual é o papel. Então há servidores que têm visões antagônicas. Eu acho que a Secretaria deveria normatizar isso, construir um norte comum entre os servidores e os objetivos. | **Entrevistado 5**: O servidor tem dificuldade de se enxergar no sistema incoerente com as normas vigentes. | **Entrevistado 9**: Na verdade, uma vez conversando com um Juiz, ele fala bem assim: "Se eu interno o menino é porque quero que ele fique internado. Se vocês começam a pedir muita atividade externa, isso é uma semiliberdade. Sugerem vocês. Se tudo o que vocês querem fazer é externo, externo, não tem por quê. Eu o estou tirando do convívio social para que, de fato, ele possa ser atendido, para depois voltar novamente. Se vocês, no início da medida, já começam a botar que 'quero que façam isso fora, perde o sentido. | **Entrevistado 6**: Um outro desafio é a questão mesmo de interação entre as gerências, entre os setores, as relações interpessoais aqui da Unidade. Nós encontramos um ambiente bem fragilizado nesse aspecto também.<br>**Entrevistado 7**: Hostil.<br>**Entrevistado 6**: Hostil. Servidores que não se falavam, que não poderiam ficar no mesmo ambiente, gerências que não se comunicavam por situações passadas e que trazem até hoje essa dificuldade. |
|---|---|---|---|

Fonte: autoria própria

A naturalização dos espaços físicos que se assemelham a celas, o modo de atendimento que prega a disciplina como argumento para permitir a humilhação, o algemamento indiscriminado, a punição em módulos de reflexão e a retirada/diminuição do banho de sol são legitimados por meio de *habitus* autonomizados e que infelizmente ainda dominam as crenças de um grupo de servidores, mormente os agentes socioeducativos, que são os que mais defendem o porte de arma e o algemamento, e são alvo de queixas sobre seus padrões de conduta pelos demais servidores, profissionais da saúde e professores. O trecho de uma das entrevistas demonstra um dos argumentos para o habitual algemamento:

*Entrevistado 13:* Vão para o hospital escoltados. E aí tiramos as algemas quando necessário, para poder ser atendido.

*Entrevistadora:* Essa questão da algema é uma questão um pouco difícil de compreender, porque temos uma orientação do Supremo que diz o uso da algema deveria ser excepcional, mas, na prática, algema é toda hora, o tempo inteiro, ou não?

*Entrevistado 13:* Mas o que acontece? O adolescente que sai daqui está em risco eminente de fuga. Então a Súmula Vinculante n. 11...

*Entrevistadora:* É inaplicável?

*Entrevistado 13:* Não, ela é aplicável nesse caso específico: em caso iminente de fuga. Então é por isso que ela sempre é usada com os adolescentes, porque um dos porquês de usar algema é esse, de risco iminente de fuga. E, quando saímos, obviamente que ele está em risco iminente de fuga.

*Entrevistadora:* O tempo inteiro?

*Entrevistado 13:* Então, o tempo todo ele deve ser algemado, realmente embasado na Súmula Vinculante.

*Entrevistadora:* Entendi.

De certo modo, há contradição do discurso pelo não armamento, uma vez que alguns entrevistados relataram que o Judiciário realiza inspeções com escolta armada. O questionamento é: se o porte de arma não é necessário para o campo socioeducativo, por que o Judiciário entra com escolta nas unidades? Nesse sentido, confira-se:

[...]

*Entrevistadora:* Quando o Judiciário vem, eles vêm escoltados?

*Entrevistado 9:* Eles vêm escoltados.

*Entrevistado 8:* Entram com seguranças armados.

[...]

*Entrevistadora:* Os únicos que entram escoltados são os juízes?

*Entrevistado 9:* Ministério Público também.

*Entrevistadora:* Ministério Público também vem escoltado?

*Entrevistado 9:*Também.

Noutro norte, percebeu-se que a ausência de integração entre os atores dos órgãos de execuções e as próprias Secretarias que atendem ao campo socioeducativo colaboram para o fomento de conflito dóxico intersetorial. Percebeu-se que muitos servidores nem sequer sabiam quantas refeições eram entregues, quantas horas de aula o adolescente cumpria, como era o atendimento médico, indicando ausência de diálogo intersetorial e percepção do papel de todas as áreas do campo socioeducativo. Do mesmo modo, foi curioso perceber, conforme atesta o quadro seguinte, que os servidores da SUBSIS atestam para a ineficiência da escola e para o descumprimento da carga horária que deveria ser cumprida nas unidades de internação, ao passo que os professores afirmam efetivamente ministrar as aulas a contento, dentro da carga horária exigida. Mais curioso é que o Ministério Público, o Judiciário e a Defensoria Pública atuam superficialmente nessa questão, deixando de fiscalizar e exigir o cumprimento integral da carga horária dos professores.

Quadro 10 – Achados qualitativos dos questionários sobre educação no campo socioeducativo do DF

*(continua)*

| Perguntas | Questionários | Atribuição | Respostas |
|---|---|---|---|
| Qual a carga horária diária de educação fornecida ao adolescente institucionalizado? | Questionário 02 | Direção | 5h |
| | Questionário 30 | Direção | 4h / dia |
| | Questionário 103 | Direção | 4h / aula |
| | Questionário 20 | Especialista | entre 3h e 4h |
| | Questionário 23 | Especialista | em média 4h |
| | Questionário 43 | Especialista | aproximadamente 4h p/ dia |
| | Questionário 46 | Especialista | 3h / dia |
| | Questionário 56 | Especialista | 4h nem sempre funcional |
| | Questionário 61 | Especialista | cerca de 4h previstas, porém na execução eu duvido que cumpram essas horas |
| | Questionário 43 | Especialista | aproximadamente 2h30 |
| | Questionário 63 | Especialista | entre 2h30 e 3h30 |
| | Questionário 64 | Especialista | em torno de 4h / dia |
| | Questionário 96 | Especialista | 3h30 |
| | Questionário 111 | Especialista | alguém do previsto |
| | Questionário 04 | Agente Socioeducativo | 3h30 |
| | Questionário 10 | Agente Socioeducativo | 3h30 |
| | Questionário 26 | Agente Socioeducativo | 4h / dia |

*(conclusão)*

| Perguntas | Questionários | Atribuição | Respostas |
|---|---|---|---|
| Qual a carga horária diária de educação fornecida ao adolescente institucionalizado? | Questionário 34 | Agente Socioeducativo | dois turnos vespertino e matutino |
| | Questionário 39 | Agente Socioeducativo | 4h / dia (segunda a sexta) |
| | Questionário 71 | Agente Socioeducativo | 3h30 |
| | Questionário 74 | Agente Socioeducativo | padrão de ensino regular oferecido na rede oficial |
| | Questionário 77 | Agente Socioeducativo | 3h30 |
| | Questionário 79 | Agente Socioeducativo | 3h / dia |
| | Questionário 95 | Agente Socioeducativo | 3h30, matutino e vespertino |
| | Questionário 130 | Agente Socioeducativo | era pra ser 4h, mas neste ano de 2019 tem sido no máximo 2h |
| | Questionário 132 | Agente Socioeducativo | variável |
| | Questionário 134 | Agente Socioeducativo | em média de 3h a 4h |
| | Questionário 156 | Agente Socioeducativo | em torno de 4h / dia |
| | Questionário 15 | Professor | 4h de aula |
| | Questionário 51 | Professor | 5h em média, somente na escolas regular |
| | Questionário 86 | Professor | 4h diárias |
| | Questionário 89 | Professor | 4h / aula |
| | Questionário 117 | Professor | 4h semanais |
| | Questionário 118 | Professor | 8h – 12h e 14h – 18h, segunda a sexta |
| | Questionário 119 | Professor | 3h30 |
| | Questionário 121 | Professor | 20h |
| | Questionário 123 | Professor | 8h às 12h e das 14h às 18h |

Fonte: autoria própria

Por meio da observação participativa, percebeu-se que os agentes têm o poder de decidir sobre a garantia das atividades nas unidades de internação, de realizar ou não escoltas, de aplicar pequenas sanções sem que sejam descobertos, como atrasar refeições, conceder tempo menor para o banho de sol, atender ou não aos pedidos realizados nos módulos pelos adolescentes. Esse poder é utilizado de forma simbólica para barganhar melhorias na carreira, como exigir mais concursos para suprir o baixo efetivo, deixando de levar os adolescentes para a escola outras atividades, como as oficinas e cursos profissionalizantes. No quadro verificam-se respostas que comprovam os dados colhidos:

Quadro 10A – Achados qualitativos dos questionários sobre educação no campo socioeducativo do DF

<table>
<tr><th>Perguntas</th><th>Questionários</th><th>Atribuição</th><th>Respostas</th></tr>
<tr><td rowspan="4">Todos os adolescentes frequentam a escola nas unidades de internação?</td><td>Questionário 04</td><td>Agente Socioeducativo</td><td>Sim, mas devido aos próprios agentes estarem se esforçando com baixo efetivo.</td></tr>
<tr><td>Questionário 69</td><td>Agente Socioeducativo</td><td>Exceto os que já concluíram o ensino médio.</td></tr>
<tr><td>Questionário 72</td><td>Agente Socioeducativo</td><td>Exceto os que já concluíram.</td></tr>
<tr><td>Questionário 122</td><td>Professor</td><td>Mas os casos de cumprimento de medida disciplinar ficam muitos dias sem acesso.</td></tr>
</table>

Fonte: autoria própria

Alterar a ordem existente formada por disposição durável incorporada pelos atores do campo socioeducativo demanda muito esforço e, embora a presente pesquisa tenha percebido um movimento incipiente no sentido de transformar os *habitus* punitivos e melhorar o diálogo intersetorial, nem de longe estamos perto do ideal, conforme se demonstrará no próximo item.

## 4.3.2 A insolvabilidade da governança intersetorial

A Lei do SINASE estabelece no art. 2º, incisos I, II e III, que as medidas socioeducativas previstas no art. 112 do ECA, incluindo, portanto, a medida socioeducativa de internação, têm por objetivo a responsabilização do adolescente quanto às consequências lesivas do ato infracional, sempre que possível incentivando a sua reparação; a integração social do adolescente e a garantia de seus direitos individuais e sociais, por meio do cumprimento de seu plano individual de atendimento; além da desaprovação da conduta infracional, efetivando as disposições da sentença como parâmetro máximo de privação de liberdade ou restrição de direitos, observados os limites previstos em lei.

Nesse sentido, não apenas a responsabilização e a desaprovação da conduta infracional devem ser objeto de preocupação do Estado, mas principalmente a atenção para a integração social do adolescente e a proteção de seus direitos e garantias, já que ele voltará ao convívio social. Diante desse modelo misto – responsabilização e integração social por meio da educação, profissionalização e fortalecimento dos laços familiares –, a carga pedagógica da medida socioeducativa deve ser priorizada.

No entanto, a pesquisa aponta para a existência de governança intersetorial deficiente na execução das medidas socioeducativas de internação, especialmente nos subeixos da estrutura, capacitação, profissionalização, alimentação, saúde, educação, segurança e, ainda, o aprisionamento de estratégias políticas inoperantes e punitivas no campo infracional, a partir da reprodução sistemática de representações avaliativas penais compartilhadas não intersetoriais. As práticas destoam do ideário constitucional e legal e impedem a realização dos direitos e garantias dos adolescentes que cumprem medidas socioeducativas de internação.

A descentralização das unidades de internação no DF, apesar de ter sido considerada pela maioria dos entrevistados como fator positivo, uma vez que possibilitou a separação do atendimento pelo perfil do adolescente, não foi acompanhada de investimento em estrutura de pessoal adequada ao tamanho do que se tornou o campo socioeducativo distrital. Muitos servidores passaram a ocupar cargos administrativos e de gestão dentro das unidades, comprometendo a execução das medidas, pois não há atualmente agentes socioeducativos suficientes para garantir as atividades propostas no cotidiano. Nesse sentido são os trechos destacados das entrevistas:

> *Entrevistado 5:* [...] Na época do Caje, os meninos que eram apreendidos em flagrante, é o que se chamava de pernoite, eles também iam para o Caje. Então, no Caje, todo dia entravam meninos para ficarem apreendidos até a apresentação para a oitiva informal do Ministério Público. Então, a criação do NAI foi para retirar esse perfil do Caje.

E nós criamos a Central de Vagas para poder gerenciar o perfil de cada unidade que fosse inaugurada. E, com a desativação do Caje, inauguraram-se várias unidades.

[...]

*Houve toda essa descentralização, houve toda essa criação de perfis, houve tudo isso, mas não se caminhou com o planejamento de recursos humanos para isso, da maneira que eu entendo que devia ser devida. Um exemplo: no Caje, nós tínhamos 400 meninos.* Eu tinha um módulo que tinha cento e poucos. O que, ali, oito, dez servidores conseguiam, nós só conseguíamos atender aqueles meninos naquele espaço porque era um módulo só, hoje eu tenho esses mesmos 100 em uma unidade que tem dez módulos, em que oito servidores não são suficientes, porque eu tenho um contingente mínimo de servidor por módulo, dois ou três eu tenho que ter. *Então, eu criei espaços físicos, mas eu não aumentei efetivamente a quantidade de servidores que trabalham no Sistema Socioeducativo. Então, aí acho que já há uma falha, um ponto negativo, não da descentralização, mas de a política pública não ter caminhado em outras áreas também, a não ser só criação de prédios. Entende?*

*Entrevistado 4: O Sistema é muito grande! E, principalmente, temos uma ruptura no Sistema, que é a desativação do Caje. Com a desativação do Caje, o Sistema ganha um número significativo de unidades. Isso faz com que o Sistema aumente muito o nosso número de unidades, a nossa capacidade de atendimento. Então, o Sistema cresceu bastante com a desativação do Caje.*

Então, de lá para cá, nós permeamos muitas estruturas, desde o plantão, da área-fim, atividade de ponta mesmo, até a gestão. (Grifou-se).

Apesar da descentralização e da construção de novas unidades, a estrutura física das unidades vista de fora é associada a um presídio, com muros altos, arame farpado, esquema de identificação rigorosa para entrada de visitantes, rotina definida a partir da quantidade de agentes socioeducativos efetivos no plantão do dia, fator determinante, inclusive, para a garantia das atividades internas, como escola e cursos de profissionalização, onde existem. A preocupação com a segurança é tão peculiar que se pode afirmar que o comando das unidades não está a cargo da Direção, mas da deliberação da equipe de segurança, que determina como serão e se serão desenvolvidas atividades diárias.

Há unidades antigas, maquiadas com reformas, como a UIPSS, UNIRE e UIP, porém vendidas como novas unidades de internação a partir da desativação do CAJE, apesar de estruturarem-se com prédios velhos e mobília sucateada. Percebeu-se dificuldade no procedimento de compra e fornecimento de equipamentos de segurança, materiais de higiene, de manutenção, sendo comum a compra de lâmpadas, papel higiênico, pasta e escova de dentes pelos próprios servidores ou familiares dos adolescentes submetidos à medida socioeducativa de internação. Isso ocorre porque as unidades de internação não possuem orçamento próprio, ainda que para compras de pequeno valor, e porque há burocracia e falha do processo intersetorial de gestão, vez que a subsecretaria responsável pela aquisição de materiais é a Subsecretaria de Administração Geral (SUAG) e não a própria SUBSIS. Em uma das entrevistas, foi relatado que os servidores preferem comprar materiais de uso diário a aguardar o processo licitatório:

> *Entrevistado 12:* lâmpada. *Todo mês eu gasto uma média de 200, 300 reais do meu bolso com lâmpada, porque o processo de licitação demora, e eu não posso deixar a Unidade no escuro.* (Grifou-se).

Constatei que cada unidade de internação assemelha-se a uma ilha, com comando próprio e pouca interação entre os gestores das unidades e a SUBSIS. As reuniões ficaram suspensas de novembro de 2018 até meados de abril de 2019, tendo sido retomadas ao longo do ano sem grandes definições, conforme se observa da parte da entrevista a seguir transcrita:

> *Entrevistado 6:* Um outro desafio é a questão mesmo de interação entre as gerências, entre os setores, as relações interpessoais aqui da Unidade. Nós encontramos um ambiente bem fragilizado nesse aspecto também.

Os espaços internos são subutilizados ou por falta de planejamento ou por ausência de políticas públicas intersetoriais a serem implementadas conjuntamente pelas Secretarias da Educação, Cultura, Esporte e Lazer, assim como Saúde e do Trabalho. Apenas em uma das visitas, na UIBRA, foi possível visualizar alguns adolescentes utilizando quadra poliesportiva, que, apesar de estar presente na maioria das unidades, não é utilizada com frequência. Os adolescentes reclamam que passam boa parte do tempo "na tranca", que, quando não há aula, poucas atividades são oferecidas e passam ainda mais tempo isolados nos seus módulos nas férias escolares.

Ainda com relação à estrutura, foi possível perceber que algumas salas de aula não tinham janelas, como as salas de aula da UIP; que havia adolescentes dormindo no colchão no chão na UIBRA e UNIRE, apesar de o discurso empregado ser que inexiste superlotação; que o mau cheiro, o mofo, as goteiras e os banheiros entupidos são inerentes a toda unidade de internação; que o acesso é difícil para algumas unidades, onde não existe sequer transporte público para que as famílias possam visitar os adolescentes, como nas UIBRA e UISS; que as gambiarras elétricas fazem parte das estruturas das unidades, e há fiação exposta, tendo ocorrido, inclusive, um acidente envolvendo um adolescente no Módulo 4 da UNIRE, que estava com o pescoço imobilizado no dia da visita empírica por ter tomado choque ao tentar efetuar a instalação elétrica de uma televisão. Alguns desses achados podem ser observados:

> *Entrevistado 7*: Gambiarra elétrica tem. Isso é uma realidade em todas as unidades.
>
> [...]
>
> *Entrevistadora:* Por isso perguntei se tem alvará, porque como é que o Bombeiro vai autorizar o funcionamento desse tanto de gambiarra, né?
>
> [...]
>
> *Entrevistado 6:* É porque as gambiarras são feitas depois. O que ocorre? Quando esta Unidade aqui foi inaugurada, ela não previa a presença de uma TV dentro do alojamento do jovem, não previa. Ela tinha o espaço de área de convivência com a TV, na parede, mas não previa dentro do alojamento. Aí, outras gestões, em outros momentos, acharam conveniente colocar a TV dentro do alojamento. Para fazer isso, tem que passar um fio. Quem que vai passar o fio? O chefe da manutenção, que vai virar uma gambiarra. Então é por isso que acaba se tornando um...

De outro lado, as estruturas de trabalho também são ruins. Os agentes socioeducativos passam o plantão em local insalubre e são os responsáveis pela compra de seus próprios equipamentos de trabalho, como rádios e outros equipamentos necessários para o desempenho de suas funções. A maior parte dorme no colchão no chão, como na UNISS, outros em ambientes desconfortáveis, a exemplo da UNIRE, e não se sentem valorizados.[143] Não houve compra de viaturas para efetuar o transporte dos adolescentes e as que existem são fruto de doações de viaturas sucateadas da Polícia Militar, conforme relatos a seguir aduzidos:

---

[143] Cf. ALBUQUERQUE, 2019.

Quadro 11 - Estrutura de Trabalho

| | | |
|---|---|---|
| **Entrevistado 18**: Mas nós colocamos tudo em livro, nós relatamos em livro. Se você pegar os livros, está tudo lá! Falta rádio, por exemplo. Eu tinha que estar com o rádio agora, para comunicar que estou só eu e mais um lá no módulo. Aí eu tenho que trocar o banho de sol e tal. O alarme tocou aqui para trocar o banho de sol dele, mas não tem o rádio para comunicar. E isso, vai fazer sete anos que eu estou aqui, são sete anos solicitando um rádio, são sete anos solicitando uma cadeira. Nós não temos uma cadeira para sentar lá no módulo. | **Entrevistado 18**: Para você ter uma ideia: uma vez, eu tirei a foto do alojamento e mandei para a minha esposa. Minha esposa falou: nossa, os adolescentes aí são maltratados, né? Aí eu falei: não, isso aqui é onde eu durmo! Ela falou: não acredito! Está entendendo? | **Entrevistado 5**: Só que eu preciso ter segurança para garantir a atividade. E aí eu falo em quantidade, em falta de servidor, eu falo em estrutura. Um exemplo: estamos num processo de aquisição de viaturas para poder fazer esse transporte, esse acompanhamento externo do jovem. Por enquanto, nós não temos. São viaturas que são doadas pela Polícia Militar, que nós conseguimos agora. Mas as viaturas, por exemplo, são de 2009, que rodam 300, 400, 500 km por dia. Então, ela não aguenta. E logo, com o tempo, ela vai sofrer baixa. Então tem o problema de recursos humanos e materiais também. |

Fonte: autoria própria

A estrutura de recursos humanos da SUBSIS sofreu significativa transformação desde a extinção do CAJE, pois se extinguiram os contratos temporários e passou-se a contratar servidores somente por concurso público, que exige, atualmente, curso superior para ingresso na carreira. Os cargos de gestão das unidades de internação são preenchidos atualmente por servidores de carreira, preferencialmente de áreas distintas para melhor gerenciamento das unidades, com experiência de mais de dois anos no campo socioeducativo. Percebe-se tentativa de se moldar novas estruturas cognitivas e motivadoras já pré-moldadas a partir da inserção de novas estruturas objetivas.

O problema é que, além da mencionada falta de planejamento para contratação de servidores para atender à política de criação de novas unidades de internação, não se oferece capacitação adequada para atender à política pedagógica da medida socioeducativa. A preferência é por capacitação que gerencie violência corporal em face do adolescente em conflito com a lei, sinalizando presença da violência simbólica da camada dominante, capaz de fragilizar e estigmatizar o adolescente.

De outro lado, há enorme resistência dos servidores por capacitações diferentes do modelo punitivo, que priorizem os direitos e garantias dos adolescentes, especialmente os agentes socioeducativos. Ainda existe o desafio de fortalecer a carreira dos agentes socioeducativos para evitar alta rotatividade.[144]

> *Entrevistado 13:* De agentes, há rotatividade porque passam em outros concursos. Então isso acaba sendo meio que natural! [...]
>
> *Entrevistado 13:* Normalmente, às vezes ele já passou em dois, três concursos, vai só aguardando ser chamado. E tem lugares colados na situação: passou na PM, passou no Bombeiro, então estão aguardando ser chamados. Então o efetivo sempre vai diminuindo. É por isso que concurso tem que ser feito.
>
> *Entrevistadora:* E, na visão de vocês, quais são as maiores demandas dos servidores? É questão salarial, é de estrutura, é de condições de trabalho, é de reconhecimento? O que vocês acham?
>
> *Entrevistado 14:* É um pouco de tudo!
>
> *Entrevistado 13:* Reconhecimento sim. O pessoal se vê, às vezes, como uma categoria desvalorizada, acha que é às vezes mal visto pela sociedade, desvalorizado. Estou dizendo, assim, mais na visão dos agentes. Acho que os especialistas não têm isso, não, mas os agentes, que são maioria dos servidores, sentem-se desvalorizados sim! Por isso que às vezes eles trocam aqui por um lugar que pague até menos! Dependendo do concurso, se for um concurso que tenha uma qualidade de vida melhor, o pessoal vai embora. Isso acontece muito!

---

> *Entrevistado 4:* Temos. No ano passado, capacitamos quase 1.200 servidores, e a nossa carreira tem 1.043 servidores, atualmente, porque eles vão saindo. É um outro problema da nossa carreira, um ponto fraco: é rotativa demais. Então, concurso da Polícia Civil, analista de tribunal leva tudo
>
> *Entrevistadora:* Por que você acha que acontece isso? É salário ou porque a atividade...?
>
> *Entrevistado 4:* Eu acredito que é a atividade, é uma atividade extremamente desgastante. O especialista tem uma rotatividade baixa,

[144] Jéssica Albuquerque (2019) produziu pesquisa nas práticas laborais dos agentes socioeducativos das Unidades de Internação de São Sebastião, cuja conclusão foi a de que eles se enxergam como trabalhadores sujos, não se sentem prestigiados, mas estigmatizados.

> porque já é área fim. O psicólogo, o assistente social, o pedagogo já fazem concurso para a área fim deles, então a possibilidade de ele sair é menor, e a remuneração dele também é condizente com outras ações.

No que afeta às demais carreiras, como professores, médicos e enfermeiros, não há integração adequada entre as Secretarias de Saúde e de Educação com a SUBSIS, nem quanto à forma de contratação desses servidores, tampouco sobre as políticas de atendimento integradas. Em certo momento, visitando as unidades, ocorria a Semana da Família e da Saúde na escola. Porém, nem a gerência de saúde, nem a gerência psicossocial das unidades estavam participando, nem sequer sabiam da proposta pedagógica oferecida pela escola. Na gerência de políticas da SUBSIS foram requeridas informações básicas sobre quantos professores atuavam na rede socioeducativa e a resposta era a de que não tinham esse dado, que deveria ser buscado na Secretaria de Educação, como se a SUBSIS, enquanto órgão executor da medida socioeducativa, não devesse saber dessas questões.

Em relação à capacitação dos servidores, houve progresso, é positiva a criação de uma Diretoria de Capacitação exclusiva para o sistema socioeducativo, assim como a inserção do curso de formação como etapa do concurso para ingresso na carreira, porém verificou-se ser temática extremamente frágil, pois se dá preferência para cursos de segurança e contenção (tonfa, spray de pimenta), em vez de cursos de cunho pedagógico que proporcionem reflexão para a importância do papel de cada ator do campo socioeducativo para a efetivação de direitos e garantias do adolescente em cumprimento de medida socioeducativa de internação. Os discursos sobre capacitação denotam ausência de preocupação em orientar novas práticas para outras experiências posteriores àquelas incorporadas sob viés punitivo, a teor dos trechos selecionados:

Quadro 12 – Capacitação inadequada para os propósitos socioeducativos

| **Entrevistadora**: Quando você entrou, você teve algum tipo de capacitação específica para atuar no Sistema? **Entrevistado 21**: Naquela época, tivemos um curso de formação, mas foi muito simples, muito genérico. **Entrevistadora**: Quem fornecia esses cursos? **Entrevistado 21**: Em 2010, teve um curso de formação pela Funiversa (Fundação Universa), mas foi um curso muito genérico, sem padrão algum, parte do concurso ainda, mas muito sem padrão algum, apenas como uma parte do concurso. Após, teve uma prova, mas foi muito fora do padrão, muito sem nexo nenhum. Em 2012, na nomeação – acho que foram nomeados uns duzentos e poucos na minha leva –, teve um curso do formação de uma semana, mas também muito genérico, muito... | **Entrevistadora**: Vocês receberam algum tipo de capacitação para essa parte gerencial da unidade? **Entrevistado 13**: Não. **Entrevistadora**: Esses cargos de diretor e vice-diretor são mais políticos, né? Como é a escolha, a seleção? Tem algum tipo de seleção interna, ou candidatura, alguma coisa assim, não? **Entrevistado 13**: Não. | **Entrevistadora**: Efetivo. Existe capacitação específica para exercer algum tipo de atribuição. **Entrevistado 8**: Nós, quando entramos em 2010, não tivemos, nenhum tipo de capacitação. Nós fomos nomeados e já colocados, vamos dizer assim, no módulo e aprendemos na prática mesmo [...]. **Entrevistadora**: E você teve capacitação pós-entrada, pós-ingresso? Quais as capacitações que te ofereceram? **Entrevistado 8**: Pós-ingresso, recentemente, na Secretaria, há dois, três anos, foi criada uma Diretoria de Capacitação e, nesse tempo, vem promovendo alguns cursos. Esses cursos sempre são voltados mais para os agentes socioeducativos, então, tem o curso de spray de extratos vegetais, de tonfa, curso de mobilizações táticas, tem pela EGOV de direção de carros oficiais. Há vários âmbitos: há específicos para o cargo e há outros cursos também promovidos para todos os servidores da Secretaria. | **Entrevistado 4**: [...] Então, hoje, temos curso de algemamento, curso de contenção e isolamento de crise, curso de tonfa, curso de spray, tem muito curso mesmo nessa área. No ano passado, trouxemos curso de "Inteligência Emocional", e houve participação em massa das pessoas. **Entrevistadora**: Esses cursos são obrigatórios? **Entrevistado 4**: Não, não temos colocado esses cursos como obrigatórios. Conseguimos inserir esses cursos na Escola de Governo, então esses cursos, hoje, são ministrados pela Escola de Governo, mas pelos nossos servidores. Os nossos servidores são inscritos Escola de Governo e ministram esses cursos. [...] |
|---|---|---|---|

Fonte: autoria própria

Há parcerias com outras instituições, como UnB, Polícia Civil, Polícia Militar, Ministério dos Direitos Humano e a Escola Nacional de Socioeducação, porém existe pouca ou nenhuma interação entre as Secretarias da Saúde, Educação e de Justiça do DF, especialmente no que toca à capacitação dos servidores que atuarão no mesmo espaço físico das unidades de internação. Do mesmo modo não se exige capacitação dos atores que integram o campo da segurança ou da justiça, sendo o critério de antiguidade mais usual. Neste ponto, a conclusão é de que não se pensa coletivamente o campo socioeducativo e somente mudanças qualitativas de capacitação poderão de algum modo implicar alteração de comportamentos, já que o *habitus* representa a incorporação e o compartilhamento de esquemas avaliativos naturalizados e reproduzidos sistematicamente.

A profissionalização é tema que merece atenção e fortalecimento das políticas públicas de atendimento socioeducativo no DF, assim como a educação ofertada dentro das unidades de internação. Atualmente são ínfimos os cursos de aprendizagem oferecidos nas unidades de internação, ou oficinas ocupacionais, gerando ociosidade e segregação na maior parte do tempo livre do adolescente dentro da unidade de internação. Há unidades de internação que nem ao menos possuem programas de profissionalização, a exemplo da UIBRA, à época em que foi visitada na pesquisa. O projeto-piloto que se tenta implementar em nível de aprendizagem, com a participação do Sistema S, atende menos que 10% dos adolescentes que estão cumprindo medidas socioeducativas de internação. Ainda, há pouca flexibilização quanto à documentação exigida, impondo-se condições inexequíveis para a maior parte dos adolescentes em conflito com a lei. Entrevista semiestruturada realizada com um dos entrevistados possibilitou mapear o subeixo da profissionalização no campo socioeducativo do DF, conforme se passa a expor:

> *Entrevistadora:* hoje, *temos o Sistema com seiscentas pessoas, e temos só sessenta alunos que estão participando desse programa.* Quais são os critérios para participar desses cursos?
>
> *Entrevistado 4: O que eu acho que é mais importante é dizer que a parceria com o SENAI foi um avanço.* Eu costumo dizer que ela é um marco para a profissionalização no Sistema. Até então a maioria das nossas parcerias eram ocupacionais, terapêuticas, oficina de lava-a-jato, muito mais para tirar o menino do quarto do que você sinceramente ter um foco na profissionalização. Então, o SENAI vem, junto com o Ministério Público do Trabalho, abraço o Sistema Socioeducativo e fala: o que vocês precisam e no que eu posso ajudar? Nós visitamos o SENAI, fomos lá. E aí uma dificuldade, também em âmbito federal, no que diz respeito à profissionalização, é isso: geralmente, o parceiro vem e tem exigências. Por exemplo: eu tenho 222 adolescentes na Unire. Quando eu digo assim: está aqui o curso de pedreiro, está aqui o curso de logística, está aqui o curso de panificação. Aí você olha lá 800 horas a carga horária, por exemplo. Requisito: ensino médio. Você já cortou 80%, 90% dos meninos. Isso é um problema com todos os cursos que envolvem profissionalização. [...].

*Entrevistadora: Não é possível fazer um recorte para o adolescente?*

*Entrevistado 4: Na verdade, o que conseguimos foi fazer uma flexibilização do critério de escolaridade.* Foi um grande avanço já. A carga horária não pode também ser uma carga muito grande por conta disso: o menino vai ser liberado no meio do curso. Não dá! Ou ele vai conquistar uma progressão de medida. Essa carga horária precisa ser menor dentro da unidade. Então, esses foram os dois desafios. Nós conseguimos flexibilizar a carga horária e conseguimos também flexibilizar os critérios. *Uma dificuldade que temos dentro do Sistema Socioeducativo é o acesso à documentação do adolescente.* [...] Hoje, aqui no NAI funciona um núcleo da Polícia Civil, lá dentro. Então todo o menino que entra no NAI, hoje, que não tiver carteira de identidade sai com a carteira de identidade. [...] Mas aí você entra com os outros: título de eleitor, reservista, carteira de trabalho. Então todo esse trabalho é feito dentro da unidade. Só que muitas das vezes você precisa da família nesse circuito, porque você precisa da certidão de nascimento, você precisa de alguma coisa, e às vezes temos essa dificuldade de acesso. Eu costumo dizer que a mesma dificuldade que um cidadão tem hoje para fazer uma carteira de trabalho o adolescente também tem. [...]

*Entrevistadora:* Porque se já tem o NAI, no NAI você já poderia mapear o que está faltando e conseguir parcerias com os outros órgãos para...

*Entrevistado 4: É. Nós conseguimos. Conseguimos fazer um mutirão da Secretaria de Trabalho para fazer a confecção de carteiras de trabalho. Estamos fechando uma portaria conjunta com eles agora para termos quatro mutirões ao ano.* Aí eu acho que zeramos esse problema. No ano passado, nós conseguimos zerar esse problema de carteira de trabalho. Só que o Sistema é dinâmico. Então, daqui a um mês, se você passar um pente fino, já vai ter menino sem carteira de trabalho dentro do Sistema. Acesso à documentação: aí eu costumo dizer que foi até um tiro no escuro, porque mandamos um documento ao CNJ fazendo uma consulta para sabermos se era possível ter acesso aos cartórios sem participação da família, para que pudéssemos ter acesso às documentações dos meninos. E o CNJ respondeu que era positivo. Eu lembro que quando eu assinei esse documento eu pensei: isso aqui não vai para frente nunca! E o CNJ respondeu que era possível e disponibilizou o sistema que hoje os cartórios utilizam. [...].

Outros relatos possibilitaram constatar a ineficiência das políticas públicas no âmbito da profissionalização, a partir de discursos que mascaram as relações de dominação operantes no campo socioeducativo do DF, pois naturalizam a escassez de profissionalização e exaltam os poucos cursos oferecidos, na tentativa de justificar atuações pouco articuladas e que não resolvem a problemática de cunho profissional, veja-se:

Quadro 13 – Insuficiência de políticas públicas profissionalizantes

<table>
<tr>
<td>Entrevistadora: E, não estando na escola, o que é oferecido para esse jovem? Entrevistado 5: Aí eu tenho a parte de curso profissionalizante, que é essa área pedagógica. Entrevistadora: São as oficinas? Entrevistado 5: Isso, as oficinas. Por exemplo, hoje, nós estamos com uma parceria com o Senai, por exemplo, que está com cursos profissionalizantes na Unire e na Santa Maria. Por enquanto, é o que conseguimos colocar. A tendência é levarmos, depois, para as demais unidades. [...] Entrevistadora: Todo adolescente tem oportunidade de participar das oficinas? Tem vaga para todo mundo nas oficinas e na profissionalização? Entrevistado: Ana, não posso lhe confirmar isso. Aí eu não tenho conhecimento para falar. Não sei mesmo. Acho que nessa visita que você vai fazer junto à unidade, a unidade pode lhe informar se consegue colocar.</td>
<td>Entrevistadora: Quais os cursos oferecidos para os adolescentes aqui de profissionalização, quantos adolescentes são contemplados e como é o critério de escolha desses adolescentes? Entrevistado 15: Aqui estamos com uma turma com quinze adolescentes. Entrevistadora: Quantos adolescentes há na Unidade hoje?Entrevistado 15: Há 120. Entrevistadora: A capacidade é? Entrevistado 16: Hoje tem 121, às vezes mais, às vezes menos, mas a capacidade média é de 120. Entrevistadora: Desses 120, quinze são contemplados? Entrevistado 15: Quinze foram contemplados com a primeira turma do curso do Senac, que tem duração de dez meses. Começa uma nova turma com mais quinze agora no dia 19 de agosto, no contraturno, porque temos uma sala com quinze computadores, é um laboratório. É um avanço, porque tínhamos de fazer articulações fora, sempre, para o Sistema S, para os meninos que estavam em semiliberdade e liberdade assistida. Agora, o Sistema S entrando no Sistema Socioeducativo, na internação, com essa perspectiva de aprendizagem, que é você trabalhar e estudar ao mesmo tempo... Entrevistadora: Qual o curso? Entrevistado 15: Assistente Administrativo. Aprender sobre o mundo do trabalho, sobre essas questões a que eles ficam alheios dentro de uma unidade de internação. Entrevistadora: E eles têm carteira assinada? Entrevistado 15: Carteira assinada, todos os direitos garantidos. Entrevistadora: Qual o salário? Entrevistado 15: Quatrocentos e cinquenta e alguma coisa, quatro horas por dia. Entrevistadora: E como eles são escolhidos? Entrevistado 15: Os critérios foram objetivos. Por quê? O curso tem duração de dez meses. Então, os adolescentes normalmente que participam desse curso são os que estão recém-sentenciados, porque são aqueles que, de fato, vão conseguir concluir. Você pega um menino que já está há algum tempo, ele já vai estar, digamos, com prazo de saídas-testes para irem para Unidade de Saída Sistemática, para sair mesmo para uma possível liberação, aí não dá para prendê-lo aqui para ele trabalhar dentro da Unidade de Internação, se ele está já terminando de cumprir o que tem para cumprir na Unidade. Então, os critérios são objetivos nesse sentido. A série, porque tem que ter uma série em que ele já consiga compreender esse processo. Então, são meninos entre 15 e 16, 17 anos que estão, pelo menos, no sexto ano. Há esses critérios mais objetivos.</td>
<td>Entrevistadora: Teriam oficinas. Não tem oficina de alguma...? Entrevistado 12: Nós temos o xadrez, que acaba sendo ocupacional, lazer e ocupacional; tínhamos artesanato também; tínhamos uma que não funciona de jeito nenhum aqui que era de informática. O cara... foi até bom ele ir embora, porque ele trazia mais problema do que... Ele deixava os meninos ficarem ouvindo aqueles raps pesados, os meninos cantavam, escreviam carta, ameaçavam o outro, deixavam mensagem no computador, então, nós não conseguimos controlar, até o dia que ele foi. E melhorou muito! Nós trocamos pelo xadrez, a melhor coisa do mundo! Mas artesanato faz muito falta. Se eu tivesse mais efetivo de segurança, eu poderia utilizar o campo de futebol, a horta, que está parada, porque estou com efetivo muito baixo, então eu não consigo levar esses adolescentes lá para fora com o mínimo de segurança. Adolescente com enxada, não dá! Para levar mais de cinco, não dá! O campo, por exemplo, é uma coisa... Acontecia muito no Caje: os meninos estavam jogando futebol, de repente corria todo mundo e pulava na cerca.</td>
<td>Entrevistadora: Hoje, com relação à profissionalização, vocês ainda vão criar o de informática? Mas só existe um curso profissionalizante aqui? Entrevistado 9: Atualmente, temos algumas oficinas. Profissionalizante em si, temos o da Fazendinha, que é uma horta que fica ao lado da Unidade, onde tem um profissional que dá esse auxílio para alguns jovens, mas é limitado, acho que só dois ou quatro internos fazem parte dessa oficina. E o profissionalizante em si, com certificado, vai começar agora em maio o primeiro. Entrevistadora: Hoje ainda não profissionalizante? Entrevistado 9: Não tem. Entrevistadora: Oficinas, você tem quantas? Entrevistado 9: Do INESC, uma parceria público-privado, um projeto do CDCA, que fala sobre alternativa, meios de... Para Além das Grades. Inclusive, temos o Murilo, então, em cada encontro ele fala sobre um tema diferente e hoje ele estava questionando – hoje está tendo oficina, fui lá embaixo agora –, e eles estavam trabalhando junto com os jovens, caso eles pudessem mudar o Sistema Socioeducativo e fossem se eleger deputado, como eles venderiam o Sistema Socioeducativo, o que poderiam fazer? Então, hoje eles estão lá, cada um vendendo seu peixe, vamos dizer assim, sendo filmado, trabalhando de maneira lúdica, sobre melhorias para o Sistema. Então, toda semana eles vêm, uma vez por semana, fazer esse trabalho. Então, há três oficinas atualmente.</td>
</tr>
</table>

Fonte: autoria própria

A alimentação é fornecida por empresas contratadas pela SUBSIS para todos os órgãos que acautelam os adolescentes, seja no âmbito da segurança pública, seja nas unidades de internação ou no NAI. Algumas unidades, como a UNISS e UIP, elaboram sua própria alimentação e, talvez por esse motivo, possuem menos reclamações, já que a comida é servida fresca. Porém, as demais unidades recebem queixas constantes sobre a qualidade e a quantidade dos alimentos e essas queixas não são atuais. Ao que parece, a questão da alimentação sempre esteve na roda dos problemas do campo socioeducativo, desde o CAJE, e as frequentes trocas de empresas fornecedoras não tiveram o condão de aniquilar essa prática, ao contrário, confundem alguns servidores que nem sequer sabem dizer quantas refeições são fornecidas por dia.

São fornecidas seis refeições diárias, porém, em razão da distância das unidades e do horário em que são produzidas as marmitas, assim como do acondicionamento proporcionado, é comum as marmitas chegarem às unidades com mau cheiro e azedas, sem falar nas surpresas descobertas, como cabelos. Os discursos buscam justificar essa prática injustificável, naturalizando-a, dizendo que "comida de marmita não é boa via de regra", típica característica conservadora dos *habitus* bourdieusianos na tentativa de perpetuação de práticas arbitrárias antigas.

Alguns entrevistados chegam a dizer que "todos os meninos estão gostando da alimentação atual", inverdade comprovada a partir das visitas às unidades e de relatos de outros servidores no sentido de que até multa foi aplicada à empresa atual, conforme trechos a seguir aduzidos:

Quadro 14 – A eterna problemática da alimentação e o mascaramento produzido pelos órgãos de execuções

| | | | |
|---|---|---|---|
| **Entrevistadora**: Na área de saúde e a alimentação: eu tive acesso àquele relatório do CDCA, de 2017, que apontou falhas na alimentação, adolescentes que tinham restrição alimentar não estavam sendo atendidos, alguns se queixando da quantidade, acho que o de Planaltina, porque a confecção é no próprio local e a comida parece que é mais saborosa. Então eles estavam reclamando era da quantidade, a comida era tão boa que eles queriam comer mais. E outros reclamavam da qualidade da comida que vinha em uns hot box, que vinha às vezes fria, já teve caso de comida estragada também, de ter que retornar e tal. Como que é essa questão da alimentação hoje? Foi trocada a empresa, é a mesma empresa que presta serviço? Fala um pouquinho da alimentação desses meninos. **Entrevistado 4**: A alimentação é um dos vários contratos que o GDF tem, então, é processo de licitação e contratação de empresa. Por conta da Lei das Pequenas Empresas, o entendimento do Tribunal de Contas foi de que um percentual dessa licitação teria que ser direcionado para as empresas pequenas. Aí, por isso, Planaltina acabou ficando com uma empresa diferente das demais unidades. O que é o grande problema da alimentação? É o acondicionamento. Se eu tenho que entregar, no Recanto, em São Sebastião e Planaltina, o alimento às 11h30 para servir ao meio dia, que horas que esse alimento vai ser feito, que esse almoço vai ser produzido? Ele vai ser produzido às 9 h, 10 h da manhã no máximo! Entende? Então, por mais que se tenha todo o cuidado, esse alimento vai chegar mais frio, etc. Comida de marmita não é boa, via de regra. Mas, mesmo assim, de 2017 para cá... No ano passado, tivemos esse mesmo problema envolvendo alimentação. Neste ano, nós trocamos a empresa de alimentação, então todas as unidades estão com uma empresa nova. Hoje, até o Dr. Márcio me ligou para elogiar a empresa. Todos os meninos estão gostando da alimentação. Aí o nosso trabalho aqui é monitorar. Então, hoje, estamos com uma empresa nova. **Entrevistadora**: Quantas refeições, por dia, eles têm? **Entrevistado 4**: Seis. E aí, para esse mês agora, começa uma outra empresa também por conta da Lei de Micro e Pequena Empresa que vai fornecer alimentação para a Unidade do Recanto das Emas e as unidades de semiliberdade. E vamos começar com um avanço nas unidades de meio aberto. **Entrevistadora**: Não dá para avaliar ainda? **Entrevistado 4**:Não, não dá. Dá para a que já começou. Ficou bem melhor. A alimentação, hoje, não tem sido mais problema. | **Entrevistadora**: Por último, quanto à alimentação, você tinha dito alguma coisa da empresa que não é boa. Que tipo de...? Entrevistada 15: A minha crítica a essa nova empresa de alimentação é que, muitas vezes, a quantidade não é suficiente, às vezes também, como é acondicionado o alimento, vem uma batata doce que está azeda, que não estava estragada lá, mas que vem azeda. O aspecto da comida mesmo, no início estava ótimo, mas agora já vejo a carne, é aquela carne processada. **Entrevistadora**: Vocês já notificaram a empresa, o gestor do contrato, já fizeram esses apontamentos para a Promotoria da Infância? Entrevistada 15: Já. Tem um grupo até no WhatsApp em que está a executora, a nutricionista, então, eles trocam na hora. Quando colocamos que "veio ruim", aí eles vêm trocar na Unidade. Mas são comidas, assim... A própria Subsis marcou com a vigilância sanitária, que foi lá para palestrar, para os executores de contrato de cada unidade e para a nutricionista da empresa. Então, está nesse nível já de ajuste. Acredito que, no ano que vem vai trocar | **Entrevistadora**: Pessoal, os dois últimos pontos que tínhamos que tocar aqui: com relação à alimentação, é feita na Unidade? **Entrevistado 6**: Não. **Entrevistadora**: Vem de fora. Tem alguma reclamação? **Entrevistado 6**: Sim. **Entrevistadora**: Houve uma troca da empresa, né? **Entrevistado 6**: Isso! **Entrevistadora**: Vocês perceberam melhora ou perceberam que está a mesma coisa? **Entrevistado 7**: A impressão, mas aí é algo que precisamos confirmar, mas a impressão que tenho é que melhorou um pouco. **Entrevistado 6**: Também tenho essa impressão. **Entrevistado 7**: Acho que as reclamações eram mais recorrentes antes. **Entrevistado 6**: Antes eram bem gritantes as reclamações. Mas, agora, tem reclamação, mas às vezes você vai verificar: ah, essa comida não presta! Aí você vai dar uma atenção maior à causa: mas por que não presta? Ah, todo dia é a mesma coisa! Então não é que não presta, não é a qualidade, é uma questão de gosto. Então também esbarramos nessas... **Entrevistadora**: Mas vocês vivenciam uma situação, assim, de comida estragada ou de...? **Entrevistado 7**: Já vivenciamos. Dessa empresa agora pelo menos não tenho percebido nada ainda. **Entrevistadora**: Nada. Não precisaram acionar a empresa, nesse momento. **Entrevistado 6**:Não. **Entrevistadora**: Chega no horário? **Entrevistado 7**: Chega!**Entrevistadora**: As seis refeições certinhas? **Entrevistado 6**: Certinhas! **Entrevistado 7**: E a reclamação, tendo em vista que a alimentação é produzida fora da Unidade, sempre vai existir, porque qualquer comida transportada... **Entrevistado 6**: Perde qualidade. **Entrevistadora**: Não existe possibilidade de ela ser feita dentro da Unidade? **Entrevistado 7**: Existe, mas aí demanda outras questões. | **Entrevistadora**: E a alimentação, eles curtem a alimentação, reclamam bastante? Eu soube que mudou a empresa, recentemente, né? **Entrevistado 14**: Isso. **Entrevistadora**: Não é feita aqui, né? **Entrevistado 13**: Não é feita aqui. É uma empresa contratada que traz as marmitas. Às vezes há reclamações! Mas, hoje, essa reclamação parou de chegar para nós. Estavam reclamando... **Entrevistadora**: Mas vocês controlam se tiver. **Entrevistado 13**: Tem um fiscal que é o executor local de contrato. Então esse executor é um servidor nosso, que faz a fiscalização dessa alimentação. Se alguém reclama que está estragada, ele verifica, faz um relatório, manda para empresa, reclama. Então, esse servidor sempre está em contato, e nós sempre estamos garantindo a qualidade da alimentação. Eles reclamam porque comer aquela mesma comida, que não varia muito, então, realmente, para todo mundo, uma hora cansa! |

Fonte: autoria própria

Há dissonância nos discursos a depender do cargo exercido. As falas dos agentes socioeducativos possuem sentido mais punitivo, ao passo que as carreiras do campo da educação e dos especialistas voltam-se para discursos que denunciam abusos, opressões e o não cumprimento de direitos, a teor do conteúdo de alguns questionários, que podem confirmar as práticas apontadas:

Quadro 15 – Achados qualitativos dos questionários sobre alimentação no campo socioeducativo do DF

| Perguntas | Questionários | Atribuição | Respostas |
|---|---|---|---|
| Considera adequada a alimentação fornecida aos adolescentes institucionalizados? | Questionário 144 | Direção | Quanto à quantidade. 6 refeições diárias é adequado, mas precisa ser balanceada e de qualidade. |
| | Questionário 146 | Especialista | A empresa contratada tem apresentado falhas na entrega de comida com a qualidade esperada e muitas vezes ela chega sem condições de consumo. |
| | Questionário 150 | Especialista | Há registro de fornecedor entregar comida estragada. |
| | Questionário 69 | Agente Socioeducativo | Cada empresa que entra vem trazendo novidades, porém em curto espaço físico , ocorrem falhas; hoje acharam cabelo loiro na marmita |
| | Questionário 60 | Especialista | Frequentemente não corresponde aos termos do previsto em contrato. |
| | Questionário 32 | Agente Socioeducativo | Adequado e nutritivo |
| | Questionário 104 | Agente Socioeducativo | Não é preparada na unidade, o que causa alguns problemas. |
| Existem relatos negativos sobre o aspecto ou sabor dos alimentos pelos adolescentes institucionalizados? | Questionário 20 | Especialista | Na UIPSS não há muita reclamação. Nas unidades de internação estrita a comida é uma grande questão |
| Quantas refeições são oferecidas aos adolescentes por dia? | Questionário 42 | Especialista | Não sei dizer com certeza, informam que são 6 refeições. |
| | Questionário 43 | Professor | 5 a 6 refeições por dia. |
| | Questionário 87 | Professor | 6 vezes, mas às vezes almoço estragado |
| | Questionário 95 | Agente Socioeducativo | 5 refeições |
| Escuta relatos negativos sobre o aspecto ou sabor dos alimentos pelos adolescentes institucionalizados? | Questionário 146 | Especialista | Muitos reclamam da variedade ( que não existe), outros do sabor, alguns chegam a apresentar problemas gástricos tendo que mudar para dieta especial. |
| | Questionário 72 | Agente Socioeducativo | Constantemente |
| | Questionário 98 | Agente Socioeducativo | Já ouvi, no sentido de ter ocorrido falha por parte da empresa fornecedora, mas a direção da unidade tomou as providências. |

Fonte: autoria própria

Para além do binômio quantidade/qualidade da alimentação, nota-se que a maneira como os adolescentes se alimentam é desumana e naturalizada como normal, sob o argumento da segurança e falta de efetivo ou espaços próprios para sentarem-se à mesa. Em visita às unidades, percebeu-se que o momento da alimentação é realizado dentro dos próprios "quartos" e se utiliza a alimentação como meio de punir o adolescente. A partir da observação participativa, presenciei um dos agentes socioeducativos atrasando o fornecimento de alimentação em 10 minutos a um adolescente recém-chegado à unidade, simplesmente porque ele perguntou diversas vezes o horário das refeições. A explicação foi simples: "aqui ele não se cria, tudo tem regra, horário para acontecer e, se ficar perguntando o tempo todo, eu vou ficar o dia inteiro respondendo". O discurso demonstra que o detentor do *habitus* punitivo é, nesse caso, o agente socioeducativo e, por tal motivo, ele exerce poder dentro do campo socioeducativo, muitas vezes transfigurado sob a forma meramente punitiva.

Em relação à saúde, há inúmeros desafios. Em primeiro lugar não existem médicos lotados nas unidades de internação, exceto no NAI, onde existe uma equipe da Secretaria da Saúde composta de médico, enfermeiro e assistente para efetuarem o atendimento inicial de segunda-feira a sexta-feira, porque nos finais de semana e feriados não há médicos plantonistas. O que há são gerências de saúde, mal estruturadas,[145] compostas teoricamente de quatro técnicos de enfermagem e um enfermeiro, todos contratados, já que não existe especialidade da saúde na carreira socioeducativa. Nas demais unidades, quando existem médicos disponíveis, eles se apresentam de forma instável, às vezes uma vez na semana. Os atendimentos efetuados nas unidades são atendimentos de baixa complexidade, e as consultas externas dependem não apenas de se conseguir agendamento na rede pública – que já é difícil –, mas também de conciliá-lo com a escolta, que nem sempre existe ou é restrita a dias específicos da semana a depender da unidade, mostrando falha intersetorial. E, ainda que se realize a escolta, há casos de recusa a atendimento por parte do médico por se tratar de adolescente que cometeu ato infracional.

O atendimento odontológico é outro desafio a ser enfrentado. Somente nas Unidades de Santa Maria e, recentemente, na UIP, conseguiram montar consultório odontológico, o que não significa que o

[145] Na UIBRA e UNISS, por exemplo, existe o aparelho desfibrilador, mas não possuem as pás que possibilitam salvar uma vida por parada cardiorrespiratória.

atendimento é regular. Na UNIRE existe cadeira odontológica, mas não há dentistas regularmente. A pesquisa concluiu que, na prática, os adolescentes em cumprimento de medida socioeducativa de internação não recebem tratamento odontológico adequado.

Ainda, não há integração entre os sistemas da Secretaria de Saúde e da SUBSIS, de modo que não é permitido o acesso ao prontuário do paciente pela equipe da gerência de saúde das unidades de internação. A gerência é autorizada a ministrar somente medicamentos que estão no protocolo do Ministério da Saúde, mas psicotrópicos, apenas médicos. Ocorre que grande parte dos adolescentes que se encontram nas unidades de internação necessita de psicotrópicos e nem deveria estar em atendimento socioeducativo, mas sim estar sob cuidados de saúde.

Entrevistas sugeriram que os órgãos fiscalizatórios como MP e Judiciário estão à parte da realidade relativa à saúde dos adolescentes. As conclusões no tocante à saúde podem ser extraídas dos seguintes trechos de entrevistas:

Quadro 16 – A intersetorialidade enfraquecida da saúde no campo socioeducativo

| **Entrevistadora**: Todas as unidades têm técnico de enfermagem e médico?**Entrevistado 5**: Médico não tem. O que temos é mais para um primeiro socorro, para... **Entrevistadora**: Se for necessário, utiliza a Secretaria de Saúde.**Entrevistado 5**: Isso. E o nosso técnico de enfermagem também faz a parte de entrega de medicamento, essa coisa de controle de medicamento controlado e faz também a parte de encaminhamentos: verificou que o adolescente está, por exemplo, com pressão alta, encaminha para o posto médico para poder verificar isso. E aí se usa a rede de saúde do Distrito Federal como um todo. E aí já se começa a esbarrar nos problemas das demais políticas públicas. A Secretaria de Saúde tem seus problemas de atendimento, de capacidade de atendimento e tudo o mais. Eu não sei falar ao certo, mas, por exemplo, nós tentamos fazer com que tivesse atendimento médico dentro da unidade, trazer eles para cá, ter um médico de referência. Isso é surreal na mentalidade da Secretaria de Saúde, porque, na verdade, eu tenho 100 meninos, 120 meninos, e cada médico, na rede, atende não sei quantos mil, em questão de população. Então não tem condições de eu pegar um médico, que atende não sei quantas mil pessoas, e deslocá-lo para atender 100. Então, acaba que nós levamos esses meninos para atendimento. O que conseguimos? Conseguimos, às vezes, um atendimento especializado numa psiquiatria, que tem as unidades de atendimento de psiquiatra, eu não sei exatamente os dias, mas, nas unidades, vem médico da rede para poder atender a parte de psiquiatria. Eu tenho atendimento odontológico dentro da nossa unidade. Então, conseguimos trazer um pouco, mas, com base na incompletude, na verdade, nós dependemos da política pública de saúde que é oferecida para a comunidade. Assistência social, da mesma forma. | **Entrevistadora**: Com relação à qualidade da refeição, vocês já tinham respondido o questionário. E saúde? Aqueles meninos que sentem algum tipo de... dor de cabeça, algum atendimento ambulatorial. Aqui na Unidade tem atendimento ambulatorial para eles? **Entrevistado 10**: Tem. **Entrevistado 11**: Nós temos uma Gerência de Saúde. **Entrevistado 10**: Ela é formada por profissionais de saúde, então tem enfermeiros... **Entrevistadora**: Da Secretaria de Saúde? **Entrevistado 10**: Não. **Entrevistadora**: São concursados? **Entrevistado 10**: Não. São cargos comissionados. Hoje não tem, dentro da carreira socioeducativa, profissionais formados da área de saúde. Mas os servidores que ocupam a Gerência de Saúde aqui são ou enfermeiros ou técnicos de enfermagem. **Entrevistadora**: E quando eles precisam de um atendimento mais especializado, como você mencionou, são direcionados para atendimento externo dentro da rede pública de saúde, não é? **Entrevistado 10**:Sim. Nós temos uma parceria também e tem um médico da Secretaria de Saúde que atende os jovens aqui semanalmente. **Entrevistadora**: Aqui, semanalmente, né? Ele vem semanalmente num dia específico, ou quando só vocês chamam? **Entrevistado 10**: Num dia específico. **Entrevistado 11**: Toda sexta-feira ele abre uma agenda para estar aqui na Unidade. | **Entrevistado 12**: Eu tenho situações aqui dentro da Unidade, por exemplo, que mando adolescente para a UPA e, quando chega lá, a médica se recusa a atender porque é um adolescente infrator. Então, também desconhecimento total do ECA. **Entrevistadora**: E vocês tomam providências dessas situações, reclamar com a médica, enfim? **Entrevistado 12**: Nós pedimos o nome completo e a matrícula para poder abrir a Ouvidoria contra ela, porque foram três vezes: a primeira vez, nós reclamamos, o pessoal não sabia o que fazer, conversamos com a coordenadora; na segunda vez a coordenadora interviu e garantiu o atendimento e, na semana passada, ela não quis atender o adolescente de forma alguma. E a coordenadora não estava lá para garantir que isso acontecesse. Então, optamos por conversar com o pessoal da Secretaria de Saúde e vamos abrir a Ouvidoria contra ela, porque é absurdo! **Entrevistadora**: Com certeza! **Entrevistado 12**: É perigoso para eles também, porque o adolescente vai com a equipe de segurança, expõe todo mundo, se chegar um desafeto ali pode ter uma situação trágica ali dentro. Então, tem que chamar para conversar, mas dessa vez vamos notificar. **Entrevistadora**: Tem que responsabilizar! Eu acho! | **Entrevistado 18**: [...] Então, por exemplo, nós recebemos aqui muitos jovens que têm nítidos problemas mentais, inclusive nós temos um módulo – não é, Jonas? – que cuida desses jovens, que, talvez se tivessem um devido processo, onde, talvez com advogado ou até Defensoria Pública, se batessem em cima na questão da saúde mental...**Entrevistadora**: Da última vez que eu estive aqui, Jonas, eu cheguei aqui, havia um garoto e ele estava tendo uma crise, na hora em que eu estava aqui. **Entrevistado 18**: No caso dele, eu também acompanhei desde o início. Ele tinha problemas psicológicos, dependência, tal, e ele dava essas crises recorrentes. Perguntei para ele: aqui na Unidade você tem todo essa aparato – que é o que nós temos –; e lá fora, como é que você fazia quando dava essas crises? Ele falava que consumia droga. Eu falei: aqui você não vai consumir droga; e aí? Aí falou da história dele, falou que lá fora, quando ele sentia essas crises, que eram tipo epiléticas, isso desencadeava por causa de uma tensão de algum nervo, alguma coisa externa desencadeava isso nele que ele dava essas crises. E, lá fora, ele usava do entorpecente para amenizar o problema dele. Isso já tinha sido observado pela equipe, mas a equipe não tem autonomia para agir de imediato. Aí tem que acionar pronto socorro, a rede, juiz. **Entrevistadora**: E mandava ele para o hospital, ele ficava quinze dias e voltava? **Entrevistado 18**: Eu já fui a quatro hospitais com ele. Cada hospital a que ele ia, ele recebia um diagnóstico diferente. A própria equipe debatia o diagnóstico dele, aí mudava de hospital, e cada hospital que ia, ele recebia uma indicação diferente. Chegava ao ponto de eu falar: meu amigo, é melhor você falar que você está bem, porque, a cada médico que você vai, você recebe uma injeção; você vai convulsionar mais, você vai apagar! E a política não parte de cima para baixo, ela tem que partir de baixo para cima. **Entrevistadora**: Sim, eu acho! **Entrevistado 18**: Agora se tivermos que fazer uma solicitação aqui, por exemplo, uma comida, que você vê que não está bem, que vai dar algum problema, até pra você conseguir trocar a comida, você tem que acionar o presidente! E aí como é que isso pode dar certo? É difícil! |
|---|---|---|---|

Fonte: autoria própria

## Quadro 16A – A intersetorialidade enfraquecida da saúde no campo socioeducativo

| | | | |
|---|---|---|---|
| **Entrevistadora**: E se está com falta de medicamento? **Entrevistado 4**: Se está com falta de medicamento, obviamente o Sistema vai ter... Essa é uma dificuldade que temos muito! **Entrevistadora**: Vocês fazem contato com os pais, para os pais adquirirem, se for o caso? **Entrevistado 4**: Fazemos contato com os pais. Primeiro, buscamos acessar a rede para conseguir o medicamento, conseguir o serviço que o adolescente precisar. Não conseguimos, aí vamos acessar a família. Grande parte não consegue garantir. Aí entramos num problema que já é o problema da rede de saúde. Costumo dizer que todos os problemas envolvendo política pública vão se replicar dentro da internação. | **Entrevistadora**: Medicação básica tem? **Entrevistado 14**: Sim. **Entrevistado 13**: A própria enfermeira, às vezes, já resolve a situação aqui. Casos mais graves ela encaminha para a rede. **Entrevistadora**: Entendi. E vocês têm dificuldade de acessar a rede? **Entrevistado 14**: Ah, sim! **Entrevistadora**: Com relação a quê, especificamente? Transporte, atendimento? **Entrevistado 14** No nosso caso aqui, a equipe do Centro de Saúde de Referência que deveria nos atender, por essa questão de território e tudo, ela está sem médico. | **Entrevistadora**: [...] está me explicando as dificuldades do atendimento ao adolescente na área da saúde. Você acabou de mencionar aí que só tem quatro escoltas por semana, enquanto outras unidades têm sete escoltas, não é isso? **Entrevistado 27**: Exato. **Entrevistadora**: E aí você tem um grande desafio de conciliar a data da consulta com a escolta, porque se você consegue a data da consulta, que já é difícil, fora dos dias que são da escolta, quinta e sexta, você não consegue atender o adolescente. Só se for urgente. E se for uma coisa urgente, como funciona? Hoje, se um adolescente tentar suicídio e tiver uma parada cardiorrespiratória, não temos a pá que gruda para poder dar o choque no adolescente. Aí, nesses casos de emergência, que é risco iminente de morte, é SAMU. Quando é urgência, caiu, lesionou o braço, se tem que ir ao hospital com urgência, não significa que você vai morrer naquela hora se não for ao hospital, mas lesionou o braço, caiu, bateu a cabeça e tal, esses casos de urgência a casa faz. Então, à noite, geralmente quando é caso muito grave: caiu, quebrou o braço, você está vendo a fratura, a casa faz.<br>Mas as consultas marcadas, por exemplo, nós temos o CAPS. Cada adolescente tem que ter pelo menos, no mínimo, duas consultas por mês, que é com psicólogo e com a psiquiatria. Então, se tenho onze adolescentes fazendo tratamento, hoje, no CAPS, eu tenho pelo menos 22 consultas por mês no CAPS. Imagina com quatro escoltas por semana!<br>**Entrevistadora**:Não consegue fazer!<br>**Entrevistado 27**: Aí eu tenho a consulta no dentista. Consegui duas vagas para mandar o menino para o dentista. Então são mais oito consultas no mês. Adolescente que chega aqui precisando fazer fisioterapia na perna porque tomou um tiro, é mais uma consulta. Tem adolescente que tem que fazer o RX panorâmico para poder fazer o tratamento odontológico.<br>**Entrevistadora**: Então, em regra, vocês só têm mandando o que é essencial?<br>**Entrevistado 27**: Essencial, urgente.<br>**Entrevistadora**:O resto tem que aguardar quando sair daqui?<br>**Entrevistado 27**:: É. Odontologia: ele está se queixando que tem uma cárie. Beleza, ele está lá na fila com a classificação verde. Então ele vai aguardar quando tiver escolta, ou quando se conseguir trazer alguém aqui, por exemplo, para avaliar, uma voluntária para poder fazer, senão...<br>**Entrevistadora**: Já sentou alguém aqui para conversar sobre isso com você, Ministério Público, Judiciário, nas inspeções?<br>**Entrevistado 27**:: Não. | **Entrevistado 8**: [...] Tanto da saúde quanto da educação, hoje, a questão da política, trazer médico de fora para poder atender aqui dentro... **Entrevistadora**: Como é a questão dos médicos? Eles vêm? Entrevistado 9: Médico da Família. **Entrevistado 8**: Isso. Médico da Família. **Entrevistadora**: Qual a periodicidade? Ele vem toda semana? **Entrevistado 8**: Atualmente não.<br>Aqui, infelizmente, conseguimos uma vez ao mês vir o médico aqui para que possa atender a todos os jovens. Outras unidades têm uma vez por semana.<br>Outra dificuldade que temos aqui é a questão de dentista. Não conseguimos ainda.<br>Outra unidade tem um consultório dentro da unidade.<br>**Entrevistadora**: Aqui não tem?<br>**Entrevistado 8**: Aqui não tem. Então, é necessário tentar marcar isso. E hoje a maior deficiência aqui dos jovens é justamente isso, aqui em Planaltina, é a parte dentária. |

Fonte: autoria própria

O ensino ofertado nas unidades de internação está aquém do desejado. Embora toda unidade de internação detenha estrutura escolar no seu interior, vinculada a uma escola da região, o que possibilita emissão de certificado de conclusão de curso em caso de término dos estudos dentro das unidades, ainda existem inúmeros desafios a serem enfrentados que perpassam desde a falta de política pedagógica intersetorial com as próprias gerências das unidades de internação, carga horária de estudos insuficiente, desmotivação dos professores, descompromisso dos agentes de segurança em garantir a escola todos os dias, sob argumento de falta de efetivo.

O argumento de que os adolescentes sob custódia do Estado têm diferentes níveis de escolaridade, com defasagem escolar, é utilizado para justificar a ausência de oferta de educação de qualidade e a dificuldade de se propor uma metodologia pedagógica voltada para eles. Na verdade, a custódia em tempo integral deveria ser vista como oportunidade para se oferecer ensino integral e tentar diminuir a defasagem escolar detectada, até porque inexistem políticas de profissionalização que atendam todos os adolescentes nas unidades de internação. A doxa punitiva impede *habitus* transformadores por meio da educação.

Outros aspectos verificados dizem respeito à autonomia da gestão das escolas nas unidades de internação, pertencente à Secretaria da Educação, a falta de comunicação com a SUBSIS e unidades de internação e a expressiva quantidade de professores temporários, que comprometem a regularidade da realização das aulas. Ainda que as unidades de internação tenham empregado esforços para garantir o direito à escolarização, atualmente ocorrem cancelamentos de aula por ausência de professor. Trechos extraídos das entrevistas podem colaborar para a compreensão da problemática no âmbito da educação, conforme o quadro:

Quadro 17 – A fraca educação na socioeducação do DF

| | | | |
|---|---|---|---|
| **Entrevistadora**: Cada unidade de internação tem uma escola? **Entrevistado 5**: Tem uma escola, que é vinculada à Secretaria de Educação. Já é uma parceria com a Secretaria de Educação, formalizada através de uma portaria. Então, eu tenho o pedagogo, mas ele faz só a intermediação do Sistema Socioeducativo com a escola, que tem a sua metodologia própria para esses jovens. | **Entrevistadora**: Eles terminam aqui, a escola emite o certificado. Existe algum controle da qualidade da educação que é oferecida para esses adolescentes por parte da gestão? **Entrevistado 11**: É um ponto que, par nós, é sensível. Não, são Secretarias distintas. Eu, gestor, não tenho esse poder sobre a escola, porque a Secretaria é de Educação, como a nossa Gerência de Saúde é vinculada à Secretaria de Saúde. Nós podemos fazer apontamentos, ir ao Ministério Público, podemos fazer reuniões, mas é um problema. Foi uma solução, realmente, a vinculação das medidas às escolas específicas, só que limitou o papel da atuação da gestão. Por ter servidores antigos aqui, algumas vezes somos questionados. Alguns gestores que passaram pelo Caje, e outro ponto de limitação daqui é esse: são os mais antigos, temos muito ex-diretor, vice-diretor, Subsis, agente de segurança, e eles questionam essa mudança. Na época deles, o diretor de unidade mandava na escola, ele determinava folga, horário, grade horária. Hoje, não temos essa autonomia. É Secretaria de Educação. **Entrevistado 10**: São parcerias. **Entrevistado 11**:Nós não conseguimos, hoje, delimitar um perfil de professor que viria trabalhar conosco. **Entrevistadora**: Se eles falam "hoje não vai ter aula", não vai ter aula! **Entrevistado 10**: Exatamente isso! **Entrevistadora**: Vocês não têm o que fazer. **Entrevistado 10**:Nós tentamos minimizar. Já tivemos problema maior aqui na Unidade, mas hoje conseguimos administrar melhor essa questão de falta de professor, de horário reduzido. Conseguimos identificar onde está o problema, porque, antes, a atribuição era muito de que não tínhamos efetivo para deslocar os jovens para a escola, e hoje não, nós temos efetivo, nós garantimos os meninos na escola, só que não garantimos a aula para os meninos, porque isso já depende da outra Secretaria. Então, quando falta professor, os meninos voltam para casa e ficam sem atividade. E não temos como exigir que a escola mantenha o jovem na escola até o horário final da aula. **Entrevistadora**: Entendi. Então, hoje, o maior problema é que não é cumprida a carga horária que deveria ser cumprida. Seria esse? **Entrevistado 10**: Nas ausências dos professores, sim. **Entrevistado 11**: Como são, principalmente aqui, contratos temporários, então... **Entrevistadora**: Não são professores da rede? **Entrevistado 10**: São cinco professores efetivos. **Entrevistado 11**: São, mas é a minoria. A maior parte são contratos. Então, não conseguimos prever as ausências, não conseguimos organizar de forma que a escola funcione 100%. **Entrevistadora**: E eles não avisam também quando não virão? **Entrevistado 11**: Não. **Entrevistadora**: Não tem esse canal de comunicação. **Entrevistado 11**: Não, porque, como são servidores da Secretaria... | **Entrevistadora**: Então é possível que o adolescente não vá por falta de efetivo mesmo? **Entrevistado 4**: É possível. **Entrevistadora**: O professor está lá, a sala está lá, mas... **Entrevistado 4**: É possível. Acontece muitas vezes de o adolescente se envolver em briga dentro da sala de aula, aí você tem que suspender a sala toda, porque você precisa mapear aquele conflito, identificar o que é, para depois retornar. Às vezes, levamos dois ou três dias para a Segurança conseguir mapear, a equipe de especialistas conseguirem mapear aquele conflito, identificar o conflito gerador. Isso faz parte do IDJ, mas o que a legislação determina e nós fazemos de tudo para cumprir é: que o adolescente esteja na escola todos os dias. | **Entrevistadora**: Todos os dias eles vão à escola, como vocês falaram. Hoje tem grupo na escola de manhã e vai ter grupo à tarde, não é isso **Entrevistado 13**: Eles estão numa semana da família. **Entrevistado 14**:: Semana de Valorização da Vida. É uma semana prevista no calendário escolar. **Entrevistado 13**: Então está diferente: eles estão tendo palestras e tal. Mas, se fosse um dia normal de aula, estariam, sim, na aula. **Entrevistadora**: Quem fornece essas palestras? **Entrevistado 14**: A própria equipe da escola, que organizou uma programação para essa semana. **Entrevistadora**: E existe alguma ação intersetorial? [...] **Entrevistado 13**: É. A questão de serem secretarias diferentes dificulta, porque... **Entrevistadora**: Tipo: você não é meu chefe! **Entrevistado 13**: Exatamente! Então, o diálogo tem que ser mais bem pensado... |

Fonte: autoria própria

Ainda, percebe-se conflito e disputas nos atores do campo socioeducativo, especialmente entre os agentes socioeducativos e especialistas, conforme se denota do quadro:

Quadro 18 – O conflito de crenças no campo socioeducativo

| Cargo | Conteúdo da Entrevista | Cargo | Conteúdo da Entrevista |
|---|---|---|---|
| Psicólogo | **Entrevistado 9**: Não é que exista conflito. Eu falo sempre que na nossa categoria falt uma função ainda. Hoje o educador é agente de segurança. Aí se não tiver, vamos criar, porque eu acho que hoje, por exemplo, há grandes profissionais que executam o trabalho de segurança sem nenhum problema, por uma questão de perfil e gostam disso, isso é necessário, e com seriedade, sabem fazer contenção. Isso tudo é necessário nas unidades. E tem gente que se identifica melhor com a função de educador. Só que, na sua função, você tem que fazer os dois papéis. Entende? Então, é muito complexo. Você, na verdade, pedir a uma família – hoje não tem mais porque têm scanners – para tirar a roupa e daqui a pouco você fala "bom dia". Você os coloca numa situação constrangedora e, depois, fala "boa tarde".<br>[...]<br>**Entrevistado 9**: Então, é complicado. Você coloca o menino no chão, algemado, e depois fala "foi mal", mas... Então, a relação é muito complexa, no mesmo dia em que fui um cara bacana que o acolheu no sofrimento, vou lá e o algemo.<br>**Entrevistadora**: Entendi. | Agente Socioeducativo | **Entrevistado 8**: Eu tenho uma visão meio distorcida relacionada a isso.<br>Acho que, por exemplo, o que coloca essa questão é a questão da cobrança da disciplina do socioeducando. Muitas vezes ele vem sem a noção de disciplina, do que é certo, do que é errado, uma visão meio que distorcida das coisas. E acho que existe a possibilidade, sim, de o agente chegar e fazer esse papel de disciplina, tudo certinho, porque, não comparando, mas é basicamente como o responsável, o próprio pai. O pai tem que bater, e bater no sentido de castigar, de falar o que é certo, o que é errado, mas tem também que assoprar, tem que acarinhar, acariciar, fazer nesse sentido, delimitando o negócio. Usei o ditado. Mas acho que é mais nesse sentido.<br>E nesse perfil, para mim, o que falta é justamente esse norte de identidade dos servidores, qual o papel. Porque sempre foi discutido, de certa forma o psicólogo sabe o que se faz, o assistente social sabe o que faz... |

Fonte: autoria própria

Por fim, no que toca à segurança, talvez o subeixo que mais de aproximou do *habitus punitivo* latente, enquanto apropriação de esquemas mentais qualitativos transmitidos e incorporados de maneira automática, seja o uso indiscriminado de algemas, que institucionaliza a marginalização e a estigmatização dos adolescentes em conflito com a lei. No NAI, o adolescente chega algemado e permanece algemado durante todo o atendimento oferecido a ele em caso de apreensão em flagrante pelo cometimento de ato infracional, permanecendo sem algemas apenas dentro dos quartos.

Além das práticas punitivas que se revelam por meio da linguagem e do modo de agir em relação ao adolescente, com rispidez e voz alta, e se diferenciam a depender do grupo entrevistado, isto é, se agente socioeducativo, se especialistas, se equipe médica, se professores, percebe-se ainda a exposição de argumentos a favor do uso de porte de arma e da internalização de que as unidades de internação se assemelham à prisões e, portanto, merecem o mesmo plano de segurança.

Argumentos quanto à falta de efetivo e à garantia da segurança nas unidades são utilizados pelos agentes socioeducativos para que suas reivindicações ganhem destaque na mídia, motivo pelo qual não se constrangem em deixar de garantir as atividades. As mídias e redes sociais dos próprios agentes socioeducativos os equiparam a agentes de segurança, apresentando-os com roupas pretas, fortemente equipados com objetos de contenção e praticantes de artes marciais ou cursos similares,[146] e nenhuma aproximação com o aspecto pedagógico do cargo desempenhado.

Apesar de não alcançada a compilação de todos os dados dos questionários, a pesquisa se encerra com a sensação de frustração de um modelo punitivo falido, que não alcança o espírito da proposta de responsabilização penal juvenil, onde o atendimento em rede, articulado e intersetorial deve ser elaborado por meio de estratégias conjuntas, não segmentadas.

---

146 A visitação à página no instagram do @ssedf_brasil permitirá conclusões mais apuradas sobre o *modus operandi* dos agentes socioeducativos do DF que se espelham no campo penal.

# CONCLUSÃO

A presente pesquisa empírica buscou apurar as bases distritais do modelo de atendimento de responsabilização penal juvenil previsto na legislação pátria, consolidado a partir de princípios consagrados na normatização internacional para a execução das medidas socioeducativas de internação destinadas aos adolescentes autores de atos infracionais. Pretendeu-se demonstrar que as práticas socioeducativas incorporadas pelos agentes que atuam nesta seara são revestidas historicamente de doxas punitivas que influenciam os arranjos institucionais da governança e interferem na coesão intersetorial que demandam suas estruturas objetivadas.

O objetivo foi, portanto, analisar a doxa do atendimento presente no Distrito Federal ao adolescente submetido à medida socioeducativa de internação, na pretensão de contribuir para a reflexão sobre o funcionamento do campo penal juvenil e promover mudanças de práticas que possibilitem a construção de políticas públicas pedagógicas menos punitivas e mais articuladas entre as instituições do campo da administração da justiça juvenil distrital.

O desenvolvimento da pesquisa levou em consideração o constructo histórico da medida socioeducativa de internação no Brasil e no DF, para apurar se a naturalização da doxa hegemônica punitiva advém da reprodução de práticas anteriores, o que ficou comprovado, já que pouca capacitação é oferecida aos atores do campo. Além disso, houve preocupação em descrever e explicar as políticas de atendimento na modelagem de governança da responsabilização penal juvenil no DF, relativamente à medida socioeducativa de internação, adotando a intersetorialidade como categoria estruturante, para verificar se a política de socioeducação distrital encontra-se em sintonia com as diretrizes do Plano Nacional de Atendimento Socioeducativo e o PDASE/DF.

Nesse caminho, boas práticas foram identificadas como a existência de estrutura especializada dos órgãos de atendimento; criação do NAI; implantação do Sistema de Justiça e Cidadania da Infância e da Juventude do DF, com a inauguração do Fórum da Criança e do Adolescente; promoção de concurso público para carreira socioeducativa, exigindo-se nível superior para os servidores; criação de regulamento disciplinar das unidades de internação do Distrito Federal; existência de gerências de saúde, educação, segurança e psicossocial nas unidades de internação, além de núcleo de profissionalização, com ingresso do Sistema S em algumas unidades socioeducativas. Outras boas ações foram identificadas, especialmente parcerias com diversas instituições de ensino para promoção de projetos educacionais, oficinas e estágios, assim como a preocupação de se iniciar a coleta de dados, produzindo estatísticas que poderão auxiliar na gestão socioeducativa. Ainda, no período da pandemia, entre março e outubro de 2020, somente oito adolescente foram diagnosticados com covid-19, levando à conclusão de que as estratégias de saúde e prevenção surtiram efeitos positivos na contenção da doença.

As ideias apresentadas, portanto, não ignoraram ações positivas mapeadas ao longo da pesquisa, tampouco as discussões sobre a natureza da medida socioeducativa de internação, mas ampararam-se nos inúmeros desafios intersetoriais desvendados, quanto aos subeixos de pesquisa na área da saúde, da educação, da profissionalização, da estrutura e da capacitação. Esses fatores foram eleitos por estarem presentes no PDASE/DF e no Plano Nacional de Atendimento Socioeducativo, considerado expressão operacional dos marcos legais do campo socioeducativo, e por relacionarem-se às diretrizes capazes de interromper a trajetória infracional e permitir a inclusão do adolescente a quem se atribui a prática do ato infracional.

A análise dos achados empíricos permitiu concluir pela existência de desarranjo intersetorial na governança da execução das medidas socioeducativas de internação no DF, com direitos e garantias pouco articulados entre segurança pública, campo da justiça e órgãos de execuções de medias socioeducativas, assim como demais Secretarias do GDF. Identificou-se a baixa transparência institucional como um resultado importante, assim como a inexistência de sistema integrado de compartilhamento de dados entre as instituições que atuam na responsabilização penal juvenil, além de práticas segmentadas, dificultando o atendimento intersetorial.

Os dados colhidos sugerem que a doxa punitiva sempre esteve presente no Distrito Federal desde a etapa indiferenciada até a mista, formando o *habitus* estruturante do campo penal juvenil. Há perpetuação de práticas contidas em antigos modelos de responsabilização juvenil, exercidas por meio de práticas de controle penal pela polícia, pelo campo da justiça e pelos órgãos de execuções, que, travestidas com outros nomes, são utilizadas corriqueiramente pelo aparato socioeducativo. Expressões e jargões do meio penal comum, como "barraco", "menor", "cana", "fazer o corre", são utilizadas no lugar de alojamento, adolescente, policial, colaboração nos serviços gerais das unidades de internação.

Para além dos discursos empregados, as visitas institucionais permitiram concluir pela atuação limitada da Defensoria Pública, que está ausente nos plantões do NUPLA, é pouco presente nas unidades de internação e sinaliza concordância com práticas contrárias ao princípio da ampla defesa, como inversão da ordem da oitiva do adolescente apreendido em flagrante, sendo comum o adolescente ser ouvido pelo MP sem ter sido orientado antes pela Defensoria, além do algemamento indiscriminado, pois ela mesma atende todos os adolescentes no NAI algemados.

A atuação do Ministério Público foi questionada por alguns entrevistados, que sinalizaram descontentamento com as práticas atuais e as anteriores, apontando para maior presença ministerial nas demandas socioeducativas à época do CAJE. A diferença de atuação da época do CAJE para agora depende do comprometimento dos atores atuais. Não se trata de questão institucional, de um dos atores do sistema de justiça, mas de papel de quem atuava à época. Não foram encontrados dados que revelassem requerimentos ministeriais de instauração de procedimentos para apuração de responsabilidades pela ofensa a direitos assegurados aos adolescentes privados de liberdade, como a baixa disponibilidade de vagas de cursos profissionalizantes nas unidades de internação, a oferta irregular de ensino, a má qualidade do ensino, da saúde e da alimentação, a condução ou transporte de adolescente em compartimento fechado de veículo policial, a ausência de priorização do orçamento público para este campo, entre outros.

O Judiciário foi a instituição que mais resistiu à pesquisa, não apenas suprimindo dados de relatórios oficiais de inspeção e deixando de atender ao pleito para acompanhar às inspeções, mas também pela demora na resposta aos requerimentos. Apesar dos discursos empregados nas entrevistas permitirem expectativas positivas quanto ao desempenho da atividade jurisdicional, não foi possível comprovar todas as práticas positivas relatadas pelos entrevistados. Pesquisas do NAI e do Judiciário indicam maior número de sentenças de internação provisória nos plantões do NUPLA; entrevistas semiestruturadas permitiram perceber que a avaliação de requerimentos para concessão de benefícios é condicionada ao comportamento do adolescente no cumprimento da medida, fato que inibe denúncias pelo sentenciado; há ausência de políticas para drogadição e saúde mental, pois diálogos exploratórios e entrevistas indicaram haver adolescentes que mais precisam de atendimento médico do que de cumprimento de medida socioeducativa de internação propriamente dita, o que também foi comprovado por meio de observação nas inspeções ministeriais.

Os instrumentos metodológicos eleitos permitiram ainda apontar que, em 2019, tanto o Ministério Público quanto o Judiciário e a Defensoria Pública deixaram de exigir a carga horária escolar prevista para as unidades de internação; de formalizar procedimentos de responsabilização para a melhoria da qualidade da alimentação, optando pelo diálogo com os gestores dos contratos; e de verificar a existência de atendimento médico e odontológico obrigatório que deveria ser concedido aos adolescentes sentenciados. Há uma espécie de cegueira proposital, articulada entre as instituições, que preferem atestar a presença de escola, alimentação e saúde nas unidades de internação, ainda que precárias, em vez de promoverem ações para compelir os órgãos de execuções a cumprirem a lei. Essa atitude promove conformismo que naturaliza práticas punitivas. Na pandemia pela covid-19, as aulas foram suspensas, apesar dos adolescentes estarem isolados, assim como as visitas de familiares, gerando um tensionamento sem precedentes.

Os órgãos de execuções de medidas socioeducativas, por sua vez, apresentam conflitos entre os atores do campo, especialmente entre os agentes socioeducativos e a equipe técnica multidisciplinar, formada por assistentes sociais, psicólogos e pedagogos, além dos professores que lecionam nas unidades de internação. Os primeiros defendem em sua maioria o uso de porte de arma, o algemamento de todos os adolescentes nos seus deslocamentos e a conduta punitiva, ao passo que o outro grupo defende maior carga pedagógica à medida socioeducativa.

As práticas dos agentes socioeducativos são eminentemente punitivas, com emprego de algemamento indiscriminado e aplicação de pequenas punições, a exemplo de atrasos nas refeições, diminuição do horário destinado ao banho de sol, não condução para cursos e oficinas sob o argumento de baixo efetivo. A "segurança" é o argumento utilizado com frequência para negar direitos, uma vez que se torna incontestável pela família e pelos órgãos de fiscalização. Ainda, a capacitação promovida para essa categoria é eminentemente voltada para contenções e uso progressivo da força, tornado a atividade mais próxima daquelas exercidas por agentes de segurança do que agentes socioeducativos propriamente ditos.

Outros achados apontam para capacitações ineficientes e insuficientes para todos os atores do campo socioeducativo, deficiência de transporte público para as unidades de internação, o que dificulta o convívio familiar durante a execução da medida socioeducativa de internação; inexistência de alojamento ou quarto, mas presença de celas e grades; saúde precária, com escassez de médicos, dentistas e dificuldade para aquisição de medicamentos, com ausência de integração das gerências de saúde das unidades com o sistema público de saúde; insuficiência de políticas de profissionalização; inexistência de políticas públicas de egressos.

Concluiu-se que as bases de um modelo de responsabilização penal juvenil devem se constituir por governança intersetorial menos punitiva, com maior atenção a políticas pedagógicas de atendimento, o que se dará com maior capacitação voltada para direitos humanos aos atores do campo socioeducativo, a fim de alterar a doxa punitiva hegemônica. Atestou-se que não se abandonou o conteúdo aflitivo da racionalidade punitiva, tampouco o retributivismo que legitimava a pena e, por consequência, a própria medida socioeducativa segregativa. As crenças são impregnadas por discursos jurídicos que mascaram mecanismos punitivos de efeitos retributivos e aflitivos, que alimentam os *habitus* daqueles que atuam no campo do penal juvenil, naturalizam as consequências negativas da medida socioeducativa segregativa e legitimam rejeições a pretensões teóricas alternativas que respondam às violências causadas pelo sistema penal juvenil.

Reproduz-se a violência sob a forma de dominação, onde pouco se dá voz ao adolescente em cumprimento de medida socioeducativa de internação. As mudanças legislativas ancoradas na Constituição Federal, na Convenção Internacional sobre os Direitos da Criança, nas Regras Mínimas das Nações Unidas para a Administração da Justiça da Infância e da Juventude, nas Regras das Nações Unidas para a Proteção dos Jovens com restrição de liberdade, no ECA, na Resolução nº 119/2006 do CONANDA e na Lei Federal nº 12.594/2012 exigem novos *habitus* de governança intersetoriais, quanto ao poder de governo, à capacidade de se planejar, formular, implementar políticas públicas e cumprir funções previamente determinadas, o que se dará, diga-se mais uma vez, com o afastamento ou a diminuição da presença da doxa punitiva. É um movimento circular, que exige a conscientização de todos sobre seu papel na socioeducação diante da complexidade do tema. Devemos cumprir o disposto em lei para promover mudanças na justiça penal juvenil.

Não se pode perder de vista que a alteração dessas práticas, a partir de capacitações, melhorias estruturais e de políticas de assistência, depende de investimentos públicos, novos arranjos institucionais e de fortalecimento das carreiras socioeducativas. Porém poucos esforços estão sendo feitos no sentido de executar o orçamento previsto para o campo socioeducativo, sendo certo que menos de 3% do orçamento decenal previsto para os anos de 2016 a 2026 foi executado, ou seja, foram gastos apenas R$ 24.752.229,64 (vinte e quatro milhões, setecentos e cinquenta e dois mil, duzentos e vinte e nove reais e sessenta e quatro centavos) de custeio e investimentos, entre 2016 e 2019, de um total de R$ 4.029.452.741,00 (quatro bilhões, vinte e nove milhões, quatrocentos e cinquenta e dois mil, setecentos e quarenta e um reais) previstos para serem utilizados até 2026.

A presente pesquisa demonstrou ser relevante no campo das políticas públicas e na academia, porque, para além de estimular o debate sobre a forma como as instituições atuam na seara infracional, demonstrando perspectivas e desafios para garantia de direitos de adolescentes autores de atos infracionais segregados, pode orientar a implementação de políticas públicas dirigidas a esse campo. Por tal motivo, proponho, à guisa de contribuição, com a máxima urgência, as seguintes recomendações:

- ✓ Implementação de política de desalgemamento, especialmente nos deslocamentos realizados desde a DCA até as unidades de internação, compreendendo o adolescente autor de ato infracional como sujeito de direitos e ser em desenvolvimento;
- ✓ Presença obrigatória da Defensoria Pública nos plantões do NAI, permitindo ampla defesa e contraditório em todas as etapas do procedimento de apuração de ato infracional;
- ✓ Obrigatoriedade de acesso à Defensoria Pública antes da oitiva ministerial no NAI;

- ✓ Instalação de central de atendimento da Defensoria nas próprias unidades de internação ou, na impossibilidade, maior periodicidade na realização de visitas às unidades de internação;
- ✓ Atuação da Defensoria Pública nos procedimentos disciplinares dentro das unidades de internação;
- ✓ Priorização de aplicação de medidas socioeducativas no meio aberto e avaliação individualizada dos pedidos de benefícios;
- ✓ Mutirão judicial para avaliar casos de drogadição e saúde mental que necessitam de outras medidas diversas da medida socioeducativa de internação;
- ✓ Fiscalização ministerial mais criteriosa e próxima dos adolescentes em conflito com a lei, avaliando não apenas os direitos assegurados nas unidades de internação, mas principalmente a qualidade do atendimento ofertado em educação, profissionalização, alimentação e saúde;
- ✓ Fortalecimento dos vínculos familiares, envolvendo a família no processo de recuperação dos adolescentes;
- ✓ Fornecimento de transporte público para visitas familiares às unidades de internação;
- ✓ Aprimoramento do atendimento médico e odontológico fornecido nas unidades de internação, com instalação de equipamentos e criação de cargos de médicos e enfermeiros na carreira socioeducativa, de modo a garantir o direito à saúde dentro das unidades de internação e diminuir o fluxo na rede pública de atendimento e a necessidade de escolta;
- ✓ Integração de sistemas da Secretaria da Saúde e SUBSIS para possibilitar o acesso da equipe de enfermagem ao prontuário do adolescente da rede pública e permitir atendimento mais eficiente;
- ✓ Garantia de atendimento médico e odontológico na rede pública de saúde sempre que não houver possibilidade de atendimento dentro das unidades de internação, inclusive com a realização de exames necessários para o correto diagnóstico das doenças;
- ✓ Criação de escola em tempo integral e, para aqueles maiores de 18 anos ou que já tenham terminado o ensino médio, e estejam cumprindo medida socioeducativa de internação, que sejam priorizados cursos profissionalizantes, incluindo a Secretaria do Trabalho nesse projeto, com o objetivo de reduzir o

tempo de cumprimento da medida de internação nos quartos ou alojamentos e de promover maior carga de atividade pedagógica, que contribua para a formação do adolescente e reduza a defasagem escolar;

- ✓ Elaboração de alimentação nas próprias unidades de internação, com a instalação de cozinhas nas unidades que não a possuem e ativação daquelas que estão inoperantes, possibilitando oferta de alimento fresco e de qualidade, com envolvimento dos adolescentes no processo de produção e permitindo que as refeições sejam realizadas em local adequado;
- ✓ Realização de capacitações de formação e continuadas, de cunho obrigatório, especialmente para escalonamento nas carreiras socioeducativas, com maior interação de cursos entre as Secretarias de Justiça, Defensoria, MP, Judiciário e Segurança Pública, com enfoque não punitivo, dando prioridade para temáticas que envolvem direitos humanos;
- ✓ Valorização da carreira socioeducativa, em todos os níveis, desde o oferecimento de equipamentos de proteção e segurança necessários para o desempenho das funções dos agentes socioeducativos como melhoria de condições de trabalho para equipe de especialistas;
- ✓ Dotação, para as unidades de internação, de orçamento mínimo para pequenos reparos e urgências que se fizerem necessárias para o bom atendimento ao adolescente em cumprimento de medida socioeducativa de internação;
- ✓ Elaboração de políticas públicas para egressos, acompanhando os passos do adolescente que deixou as unidades de internação, promovendo ponte entre ele e a comunidade a partir de políticas de escolarização e profissionalização, assim como de restabelecimento de vínculos familiares e acompanhamento médico quando for o caso.

Por fim, após verificar que inexiste a padronização de práticas nos instrumentos normativos brasileiros dos atores que atuam no campo da administração da justiça juvenil, mas a previsão de princípios e diretrizes a serem observados, anuncio a pretensão dos próximos passos da pesquisa com objetivo de desenvolver protocolos práticos de atendimento socioeducativo a serem aplicados nas unidades de internação em perspectiva intersetorial.

# REFERÊNCIAS


ADORNO, Sérgio. A experiência precoce da punição. *In:* MARTINS, José de Souza (Org.). *O Massacre dos inocentes:* a criança sem infância no Brasil. São Paulo: HUCITEC, 1993. p. 181-208.

AGUIAR, Viviane de Araújo. *CAJE: retratos de um cotidiano de conflitos.* 2006. Dissertação (Mestrado em Antropologia) – Departamento de Antropologia, Universidade de Brasília, Brasília, 2006.

ALBUQUERQUE, Jéssica Fernanda. *Entre socioeducação e punição:* trabalho sujo, identidades e práticas dos agentes socioeducativos da UISS. 2019. Dissertação (Mestrado em Sociologia) – Departamento de Sociologia, Universidade de Brasília, Brasília, 2014.

AKUTSU, Luiz; GUIMARÃES, Tomás de Aquino. Dimensões da governança judicial e sua aplicação ao sistema judicial brasileiro. *Revista Direito GV,* São Paulo, v. 8, n. 1, p. 183-202, jan./jun. 2012. Disponível em: http://www.scielo.br/pdf/rdgv/v8n1/v8n1a08.pdf. Acesso em: 26 set. 2019.

AKUTSU, Luiz; GUIMARÃES, Tomás de Aquino. Governança judicial: proposta de modelo teórico-metodológico. *Revista de Administração Pública,* Rio de Janeiro, v. 49, n. 4, p. 937-958, jul./ago. 2015. Disponível em: http://www.scielo.br/pdf/rap/v49n4/0034-7612-rap-49-04-00937.pdf. Acesso em: 26 set. 2019.

ALMEIDA, Suzano. DF: mesmo após decisão judicial, agentes socioeducativos mantêm greve. *Metrópoles,* Brasília, 4 ago. 2019. Disponível em: https://www.metropoles.com/distrito-federal/tjdft-proibe-que-agentes-socioeducativos-facam-greve-neste-domingo. Acesso em: 7 out. 2019.

ALMEIDA FILHO, Naomar de. Intersetorialidade, transdisciplinaridade e saúde coletiva: atualizando um debate em aberto. *Revista de Administração Pública,* Rio de Janeiro, v. 34, n. 6, p. 11-34, nov./dez. 2000. Disponível em: http://bibliotecadigital.fgv.br/ojs/index.php/rap/article/view/6345. Acesso em: 15 jul. 2019.

ALMEIDA, Márcio Costa de. [*Acordo de Cooperação Técnica – Aditivo e termo de adesão*]. Destinatário: Ana Cláudia de Souza Valente. Brasília, 14 fev. 2019. E-mail.

ALVAREZ, Marcos César. A questão dos adolescentes no cenário punitivo da sociedade brasileira contemporânea. *Revista Brasileira de Adolescência e Conflitualidade,* São Paulo, n. 10, p. 110-126, 2014.

ALVES-MAZZOTTI, Alda Judith; GEWANDSZNAJDER, Fernando. O *método nas ciências naturais e sociais:* pesquisa quantitativa e qualitativa. 2. ed. São Paulo: Pioneira Thomson Learning, 2004.

ANDRADE, Anderson Pereira; MACHADO, Bruno Amaral. Justiça e processo penal juvenil: paradigmas, discurso jurídico e o modelo brasileiro. *In:* ANDRADE, Anderson Pereira; MACHADO, Bruno Amaral (Coord.). *Justiça juvenil:* paradigmas e experiências comparadas. São Paulo: Marcial Pons; Brasília: Fundação Escola Superior do Ministério Público do Distrito Federal e Territórios, 2017, p. 23-56.

AMOS, Karin. Governança e governamentalidade: relação e relevância de dois conceitos científico-sociais proeminentes na educação comparada. *Educação e Pesquisa,* São Paulo, v. 36, n. especial, p. 23-38, 2010.

ANITUA, Gabriel Ignacio. *Histórias dos pensamentos criminológicos.* Tradução: Sérgio Lamarão. Rio de Janeiro: Renavan, 2015.

ARAÚJO, Domingos Barreto de. *Adolescentes em conflito com a lei:* mídia, representação social e direitos humanos. 2016. Tese (Doutorado em Psicologia Social) – Departamento de Psicologia, Universidade Federal da Bahia, Brasília, 2016. Disponível em: https://repositorio.ufba.br/ri/handle/ri/20951?mode=full&submit_simple=Mostrar+registro+completo+do+item. Acesso em: 26 nov. 2019.

BARATTA, Alessandro. *Direitos humanos:* entre a violência estrutural e a violência penal. Alemanha: Universidade de Saarland, 1993.

BARATTA, Alessandro. *Criminologia Crítica e Crítica do Direito Penal:* introdução à sociologia do direito penal. Tradução: Juarez Cirino dos Santos. 3. ed. Rio de Janeiro: Revan, 2002.

BARBOSA, Maria Yvelônia dos Santos Araújo. *Estigmatização do adolescente em conflito com a lei:* uma análise a partir do programa televisivo "Balanço Geral". 2018. Dissertação (Mestrado em Ciências Sociais) – Departamento de Escola de Humanidades, Universidade do Vale do Rio dos Sinos, São Leopoldo, 2018. Disponível em: http://www.repositorio.jesuita.org.br/handle/UNISINOS/7037?show=full. Acesso em: 26 nov. 2019.

BATISTA, Vera Malaguti. *Difíceis ganhos fáceis:* Drogas e juventude pobre no Rio de Janeiro. Rio de Janeiro: Instituto Carioca de Criminologia, Freitas Bastos, 1998.

BECCARIA, Cesare Bonesana. *Dos delitos e das penas.* Tradução J. Cretella Jr. e Agnes Cretella. 2. ed. São Paulo: Revista dos Tribunais, 1999.

BELOFF, Mary. *Los derechos del niño en el sistema interamericano.* Buenos Aires: Del Puerto, 2004.

BELOFF, Mary. *Qué hacer con la justicia juvenil?* Buenos Aires: Ad Hoc, 2016.

BELOFF, Mary. Argumentos para una discusión pendiente acerca del futuro de la justicia juvenil en Argentina. *In:* ANDRADE, Anderson Pereira; MACHADO, Bruno Amaral (Coord.). *Justiça juvenil:* paradigmas comparados. São Paulo: Marcial Pons; Brasília: Fundação Escola Superior do Ministério Público do Distrito Federal e Territórios, 2017. p. 157-213.

BICHIR, Renata; CANATO, Pamella. *Considerações sobre a intersetorialidade nas políticas sociais. In:* XI Encontro da ABCP – AT Estado e Políticas Públicas, 31 jul./3 ago. 2018, Curitiba. *Paper* [...]. Curitiba: Associação Brasileira de Ciência Política, 2018.

BOURDIEU, Pierre. Esboço de uma Teoria da Prática. *In:* ORTIZ, Renato (Org.). *Pierre Bourdieu:* sociologia. São Paulo: Ática, 1983. p. 46-81.

BOURDIEU, Pierre. *O Poder simbólico.* Tradução: Fernando Tomaz. Rio de Janeiro: Bertrand, 1989.

BOURDIEU, Pierre. *Coisas ditas.* São Paulo: Brasiliense, 1990.

BOURDIEU, Pierre. *The logic of practice.* Translated: Richard Nice. Stanford: Stanford University Press, 1990b.

BOURDIEU, Pierre; WACQUANT, Loic. *An invitation to reflexive sociology.* Chicago: University of Chicago, 1992.

BOURDIEU, Pierre. *A distinção:* crítica social do julgamento. Tradução: Daniela Kern; Guilherme J. F. Teixeira. São Paulo: Edusp, 2007; Porto Alegre: Zouk, 2007.

BOURDIEU, Pierre. *A dominação masculina.* Tradução: Maria Helena Kühner. 12. ed. Rio de Janeiro: Bertrand Brasil, 2014a.

BOURDIEU, Pierre. *Sobre o Estado.* Tradução: Rosa Freire D'Aguiar. São Paulo: Companhia das Letras, 2014b.

BOURDIEU, Pierre; EAGLETON, Terry. A doxa e a vida cotidiana: uma entrevista. *In:* ZIZEK, Slavoj (Org.). *Um mapa da ideologia.* Tradução Vera Ribeiro. Rio de Janeiro: Contraponto, 1996. p. 265-278.

BRANCALHÃO, Walkíria Rodrigues Duarte. *A educação para o adolescente em conflito com a lei:* mecanismo de inserção ou exclusão social. 2003. Dissertação (Mestrado em Educação) – Faculdade de Filosofia e Ciências, Universidade Estadual Paulista Julio Mesquita Filho, Marília, 2003.

BRASIL [Constituição (1988)]. *Constituição da República Federativa do Brasil.* Brasília, DF: Presidência da República, 1988. Disponível na íntegra em: http://www.planalto.gov.br/ccivil_03/constituicao/constituicao.htm. Acesso em: 10 jan. 2019.

BRASIL. *Decreto-Lei nº 113, de 25 de janeiro de 1967.* Altera a Organização Jurídica do Distrito Federal e dá outras providências. Rio de Janeiro, RJ: Presidência da República, 1967. Disponível em: https://www2.camara.leg.br/legin/fed/declei/1960-1969/decreto-lei-113-25-janeiro-1967-375796-publicacaooriginal-1-pe.html. Acesso em: 30 set. 2019.

BRASIL. *Decreto nº 678, de 06 de novembro de 1992.* Promulga a Convenção Americana sobre Direitos Humanos (Pacto de São José da Costa Rica), de 22 de novembro de 1969. Brasília, DF: Presidência da República, 1992. Disponível em: http://www.planalto.gov.br/ccivil_03/decreto/D0678.htm. Acesso em: 15 jan. 2019.

BRASIL. *Decreto-Lei nº 2.024, de 17 de fevereiro de 1940.* Fixa as bases da organização da proteção à maternidade, à infância e à adolescência em todo o País. Rio de Janeiro, RJ: Presidência da República, 1940. Disponível em: https://www2.camara.leg.br/legin/fed/declei/1940-1949/decreto-lei-2024-17-fevereiro-1940-411934-publicacaooriginal-1-pe.html. Acesso em: 10 maio 2019.

BRASIL. *Decreto-Lei nº 2. 848, de 07 de dezembro de 1940.* Institui o Código Penal. Rio de Janeiro, RJ: Presidência da República, 1940. Disponível em: http://www.planalto.gov.br/ccivil_03/decreto-lei/del2848.htm. Acesso em: 21 jan. de 2019.

BRASIL. *Decreto-Lei nº 3.799, de 5 de novembro de 1941*. Transforma o Instituto Sete de Setembro, em Serviço de Assistência a Menores e dá outras providências. Rio de Janeiro, RJ: Presidência da República, 1941. Disponível em: https://www2.camara.leg.br/legin/fed/declei/1940-1949/decreto-lei-3799-5-novembro-1941-413971-publicacaooriginal-1-pe.html. Acesso em: 10 maio 2019.

BRASIL. *Decreto nº 9.203, de 22 de novembro de 2017*. Dispõe sobre a política de governança da administração pública federal direta, autárquica e fundacional. Brasília, DF: Presidência da República, 2017. Disponível em: http://www.planalto.gov.br/ccivil_03/_Ato2015-2018/2017/Decreto/D9203.htm. Acesso em: 30 set. 2019.

BRASIL. *Decreto nº 99.710, de 21 de novembro de 1990*. Promulga a Convenção sobre os Direitos da Criança. Brasília, DF: Presidência da República, 1990. Brasília, DF: Presidência da República. Disponível em: http://www.planalto.gov.br/ccivil_03/decreto/1990-1994/D99710.htm. Acesso em: 18 jan. 2019.

BRASIL. *Decreto Federal nº 16.273, de 21 de dezembro de 1923*. Reorganiza a Justiça do Distrito Federal. Rio de Janeiro, RJ: Presidência da República, 1923. Disponível em: http://www.planalto.gov.br/ccivil_03/decreto/1910-1929/D16273.htm. Acesso em: 10 maio 2019.

BRASIL. *Decreto Federal nº 17.943, de 12 de outubro de 1927*. Institui o Código de Menores. Consolida as leis de assistência e proteção a menores. Rio de Janeiro, RJ: Presidência da República, 1927. Disponível em: http://www.planalto.gov.br/ccivil_03/decreto/1910-1929/D17943A.htm. Acesso em: 5 maio 2019.

BRASIL. *Lei Complementar nº 80, de 12 de janeiro de 1994*. Organiza a Defensoria Pública da União, do Distrito Federal e dos Territórios e prescreve normas gerais para sua organização nos Estados, e dá outras providências. *Brasília*, DF: Presidência da República, 1994. Disponível em: http://www.planalto.gov.br/ccivil_03/LEIS/LCP/Lcp80.htm. Acesso em: 4 nov. 2019.

BRASIL. *Lei Complementar nº 132, de 7 de outubro de 2009*. Altera dispositivos da Lei Complementar nº 80, de 12 de janeiro de 1994, que organiza a Defensoria Pública da União, do Distrito Federal e dos Territórios e prescreve normas gerais para sua organização nos Estados, e da Lei nº 1.060, de 5 de fevereiro de 1950, e dá outras providências. *Brasília*, DF: Presidência da República, 1994. Disponível em: http://www.planalto.gov.br/ccivil_03/Leis/LCP/Lcp132.htm. Acesso em: 4 nov. 2019.

BRASIL. *Lei nº 3.754, de 14 de abril de 1960*. Dispõe sobre a Organização Judiciária do Distrito Federal de Brasília, e dá outras providências. Rio de Janeiro, RJ: Centro Internacional de Estudos e Pesquisas sobre a Infância (CIESPI), 1960. Disponível em: http://www.ciespi.org.br/media/Base%20Legis/LEI%204242_06_JAN_1921.pdf. Acesso em: 11 jul. 2019.

BRASIL. *Lei nº 4.242, de 04 de janeiro de 1921*. Regula o serviço de assistência e proteção à infância abandonada e delinquente. Rio de Janeiro, RJ: Presidência da República, 1921. Disponível em: http://www.planalto.gov.br/ccivil_03/LEIS/1950-1969/L3754.htm. Acesso em: 30 set. 2019.

BRASIL. *Lei nº 4.513, de 1º de dezembro de 1964*. Autoriza o Poder Executivo a criar a Fundação Nacional do Bem-Estar do Menor, a ela incorporando o patrimônio e as atribuições do Serviço de Assistência a Menores, e dá outras providências. Brasília, DF: Presidência da República, 1964. Disponível em: http://www.planalto.gov.br/ccivil_03/leis/1950-1969/l4513.htm. Acesso em: 10 maio 2019.

BRASIL. *Lei nº 4.545, de 10 de dezembro de 1964*. Dispõe sobre a reestruturação administrativa do Distrito Federal, e dá outras providências. Brasília, DF: Presidência da República, 1964. Disponível em: http://www.planalto.gov.br/ccivil_03/LEIS/L4545.htm. Acesso em: 30 set. 2019.

BRASIL. *Lei nº 6. 697, de 10 de outubro de 1979*. Institui o Código de Menores. Brasília, DF: Presidência da República, 1979. Disponível em: http://www.planalto.gov.br/ccivil_03/leis/1970-1979/L6697impressao.htm. Acesso em: 10 jan. 2019.

BRASIL. *Lei nº 8. 069, de 13 de julho de l990*. Dispõe sobre o Estatuto da Criança e do Adolescente e dá outras providências. Brasília, DF: Presidência da República, 1990. Disponível em: http://www.planalto.gov.br/ccivil_03/leis/l8069.htm. Acesso em: 20 jan. 2019.

BRASIL. *Lei nº 8. 185, de 14 de maio de l991*. Dispõe sobre a organização judiciária do Distrito Federal e dos Territórios. Brasília, DF: Presidência da República, 1991. Disponível em: http://www.planalto.gov.br/ccivil_03/Leis/L8185.htm. Acesso em: 30 set. 2019.

BRASIL. *Lei nº 11.697, de 13 de junho de 2008*. Dispõe sobre a organização judiciária do Distrito Federal e dos Territórios e revoga as Leis nºs 6.750, de 10 de dezembro de 1979, 8.185, de 14 de maio de 1991, 8.407, de 10 de janeiro de 1992, e 10.801, de 10 de dezembro de 2003, exceto na parte em que instituíram e regularam o funcionamento dos serviços notariais e de registro no Distrito Federal. Brasília, DF: Presidência da República, 2008. Disponível em: http://www.planalto.gov.br/ccivil_03/_Ato2007-2010/2008/Lei/L11697.htm#art91. Acesso em: 30 set. 2019.

BRASIL. *Lei nº 12.594, de 18 de janeiro de 2012*. Institui o Sistema Nacional de Atendimento Socioeducativo (Sinase), regulamenta a execução das medidas socioeducativas destinadas a adolescente que pratique ato infracional; e altera as Leis nºs 8.069, de 13 de julho de 1990 (Estatuto da Criança e do Adolescente); 7.560, de 19 de dezembro de 1986, 7.998, de 11 de janeiro de 1990, 5.537, de 21 de novembro de 1968, 8.315, de 23 de dezembro de 1991, 8.706, de 14 de setembro de 1993, os Decretos-Leis nºs 4.048, de 22 de janeiro de 1942, 8.621, de 10 de janeiro de 1946, e a Consolidação das Leis do Trabalho (CLT), aprovada pelo Decreto-Lei nº 5.452, de 1º de maio de 1943. Brasília, DF: Presidência da República, 2012. Disponível em: http://www.planalto.gov.br/ccivil_03/_ato2011-2014/2012/lei/l12594.htm. Acesso em: 10 jan. 2019.

BRASIL. *Lei nº 12.830, de 20 de junho de 2013*. Dispõe sobre a investigação criminal conduzida pelo delegado de polícia. Brasília, DF: Presidência da República, 2012. Disponível em: http://www.planalto.gov.br/ccivil_03/_ato2011-2014/2013/lei/l12830.htm. Acesso em: 7 out. 2019.

BRASIL. Brasil. Presidência da República. Câmara da Reforma do Estado, Ministério da Administração Federal e Reforma do Estado. *Plano Diretor da Reforma do Aparelho do Estado*. Brasília, DF: Presidência da República, 1995. Disponível em: http://www.biblioteca.presidencia.gov.br/publicacoes-oficiais/catalogo/fhc/plano-diretor-da-reforma-do-aparelho-do-estado-1995.pdf. Acesso em: 01 out. 2019.

BRASIL. Presidência da República. Secretaria Geral. *Mapa do encarceramento:* os jovens do Brasil. Secretaria Geral da Presidência da República e Secretaria Nacional de Juventude. Brasília, DF: Presidência da República, 2015. (Série Juventude Viva). Disponível em: http://www.pnud.org.br/arquivos/encarceramento_WEB.pdf. Acesso em: 05 jan. 2019.

BUCCI, Maria Paula Dallari. O conceito de política pública em direito. *In:* BUCCI, Maria Paula Dallari (Org.). *Políticas públicas:* reflexões sobre o conceito jurídico. São Paulo: Saraiva, 2006.

BUDÓ; Marília de Nardin; CAPPI, Riccardo. *Punir os jovens? A* centralidade do castigo nos discursos midiáticos e parlamentares sobre o ato infracional. Belo Horizonte: Letramento, 2018.

Caje será proibido de receber internos. *Jornal Correio Brasiliense.* Brasília, 02 dez. 2010. Disponível em: https://www.correiobraziliense.com.br/app/noticia/cidades/2010/12/02/interna_cidadesdf,225757/caje-sera-proibido-de-receber-internos.shtml. Acesso em: 18 mar. 2019.

Caje deve parar de receber novos internos em 16 dias. *Jornal Correio Brasiliense.* Brasília, 14 fev. 2011. Disponível em: https://www.correiobraziliense.com.br/app/noticia/cidades/2011/02/14/interna_cidadesdf,237761/caje-deve-parar-de-receber-novos-internos-em-16-dias.shtml. Acesso em: 18 mar. 2019.

CAMPBELL, Alexandre *et al. Quando a liberdade é exceção:* a situação das pessoas presas sem condenação no Rio de Janeiro. Projeto Prisão Provisória e Encarceramento em Massa no Rio de Janeiro (2014-2016). Rio de Janeiro: Justiça Global, 2016. Disponível em: http://www.global.org.br/wp-content/uploads/2016/09/quando-a-liberdade-e-excecao.pdf. Acesso em: 12 jul. 2019.

CARDOSO, Flávio Manoel Coelho Borges Cardoso; GUIMARÃES, Liliane de Oliveira. Cluster de Saúde de Ceres – GO: um resgate do seu processo de formação e expansão. *In:* XXIX Encontro da Associação Nacional dos Programas de Pós-Graduação em Administração – ENANPAD. 2005, Brasília, Brasil. *Anais* [...]. Disponível em: http://www.anpad.org.br/admin/pdf/enanpad2005-esoc-2433.pdf. Acesso em: 01 out. 2019.

CASTRO, Lorena Cardoso de. *Mídia impressa e a abordagem dos adolescentes em conflito com a lei:* um estudo do jornal correio brasiliense. 2016. Monografia (Bacharel em Serviço Social) – Departamento de Serviço Social, Universidade de Brasília, Brasília, 2016. Disponível em: http://bdm.unb.br/handle/10483/17328. Acesso em: 26 nov. 2019.

CATANI, Afrânio Mendes *et al* (Org.). *Vocabulário Bourdieu.* Belo Horizonte: Autêntica Editora, 2017.

Cartilha para cumprimento das normas relativas às medidas socioeducativas de acordo com o SINASE. 2015. Disponível em: https://www.sindssedf.org.br/cartilha-da-operacao-sinase/. Acesso em: 19 mar. 2019.

CCPR, Casa Civil da Presidência da República. *Guia da política de governança pública.* Brasília: Casa Civil da Presidência da República, 2018. Disponível em: https://www.cgu.gov.br/noticias/2018/12/governo-federal-lanca-guia-sobre-a-politica-de-governanca-publica/guia-politica-governanca-publica.pdf. Acesso em: 26 set. 2019.

CDCA, Conselho dos Direitos da Criança e do Adolescente do Distrito Federal. Comissão ampliada de medidas socioeducativas. *Relatório de visitas às unidades de privação de liberdade.* Brasília: Conselho dos Direitos da Criança e do Adolescente, 2017.

CESAMI, Centro Socioeducativo Amigoniano. *Relatório Institucional*: projeto político pedagógico institucional. Brasília: CESAMI, 2010. Disponível em: https://elkinpaezch.files.wordpress.com/2011/01/relatc3b3rio-insitucional-2010.pdf. Acesso em: 7 out. 2019.

CHIZZOTTI, Antonio. *Pesquisa em ciências humanas e sociais*. 5. ed. São Paulo: Cortez, 2001.

CNJ, Conselho Nacional de Justiça. Departamento de Monitoramento e Fiscalização do Sistema Carcerário e do Sistema de Execução de Medidas Socioeducativas. Departamento de Tecnologia da Informação. *Banco Nacional de Monitoramento de Prisões – BNMP 2.0:* Cadastro Nacional de Presos. Brasília: Conselho Nacional de Justiça, 2018. Disponível em: http://www.cnj.jus.br/files/conteudo/arquivo/2018/08/57412abdb54eba909b3e1819fc4c3ef4.pdf. Acesso em: 09 mar. 2019.

CNJ, Conselho Nacional de Justiça. *Dos espaços aos direitos:* a realidade da ressocialização na aplicação das medidas socioeducativas de internação das adolescentes do sexo feminino em conflito com a lei nas cinco regiões. Brasília: Conselho Nacional de Justiça, 2015. Disponível em: https://www.cnj.jus.br/files/conteudo/destaques/arquivo/2015/06/cb905d37b1c494f05afc1a14ed56d96b.pdf. Acesso em: 06 maio 2018.

CNJ, Conselho Nacional de Justiça. *Panorama nacional:* a execução das medidas socioeducativas de internação. Programa Justiça ao Jovem. Brasília: Conselho Nacional de Justiça, 2012. Disponível em: http://www.cnj.jus.br/images/pesquisas-judiciarias/Publicacoes/panorama_nacional_doj_web.pdf. Acesso em: 06 maio 2019.

CNMP, Conselho Nacional de Justiça. *Panorama da execução dos programas socioeducativos de internação e semiliberdade nos Estados Brasileiro.* Brasília: Conselho Nacional do Ministério Público, 2019. Disponível em: https://www.cnmp.mp.br/portal/images/Publicacoes/documentos/2019/LIVRO_PROGRAMAS_SOCIOEDUCATIVOS_WEB.pdf. Acesso em: 05 dez. 2019.

CNMP, Conselho Nacional de Justiça. *Relatório da Infância e Juventude – Resolução nº 67/2011*: Um olhar mais atento às unidades de internação e semiliberdades para adolescentes. Brasília: Conselho Nacional do Ministério Público, 2013. Disponível em: http://www.cnmp.mp.br/portal/images/stories/Destaques/Publicacoes/Relatório_Internação.PDF. Acesso em: 03 out. 2019.

CONANDA. Conselho Nacional dos Direitos da Criança e do Adolescente. *Resolução nº 46, de 29 de outubro de 1996*. Regulamenta a execução da medida sócio-educativa de internação prevista no Estatuto da Criança e do Adolescente, Lei nº 8069/90. Brasília, CONANDA, 1996. Disponível em: http://ens.sinase.sdh.gov.br/ens2/images/conteudo/Resoluca%CC%83o%201-99.pdf. Acesso em: 3 out. 2019.

CONANDA. Conselho Nacional dos Direitos da Criança e do Adolescente. *Resolução nº 119, de 11 de dezembro de 2006*. Dispõe sobre o Sistema Nacional de Atendimento Socioeducativo e dá outras providências. Brasília, CONANDA, 2006. Disponível em: https://www.legisweb.com.br/legislacao/?id=104396. Acesso em: 3 out. 2019.

CONANDA. Conselho Nacional dos Direitos da Criança e do Adolescente. *Resolução nº 160, de 18 de novembro de 2013*. Aprova o Plano Nacional de Atendimento Socioeducativo. Brasília, CONANDA, 2013. Disponível em: https://www.direitosdacrianca.gov.br/conanda/resolucoes/160-resolucao-160-de-18-de-novembro-de-2013/view. Acesso em: 3 out. 2019.

COORINT, Coordenação de Internação. [*Dados Coorint*]. Destinatário: Ana Cláudia de Souza Valente. Brasília, 7 out. 2019. E-mail.

CORNELIUS, Eduardo Gutierrez. *O pio dos dois mundos?* A construção legítima da punição de adolescentes no Superior Tribunal de Justiça. São Paulo: IBCCRIM, 2018.

COUTINHO, Diogo R. O direito nas políticas públicas. *In:* MARQUES, Eduardo; PIMENTA DE FARIA, Carlos Aurélio (Org.). *A política pública como campo multidisciplinar*. São Paulo: Unesp, Rio de Janeiro: Fiocruz, p. 181-200, 2013.

COSTA, Antonio Carlos Gomes da. *Parâmetros para a formação do socioeducador:* uma proposta inicial para reflexão e debate. Brasília: Secretaria Especial dos Direitos Humanos, 2006a.

COSTA, Antonio Carlos Gomes da. *Por uma política nacional de execução das medidas socioeducativas:* conceitos e princípios. Brasília: Secretaria Especial dos Direitos Humanos, 2006b.

CRIVELLI, Aníbal Ezequiel. *Derecho Penal Juvenil:* un estudio sobre la transformación de los sistemas de justicia penal juvenil. Montevideo-Buenos Aires: B de F, 2014.

DIOGO, Darcianne. Servidores do sistema socioeducativo entrarão de greve no domingo. Brasília, 2 ago. 2019. Disponível em: https://www.correiobraziliense.com.br/app/noticia/cidades/2019/08/02/interna_cidadesdf,775202/servidores-do-sistema-socioeducativo-entrarao-de-greve-no-domingo-4.shtml. Acesso em: 7 out. 2019.

DINIZ, Débora. *Meninas fora da lei*: a medida socioeducativa de internação no Distrito Federal. Brasília: Letras Livres, 2017.

DISTRITO FEDERAL. *Decreto nº 27.591, de 1º de janeiro de 2007*. Dispõe sobre a estruturação administrativa do Governo do Distrito Federal e dá outras providências. Brasília, DF: Câmara Legislativa do Distrito Federal, 2007. Disponível em: http://www.fazenda.df.gov.br/aplicacoes/legislacao/legislacao/TelaSaidaDocumento.cfm?txtNumero=27591&txtAno=2007&txtTipo=6&txtParte=. Acesso em: 07 out. 2019.

DISTRITO FEDERAL. *Decreto nº 30.490, de 22 de junho de 2009*. Aprova o Regimento Interno da Polícia Civil do Distrito Federal e dá outras providências. Brasília, DF: Câmara Legislativa do Distrito Federal, 2009. Disponível em: http://www.sinj.df.gov.br/sinj/Norma/60693/Decreto_30490_22_06_2009.html. Acesso em: 09 set. 2019.

DISTRITO FEDERAL. *Decreto nº 32.716, de 1º de janeiro de 2011*. Dispõe sobre a estrutura administrativa do Governo do Distrito Federal e dá outras providências. Brasília, DF: Câmara Legislativa do Distrito Federal, 2011a. Disponível em: http://www.sinj.df.gov.br/sinj/Norma/66871/exec_dec_32716_2011_ret_ret.html. Acesso em: 09 set. 2019.

DISTRITO FEDERAL. *Decreto nº 33.156, de 25 de agosto de 2011*. Dispõe sobre a estrutura administrativa da Secretaria de Estado da Criança do Distrito Federal, e dá outras providências. Brasília, DF: Câmara Legislativa do Distrito Federal, 2011b. Disponível em: http://www.tc.df.gov.br/SINJ/Norma/69208/Decreto_33156_25_08_2011.html. Acesso em: 09 set. 2019.

DISTRITO FEDERAL. *Decreto nº 33.747, de 29 de junho de 2012*. Dispõe sobre a alteração da estrutura administrativa da Secretaria de Estado da Criança do Distrito Federal, e dá outras providências. Brasília, DF: Câmara Legislativa do Distrito Federal, 2012. Disponível em: http://www.sinj.df.gov.br/sinj/Norma/71771/Decreto_33747_29_06_2012.html. Acesso em: 09 set. 2019.

DISTRITO FEDERAL. *Decreto nº 36.236, de 1º de janeiro de 2015*. Dispõe sobre a estrutura administrativa do Poder Executivo do Distrito Federal. Brasília, DF: Câmara Legislativa do Distrito Federal, 2015. Disponível em: http://www.sinj.df.gov.br/sinj/Norma/78734/Decreto_36236_01_01_2015.html. Acesso em: 7 out. 2019.

DISTRITO FEDERAL. *Decreto nº 37.124, de 17 de fevereiro de 2016*. Cria o Comitê Gestor do Sistema Socioeducativo do Distrito Federal. Brasília, DF: Câmara Legislativa do Distrito Federal, 2016a. Disponível em: http://www.sinj.df.gov.br/sinj/DetalhesDeNorma.aspx?id_norma=76d3ba511e0742fd9de09b9dd392bc02. Acesso em: 4 nov. 2019.

DISTRITO FEDERAL. *Decreto nº 37.896, de 27 de dezembro de 2016*. Aprova o Regimento Interno da Secretaria de Estado de Políticas para Crianças, Adolescentes e Juventude do Distrito Federal, e dá outras providências. Brasília, DF: Câmara Legislativa do Distrito Federal, 2016b. Disponível em: http://www.crianca.df.gov.br/wp-conteudo/uploads/2018/02/DECRETO-REGIMENTO-INTERNO-DA-SECRETARIA-DE-ESTADO-DE-POLITICAS-PARA-CRIAN%C3%87AS-1.pdf. Acesso em: 8 out. 2019.

DISTRITO FEDERAL. *Decreto nº 39.610, de 1º de janeiro de 2019*. Dispõe sobre a organização da estrutura da Administração Pública do Distrito Federal. Brasília, DF: Câmara Legislativa do Distrito Federal, 2019. Disponível em: http://www.sinj.df.gov.br/sinj/Norma/d7b71f8fb3864fc0aec117bb1e0ea2ca/Decreto_39610_01_01_2019.html. Acesso em: 09 set. 2019.

DISTRITO FEDERAL. *Lei nº 663, de 28 de janeiro de 1994*. Dispõe sobre a criação do Centro de Atendimento Juvenil Especializado na Fundação do Serviço Social do Distrito Federal e dá outras providências. Brasília, DF: Câmara Legislativa do Distrito Federal, 1994. Disponível em: http://www.tc.df.gov.br/sinj/Norma/48622/Lei_663_28_01_1994.html. Acesso em: 10 maio 2019.

DISTRITO FEDERAL. *Lei nº 5.351, de 04 de junho de 2014*. Dispõe sobre a criação da carreira socioeducativa no quadro de pessoal do Distrito Federal e dá outras providências. Brasília, DF: Câmara Legislativa do Distrito Federal, 2014. Disponível em: https://www.tc.df.gov.br/SINJ/Norma/77021/Lei_5351_04_06_2014.html. Acesso em: 15 jul. 2019.

DIXIT, Avinash. Incentives and organizations in the public sector: an interpretative review. *The Journal of Human Resources*, Madison, v. 37, n. 4, p. 696-727, 2002.

DPDFT, Defensoria Pública do Distrito Federal e Territórios. Conselho Superior da Defensoria Pública do Distrito Federal e Territórios. *Resolução nº 208, de 5 de outubro de 2019*. Altera o anexo único da Resolução nº 207 do Conselho Superior da Defensoria Pública do Distrito Federal, de 20 de agosto de 2019. Brasília, DF: Conselho Superior, 2019. Disponível em: http://www.defensoria.df.gov.br/wp-content/uploads/2019/10/RESOLU%C3%87%C3%83O-N%C2%BA-208-2019-NEP-1.pdf. Acesso em: 11 set. 2019.

ENS. Escola Nacional de Socioeducação. *Legislação:* marcos legais do sistema nacional de atendimento socioeducativo. Brasília, 06 jun. 2016. Disponível em: http://ens.sinase.sdh.gov.br/ens2/index.php?option=com_content&view=article&id=80&Itemid=254. Acesso em: 03 de out. 2019.

EUA. Estados Unidos da América. The World Bank. *Governance and development*. Whashington: World Bank, 1992.

FALEIROS, Eva Teresinha Silveira. A criança e o adolescente. Objetos sem valor no Brasil Colônia e no Império. *In:* RIZZINE, Irene; Pillotti, Francisco (Org.). *A arte de governar crianças:* a história das políticas sociais, da legislação e da assistência à infância no Brasil. 2. ed. São Paulo: Cortez, 2009, p. 203-222.

FERREIRA, Carolina Costa; DIVAN, Gabriel Antinofi. As audiências de custódia no Brasil: uma janela para a melhora do controle da atividade policial. *Revista Brasileira de Políticas Públicas*, v. 8, n. 1, p. 530-549, 2018.

FOUCAULT, Michel. *Vigiar e punir:* nascimento da prisão. Petrópolis: Vozes, 1987.

FOUCAULT, Michel. *A verdade e as formas jurídicas.* Tradução: Roberto Cabral de Melo Machado e Eduardo Jardim Morais. Rio de Janeiro: NAU, 2003.

FOUCAULT, Michel. *Segurança, Território e População*: curso dado no College de France (1977-1978). Tradução: Eduardo Brandão. São Paulo: Martins Fontes, 2008.

FRASSETO, Flávio Américo *et al.* Gênese e desdobramento da Lei 12.594/2012: reflexos na ação socioeducativa. *Revista Brasileira Adolescência e Conflituosidade,* n. 6, p. 19-72, 2012. Disponível em: file:///D:/Users/ana.valente/Downloads/186-699-1-PB.pdf. Acesso em: 13 jul. 2019.

FREITAS, Celma. A prática em Bourdieu. *Revista Científica FacMais,* v. 1, n. 1, p. 5-22, 2012. Disponível em: http://revistacientifica.facmais.com.br/wp-content/uploads/2012/04/1.A-PR%C3%81TICA-EM-BOURDIEU-Celma-Freitas1.pdf. Acesso em: 2 set. 2019.

FUZEIRA, Vitor. Interno corta grade e foge de Unidade de Internação do DF: Adolescente participava de atividade profissionalizante de curso de pedreiro e usou ferramentas para serrar as barras de ferro. *Metrópoles,* Brasília, 19 fev. 2019.

GALDINO, Milena. CCJ deve votar redução da maioridade penal e fim do auxílio-reclusão. *Senado Notícias.* Brasília, 13 fev. 2019. Disponível em: https://www12.senado.leg.br/noticias/materias/2019/02/13/ccj-deve-votar-reducao-da-maioridade-penal-e-fim-do-auxilio-reclusao. Acesso em: 12 jul. 2019.

GARCEZ, Gabriela Soldano; PASSOS DE FREITAS, Gilberto. Governança, globalização e atores não estatais: uma análise sob a perspectiva do Direito Internacional. *Scientia Iuris,* Londrina, v. 19, n. 2, p. 223-240, dez. 2015.

GARCÍA DORADO MONTERO, Pedro. *Bases para un Nuevo Derecho Penal.* Buenos Aires: Ediciones Depalma, 1973.

GARCÍA MÉNDEZ, Emilio; COSTA, Antonio Carlos Gomes da. *Das necessidades aos direitos.* São Paulo: Malheiros, 1994.

GARCÍA MÉNDEZ, Emilio. *Infância e cidadania na América Latina.* Tradução: Ângela Maria Tijiwa. São Paulo: Ilucitee/Instituto Ayrton Senna, 1998.

GARCÍA MÉNDEZ, Emilio. *Adolescentes e Responsabilidade Penal*: um debate Latino-Americano. Porto Alegre: Ajus, ESMP-RS, FESDEP-RS. 2000.

GARCÍA MÉNDEZ, Emilio. Adolescentes y responsabilidad penal: un debate latinoamericano. *Revista Brasileira de Ciências Criminais,* São Paulo, v. 12, n. 48, p.229-245, maio/jun. 2004.

GARCÍA MÉNDEZ, Emilio. A Dimensão Política da Responsabilidade Penal dos Adolescentes na América Latina: notas para a construção de uma modesta utopia. *Educação e Realidade,* Porto Alegre, v. 33, n. 2, p. 15-35, jul./dez. 2008. Disponível em: http://www.redalyc.org/pdf/3172/317227052003.pdf. Acesso em: 26 jun. 2019.

GARCÍA MÉNDEZ, Emilio. La privación de libertad como forma de "protección" de la infancia: un caso paradigmático de construcción judicial de vulnerabilidad. *Revista Brasileira de Ciências Criminais,* São Paulo, v. 22, n. 109, p. 133-145, jul./ago. 2014.

GARCÍA MÉNDEZ, Emilio. Prólogo: una reflexión crítica imprescindible. *In:* ANDRADE, Anderson Pereira; MACHADO, Bruno Amaral (Coord.). *Justiça juvenil:* paradigmas e experiências comparadas. 1. ed. São Paulo: Marcial Pons; Brasília: Fundação Escola Superior do Ministério Público do Distrito Federal e Territórios, 2017.

GARLAND, David. *A cultura do controle*: crime e ordem social na sociedade contemporânea. Tradução: André Nascimento. Rio de Janeiro: Renavan, 2017.

GARONCE, Luiza. Agentes socioeducativos do DF entram em greve após Justiça declarar ilegalidade. *G1*, Brasília, 4 ago. 2019. Disponível em: https://g1.globo.com/df/distrito-federal/noticia/2019/08/04/agentes-socioeducativos-do-df-entram-em-greve-apos-justica-declarar-ilegalidade.ghtml. Acesso em: 7 out. 2019.

GIBBS, Graham. *Análise de dados qualitativos*. São Paulo: Artmed, 2008.

GOFFMAN, Erving. *Manicômios, prisões e conventos*. Tradução: Dante Moreira Leite. São Paulo: Perspectiva,1974.

GONÇALVES, Alcindo Fernandes. *O Conceito de Governança*. *In:* CONSELHO NACIONAL DE PESQUISA E PÓS-GRADUAÇÃO EM DIREITO (CONPEDI), 2005, Fortaleza, *Trabalho* [...]. Fortaleza, Conpedi, 2005, p. 1-16.

GONÇALVES, Alcindo Fernandes. Governança global e o direito internacional público. *In:* JUBILUT, Liliana Lyra (Coord.). *Direito internacional atual*. Rio de Janeiro: Elsevier, 2014.

GORENSTEIN, Fabiana. *Da concepção menorista à proteção integral:* oscilações de discurso na CPMI da exploração sexual de crianças e adolescentes. 2009. Dissertação (Mestrado em Direito) – Faculdade de Direito, Universidade de Brasília, Brasília, 2009.

Governança é o principal desafio para integrar a segurança pública, diz especialista. Senado Notícias, Brasília, 06 mar. 2018. Disponível em: https://www12.senado.leg.br/noticias/materias/2018/03/06/governanca-e-o-principal-desafio-para-integrar-a-seguranca-publica-diz-especialista. Acesso em: 07 mar. 2019.

GRAU, Nuria Cunill. La intersetorialidad en el gobierno y gestión de la política social. *In:* X CONGRESSO INTERNACIONAL DEL CLAD SOBRE LA REFORMA DEL ESTADO Y DE LA ADMINISTRACIÓN PÚBLICA. 2005, Santiago, Chile. *Anais* [...]. Santiago, 18-21 out. 2005. Disponível em: https://www.clad.org/congresos/congresos-anteriores/x-congreso. Acesso em: 15 jul. 2019.

GRECO, Luís. A Ilha de Kant. *In:* GRECO, Luís; MARTINS, Antônio. *Direito Penal como crítica da Pena*. São Paulo: Marcial Pons, 2012, p. 263-269.

HAGUETTE, Teresa Maria Frota. *Metodologias qualitativas na sociologia*. 14. ed. Petrópolis: Vozes, 2013.

HASSEMER, Winfried; MUÑOZ CONDE, Francisco. *Introducción a la Criminología y al Derecho Penal*. Valencia: Tirant lo Blanch, 1989.

HIGUERA GUIMERÁ, Juan Felipe. *Derecho Penal Juvenil*. Barcelona: Bosch, 2003.

HOTT, Pedro. [*Comitê Gestor*]. Destinatário: Ana Cláudia de Souza Valente. Brasília, 30 out. 2019. Whatsapp.

HULSMAN, Louk; CELIS, Jacqueline Bemat de. *Penas Perdidas:* o sistema penal em questão. Tradução: Maria Lúcia Karam. Niterói: Luam, 1993.

IBANHES, Lauro Cesar *et al.* Governança e regulação na saúde: desafios para a gestão na região metropolitana de São Paulo, Brasil. *Caderno Saúde Pública,* Rio de Janeiro, v. 23, n. 3, p. 575-584, mar. 2007. Disponível em: http://www.scielo.br/scielo.php?pid=S0102-311X2007000300016&script=sci_abstract&tlng=pt. Acesso em: 26 set. 2019.

IBGC. Instituto Brasileiro de Governança Corporativa. O que é governança corporativa. 2013. Disponível em: https://www.ibgc.org.br/quemsomos. Acesso em: 26 set. 2019.

INFOPEN. Levantamento Nacional de Informações Penitenciárias. Ministério da Justiça. Disponível em: http://depen.gov.br/DEPEN/depen/sisdepen/infopen/relatorio_2016_22-11.pdf. p. 13. Acesso em: 09 mar. 2019.

INOJOSA, Rose Marie. Intersetorialidade e a configuração de um novo paradigma organizacional. *Revista de Administração Pública,* Rio de Janeiro, v. 32, n. 2, p.3 5-48, mar./abr. 1998. Disponível em: http://bibliotecadigital.fgv.br/ojs/index.php/rap/article/view/7698/6271. Acesso em: 15 jul. 2019.

IPEA, Instituto de Pesquisa Econômica Aplicada. *Atlas da violência.* Brasília: IPEA, 2019. Disponível em: http://www.ipea.gov.br/portal/index.php?option=com_content&view=article&id=34784&Itemid=432. Acesso em: 26 jul. 2019.

JUNQUEIRA, Luciano Antonio Prates. Apresentação. *In:* JUNQUERIA, Luciano Antonio Prates; CORÁ, Maria Amélia Jundurian (Org.). *Redes sociais e intersetorialidade.* São Paulo: Tiki Books, 2016.

JUNQUEIRA, Luciano Antonio Prates; INOJOSA, Rose Marie; KOMATSU, Suely. *Descentralização e intersetorialidade na gestão pública municipal no Brasil: a experiência de Fortaleza. In:* XI Concurso de Ensayos del CLAD "El Tránsito de la Cultura Burocrática al Modelo de la Gerencia Pública: Perspectivas, Posibilidades y Limitaciones". Caracas: 1997. Disponível em: http://unpan1.un.org/intradoc/groups/public/documents/CLAD/UNPAN003743.pdf. Acesso em: 15 jul. 2019.

KINGDON, John W. *Agendas, alternatives, and public policies.* 2. ed. United States: Logman, 1995.

LASWELL, Harold D. *Politics:* Who gets what, when, how. Cleveland: Meridian Books, 1936.

LEAL, Maria Lúcia Pinto. Princípios organizacionais do sistema socioeducativo: intersetorialidade. [Especialização em políticas públicas e socioeducação]. Brasília: ENS, 2014. Disponível em: http://ens.sinase.sdh.gov.br/ens2/images/Biblioteca/modulos_dos_cursos/Especializa%C3%A7%C3%A3o/Eixo_1_-_M%C3%B3dulo_1_-_Parte_2.pdf. Acesso em: 15 jul. 2019.

LEMOS, Lívia Almeida; MARRA, Natália Nogueira Soares; SANTOS, Rafael Augusto dos. Os direitos constitucionais da criança e do adolescente infrator sob a perspectiva do processo de apuração e do cumprimento das medidas socioeducativas decorrentes de ato infracional. *Revista de Direito da Infância e da Juventude (RDIJ),* São Paulo, ano 2, v. 3, p. 127-143, jan./jul. 2014.

LIMA, Renato Sérgio de. Segurança pública, drogas e violência. *Revista Problemas Brasileiros*, São Paulo, ano 55, ed. especial, p. 19, set. 2018. Disponível em: https://www.fecomercio.com.br/upload/file/2018/10/01/pb_ub_tela.pdf. Acesso em: 26 jun. 2019.

LEVI-FAUR, David. Still the age of governance? *In:* LEVI-FAUR, David (Ed.). *Oxford Handbook of Governance*. New York: Oxford University Press, 2012. p.

LOTTA, Gabriela Spanghero; GALVÃO, Maria Cristina Costa Pinto; FAVARETO, Arilson da Silva. Análise do Programa Mais Médicos à luz dos arranjos institucionais: intersetorialidade, relações federativas, participação social e territorialidade. *Ciência & Saúde Coletiva*, Rio de Janeiro, v. 21, n. 9, set. 2016. Disponível em: http://www.scielo.br/pdf/csc/v21n9/1413-8123-csc-21-09-2761.pdf. Acesso em: 15 jul. 2019.

LOWI, T. Four Systems of Policy, Politics, and Choice. *In: Public Administration Review*, v. 32, n. 4, p. 298-310, 1972.

LUCCHESI, Guilherme Brenner; AZEVEDO, Bruna Gabriela Tavares e; OLIVEIRA, Patrick Luis Tavares de. Direito penal para "menores": discursos de expansão e redução propagados pela imprensa. *Revista Brasileira de Ciências Criminais*, São Paulo, ano 25, v. 129, p. 509-542, mar. 2017.

MACHADO, Martha de Todelo. *A Proteção Constitucional e Adolescente e os Direitos Humanos*. Barueri-SP: Manole, 2003.

MAGALHÃES, Fábio. Com fim do Caje, DF tem novo modelo de ressocialização. Brasília 247. Brasília, 24 mar. 2014. Disponível em: https://www.brasil247.com/pt/247/brasilia247/134218/Com-fim-do-Caje-DF-tem-novo-modelo-de-ressocializa%C3%A7%C3%A3o.htm. Acesso em: 18 jun. 2018.

MARQUES, Oswaldo H. Duek. *Fundamentos da pena*. 3. ed. São Paulo: WMF Martins Fontes, 2016.

MASELLA, Marcio Alexandre. *A inclusão do adolescente autor de ato infracional e a rede de proteção:* um olhar interdisciplinar. 2014. Tese (Doutorado em Educação) – Departamento de Educação, Pontifícia Universidade Católica de São Paulo, São Paulo, 2014. Disponível em: https://tede2.pucsp.br/handle/handle/9789. Acesso em: 26 nov. 2019.

MDH, Ministério dos Direitos Humanos. *Levantamento anual Sinase 2016*. Brasília: Ministério dos Direitos Humanos, 2018. Disponível em: https://www.mdh.gov.br/todas-as-noticias/2018/marco/Levantamento_2016Final.pdf. Acesso em: 06 maio 2019.

MEC, Ministério da Educação. *Nota Técnica nº 38/2013, de 22 de agosto de 2013*. Orientação às Secretarias Estaduais de Educação para a implementação da Lei nº 12.594, de 18 de janeiro de 2012, que institui o Sistema Nacional de Atendimento Socioeducativo (Sinase). Disponível em: http://ens.sinase.sdh.gov.br/ens2/images/conteudo/nota%20te%CC%81cnica%2038%20_%20sinase.pdf. Acesso em: 3 out. 2019.

MENESES, Elcio Resmini. *Medidas socioeducativas:* uma reflexão jurídico-pedagógica. Porto Alegre: Livraria do Advogado, 2008.

Menores fogem de unidade de internação do Recanto das Emas, no DF. Jornal Correio Brasiliense, Brasília, 09 maio 2019. Disponível em: https://www.correiobraziliense.com.br/app/noticia/cidades/2019/05/09/interna_cidadesdf,754053/menores-fogem-de-unidade-de-internacao-do-recanto-das-emas-no-df.shtml. Acesso em: 15 jul. 2019.

MINAHIM, Maria Auxiliadora; SPOSATO, Karyna Batista. A internação de adolescentes pela lente dos tribunais. *Revista Direito GV*, São Paulo, v. 7, n. 1, p. 277-298, jan./jun. 2011. Disponível em: http://www.scielo.br/pdf/rdgv/v7n1/a14v7n1.pdf. Acesso em: 29 jul. 2019.

MINAYO, Maria Cecília de S.; SANCHES, Odécio. Quantitativo-Qualitativo: Oposição ou Complementaridade? *Caderno de Saúde Pública*, Rio de Janeiro, v. 9, n. 3, p. 239-262, jul./set. 1993. Disponível em: http://www.scielo.br/pdf/%0D/csp/v9n3/02.pdf. Acesso em: 2 set. 2019.

Ministro impõe medidas contra superlotação em mais quatro unidades de internação de adolescentes. Notícias STF, 28 maioridade 2019. Disponível em: https://portal.stf.jus.br/noticias/verNoticiaDetalhe.asp?idConteudo=412292. Acesso em: 16 jul. 2019.

MIRANDA, Bruna Mello de. Uma medida socioeducativa com especificidade: uma desvinculação do direito penal. *Revista de direito da infância e da juventude (RDIJ)*, São Paulo, ano 1, v. 2, p. 203-231, jul./dez. 2013.

MJ, Ministério da Justiça e Segurança Pública. Departamento Penitenciário Nacional. *Levantamento Nacional de Informações Penitenciárias (INFOPEN)*. Atualização em Jun. 2016. Brasília: Depen, 2017. Disponível em: http://depen.gov.br/DEPEN/noticias-1/noticias/infopen-levantamento-nacional-de-informacoes-penitenciarias-2016/relatorio_2016_22111.pdf. Acesso em: 09 mar. 2019.

MOI, Toril. Apropiarse de Bourdieu: la teoría feminista y la sociología de la cultura de Pierre Bourdieu. *Feminaria*, v. 26-27, p. 1-20, 2001.

MONTENEGRO, Manuel Carlos. Desativação da maior unidade de internação do DF atende à recomendação do CNJ. *Agência CNJ de Justiça*. Brasília, 01 abr. 2014. Disponível em: https://www.cnj.jus.br/desativacao-da-maior-unidade-de-internacao-do-df-atende-a-recomendacao-do-cnj/. Acesso em: 16 dez. 2019.

MPDFT, Ministério Público do Distrito Federal e Territórios. *Conheça o MPDFT*. Brasília: MPDFT, 2015. Disponível em: http://www.mpdft.mp.br/portal/index.php/conhecampdft-menu/promotorias-justica-menu/pjij-menu. Acesso em: 11 set. 2019.

MPDFT, Ministério Público do Distrito Federal e Territórios. Conselho Superior de Colégio de Promotores e Procuradores. *Resolução nº 90, de 14 de setembro de 2014*. Dispõe sobre as atribuições e distribuição de processos nas Promotorias de Justiça e dá outras providências. Brasília, DF: Conselho Superior, 2014. Disponível em: http://www.mpdft.mp.br/portal/pdf/unidades/conselho_superior/resolucoes_vigor/Res_090_TEXTO_Conselho_Superior_MPDFT.pdf. Acesso em: 11 set. 2019.

MPDFT, Ministério Público do Distrito Federal e Territórios. Procuradoria-Geral de Justiça. Ação Civil Pública nº 58.326/92. 1992. Requerente: Ministério Público do Distrito Federal e Território. Requerido: Distrito Federal.

MPDFT, Ministério Público do Distrito Federal e Territórios. Procuradoria-Geral de Justiça. *Ação Civil Pública nº 2010.01.3.007716-5. 2010*. Requerente: Ministério Público do Distrito Federal e Território. Requerido: Distrito Federal.

MPDFT, Ministério Público do Distrito Federal e Territórios. Procuradoria-Geral de Justiça. *Intervenção Federal nº 2005.00.2.0021049. 2005*. Requerente: Ministério Público do Distrito Federal e Território. Requerido: Distrito Federal.

MS, Ministério da Saúde. *Plataforma Brasil*. Brasília, 10 maio de 2019. Disponível em: http://plataformabrasil.saude.gov.br/visao/pesquisador/gerirPesquisa/gerirPesquisaAgrupador.jsf. Acesso em: 10 set. 2019.

MS, Ministério da Saúde. *Portaria nº 1.083, de 23 de maio de 2014*. Institui o incentivo financeiro de custeio para o ente federativo responsável pela gestão das ações de atenção integral à saúde dos adolescentes em situação de privação de liberdade, de que trata o art. 24 e parágrafo único da Portaria nº 1.082/GM/MS, de 23 de maio de 2014. Brasília, MS, 2014. Disponível em: http://bvsms.saude.gov.br/bvs/saudelegis/gm/2014/prt1083_23_05_2014.html. Acesso em: 3 out. 2019.

MUÑOZ CONDE, Francisco. *Direito Penal e Controle Social*. Rio de Janeiro: Forense, 2005.

OAB, Conselho Federal da Ordem dos Advogados do Brasil; CFP, Conselho Federal de Psicologia. *Direitos Humanos*: um retrato das unidades de internação de adolescentes em conflito com a lei. Brasília: OAB, CFP, 2006. Disponível em: https://site.cfp.org.br/wp-content/uploads/2006/08/relatoriocaravanas.pdf. Acesso em: 03 out. 2019.

PACHECO, Apeles. *Juventude em revolta:* o pró-sinase e a realidade do Distrito Federal. 2011. Monografia (Especialização em Legislativo e Políticas Públicas) – Centro de Formação, Treinamento e Aperfeiçoamento, CEFOR, Câmara dos Deputados, Brasília, 2011.

PACHECO, Apeles. *Juventude em revolta:* o pró-sinase e a realidade do Distrito Federal. 2011. Monografia (Especialização em Legislativo e Políticas Públicas) – Centro de Formação, Treinamento e Aperfeiçoamento-CEFOR, Câmara dos Deputados, Brasília, 2011. Disponível em: file:///D:/Users/ana.valente/Downloads/juventude_revolta_pacheco.pdf. Acesso em: 10 dez. 2019.

PAES, Paulo Cesar Duarte; ADIMARI, Maria Fernandes; COSTA, Ricardo. Socioeducação e intersetorialidade: formação continuada de socioeducadores: [caderno 6] / Paulo Cesar Duarte Paes, Maria Fernandes Adimari, Ricardo Peres da Costa (Org.). Campo Grande, MS: UFMS, 2015. Disponível em: http://ens.sinase.sdh.gov.br/ens2/images/Biblioteca/Livros_e_Artigos/ufms/UFMS.%202015.%20Caderno%206.%20Livro%20intersetorialidade%20-%20completo.pdf. Acesso em: 16 jul. 2019.

PASTOR ALBALADEJO, Gema. Elementos conceptuales y analíticos de las políticas públicas. *In:* PASTOR, G. *Teoría y Práctica de las Políticas Públicas*. Valencia: Tirant Lo Blanch, 2014. p. 17-45.

PCDF, Polícia Civil do Distrito Federal. Lista telefônica. [s.d.]. Disponível em: https://www.pcdf.df.gov.br/informacoes/lista-telefonica/61/dca-ii-delegacia-da-crianca-e-do-adolescente ii. Acesso em: 09 out. 2019.

PCDF, Polícia Civil do Distrito Federal. Departamento de Inteligência e Gestão da Informação da Polícia Civil. Divisão de Análise Técnica e Estatística. Seção de Estatística. *Estatística sobre menores infratores em situação de flagrante – DF, 2017-2018*. Brasília: Polícia Civil do Distrito Federal, 2019a.

PCDF, Polícia Civil do Distrito Federal. Departamento de Inteligência e Gestão da Informação da Polícia Civil. Divisão de Análise Técnica e Estatística. Seção de Estatística. *Estatística sobre menores infratores em situação de flagrante – DF, 2018-2019*. Brasília: Polícia Civil do Distrito Federal, 2019b.

PEREIRA, Antonio Carlos Amador. *O adolescente em desenvolvimento*. São Paulo: Harbra, 2005.

PEREIRA, Juliana. [*Dados estatísticos – NAI*]. Destinatário: Ana Cláudia de Souza Valente. Brasília, 15 out. 2019. E-mail.

PERES, Úrsula Dias. Custos de transação e estrutura de governança no setor público. *Revista Brasileira de Gestão de Negócios* (RBGN), São Paulo, v. 9, n. 24, p. 15-30, maio/ago. 2007. Disponível em: file:///D:/Users/ana.valente/Downloads/81-285-1-PB%20(1).pdf. Acesso em: 26 set. 2019.

PETERS, Gabriel. A praxiologia estruturacionista de Anthony Giddens e Pierre Bourdieu. *In:* XII Congresso de Sociologia, Grupo de Trabalho 23, 2005, Belo Horizonte. *Anais* [...]. Belo Horizonte: 31maio/3 jun. 2005. p.1-72. Disponível em: file:///D:/Users/ana.valente/Downloads/sbs2005_gt23_gabriel_peters%20(2).pdf. Acesso em: 11 set. 2019.

PIRES, Álvaro Afonso Penna de O. Responsabilizar ou Punir? A justiça juvenil em perigo? *In:* SLAKMON, Catherine; MACHADO, Maíra Rocha; BOTTINI, Pierpaolo Cruz (Org.). *Novas Direções na Governança da Justiça e da Segurança*. Brasília: Ministério da Justiça, 2006. p. 621-639. Disponível em: https://www.cejamericas.org/Documentos/DocumentosIDRC/156JuizadosEspeciaisoprocessoinexoraveldamudanca.pdf. Acesso em: 29 jul. 2019.

PLACHI, Soraia Priscila. *Execução de medida socioeducativa de internação:* uma reflexão acerca do seu cumprimento no Distrito Federal. 2017. Dissertação (Mestrado em Constituição e Sociedade) – Instituto Brasiliense de Direito Público, Brasília, 2017.

PLATT, Anthony M. *Los salvadores del niño, o la invención de la delincuencia*. Tradução: Félix Blanco. México: Siglo Veintiuno, 1997.

Prédio do Caje é demolido. Subsecretaria de políticas para crianças e adolescentes. Disponível em: http://www.crianca.df.gov.br/predio-do-caje-e-demolido/. Acesso em: 11 jun. 2018.

RAMIDOFF, Mario Luiz. *Lições de direito da criança e do adolescente:* ato infracional e medida socioeducativa. Curitiba: Juruá, 2005.

RIPLEY, Randall B. Stages of the policy process. *In: Public policy theories, models and concepts:* an anthology. Daniel C. Mc Cool (Ed.). New Jersey: 1995, p. 157-162.

RIVERA, Marcela Aedo. Gênero, Políticas Públicas e Justiça Juvenil: uma perspectiva comparada na América Latina. *In:* SEMINÁRIO JURÍDICO AVANÇADO, 2018, Brasília, Centro Universitário de Brasília (Uniceub).

RIZZINI, Irma; PILOTTI, Francisco. *A arte de governar crianças*. A história das políticas sociais, da legislação e da assistência à infância no Brasil. 3. ed. São Paulo: Cortez, 2011.

RODRIGUES, Éllen Cristina Carmo. *A justiça juvenil no Brasil e a responsabilidade penal do adolescente:* rupturas, permanências e possibilidades. Rio de Janeiro: Renavan, 2017.

RODRIGUES, Éllen Cristina Carmo. *A quem o ECA protege?* O descompasso entre o discurso e a prática da Justiça Juvenil no Brasil. 2010. Dissertação (Mestrado em Ciências Sociais) – Universidade Federal de Juiz de Fora, Juiz de Fora, 2010.

ROSENAU, James N. Governança, Ordem e Transformação na Política Mundial. *In:* ROSENAU, James N.; CZEMPIEL, Ernst-Otto. *Governança sem governo:* ordem e transformação na política mundial. Brasília: Ed. Unb e São Paulo: Imprensa Oficial do Estado, 2000. p. 11-46.

SABATIER, Paul A. *An advocacy coalition framework of policy change and the role of policy-oriented learning therein*. Netherlands: Policy Sciences 21, 1988, p.129-168.

SALLAS, Fernando; TEIXEIRA, Alessandra. De menores a adolescentes infratores: contribuições ao debate sobre a criminalidade juvenil. *Revista Brasileira de Ciências Criminais (RBCRIM)*, São Paulo, v. 126, p. 1-18, dez. 2016.

SANTOS, Juarez Cirino dos. O adolescente infrator e os direitos humanos. *Revista do Instituto Brasileiro de Direitos Humanos*, n. 2, p. 90-99, dez. 2001. Disponível em: http://revista.ibdh.org.br/index.php/ibdh/article/view/32. Acesso em: 26 jun. 2019.

SANTOS, Maria Helena de Castro. Governabilidade, Governança e Democracia: Criação da Capacidade Governativa e Relações Executivo-Legislativo no Brasil Pós Constituinte. *DADOS – Revista de Ciências Sociais*, Rio de Janeiro, v. 40, n. 3, p. 335-376, 1997.

SÃO PAULO. *Lei nº 2.059, de 31 de dezembro de 1924*. Dispõe sobre o processo de menores delinquentes. São Paulo: Assembleia Legislativa do Estado de São Paulo. Disponível em: https://www.al.sp.gov.br/repositorio/legislacao/lei/1924/lei-2059-31.12.1924.html. Acesso em: 10 maio 2019.

SAPIRO, Gisele. Prática (Teoria da). *In*: CATANI, Afrânio Mendes *et al* (Org.). *Vocabulário Bourdieu*. Belo Horizonte: Autêntica Editora, 2017, p. 296-298.

SARAIVA, João Batista Costa. *Adolescente e ato infracional:* garantias processuais e medidas socioeducativas. Porto Alegre: Livraria do Advogado, 1999.

SARAIVA, João Batista Costa. *Adolescente em conflito com a lei, da indiferença à proteção integral*. Uma abordagem sobre a responsabilidade penal juvenil. 2. ed. Porto Alegre: Livraria do Advogado, 2005.

SARAIVA, João Batista Costa. *Compêndio de direito penal juvenil:* adolescente e ato infracional. 4. ed. Porto Alegre: Livraria do Advogado, 2010.

SARAIVA, João Batista Costa. Legem habemus! O SINASE agora é lei. *Criança e Adolescente: Revista Digital Multidisciplinar do Ministério Público RS*, v. 1, n. 6, jun./ago. 2012. Disponível em: https://www.mprs.mp.br/media/areas/infancia/arquivos/revistamulti6.pdf. Acesso em: 13 jul. 2019.

SAUERBRONN, Selma. *Paradigmas socioeducativos:* operação concomitante no campo da justiça do Distrito Federal. 2014. Dissertação (Mestrado em Direito e Políticas Públicas) – Instituto Ceub de Pesquisa e Desenvolvimento, ICPD, Centro Universitário de Brasília, Brasília, 2014.

SDH, Secretaria Especial de Direitos Humanos. *Plano Nacional de Atendimento Socioeducativo:* Diretrizes e eixos operativos para o SINASE. Brasília-DF: Secretaria de Direitos Humanos da Presidência da República, 2015.

SDH, Secretaria Especial de Direitos Humanos. Conselho Nacional dos Direitos da Criança e do Adolescente. *Sistema Nacional de Atendimento Socioeducativo (SINASE)*. Secretaria Especial dos Direitos Humanos – Brasília- DF: CONANDA, 2006. Disponível em: http://www.conselhodacrianca.al.gov.br/sala-de imprensa/. Acesso em: 10 jan. 2019.

SECRIA, Secretaria de Estado de Políticas para Crianças, Adolescentes e Juventude do Distrito Federal. Subsecretaria do Sistema Socioeducativo (SUBSIS). *Anuário de Atendimento Socioeducativo Inicial no Núcleo de Atendimento Integrado – NAI/UAI-DF – 2017*. Brasília: SECRIA, 2018a. Disponível em: http://www.crianca.df.gov.br/wp-conteudo/uploads/2018/12/ANU%C3%81RIO-NAI-2017-FINAL-14-12-2018.pdf. Acesso em: 8 out. 2019.

SECRIA, Secretaria de Estado de Políticas para Crianças, Adolescentes e Juventude do Distrito Federal. Subsecretaria do Sistema Socioeducativo (SUBSIS). *Projeto Político Pedagógico das Medidas Socioeducativas no Distrito Federal (PPP/DF)*. Brasília: SECRIA, 2013. Disponível em: https://pt.scribd.com/document/223437390/PPP-Medidas-SocioEducativas-DF-Internacao. Acesso em: 30 set. 2019.

SECRIA, Secretaria de Estado de Políticas para Crianças, Adolescentes e Juventude do Distrito Federal. Subsecretaria do Sistema Socioeducativo (SUBSIS). *I Plano decenal de atendimento socioeducativo do Distrito Federal (PDASE)*. Brasília: SECRIA, 2016. Disponível em: http://www.crianca.df.gov.br/wp-conteudo/uploads/2018/02/Plano-Decenal-de-Atendimento-Socioeducativo-do-DF.pdf. Acesso em: 30 set. 2019.

SECRIA, Secretaria de Estado de Políticas para Crianças, Adolescentes e Juventude do Distrito Federal. Subsecretaria do Sistema Socioeducativo (SUBSIS). *Regulamento disciplinar das unidades de internação do sistema socioeducativo do Distrito Federal*. Brasília: SECRIA, 2018b. Disponível em: http://www.crianca.df.gov.br/wp-conteudo/uploads/2018/05/Regulamento-Disciplinar-Unidades-de-Interna%C3%A7%C3%A3o-2018-05-30.pdf. Acesso em: 8 out. 2019.

SECRIA, Secretaria de Estado de Políticas para Crianças, Adolescentes e Juventude do Distrito Federal. Subsecretaria do Sistema Socioeducativo (SUBSIS). *Relatório de transição*. Brasília: SECRIA, 2018c.

SECRIA, Secretaria de Estado de Políticas para Crianças, Adolescentes e Juventude do Distrito Federal. Subsecretaria do Sistema Socioeducativo (SUBSIS). Central de vagas. Relatório SEI-GDF nº1/2018 – SECRIANÇA/SUBSIS/CV. *Relatório sobre decisões judiciais e efetivos de adolescentes nas unidades do Sistema Socioeducativo do Distrito Federal no primeiro semestre de 2018*. Brasília: SECRIA, 2018d.

SEJUS, Secretaria de Estado de Justiça e Cidadania do Distrito Federal. Subsecretaria de políticas para crianças e adolescentes. *Prédio do Caje é demolido*. Brasília: SEJUS, 2018. Disponível em: http://www.crianca.df.gov.br/predio-do-caje-e-demolido/. Acesso em: 11 de jun. 2018.

SEJUS, Secretaria de Estado de Justiça e Cidadania do Distrito Federal. Subsecretaria de políticas para crianças e adolescentes. Brasília: SEJUS, 2018b. Disponível em: http://www.crianca.df.gov.br/uip/. Acesso em: 18 de jun. 2018.

SEJUS, Secretaria de Estado de Justiça e Cidadania do Distrito Federal. *Base Jurídica*. Brasília: SEJUS, 2019a. Disponível em: http://www.sejus.df.gov.br/base-juridica/. Acesso em: 09 set. 2019.

SEJUS, Secretaria de Estado de Justiça e Cidadania do Distrito Federal. Subsecretaria do Sistema Socioeducativo (SUBSIS). Brasília: SEJUS, 2019b. Disponível em: http://www.sejus.df.gov.br/subsecretaria-do-sistema-socioeducativo/. Acesso em: 11 set. 2019.

SEJUS, Secretaria de Estado de Justiça e Cidadania do Distrito Federal. Subsecretaria do Sistema Socioeducativo (SUBSIS). *Ofício SEI-GDF Nº 75/2019 – SEJUS/SUBSIS*. Brasília: SEJUS, 27 ago. 2019c.

SEJUS, Secretaria de Estado de Justiça e Cidadania do Distrito Federal. Subsecretaria do Sistema Socioeducativo (SUBSIS). *Cartilha de recomendações ao sistema socioeducativo – Covid-19*. Brasília: SEJUS, 2020a.

SEJUS, Secretaria de Estado de Justiça e Cidadania do Distrito Federal. Subsecretaria do Sistema Socioeducativo (SUBSIS). *Nota Técnica nº 1/2020 – SEJUS/SUBSIS/COORPSAU/DISAU*. Orientações gerais e ações de prevenção sobre o Coronavírus nas Unidades Socioeduca. Brasília: SEJUS, 2020b.

SEJUS, Secretaria de Estado de Justiça e Cidadania do Distrito Federal. Subsecretaria do Sistema Socioeducativo (SUBSIS). *PORTARIA Nº 231, DE 19 DE MARÇO DE 2020*. Regulamenta as atividades no âmbito das unidades do Sistema Socioeducativo em decorrência do Coronavírus (COVID–19). Brasília: SEJUS, 2020c.

SEJUS, Secretaria de Estado de Justiça e Cidadania do Distrito Federal. Subsecretaria do Sistema Socioeducativo (SUBSIS). *PORTARIA Nº 23, DE 1º DE ABRIL DE 2020*. Regulamenta, nos termos do art. 8º da Lei nº 6.419, de 10 de dezembro de 2019, o Serviço Voluntário dos Agentes Socioeducativos da Carreira Socioeducativa, no âmbito da Subsecretaria do Sistema Socioeducativo, da Secretaria de Estado de Justiça e Cidadania – SEJUS, em caráter de Urgência, dentre as medidas temporárias e preventivas frente à classificação de pandemia do novo coronavírus (COVID-19). Brasília: SEJUS, 2020d.

SEJUS, Secretaria de Estado de Justiça e Cidadania do Distrito Federal. Subsecretaria do Sistema Socioeducativo (SUBSIS). *PORTARIA Nº 36, DE 29 DE SETEMBRO DE 2020*. Regulamenta o retorno gradual das visitas nas unidades do Sistema Socioeducativo do Distrito Federal. Brasília: SEJUS, 2020e.

SERPA, Selma Maria Hayakawa Cunha. Nota técnica Seaud nº 2/2013: compreendendo os conceitos de governança para controlar. *Revista do TCU*, Brasília, n. 127, p. 34-47, maio/ago. 2013. Disponível em: https://revista.tcu.gov.br/ojs/index.php/RTCU/issue/view/3. Acesso em: 26 set. 2019.

SILVA, Anderson Aparecido Lima da. A teoria da prática de Pierre Bourdieu: entre estruturalismo e fenomenologia. *Kínesis*, Marília, v. 8, n. 18, p.31-45, dez. 2016.

SOUZA, Flora Sartorelli Venâncio de; FERRAZ, Hamilton Gonçalves. A responsabilidade do Judiciário brasileiro no encarceramento em massa juvenil: um estudo de caso do HC 346.380-SP, STJ. *Revista Brasileira de Ciências Criminais*, São Paulo, v. 129, ano 25, p. 257-284, mar. 2017.

SOUZA, Flora Sartorelli Venâncio de. *Entre Leis, práticas e discursos:* justiça juvenil e recrudescimento penal. São Paulo: IBCRIM, 2019.

SOUZA, Jessé. *Subcidadania brasileira*: para entender o país além do jeitinho brasileiro. Rio de Janeiro: LeYa, 2018.

SPOSATO, Karyna Batista. *O direito penal juvenil*. São Paulo: Revista dos Tribunais, 2006.

SPOSATO, Karyna Batista. *Elementos para uma teoria da responsabilidade penal de adolescentes*. 2011. Tese (Doutorado em Direito) – Universidade da Bahia, UFBA, Salvador, 2011.

STF, Supremo Tribunal Federal. *Súmula Vinculante nº 11*. Só é lícito o uso de algemas em casos de resistência e de fundado receio de fuga ou de perigo à integridade física própria ou alheia, por parte do preso ou de terceiros, justificada a excepcionalidade por escrito, sob pena de responsabilidade disciplinar, civil e penal do agente ou da autoridade e de nulidade da prisão ou do ato processual a que se refere, sem prejuízo da responsabilidade civil do Estado. Diário da Justiça Eletrônica: Brasília, DF, n. 157, 22 ago. 2008.

STF, Supremo Tribunal Federal (1. Turma). *Habeas Corpus 89.429/RO*. Habeas corpus. Penal. Uso de algemas no momento da prisão. Ausência de Justificativa em face da conduta passiva do paciente. Constrangimento Ilegal. Precedentes. Relatora: Min. Cármen Lúcia, 28 de agosto de 2006. Disponível em: http://redir.stf.jus.br/paginadorpub/paginador.jsp?docTP=AC&docID=402446. Acesso em: 24 out. 2019.

STF, Supremo Tribunal Federal (Tribunal Pleno). *Habeas Corpus 91.952-9/SP*. Algemas – Utilização. Relator: Min. Marco Aurélio, 7 de agosto de 2008. Disponível em: http://redir.stf.jus.br/paginadorpub/paginador.jsp?docTP=AC&docID=570157. Acesso em: 24 out. 2019.

STF, Supremo Tribunal Federal. *Habeas Corpus 14.3988/ES*. Relator: Min. Edson Fachin, 23 de maio de 2019. Disponível em: http://portal.stf.jus.br/processos/detalhe.asp?incidente=5189678. Acesso em: 16 jul. 2019.

STJ, Superior Tribunal de Justiça (6. Turma) *Habeas Corpus 234935/MG*. Habeas Corpus. Processo Penal. Estatuto da Criança e do Adolescente. Homicídio qualificado tentato. Medida socioeducativa de internação. Inexistência de vaga em estabelecimento adequado. Cumprimento da medida socioeducativa em presídio local. Impossibilidade. Constrangimento ilegal. Ocorrência. Relator: Min. Og Fernandes, 18 de junho de 2012. Disponível em: https://scon.stj.jus.br/SCON/jurisprudencia/toc.jsp?i=1&b=ACOR&livre=((%27HC%27.clap.+e+@num=%27234935%27)+ou+(%27HC%27+adj+%27234935%27.suce.))&thesaurus=JURIDICO&fr=veja. Acesso em: 09 set. 2019.

STJ, Superior Tribunal de Justiça (5. Turma) *Habeas Corpus 278247/MG*. Habeas Corpus. Processo Penal. Estatuto da Criança e do Adolescente. Habeas Corpus substitutivo de Recurso Ordinário. Descabimento. Competência das Cortes Superiores. Matéria de direito estrito. Modificação de entendimento deste tribunal, em consonância com a Suprema Corte. Estatuto da Criança e do Adolescente. Ato infracional análogo ao crime de roubo qualificado. Medida socioeducativa de internação cumprida em estabelecimento prisional. Inadmissibilidade. Constrangimento ilegal evidenciado. Habeas Corpus não conhecido. Ordem de Habeas Corpus concedida, de ofício. Relator: Min. Laurita Vaz, 15 de agosto de 2013. Disponível em: https://scon.stj.jus.br/SCON/jurisprudencia/toc.jsp?i=1&b=ACOR&livre=((%27HC%27.clap.+e+@num=%27272847%27)+ou+(%27HC%27+adj+%27272847%27.suce.))&thesaurus=JURIDICO&fr=veja. Acesso em: 09 set. 2019.

STJ, Superior Tribunal de Justiça (5. Turma) *Habeas Corpus 353342/GO*. Habeas Corpus substitutivo de recurso próprio. Não cabimento. Impetração contra decisão de Desembargador Relator que indeferiu a liminar no Tribunal de origem, Súmula 691 do Supremo Tribunal Federal – STF. Superação. Internação de menor em estabelecimento prisional. Flagrante ilegalidade evidenciada. Posterior julgamento do mérito do *mandamus* originário, com a manutenção do *decisum* impugnado. Constrangimento ilegal demonstrado. Habeas Corpus não conhecido. Ordem concedida de ofício. Relator: Min. Joel Ilan Paciornk, 04 de agosto de 2016. Disponível em: https://scon.stj.jus.br/SCON/jurisprudencia/toc.jsp?i=1&b=ACOR&livre=((%27HC%27.clap.+e+@num=%27353342%27)+ou+(%27HC%27+adj+%27353342%27.suce.))&thesaurus=JURIDICO&fr=veja. Acesso em: 09 set. 2019.

STJ, Superior Tribunal de Justiça (5. Turma) *Recurso Ordinário em Habeas Corpus 92302/MG*. Recurso em Habeas Corpus. Ato infracional equiparado ao delito de roubo qualificado. Medida socioeducativa de internação. Cumprimento em estabelecimento prisional. Violação ao art. 123 do Estatuto da Criança e do Adolescente – ECA. Flagrante ilegalidade evidenciada. Recurso provido. Relator: Min. Joel Ilan Paciornik, 09 de outubro de 2018. Disponível em: https://scon.stj.jus.br/SCON/jurisprudencia/doc.jsp. Acesso em: 09 set. 2019.

SUXBERGER, Antônio Henrique Graciano. Políticas públicas e desenvolvimento: a dimensão participativa do direito. *In:* CASTRO, Flavia de Almeida Viveiros de. *Direitos humanos contemporâneos*: estudos em homenagem ao Professor J. J. Gomes Canotilho. Rio de Janeiro: Lumen Juris, 2018. p. 155-174.

TANGERINO, Davi de Paiva Costa; FERRAZ, Hamilton Gonçalves. Lineamentos de uma teoria agnóstica da medida socioeducativa. *Revista de Estudos Criminais*, Porto Alegre, ano XV, n. 61, p. 67-98, abr./jun. 2016.

TCU, Tribunal de Contas da União. R*eferencial básico de governança aplicável a órgãos e entidades da administração pública* /Tribunal de Contas da União. Versão 2 – Brasília: TCU, Secretaria de Planejamento, Governança e Gestão, 2014.

THEODOULOU, Stella Z. In search of a framework to understand the Policy Process. *In:* THEODOULOU, Stella Z.; CAHAN, Matthew A. (Coord.). *Public Policy:* the essential readings. 2. ed. United States of America: Pearson, 2013, p. 123-133.

TJDFT, Tribunal de Justiça do Distrito Federal e Territórios. *Banco de Dados da Vara de Execuções de Medidas Socioeducativa 2017/2018*. Brasília, VEMSE, 2018a.

TJDFT, Tribunal de Justiça do Distrito Federal e Territórios. *Portaria Conjunta 35/2017/ TJDFT*. Regulariza a disponibilização, nos sistemas SISTJWEB e Pesquisa Juris, de dados referentes a acórdãos em segredo de justiça por força de disposição legal. Brasília, DF: TJDFT, 2017. Disponível em: https://www.tjdft.jus.br/publicacoes/publicacoes-oficiais/portarias-conjuntas-gpr-e-cg/2017/portaria-conjunta-35-de-22-05-2017. Acesso em: 12 abr. 2018.

TJDFT, Tribunal de Justiça do Distrito Federal e Territórios. *Portaria Conjunta 104/2018/ TJDFT*. Regulariza a disponibilização, nos sistemas SISTJWEB e Pesquisa Juris, de dados referentes a acórdãos em segredo de justiça por força de disposição legal. Brasília, DF: TJDFT, 2018b. Disponível em: https://www.tjdft.jus.br/publicacoes/publicacoes-oficiais/portarias-conjuntas-gpr-e-cg/2018/portaria-conjunta-104-de-14-09-2018. Acesso em 12 abr. 2019.

TJDFT, Tribunal de Justiça do Distrito Federal e Territórios. *Relatório de atividades da secretaria judicial 2016/2017*. Dados estatísticos acerca de sentenças infracionais proferidas. Registro em: 15 maio 2018c.

TJDFT, Tribunal de Justiça do Distrito Federal e Territórios. *Resolução nº 1, de 6 de março de 2012*. Cria varas na Organização Judiciária do Distrito Federal e dispõe sobre elas. Brasília, DF: Conselho Superior, 2012. Disponível em: https://www.tjdft.jus.br/publicacoes/publicacoes-oficiais/resolucoes-do-pleno/2012/00001.html. Acesso em: 11 set. 2019.

TJDFT, Tribunal de Justiça do Distrito Federal e Territórios. *Resolução nº 3, de 17 de março de 2014*. Acrescentar o inciso VII ao art. 4º da Resolução 1, de 6 de março de 2012. Brasília, DF: Pleno TJDFT, 2014. Disponível em: https://www.tjdft.jus.br/publicacoes/publicacoes-oficiais/resolucoes-do-pleno/2014/resolucao-3-de-17-03-2014. Acesso em: 11 set. 2019.

TJDFT, Tribunal de Justiça do Distrito Federal e Territórios. Vara da Infância e Juventude do Distrito Federal (VIJ). *Comemoração aos 40 anos da Vara da Infância e da Juventude do Distrito Federal.* Brasília, VIJ, SD.

V ENCONTRO BRASILEIRO DE CRIMINOLOGIA CRÍTICA, 2018, Brasília, DF. Apresentação, artigos, palestras, instruções. Brasília: CET, Universidade de Brasília, ago. 2018.

VALENTE, Ana Cláudia de Souza; SUXBERGER, Antônio Henrique Graciano; TEIXEIRA SUXBERGER, Rejane Zenir Jungbluth. A criminologia cultural e o sistema penal juvenil: a invisibilidade da adolescente em conflito com a lei. *In:* V CONGRESSO INTERNACIONAL TRANSDISCIPLINAR DE CRIANÇA E ADOLESCENTE, 2018, Belo Horizonte. *Trabalho* [...]. São Paulo: Instituto Langage, 2018. p. 1-22.

VALENTE, Ana Cláudia de Souza; SUXBERGER, Antônio Henrique Graciano. A criminologia cultural e o sistema penal juvenil: a invisibilidade da adolescente em conflito com a lei. *In:* CONSELHO NACIONAL DE PESQUISA E PÓS-GRADUAÇÃO EM DIREITO (CONPEDI), 2019, Goiânia. *Trabalho* [...]. Florianópolis: Conpedi, 2019. p. 1-15.

VALENTE, Ana Cláudia de Souza; SUXBERGER, Antônio Henrique Graciano. Desigualdade no Sistema Penal Juvenil: uma crítica à seletividade do sistema de justiça juvenil na perspectiva de gênero. *In:* II CONGRESSO DE PESQUISA EM CIÊNCIAS CRIMINAIS (CPCRIM), 2018, São Paulo. *Trabalho* [...]. São Paulo: Instituto Brasileiro de Ciências Criminais (IBCCRIM), 2018. p. 1-25.

VALENTE, Ana Cláudia de Souza; MACHADO, Bruno Amaral. A responsabilização juvenil do DF: análise das medidas socioeducativas de internação após a Constituição Federal de 1988. *In:* CONGRESSO 1988-2018: o que constituímos? Homenagem a Menelick de Carvalho Netto aos 30 anos da Constituição de 1988, 2018, Belo Horizonte. *Resumo* [...]. Belo Horizonte: Universidade Federal de Minas Gerais (UFMG), 2018. p. 1-7.

VÁSQUEZ GONZÁLEZ, Carlos. *Delincuencia Juvenil:* consideraciones penales y criminológicas. Madrid: Comex, 2003.

VERONESE, Josiane Rose Petry. *Direito penal juvenil e responsabilização estatutária:* elementos aproximativos e/ou distanciadores? O que diz a Lei Sinase: a imputabilidade penal em debate. Rio de Janeiro: Lumen Juris, 2015.

VIEGAS, Waldyr. *Fundamentos da Metodologia Científica.* Brasília: Universidade de Brasília, 1999.

VIEIRA, Eduardo. [*Levantamento de cursos no campo socioeducativo*]. Destinatário: Ana Cláudia de Souza Valente. Brasília, 25 nov. 2019. E-mail.

VIEIRA, Lara Maria Tortola Flores. A socioeducação e a repetição do discurso ressocializador. *Revista Brasileira de Ciências Criminais,* São Paulo, v. 25, n. 130, p. 369-397, abr. 2017.

WILLIAMSON, Oliver E. Transaction-Cost Economics: the governance of contractual relations. *Journal of Law and Economics,* Chicago, v. 22, n. 2, p. 233-261, oct. 1979. Disponível em: https://www.business.illinois.edu/josephm/BA549_Fall%202010/Session%203/Williamson%20%281979%29.pdf. Acesso em: 26 set. 2019.

ZAFFARONI, Eugenio Raúl. *Em busca das penas perdidas:* a perda da legitimidade do sistema penal. Rio de Janeiro: Renavan, 1991.

# ANEXOS

GOVERNO DO DISTRITO FEDERAL

SECRETARIA DE ESTADO DE JUSTIÇA E CIDADANIA DO DISTRITO FEDERAL

Coordenação de Internação e Semiliberdade

## Autorização SEI-GDF - SEJUS/SUBSIS/COORIS

AUTORIZAÇÃO PARA PESQUISA

Informamos que fica autorizada a realização de entrevistas com servidores do Sistema Socioeducativo e visitas às unidades de internação da mestranda ANA CLÁUDIA DE SOUZA VALENTE para realização de pesquisa intitulada "A governança do sistema penal juvenil do Distrito Federal: um lugar aos internos do sistema socioeducativo", vinculado ao Programa de Pós-Graduação do Mestrado em Direito - Área 1 (Políticas Públicas, Estado e Desenvolvimento), Linha Pesquisa II (Políticas Públicas, Processo Civil e Processo Penal). O objetivo da pesquisa é contribuir para a reflexão sobre o modo como o sistema penal juvenil funciona, dissociado silenciosamente da proteção constitucional conferida aos adolescentes autores de atos infracionais. O objetivo específico é fomentar mudanças em direção à utopia positiva de um sistema socioeducativo efetivo.

Para viabilizar a pesquisa, a mestranda deverá contactar a direção das unidades de internação para agendamento de visitas e entrevistas técnicas com os servidores. Ademais, ressaltamos que, devido ao lapso temporal para análise documental, fica convalidada a coleta de dados realizada entre a autorização emitida pela VEMSE na data de 15 de Junho de 2018 (19922965) e a emissão do presente documento.

Cumpre salientar que todo material coletado deverá ser utilizado somente na pesquisa acadêmica, garantindo o anonimato dos participantes e o sigilo das informações prestadas, além de seguir as orientações prestadas pela Vara de Execuções de Medidas Socioeducativas do Tribunal de Justiça do Distrito Federal e Territórios (VEMSE/TJDFT) e legislação aplicável.

Colocamo-nos à disposição para quaisquer esclarecimentos necessários.

Respeitosamente,

Fernanda Rabelo de C. Beltrão
Coordenadora de Internação e Semiliberdade

De acordo,
Demontiê Alves Batista Filho

Subsecretário do Sistema Socioeducativo

Documento assinado eletronicamente por **FERNANDA RABELO DE CARVALHO BELTRAO - Matr. 0171878-9, Coordenador(a) de Internação e Semiliberdade**, em 22/03/2019, às 18:20, conforme art. 6º do Decreto nº 36.756, de 16 de setembro de 2015, publicado no Diário Oficial do Distrito Federal nº 180, quinta-feira, 17 de setembro de 2015.

Documento assinado eletronicamente por **DEMONTIE ALVES BATISTA FILHO - Matr. 0173040-1, Subsecretário(a) do Sistema Socioeducativo**, em 25/03/2019, às 14:14, conforme art. 6º do Decreto nº 36.756, de 16 de setembro de 2015, publicado no Diário Oficial do Distrito Federal nº 180, quinta-feira, 17 de setembro de 2015.

A autenticidade do documento pode ser conferida no site: http://sei.df.gov.br/sei/controlador_externo.php? acao=documento_conferir&id_orgao_acesso_externo=0 verificador= **19923622** código CRC= **812D52AA**.

"Brasília – Patrimônio Cultural da Humanidade"
SSAAN Qd. 01 Bloco C Comércio Loca l s /n. – Bairro Asa Norte – CEP 70.632-100 – DF 3213-0680

00400-00012169/2019-45
Doc. SEI/GDF 19923622

TJDFT Poder Judiciário da União
TRIBUNAL DE JUSTIÇA DO DISTRITO FEDERAL E DOS TERRITÓRIOS
VEMSE - Vara de Execuções de Medidas Socioeducativas do Distrito Federal
SGAN 909, Módulos 0/E CEP:70.790-090 – Brasília-DF
(61) 3103 3365 / 3103 0307
vemse@tjdft.ius.br

## AUTORIZAÇÃO

Autorizo ANA CLAUDIA DE SOUZA VALENTE, aluna do curso de Mestrado em Direito e Políticas Publicas do Centro Universitário UniCeub, a acessar esta Vara para obtenção de dados necessários a pesquisa em desenvolvimento, que busca estudar o agir do Judiciário na responsabilização penal juvenil na perspectiva da cultura organizacional.

Ressalto, no entanto, que este Juízo não dispõe de todos os dados requeridos nos 5 (cinco) itens do pedido, podendo tal solicitação ser apresentada também aos Juízos Infracionais (Vara da Infância e da Juventude e Vara Regional de Atos Infracionais) e a Subsecretaria do Sistema Socioeducativo (Secretaria de Estado de Políticas para Crianças, Adolescentes e Juventude do DF).

A pesquisadora deverá entrar em contato com a Secretaria Judicial para a obtenção dos dados mencionados que estiverem disponíveis. Ainda, compromete-se a respeitar, no que couber, as orientações elaboradas pela Seção de Comunicação Institucional da Vara da Infância e da Juventude, anexa, e a utilizar os dados obtidos exclusivamente para subsidiar a pesquisa.

Ressalvo, ainda, que deverão sempre ser respeitados a voluntariedade dos adolescentes em participar da pesquisa bem como o determinado nos arts. 17 e 143 do Estatuto da Criança e do Adolescente, que dispõe sobre a preservação da imagem, da identidade, da autonomia, dos valores, ideias e crenças, dos espaços e objetos pessoais de crianças e adolescentes e sobre o sigilo *na* divulgação de atos judiciais, policiais e administrativos que digam respeito a crianças e adolescentes a que se atribua a autoria de ato infracional.

Brasília-DF, 15 de junho de 2018.

LAVINIA TUPY VIEIRA FONSECA
Juíza de Direito

ANEXO C - 2ª Autorização para pesquisa da VEMSE

---

TJDFT

Poder Judiciário da União
TRIBUNAL DE JUSTIÇA DO DISTRITO FEDERAL E DOS TERRITÓRIOS

**VEMSE**
**Vara de Execução de Medidas Socioeducativas do Distrito Federal**

SGAN 909, Módulos D/E | CEP 70790-090 – Brasília-DF
(61) 3103 3365 | 3103 0307 | vemse@tjdft.jus.br

**AUTORIZAÇÃO**

**Autorizo ANA CLÁUDIA DE SOUZA VALENTE, aluna do curso de Mestrado em Direito e Políticas Públicas do Centro Universitário UniCEUB, a ter acesso aos relatórios de inspeções nas Unidades de Internação do Distrito Federal, de 2016 até a presente data, bem como a entrevistar os profissionais da equipe técnica deste Juízo, a fim de subsidiar pesquisa para elaboração de sua dissertação.**

**Ressalvo, no entanto, que os dados obtidos deverão ser utilizados exclusivamente para subsidiar a pesquisa, sem utilização sob outra forma, e que as visitas à equipe técnica deverão ser agendadas previamente.**

**Ainda, deverá ser respeitada a voluntariedade dos servidores da equipe técnica para participar da pesquisa, bem como deverão sempre ser respeitados os arts. 17 e 143 do Estatuto da Criança e do Adolescente, que dispõe sobre a preservação da imagem, da identidade, da autonomia, dos valores, ideias e crenças, dos espaços e objetos pessoais de crianças e adolescentes e sobre o sigilo na divulgação de atos judiciais, policiais e administrativos que digam respeito a crianças e adolescentes a que se atribua a autoria de ato infracional.**

**Brasília-DF, 27 de março de 2019.**

**LUANA LOPES SILVA**
**Juíza de Direito Substituta**

# PARECER CONSUBSTANCIADO DO CEP

DADOS DO PROJETO DE PESQUISA
**Título da Pesquisa:** A governança do sistema penal juvenil do Distrito Federal: um (não) lugar aos internos do sistema socioeducativo
**Pesquisador:** ANA CLAUDIA DE SOUZA VALENTE

Área Temática:
**Versão:** 2
**CAAE:** 08712819.8.0000.0023
**Instituição Proponente:** Centro Universitário de Brasília - UNICEUB
**Patrocinador Principal:** Financiamento Próprio

DADOS DO PARECER
**Número do Parecer:** 3.318.716

Apresentação do Projeto:
A presente pesquisa tem como escopo identificar quais seriam as premissas ou bases para um sistema socioeducativo adequado para a concretização das garantias estabelecidas na Constituição Federal e no Estatuto da Criança e do Adolescente, no âmbito do Distrito Federal, uma vez que a construção jurídica de uma responsabilidade penal para adolescentes, a partir da evolução legislativa, não se mostrou suficiente para orientar a práxis.
Serão incluídas autoridades e servidores que compõe o sistema socioeducativo do DF.

Objetivo da Pesquisa:
O objetivo geral é contribuir para a reflexão sobre o modo como o sistema penal juvenil funciona, dissociado silenciosamente da proteção constitucional conferida aos adolescentes autores de atos infracionais.

O objetivo secundário consiste em fomentar mudanças em direção à utopia positiva de um sistema socioeducativo efetivo.

Avaliação dos Riscos e Benefícios:
De acordo com o pesquisador, a presente pesquisa possui risco moderado, especialmente quanto ao método de entrevistas. O maior risco seria expor as autoridades, pois a pesquisa objetiva expor as fragilidades do sistema que elas atuam, porém será empregado sigilo e confidencialidade, sendo que somente a pesquisadora e seus orientadores terão acesso prévio ao material empírico.
A medida protetiva seria inserir códigos nas gravações para dificultar a identificação dos entrevistados, não permitindo acesso a outras pessoas.
Com efeito, trata-se de uma pesquisa com risco mínimo na medida em que implica tão somente a aplicação de um questionário a participantes que, conforme os dados do protocolo, não apresentam uma condição específica de vulnerabilidade. Sendo assim, a pesquisa não acarreta para o participante risco maior que os encontráveis na prática dos atos ordinários da vida cotidiana.
No que tange aos benefícios, o pesquisador enuncia "A pesquisa, portanto, pretende contribuir para melhorar o modo como se dá o controle das condutas dos adolescentes infratores por meio de decisões norteadas pelo paradigma da proteção integral, tanto na escolha excepcional da medida socioeducativa de internação, o que proporcionará reflexão quanto ao controle e humanidade das decisões no campo da adolescência, quanto na execução das medidas de segregação impostas àqueles que cometem atos infracionais de maior gravidade, onde as garantias constitucionais são pouco observadas".

Comentários e Considerações sobre a Pesquisa:
A pesquisa proposta apresenta relevância social e acadêmica.
A pesquisa apresenta orçamento adequado do ponto de vista ético.
Quanto ao cronograma, esse encontra-se ajustado aos passos da pesquisa, inclusive ao momento de avaliação ética do presente projeto de pesquisa.
Os instrumentos de pesquisa foram apresentados e não apresentam questões éticas a ser suscitadas no que tange à proteção dos participantes da pesquisa.
O currículo do pesquisador responsável está em consonância com a pesquisa a ser executada.

Considerações sobre os Termos de apresentação obrigatória:
A Folha de Rosto encontra-se devidamente preenchida e subscrita.
O Registro de Consentimento Livre e Esclarecido apresenta linguagem adequada, bem como seu conteúdo contem todos os elementos exigidos.
Consta Termo de Aceite Institucional da Secretaria de Estado de Justiça e Cidadania do Distrito Federal e do Tribunal de Justiça do Distrito Federal e Territórios.
Recomendações:
Recomenda-se que o pesquisador observe o disposto no art. 28 da Resolução nº 510/16, quando à sua responsabilidade, que é indelegável e indeclinável e compreende os aspectos éticos e legais, cabendo-lhe:

- apresentar o protocolo devidamente instruído ao sistema CEP/ Conep, aguardando a decisão de aprovação ética, antes de iniciar a pesquisa, conforme definido em resolução específica de tipificação e gradação de risco;
- conduzir o processo de Consentimento e de Assentimento Livre e Esclarecido; III - apresentar dados solicitados pelo CEP ou pela Conep a qualquer momento;
- manter os dados da pesquisa em arquivo, físico ou digital, sob sua guarda e responsabilidade, por um período mínimo de 5 (cinco) anos após o término da pesquisa;
- apresentar no relatório final que o projeto foi desenvolvido conforme delineado, justificando, quando ocorridas, a sua mudança ou interrupção.

Observação: Ao final da pesquisa enviar Relatório de Finalização da Pesquisa ao CEP. O envio de relatórios deverá ocorrer pela Plataforma Brasil, por meio de notificação de evento. O modelo do relatório encontra-se disponível na página do UniCEUB. http://www.uniceub.br/instituicao/pesquisa/ins030_pesquisacomitebio.aspx, em Relatório de Finalização e Acompanhamento de Pesquisa.

Conclusões ou Pendências e Lista de Inadequações: A presente pesquisa se encontra apta a ser iniciada.

Considerações Finais a critério do CEP: Protocolo previamente avaliado, com parecer n. 3.318.693/19, tendo sido homologado na 6ª Reunião Ordinária do CEP-UniCEUB do ano, em 26 de abril de 2019.

Este parecer foi elaborado baseado nos documentos abaixo relacionados:

| Tipo Documento | Arquivo | Postagem | Autor | Situação |
|---|---|---|---|---|
| Informações Básicas do Projeto | PB_INFORMAÇÕES_BÁSICAS_DO_PROJETO_1298942.pdf | 08/04/2019 15:56:30 | | Aceito |
| Outros | Autorizacao_da_VEMSE_Relatorios_e_Entrevistas.pdf | 08/04/2019 15:49:14 | ANA CLAUDIA DE SOUZA VALENTE | Aceito |
| Outros | Autorizacao_SUBSIS.pdf | 08/04/2019 15:47:52 | ANA CLAUDIA DE SOUZA VALENTE | Aceito |
| Outros | Planejamento_Entrevistas.pdf | 08/04/2019 15:34:12 | ANA CLAUDIA DE SOUZA VALENTE | Aceito |
| TCLE / Termos de | tcle_para_participante.docx | 26/02/2019 | ANA CLAUDIA DE | Aceito |
| Assentimento / Justificativa de Ausência | tcle_para_participante.docx | 11:15:28 | SOUZA VALENTE | Aceito |
| Projeto Detalhado / | Plano_de_Pesquisa_Ceub_2019.doc | 26/02/2019 | ANA CLAUDIA DE | Aceito |
| Brochura | | 11:10:56 | SOUZA VALENTE | |
| Investigador | | | | |
| Folha de Rosto | Folha_de_rosto_assinada_Plataforma_B | 26/02/2019 | ANA CLAUDIA DE | Aceito |
| | rasil.pdf | 11:08:27 | SOUZA VALENTE | |

Situação do Parecer: Aprovado

Necessita Apreciação da CONEP: Não

BRASÍLIA, 10 de Maio de 2019

Assinado por:
Marilia de Queiroz Dias Jacome (Coordenador(a))

**GOVERNO DO DISTRITO FEDERAL**
SECRETARIA DE ESTADO DE JUSTIÇA E CIDADANIA
SUBSECRETARIA DO SISTEMA SOCIOEDUCATIVO

# TERMO DE COMPROMISSO E SIGILO

**Ana Cláudia de Souza Valente,** pesquisadora do Departamento de Direito do UniCeub, matrícula 61750059, CPF 853.065.411-00, RG 1.688.386 SSP/DF, doravante denominada PESQUISADORA. A pesquisa feita é intitulada "**A governança do sistema penal juvenil do Distrito Federal: um (não) lugar aos internos do sistema socioeducativo**", vinculado ao Programa de Pós-Graduação do Mestrado em Direito – Área 1 (Políticas Públicas, Estado e Desenvolvimento), Linha de Pesquisa II (Políticas Públicas, Processo Civil e Processo Penal). O objetivo da pesquisa é contribuir para a reflexão sobre o modo como o sistema penal juvenil funciona, dissociado silenciosamente da proteção constitucional conferida aos adolescentes autores de atos infracionais. O Objetivo específico é fomentar mudanças em direção à utopia positiva de um sistema socioeducativo efetivo.

CONSIDERANDO:

a) Que a **PESQUISADORA** desenvolverá atividades junto à Secretaria de Estado de Justiça e Cidadania (SEJUS), e que terá acesso às informações técnicas confidencias relativas à pesquisa desenvolvida na Subsecretaria do Sistema Socioeducativo.

b) Firma a **PESQUISADORA** o presente Termo de Sigilo, mediante as cláusulas e condições a seguir:

*CLÁUSULA PRIMEIRA – DO OBJETO*

É objeto do presente termo o sigilo pela **PESQUISADORA** em relação a qualquer "Informação Confidencial" a que tiver acesso no exercício de suas atividades junto à **SEJUS**, sob pena de infração.

*CLÁUSULA SEGUNDA - DO CONCEITO*

A expressão "Informação Confidencial" abrange toda a informação relativa às pesquisas desenvolvidas na **SEJUS** a que a **PESQUISADORA** tenha acesso, sob a forma escrita, verbal ou por quaisquer outros meios de comunicação, inclusive eletrônicos.

Parágrafo primeiro: não será considerada "Informação Confidencial" aquela que estiver sob domínio público antes de ser revelada ou disponibilizada a **PESQUISADORA** ou a que for tornada pública pela Secretaria de Estado de Justiça e Cidadania.

*CLÁUSULA TERCEIRA - DAS OBRIGAÇÕES DO PESQUISADOR*

**A PESQUISADORA** compromete-se a:

a) Manter sob o mais estrito sigilo dados e informações confidenciais referentes à pesquisa, não podendo, de qualquer forma, direta ou indiretamente, identificar os servidores participantes.

b) Manter a "Informação Confidencial" sob sigilo, usando-a somente para os propósitos do exercício de suas atividades junto à **SEJUS**, com a exclusão de qualquer outro objetivo;

c) Não fazer cópia ou registro por escrito sobre qualquer parte da "Informação Confidencial" e garantir que esta esteja protegida de forma adequada contra revelação, cópia, registro ou uso indevido e não autorizado;

d) Devolver todos os documentos relacionados **à** "Informação Confidencial", incluindo cópias, tão logo solicitado pela **SEJUS**.

e) Não reclamar a qualquer tempo posse de direito relativo ao uso de produtos ou processos derivados da "Informação Confidencial".

f) Disponibilizar **à** Secretaria de Estado de Justiça e Cidadania os dados/informações coletadas nas Unidades do Sistema Socioeducativo, por meio do email: pesquisasubsis@gmail.com, após conclusão da Pesquisa, a fim de que os resultados possam ser incluídos em Banco de Dados próprio da SEJUS.

Brasília, 21 de março de 2019.
PESQUISADORA

# APÊNDICES

## APÊNDICE A – Modelo de Requerimento para acesso a dados e entrevistas

**Programa de Pós-Graduação *Stricto Sensu* em Direito - UniCeub**
**Área 1: Políticas Públicas, Estado e Desenvolvimento**
**Linha de Pesquisa II: Políticas Públicas, Processo Penal e Controle Penal**
**Orientador: Professor Dr. Antônio Henrique Graciano Suxberger**
**Coorientadora: Professora Dra. Liziane Paixão Silva Oliveira**

Em 12 de fevereiro de 2018.

A Sua Excelência a Senhora
**Juíza Lavínia Tupy Vieira Fonseca**
1. Titular da Vara de Execução de Medidas Socioeducativas do Distrito Federal
SGAN 909 Lotes D/E
70.790-090 – Brasília-DF

Assunto: **Autorização para acompanhar equipe da Vara às Unidades de Internação do Distrito Federal para servir de base para pesquisa empírica, solicitação de audiência para entrevista com a Juíza titular da Vara de Execução de Medidas Socioeducativas do Distrito Federal e dados internos como ofícios de encaminhamentos dos problemas detectados nas visitas às unidades de 2017 a 2019.**

Senhora Juíza,

1. No ano de 2018 Vossa Excelência autorizou consulta a documentos de inspeção às unidades de internação, com restrições de dados, bem como acesso à Vara de Execução de Medidas Socioeducativa por parte desta pesquisadora.

2.No entanto, os relatórios obtidos não contribuíram empiricamente porque não trouxeram dados estruturais sobre as unidades de internação. Nesse sentido, solicito autorização para acompanhar as inspeções judiciais com as equipes da Vara de Execução de Medidas Socioeducativa. Esclarecemos que a pesquisadora permanecerá em silêncio durante as inspeções sob método de observação.

3. Solicito ainda audiência para entrevista gravada com Vossa Excelência. Informo que A pesquisa busca identificar quais seriam as premissas ou bases para um sistema socioeducativo adequado para a concretização das garantias estabelecidas na Constituição Federal e no Estatuto da Criança e do Adolescente, no âmbito do Distrito Federal, uma vez que a construção jurídica de uma responsabilidade penal para adolescentes, a partir da evolução legislativa, não se mostrou suficiente para orientar a práxis. O Objetivo geral é contribuir para a reflexão sobre o modo como o sistema penal juvenil funciona, dissociado silenciosamente da proteção constitucional conferida aos adolescentes autores de atos infracionais. O Objetivo específico é fomentar mudanças em direção à utopia positiva de um sistema socioeducativo efetivo.

4. Solicito ainda informações que possam contribuir para minha pesquisa, como os ofícios de encaminhamentos após as visitas às unidades de internação e outros que julgar convenientes.

5. Informo, por oportuno, que o sigilo fará parte da pesquisa, sendo certo que nenhum adolescente ou integrante do sistema de justiça será identificado.

Na oportunidade, manifesto a Vossa Excelência expressão de consideração e apreço.

Respeitosamente,

**Liziane Paixão Silva Oliveira**
**Professora Orientadora**

**Ana Cláudia de Souza Valente**
**Orientanda do Mestrado em Direito e Políticas Públicas do UniCeub**

# Formulário Grupo 2

## A governança do sistema penal juvenil do Distrito Federal

Pesquisa do programa de Mestrado em Direito
Área 1 - Políticas Públicas, Estado e Desenvolvimento
Linha de Pesquisa II - Políticas Públicas, Processo Civil, Processo Penal e Controle Penal
**Pesquisadora: Ana Cláudia de Souza Valente**

| Unidade de Internação:<br>Entrevistado:<br>Atribuição: |
|---|
| **I - Considerações iniciais e eixo capacitação** |
| O Sr. (a) trabalha no sistema socioeducativo desde o CAJE?<br>(__) Sim<br>(__) Não |
| É servidor concursado?<br>(__) Sim<br>(__) Não |
| A SUBSIS forneceu capacitação técnica prévia para que o Sr. (a) exerça suas funções?<br>(__) Sim<br>(__) Não |
| Existe capacitação continuada na área que o Sr. (a) atua?<br>(__) Sim<br>(__) Não<br><br>Em caso afirmativo, qual a periodicidade das capacitações?<br>(__) Bimestrais<br>(__) Trimestrais<br>(__) Semestrais<br>(__) Anuais<br>(__) Não sei informar<br>(__) Não há capacitação na minha área<br>Citar nome dos cursos que já participou: |

**II - Eixo segurança**

Compreende como suficientes os instrumentos de segurança não letais usados pelos agentes socioeducativos (tonfas, spray, algemas, etc.)?
(__) Sim
(__) Não
(__) Não sei dizer

É a favor do porte institucional de arma de fogo pelos agentes socioeducativos?
(__) Sim
(__) Não
(__) Não sei dizer

Já presenciou uso imoderado da força em contenções de adolescentes?
(__) Sim
(__) Não
(__) Não sei dizer

**III - Eixo alimentação**

Considera adequada a alimentação fornecida aos adolescentes institucionalizados?
(__) Sim
(__) Não
(__) Não sei dizer

Escuta relatos negativos sobre o aspecto ou sabor dos alimentos pelos adolescentes institucionalizados?
(__) Sim
(__) Não
(__) Não sei dizer

Quantas refeições são oferecidas aos adolescentes por dia?
________________________________________________
(__) Não sei dizer

As refeições são servidas no horário planejado dentro da unidade de internação?
(__) Sim
(__) Não
(__) Não sei dizer

**IV - Eixo saúde**

Considera o atendimento de saúde prestado aos adolescentes institucionalizados adequados?
(__) Sim
(__) Não
(__) Não sei dizer

O atendimento médico é periódico e contínuo na unidade de internação que trabalha?
(__) Sim
(__) Não
(__) Não sei dizer

| Os espaços físicos das enfermarias são adequados?<br>(__) Sim<br>(__) Não<br>(__) Não sei dizer |
|---|
| Há medicamentos básicos disponíveis no dia a dia (para dor de cabeça, febre, dor muscular, etc)?<br>(__) Sim<br>(__) Não<br>(__) Não sei dizer |
| O adolescente que precisa de atendimento ambulatorial é encaminhado para unidade de saúde com prioridade e rapidez?<br>(__) Sim<br>(__) Não<br>(__) Não sei dizer |
| Há tratamento odontológico periódico?<br>(__) Sim<br>(__) Não<br>(__) Não sei dizer |
| Em caso de necessidade de medicação controlada, o medicamento é fornecido com rapidez?<br>(__) Sim<br>(__) Não<br>(__) Não sei dizer |
| Em caso de drogadição, há política para tratamento oferecida ao adolescente institucionalizado?<br>(__) Sim<br>(__) Não<br>(__) Não sei dizer |
| **V - Eixo educação** |
| Há acesso à escola na unidade que trabalha?<br>(__) Sim<br>(__) Não<br>(__) Não sei dizer |
| Todos os adolescentes frequentam a escola nas unidades de internação?<br>(__) Sim<br>(__) Não<br>(__) Não sei dizer |
| Qual a carga horária diária de educação fornecida ao adolescente institucionalizado?<br>______________________________<br>(__) Não sei dizer |

Qual o nível de escolaridade dos adolescentes institucionalizados?

(__) analfabeto

(__) ensino fundamental até 4º ano

(__) ensino fundamental até 7º ano

(__) ensino fundamental até 9º ano

(__) ensino médio incompleto

(__) ensino médio

(__) ensino superior incompleto

(__) ensino superior completo

(__) Não sei dizer

**VI - Eixo profissionalização**

Há espaços adequados para qualificação profissional na unidade para o adolescente internado?

(__) Sim

(__) Não

(__) Não sei dizer

Os programas de profissionalização são contínuos na unidade para o adolescente internado?

(__) Sim

(__) Não

(__) Não sei dizer

Em caso negativo, identifique o motivo:

Todos os adolescentes frequentam cursos profissionalizantes nas unidades de internação?

(__) Sim

(__) Não

(__) Não sei dizer

Em caso negativo, conhece o motivo (vagas, documentação inexistente, tipo de curso oferecido, etc.)?

Qual a carga horária diária de profissionalização fornecida ao adolescente institucionalizado?

_______________

(__) Não sei dizer

| VII - Eixo estrutura |
|---|
| Considera adequada a estrutura física da unidade de internação que trabalha?<br>(__) Sim<br>(__) Não<br>(__) Não sei dizer |
| Há local destinado para práticas esportivas?<br>(__) Sim<br>(__) Não<br>(__) Não sei dizer |
| Em caso afirmativo, qual a periodicidade que são realizadas as práticas desportivas?<br>(__) 1 vez na semana<br>(__) 2 vezes na semana<br>(__) 3 ou mais vezes na semana<br>(__) todos os dias<br>(__) Não sei dizer |
| A unidade possui local para manifestação da fé do socioeducando?<br>(__) Sim<br>(__) Não<br>(__) Não sei dizer |
| **VIII - Plano Individual de Atendimento (PIA)** |
| Há acompanhamento multidisciplinar do processo socioeducativo?<br>(__) Sim<br>(__) Não<br>(__) Não sei dizer |
| A equipe de referência responsável pela condução e acompanhamento do processo socioeducativo é estável, ou seja, tem baixa rotatividade?<br>(__) Sim<br>(__) Não<br>(__) Não sei dizer |
| Há levantamento de dados do contexto sócio familiar?<br>(__) Sim<br>(__) Não<br>(__) Não sei dizer |
| Existe política pedagógica para aproximação entre família e socioeducandos? Há atividades de integração familiar?<br>(__) Sim<br>(__) Não<br>(__) Não sei dizer |
| Em caso afirmativo, identifique: |

| |
|---|
| Há relatos de maus-tratos dentro da unidade, por servidores, pelos socioeducandos?<br>(__) Sim<br>(__) Não<br>(__) Não sei dizer |
| O socioeducando é orientado sobre o PIA?<br>(__) Sim<br>(__) Não<br>(__) Não sei dizer |
| As informações constantes no PIA são disponibilizadas aos socioeducandos?<br>(__) Sim<br>(__) Não<br>(__) Não sei dizer |
| Notas dignas de registro (pontos fortes e fracos do sistema) |

## APÊNDICE C – Registros fotográficos de boas práticas de governança socioeducativa encontradas nas unidades de internação do DF

Fotografia 1 - Salas de aula equipadas com carteiras novas, quadro branco, ventilador e portas sem grades

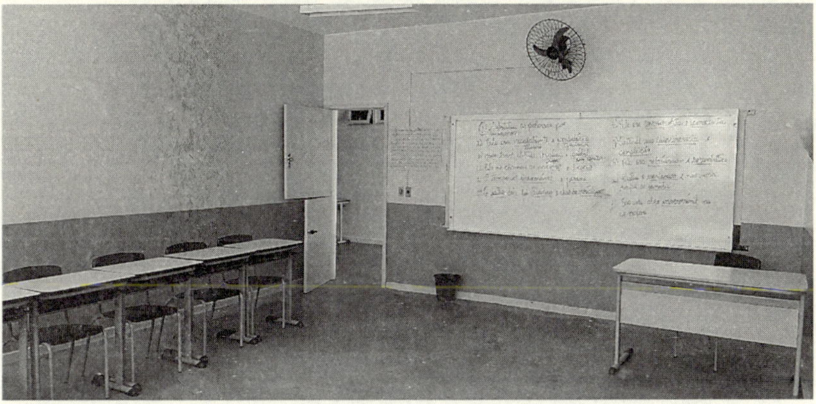

Fonte: registro da autora na UIP em 2019

Fotografia 2 - Vista do interior dos espaços da escola na UIP 2019

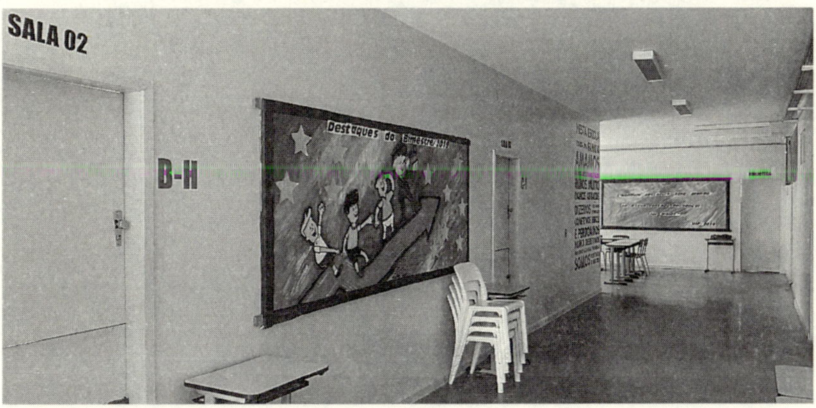


Fonte: registro da autora em 2019

Fotografia 3 - Biblioteca da UIP

Fonte: registro da autora na UIP em 2019

Fotografia 4 - Salas de aula sem grades

Fonte: registro da autora na UNIRE em 2019

Fotografia 5 - Oficina de xadrez na Unidade de Internação Provisória em 2019

Fonte: registro da autora em 2019

Fotografia 6 - Trabalho em grafite I

Fonte: registro da autora em 2019

Fotografia 7 - Trabalho em grafite II

Fonte: registro da autora em 2019

# APÊNDICE D – Registros fotográficos de desafios de governança socioeducativa encontrados nas unidades de internação do DF

Fotografia 8 - Tabela do horário escolar fixado na entrada da escola na UIP comprovando que a carga horária é inferior a 4 horas

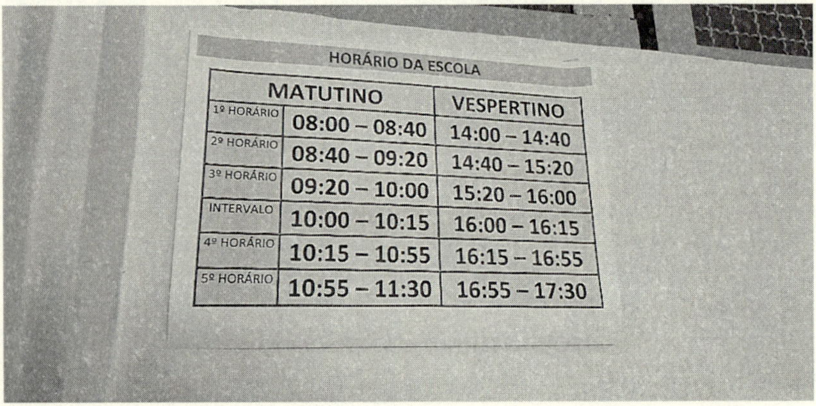


Fonte: registro realizado pela autora em 2019

Fotografia 9 - Lâmpadas queimadas em salas de aula

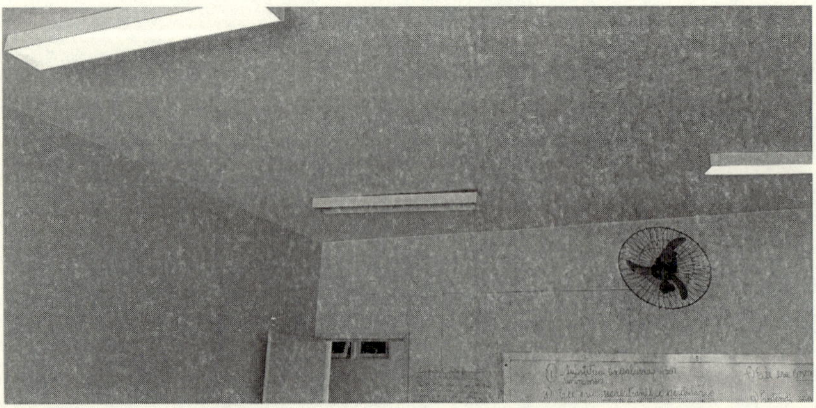

Fonte: registro da autora na UIP 2019

Fotografia 10 - Salas de aula munidas de portas com grades

Fonte: registro da autora na Unidade de internação Provisória 2019

Fotografia 11 - Dormitórios com paredes mofadas e grades I

Fonte: registro da autora dos dormitórios da Unidade de Internação Provisória 2019

Fotografia 12 - Dormitórios com paredes mofadas e grades II

Fonte: registro da autora do interior do dormitório na Unidade de Internação Provisória 2019

Fotografia 13 - Dormitórios com paredes mofadas e grades III

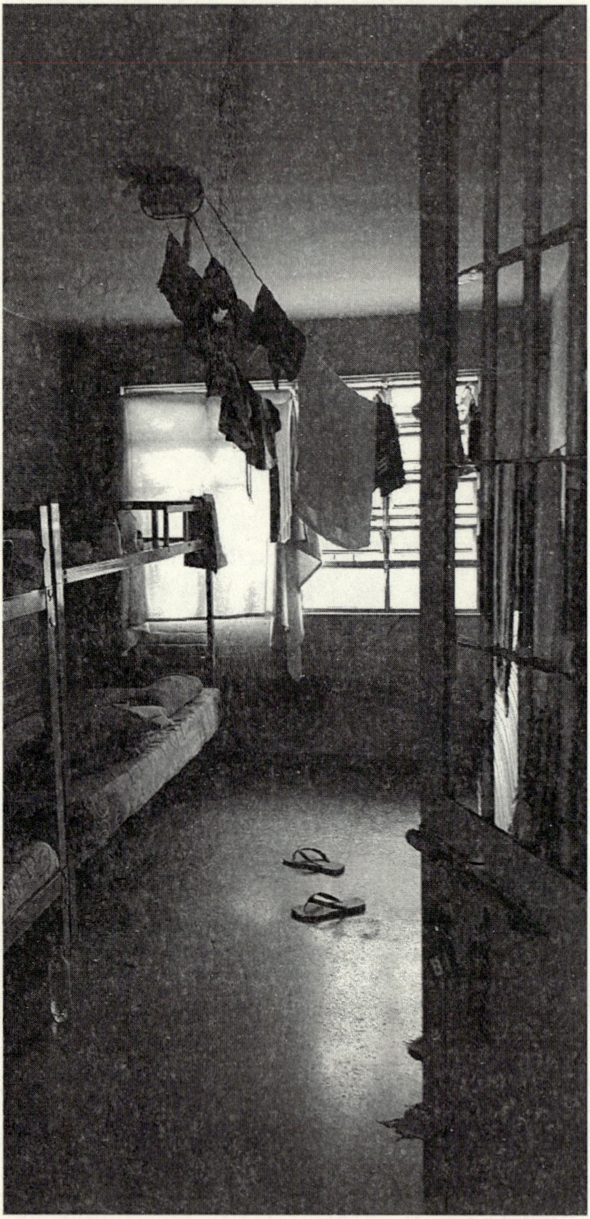

Fonte: registro da autora na UNISS 2019

Fotografia 14 - Dormitórios com paredes mofadas e grades IV

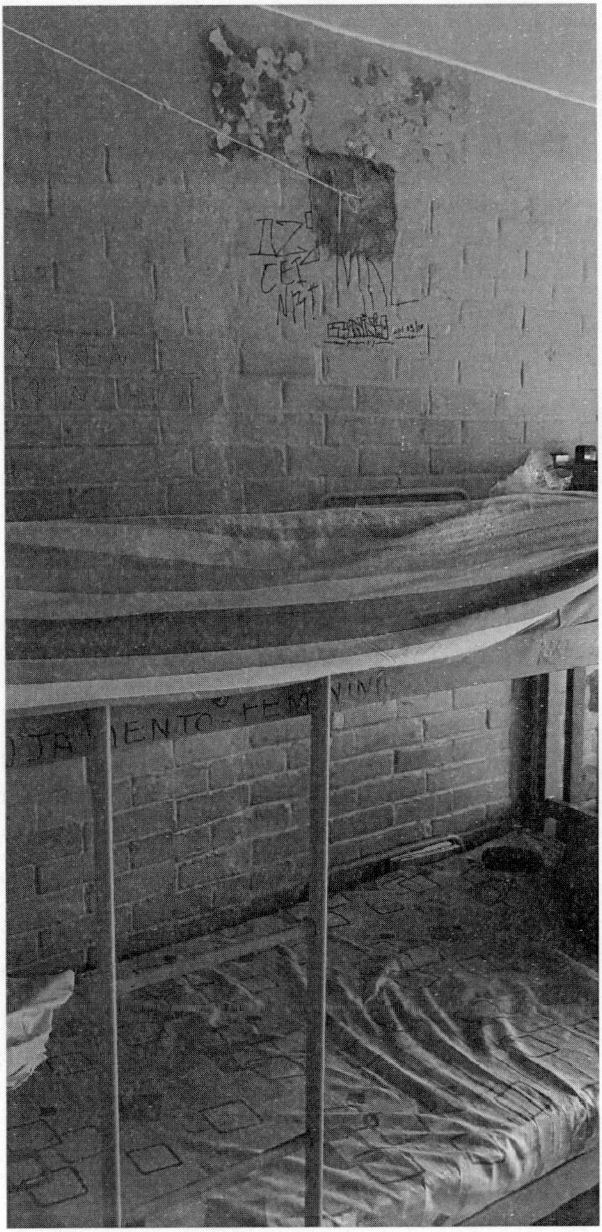

Fonte: registro da autora na UNISS 2019

Fotografia 15 - Colchões dos agentes socioeducativos utilizados no plantão noturno

Fonte: registro da autora na UIBRA 2019

Fotografia 16 - Local de funcionamento da direção da UIBRA improvisado dentro da Unidade de Internação de São Sebastião

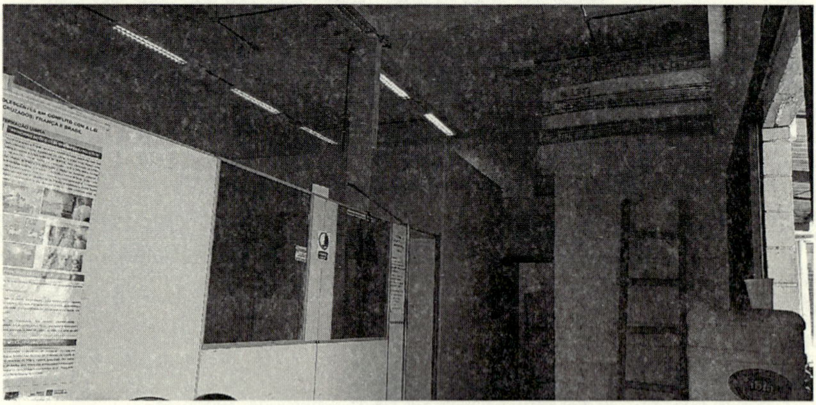

Fonte: registro da autora em 2019

Fotografia 17 - Banheiro do espaço de convivência da Unidade de Internação Provisória 2019

Fonte: registro da autora em 2019

Fotografia 18 - Tanques disponíveis no espaço de convivência da Unidade de Internação Provisória 2019

Fonte: registro da autora em 2019

Fotografia 19 - Estrutura externa equivalente a presídios I

Fonte: registro da autora na UNIRE em 2019

Fotografia 20 - Estrutura externa equivalente a presídios II

Fonte: registro da autora na UIP em 2019

Fotografia 21 - Utilização de camburão para transporte de adolescentes apreendidos em flagrante

Fonte: registro da autora no NAI em 2019

Fotografia 22 - Janelas de vidro nas salas de aula da UIP

Fonte: registro da autora em 2019

Fotografia 23 - Quadras inutilizadas por ausência de efetivo e planejamento sociopedagógico

Fonte: registro da autora na UIP 2019

Fotografia 24 - Espaços de convivência inativos por ausência de efetivo e políticas pedagógicas

Fonte: registro da autora na Unidade de Internação de São Sebastião em 2019

Fotografia 25 - Estrada para as unidades de internação de São Sebastião e Brazlândia

Fonte: registro da autora em 2019

# *Entrevistas*

*Ana Cláudia de Souza Valente*

## Planejamento das Entrevistas

**1. Entrevistados:** autoridades e gestores do sistema socioeducativo

*1.1 Sistema de Justiça:*

a) Procuradoria-Geral de Justiça do MPDFT
b) Representante da Coordenadoria das Promotorias da Infância e Juventude do MPDFT
c) Representante das Promotorias de Execuções de Medidas Socioeducativas
d) Juiz responsável pela Vara de Execução de Medidas Socioeducativas do Distrito Federal (VEMSE)
e) Juiz responsável pela Vara da Infância e da Juventude do Distrito Federal (VIJ)

*1.2 Segurança Pública:*

a) Delegacia da Criança e do Adolescente do Distrito Federal

*1.3 Órgãos de Execução:*

a) Subsecretaria de Medidas Socioeducativas da SUBIS/DF
b) Central de Vagas do sistema socioeducativo do DF
c) Diretoria das Unidades de Internação

**2. Modo de recrutamento dos participantes: os participantes são selecionados de acordo com as seguintes condições:**

**a) Grupo 1 (Entrevista): importância do cargo na governança do sistema de administração de justiça:** a ideia é entrevistar autoridades que compõe a subsecretaria de medidas socioeducativas e as unidades de internação. Além desses órgãos, serão entrevistadas as autoridades do sistema de justiça que atuam nas promotorias de execuções de medidas socioeducativas, no núcleo de medidas socioeducativas da Defensoria Pública do DF, na vara de execuções de medidas socioeducativas, entre outros, e também órgão do sistema de segurança pública como a delegacia da criança e do adolescente.

**b) Grupo 2 (Questionário): atores operacionais de diversas áreas do sistema de administração da justiça:** representantes dos agentes socioeducativos, da equipe técnica de especialistas socioeducativos das unidades de internação (psicólogos, pedagogos, assistentes sociais), dos técnicos socioeducativos, da equipe técnica da VEMSE (psicólogos, pedagogos, assistentes sociais), dos órgão de polícia, da área da educação (professores do sistema socioeducativo), saúde (enfermeiros e médicos).

**c) Disponibilidade dos entrevistados:** a entrevista será conduzida pessoalmente pela pesquisadora. As entrevistas ocorrerão na medida da disponibilidade dos entrevistados previamente agendas. Serão entrevistados 15 pessoas do Grupo 1, sendo um gestor de cada área do sistema de administração da justiça composto por sistema de justiça, segurança pública e órgãos de execução. No grupo 2 a coleta de dados se dará mediante questionário. A quantidade dependerá da disponibilidade presencial dos entrevistados. Almeja-se uma amostra de 10% do total de servidores do grupo 2. Atualmente o quadro de servidores das Unidades de Internação do DF conta com 1.043 agentes socioeducativos; 117 especialistas socioeducativos e 68 técnicos socioeducativos. Contudo, no sistema socioeducativo de internação, são 894 agentes socioeducativos. Assim, teremos uma amostra de aproximadamente 106 servidores do sistema socioeducativo (agentes, especialistas e técnicos), acrescido de professores e servidores da área da saúde. Acredita-se que o universo será de 150 entrevistados ao total.

**3. Espécie de entrevista:** exploratória e semiestruturada

## 4. Cronograma de pesquisa

| Cronograma de Atividades de Entrevista 2019 | | | | |
|---|---|---|---|---|
| Atividades | Abril | Maio | Junho | Julho |
| Entrevista Defensoria Pública | X | | | |
| Entrevista Promotoria da Infância e Juventude | X | | | |
| Entrevista Subsecretaria de Medidas Socioeducativas | X | | | |
| Entrevista UNIRE | X | | | |
| Entrevista UIP | X | | | |
| Entrevista UNISS | | | | |
| Entrevista UISM | | X | | |
| Entrevista UISS | | X | | |
| Entrevista UIPSS | | X | | |
| Entrevista UIBRA | | X | | |
| Organização dos dados | | | X | X |

**5. Preparação:** Levantamento exploratório dos dados do sistema socioeducativo distrital, revisão bibliográfica e análise documental para compreender competências, atribuições e práticas institucionais.

**6. Objetivos da entrevista**

a) Compreender a partir dos relatos e do cotejo entre o levantamento documental e as narrativas fornecidas pelos entrevistados, as políticas públicas socioeducativas implementadas nas últimas décadas no sistema de responsabilização penal juvenil do DF.
b) Verificar se a descentralização das unidades de internação no DF alterou a política de atendimento no sistema socioeducativo distrital.
c) Conhecer ações intersetoriais e projetos em curso e outras implementadas.
d) Documentar projetos oficiais.
e) Valorar projetos implementados e não implementados: descobrir pontos fracos e pontos fortes.
f) Identificar falhas que obstam implantação de projetos.
g) Compreender as atribuições de cada ator do sistema socioeducativo e o nível de conhecimento do sistema que atuam.
h) Verificar o nível de integração operacional dos órgãos que compõem o sistema socioeducativo do DF.

i) Verificar se as diretrizes do plano nacional de atendimento socioeducativo estão sendo atendidas, especialmente quanto à garantia de oferta e acesso à educação de qualidade, profissionalização, atividades desportivas, saúde integral, formação continuada dos profissionais da socioeducação, foco na socioeducação (Plano individual de atendimento – PIA), segurança dos adolescentes e dos profissionais que trabalham no interior das unidades socioeducativas, qualidade do atendimento por meio de estruturas adequadas.

**7. Perguntas exploratórias: serão adaptadas a depender do cargo do entrevistado, especialmente aplicado às autoridades do sistema socioeducativo (Grupo 1).**

a) Descreva sinteticamente sua experiência profissional prévia.
b) Como se deu a seleção para a função atualmente exercida? O que faz no dia a dia nas unidades? Existe capacitação específica para exercer sua atribuição? Se sim, a capacitação ocorreu para o ingresso no cargo ou durante o exercício dele? Quem promoveu a capacitação?
c) Vivenciou o CAJE? Poderia descrever como era o sistema socioeducativo na época do CAJE? Especialmente no que toca ao atendimento intersetorial destinado ao adolescente segregado.
d) Conhece ou participou do procedimento judicial que culminou na desativação do Caje e determinou a descentralização das unidades de internação? Narre-o se possível.
e) Diferencie os principais aspectos socioeducativos presentes no CAJE e nas atuais unidades de internação do DF.
f) O quê entende por ações intersetoriais? Especifique e descreva ações intersetoriais que tem conhecimento, implementadas no DF que considere essenciais para o sistema socioeducativo distrital.
g) Na sua opinião, quais as ações intersetoriais deveriam ser fortalecidas no sistema socioeducativo do DF nos seguintes eixos: segurança, alimentação, saúde, educação, profissionalização, estrutura, capacitação e plano individual de atendimento.
h) Identifique falhas que dificultam implantação de projetos nos eixos segurança, alimentação, saúde, educação, profissionalização, estrutura, capacitação e plano individual de atendimento.
i) As políticas públicas empregadas no âmbito do Distrito Federal quanto à medida de internação são adequadas?
j) Para os diretores, acrescentar: quantos agentes socioeducativos existem na sua unidade? Quantos adolescentes internados? Quais

os programas de profissionalização na unidade que trabalha? São oferecidos a todos os adolescentes? A unidade possui alvará de fiscalização do corpo de bombeiros ou similar? As vistorias dos órgãos fiscalizadores são acompanhadas pela Direção da Unidade? Os pleitos destinados à SUBSIS quanto à compra de material de expediente e outras necessidades são atendidas em tempo adequado? A escola é tempo Integral? Tem aula todos os dias? Quantas refeições por dia? Existem reclamações sobre a qualidade da comida ofertada? Ocorrem atrasos na entrega das refeições? Existem médicos na unidade? Se não existem, há visitas médicas periódicas na unidade? E odontológica? E ginecologistas? Se houver necessidade de tratamento médico contínuo, há estrutura para encaminhar o adolescente? Os adolescentes são informados sobre o PIA? Eles têm acesso ao seu conteúdo? A equipe técnica que elabora o PIA tem rotatividade? Já houve mortes de adolescentes na sua unidade? Considera adequada a segurança da unidade?

Registre-se que outras perguntas podem ser elaboradas na entrevista a depender da informação obtida.

## Termo de Consentimento Livre e Esclarecido - TCLE

**A governança do sistema penal juvenil do Distrito Federal: um (não) lugar aos internos do sistema socioeducativo**

**Instituição do/a ou dos/(as) pesquisadores(as): UniCeub**

**Pesquisador(a) responsável Ana Cláudia de Souza Valente Professores Orientadores: Dr. Antônio Henrique Graciano Suxberger e Dra Liziane Paixão Silva Oliveira**

Você está sendo convidado(a) a participar do projeto de pesquisa acima citado. O texto abaixo apresenta todas as informações necessárias sobre o que estamos fazendo. Sua colaboração neste estudo será de muita importância para nós, mas se desistir a qualquer momento, isso não lhe causará prejuízo.

O nome deste documento que você está lendo é Termo de Consentimento Livre e Esclarecido (TCLE).

Antes de decidir se deseja participar (de livre e espontânea vontade) você deverá ler e compreender todo o conteúdo. Ao final, caso decida participar, você será solicitado a assiná-lo e receberá uma cópia do mesmo.

Antes de assinar, faça perguntas sobre tudo o que não tiver entendido bem. A equipe deste estudo responderá às suas perguntas a qualquer momento (antes, durante e após o estudo).

**Natureza e objetivos do estudo**

- O objetivo específico deste estudo é contribuir para a reflexão sobre o modo como o sistema penal juvenil funciona.
- Você está sendo convidado a participar exatamente por fazer parte do sistema de administração da justiça juvenil e atuar de forma significativa na área.

**Procedimentos do estudo**

Sua participação consiste em responder a perguntas semiestruturadas em torno do tema.

O/os procedimento(s) usados para esta pesquisa serão de cunho bibliográfico, visitas institucionais, coleta de dados oficiais e entrevistas elaboradas pelo pesquisador para responder ao problema de pesquisa concernente à identificar quais seriam as premissas ou bases para um sistema socioeducativo adequado para a concretização das garantias estabelecidas na Constituição Federal e no Estatuto da Criança e do Adolescente, no âmbito do Distrito Federal, uma vez que a construção jurídica de uma responsabilidade penal para adolescentes, a partir da evolução legislativa, não se mostrou suficiente para orientar a práxis.

Não haverá nenhuma outra forma de envolvimento ou comprometimento neste estudo.

A pesquisa será realizada no sistema socioeducativo do Distrito Federal.

**Riscos e benefícios**

Este estudo possui riscos moderados, pois embora o sigilo seja parte da pesquisa, sendo certo que nenhum adolescente ou integrante do sistema de justiça será identificado, possivelmente serão apresentados falhas contidos no sistema socioeducativo do Distrito Federal que pode ou não envolver a área em que o entrevistado atua.

Medidas preventivas como o sigilo dos dados serão tomadas durante toda a pesquisa para minimizar qualquer risco ou incômodo.

Caso esse procedimento possa gerar algum tipo de constrangimento, você não precisa realizá-lo.

Com sua participação nesta pesquisa você poderá contribuir com sua vivência no campo penal juvenil, além de contribuir para maior conhecimento sobre o sistema socioeducativo distrital.

**Participação, recusa e direito de se retirar do estudo**

- Sua participação é voluntária. Você não terá nenhum prejuízo se não quiser participar.
- Você poderá se retirar desta pesquisa a qualquer momento, bastando para isso entrar em contato com um dos pesquisadores responsáveis.
- Conforme previsto pelas normas brasileiras de pesquisa com a participação de seres humanos, você não receberá nenhum tipo de compensação financeira pela sua participação neste estudo.

**Confidencialidade**

- Seus dados serão manuseados somente pelos pesquisadores e não será permitido o acesso a outras pessoas.
- Os dados e instrumentos utilizados como gravações, entrevistas, questionários ficarão guardados sob a responsabilidade de Ana Cláudia de Souza Valente com a garantia de manutenção do sigilo e confidencialidade, e arquivados por um período de 5 anos; após esse tempo serão destruídos.
- Os resultados deste trabalho poderão ser apresentados em encontros ou revistas científicas. Entretanto, ele mostrará apenas os resultados obtidos como um todo, sem revelar seu nome, instituição a qual pertence ou qualquer informação que esteja relacionada com sua privacidade.

Se houver alguma consideração ou dúvida referente aos aspectos éticos da pesquisa, entre em contato com o Comitê de Ética em Pesquisa do Centro Universitário de Brasília – CEP/UniCEUB, que aprovou esta pesquisa, pelo telefone 3966.1511 ou pelo e-mail cep.uniceub@uniceub.br. Também entre em contato para informar ocorrências irregulares ou danosas durante a sua participação no estudo.

Eu,................................, RG.........................., após receber a explicação completa dos objetivos do estudo e dos procedimentos envolvidos nesta pesquisa concordo voluntariamente em fazer parte deste estudo. Este Termo de Consentimento encontra-se impresso em duas vias, sendo que uma cópia será arquivada pelo pesquisador responsável, e a outra será fornecida ao senhor(a).

Brasília, ........ de abril de 2019.

..........................................................................................

Participante

..........................................................................................

Ana Cláudia de Souza Valente,

| **Endereço dos(as) responsável(eis) pela pesquisa (OBRIGATÓRIO):**<br>Instituição: Centro Universitário de Brasília - UniCeub<br>Endereço: xxx<br>Telefones p/contato: xxxxx<br>Acrescente ao TCLE de sua pesquisa as informações abaixo caso sejam necessárias. |
|---|

| Endereço do(a) participante (a)<br>Domicílio (rua, praça, conjunto):<br>Bloco: /Nº: /Complemento:<br>Bairro: /CEP: /Cidade: /Telefone:<br>Ponto de referência: |
|---|

**Observações em relação as pesquisas com metodologias experimentais na** área **biomédica, envolvendo seres humanos**

O TCLE deve incluir:

a) a explicitação, quando pertinente, dos métodos terapêuticos alternativos existentes;

b) o esclarecimento, quando pertinente, sobre a possibilidade de inclusão do participante em grupo controle ou placebo, explicitando, claramente, o significado dessa possibilidade.

O TCLE não pode exigir do participante da pesquisa, sob qualquer argumento, renúncia ao direito à indenização por dano. O Termo de Consentimento Livre e Esclarecido não deve conter ressalva que afaste essa responsabilidade ou que implique ao participante da pesquisa abrir mão de seus direitos, incluindo o direito de procurar obter indenização por danos eventuais.

**Contato de urgência**: Sr(a). **Antonio Henrique Graciano Suxberger**
Endereço: xxxx
Telefone: xxxx

Esta obra foi composta em fonte Palatino Linotype, corpo 10
e impressa em papel Offset 75g (miolo) e Supremo 250g (capa)
pela Laser Plus Gráfica, em Belo Horizonte/MG.